VANGELO
PER LA FAMIGLIA

Versione ufficiale
della Conferenza Episcopale Italiana

SAN PAOLO

Autori:
- per le introduzioni e le note ai Vangeli:
Andrea Ciucci, Matteo Fossati, Giacomo Perego, Paolo Sartor
- per le schede di approfondimento e il testo conclusivo:
Gilberto Gillini e *Mariateresa Zattoni*
- per l'introduzione generale:
Paolo Curtaz

Piazza Soncino, 5 - 20092 Cinisello Balsamo (Milano)
www.edizionisanpaolo.it
Distribuzione: Diffusione San Paolo s.r.l.
Corso Regina Margherita, 2 - 10153 Torino

ISBN 978-88-215-7170-1

“Voi, primi annunciatori della Parola di Dio”

Papa Benedetto XVI

«La Parola del Signore rimane in eterno. E questa è la Parola del Vangelo che vi è stato annunziato» (Prima lettera di Pietro 1,25; cfr. Isaia 40,8). Con questa espressione della Prima lettera di san Pietro, che riprende le parole del profeta Isaia, siamo posti di fronte al mistero di Dio che comunica se stesso mediante il dono della sua Parola. Questa Parola, che rimane in eterno, è entrata nel tempo. Dio ha pronunciato la sua eterna Parola in modo umano; il suo Verbo «si fece carne» (Giovanni 1,14). Questa è la buona notizia. Questo è l’annunzio che attraversa i secoli, arrivando fino a noi oggi.

Esiste uno stretto rapporto tra Parola di Dio, matrimonio e famiglia cristiana. Infatti, «con l’annuncio della Parola di Dio, la Chiesa rivela alla famiglia cristiana la sua vera identità, ciò che essa è e deve essere secondo il disegno del Signore». Pertanto, non si perda mai di vista che la Parola di Dio sta all’origine del matrimonio (cfr. Genesi 2,24) e che Gesù stesso ha voluto includere il matrimonio tra le istituzioni del suo Regno (cfr Matteo 19,4-8), elevando a sacramento quanto iscritto originariamente nella natura umana. «Nella celebrazione sacramentale l’uomo e la donna pronunciano una parola profetica di reciproca donazione, l’essere “una carne”, segno del mistero dell’unione di Cristo e della Chiesa (cfr. Efesini 5,31-32)».

La fedeltà alla Parola di Dio porta anche a rilevare che questa istituzione oggi è posta per molti aspetti sotto attacco dalla mentalità corrente. Di fronte al diffuso disordine degli affetti e al sorgere di modi di pensare che banalizzano il corpo umano e la differenza sessuale, la Parola di Dio riafferma la bontà originaria dell'uomo, creato come maschio e femmina e chiamato all'amore fedele, reciproco e fecondo.

Dal grande mistero nuziale, deriva una imprescindibile responsabilità dei genitori nei confronti dei loro figli. Appartiene infatti all'autentica paternità e maternità la comunicazione e la testimonianza del senso della vita in Cristo: attraverso la fedeltà e l'unità della vita di famiglia gli sposi sono davanti ai propri figli i primi annunciatori della Parola di Dio. La comunità ecclesiale deve sostenerli e aiutarli a sviluppare la preghiera in famiglia, l'ascolto della Parola, la conoscenza della Bibbia. Per questo il Sinodo auspica che ogni casa abbia la sua Bibbia e la custodisca in modo dignitoso, così da poterla leggere e utilizzare per la preghiera. L'aiuto necessario può essere fornito da sacerdoti, diaconi o da laici ben preparati. Il Sinodo ha raccomandato anche la formazione di piccole comunità tra famiglie in cui coltivare la preghiera e la meditazione in comune di brani adatti delle Scritture. Gli sposi, poi, ricordino che «la Parola di Dio è un prezioso sostegno anche nelle difficoltà della vita coniugale e familiare».

Ogni nostra giornata sia dunque plasmata dall'incontro rinnovato con Cristo, Verbo del Padre fatto carne: Egli sta all'inizio e alla fine e «tutte le cose sussistono in lui» (Colossesi 1,17). Facciamo silenzio per ascoltare la Parola del Signore e per meditarla, affinché essa, mediante l'azione efficace dello Spirito Santo, continui a dimorare, a vivere e a parlare a noi lungo tutti i giorni della nostra vita. In tal modo la Chiesa sempre si rinnova e ringiovanisce grazie alla Parola del Signore che rimane in eterno (cfr Prima lettera di Pietro 1,25; Isaia 40,8). Così anche noi potremo entrare nel grande dialogo nuziale con cui si chiude la sacra Scrittura: «Lo Spirito e la sposa dicono: "Vieni!". E chi ascolta ripeta: "Vieni!"... Colui che attesta queste cose dice: "Sì, vengo presto!". Amen. Vieni, Signore Gesù» (Apocalisse 22,17.20).

Esortazione apostolica *Verbum Domini*, 1.85.124

Introduzione generale

Siamo ciò che cerchiamo

È una buona notizia quella che stai per leggere, una notizia che ha appassionato milioni di famiglie nella storia, famiglie vissute in tempi e in luoghi diversi, ma tutte con lo stesso desiderio: quello di dare un senso alla vita, di trovare la ragione profonda e ultima della propria esistenza. È questo desiderio che ha spinto l'uomo a cercare, a indagare, a capire, fin dagli inizi della civiltà. Oggi siamo capaci di parlare in tempo reale con un amico in Australia, e di inviare un file al compagno di Università, possiamo viaggiare con un certa facilità, conoscere popoli di lingue diverse, possiamo allacciare amicizie virtuali, ascoltare più musica in un piccolo lettore portatile di quanta nostro padre potesse collezionarne in tutta la sua vita. Siamo più connessi, più veloci, più attivi. Ma siamo più felici? Se abbiamo il coraggio del silenzio, se abbiamo imparato a dedicare del tempo al "dentro" quando questo preme per uscire come un urlo dal nostro intimo, sappiamo bene che non siamo ciò che possediamo, e neppure ciò che sogniamo. Siamo ciò che cerchiamo. Il bene più prezioso, l'amore, l'amicizia, spesso è un desiderio che non trova mai piena risposta, totale soddisfazione. Il nostro cuore, se non è asfaltato, se non è dopato, percepisce un'inquietudine senza risposta, sempre.

Le domande, la domanda, è rimasta la stessa: cosa ci sono venuto a fare in questa vita? Che senso hanno gli anni che mi sono stati dati? E da chi mi sono stati dati? Cosa resterà di me? Chi mi ama veramente per ciò che sono, senza porre condizioni, senza pregiudizi? Sembra strano, eppure le stesse domande pulsano nel cuore degli uomini da sempre. Le risposte sono state molte, molte di più le illusioni. L'essere umano resta un essere incomprensibile a sé e agli altri. Le grandi conquiste dell'ultimo secolo e i grandi fallimenti ci consegnano un mondo contraddittorio e paradossale: il nuovo millennio brucia fra nuove guerre e terrorismi, la crisi economica spaventa e toglie le speranze. Eppure tutti cerchiamo la felicità, ancora e ancora. E come ha detto un grande testimone del ventesimo secolo, il beato Giovanni Paolo II: *è Gesù Cristo che cercate, quando cercate la felicità*.

Se vuoi...

I libri che stai per leggere e meditare danno una risposta alla grande domanda di senso che l'uomo da sempre pone. Non sono parole qualsiasi, sono parole che ci sono consegnate da chi, molto prima di noi, si è posto le stesse domande e ha trovato una risposta piena: Gesù Cristo. Sono libri che parlano di Gesù Cristo e del volto di Dio e dell'uomo che è venuto a raccontare. Ed è una notizia splendida, quella che ci ha portato: Dio esiste, ed è un Padre di misericordia, che prende sul serio l'uomo, che lo coinvolge in un grande progetto di salvezza di cui, se vuoi, anche tu sei protagonista. Una splendida notizia: la storia non è un alternarsi di violenze senza senso in cui prevale il più forte, ma il dispiegamento di un progetto di bene che si fa strada con fatica nel mondo. Come un gigantesco mosaico nel quale anch'io, se voglio, posso essere una tessera e la mia vita contribuisce al grande progetto d'amore che Dio ha sull'umanità.

Questo libro parla di Gesù Cristo, scritto da altri uomini e donne che hanno messo la loro intelligenza, le loro capacità e il loro tempo a tua disposizione per raccontare con passione la loro storia. Non è una biografia, o un'indagine giornalistica quella che leggerai: troverai ovunque tracce del calore con cui quattro evangelisti, e le loro comunità dietro di loro, hanno voluto scrivere questi testi per dirti: «Qui abbiamo trovato il senso, qui abbiamo trovato il tesoro nascosto nel campo della nostra vita».

Così va letto un Vangelo: come un appassionante resoconto di un'esperienza di fede.

E se fosse tutto vero?

Non va di moda, oggi, essere cristiani, siamo onesti. La fede sa di stantio, di vecchio, di rigido. Appena parliamo di Gesù Cristo subito ci vengono in mente immagini di persone strane, di riti incomprensibili, di odori di naftalina e di incenso. Credere sembra roba per vecchiette o per chi non ha avuto la possibilità di vivere una vita trasgressiva e si rifugia nelle sacrestie. La fede è una roba da tirare fuori quando si è in crisi o quando ci si ammala. E poi, lo sanno tutti, i cristiani sono persone tristi, piene di sensi di colpa, non si godono la vita, hanno sempre paura di peccare, sono troppo seri, sessuofobi, meglio lasciarli perdere! Eppure, chi ha incontrato il Signore Gesù ed è andato al di là di questi pregiudizi sa che non è così, sa che c'è molto di più dietro l'apparenza. Forse anche a te è successo (te lo auguro!) di incontrare dei cristiani in gamba, sereni, pieni di fiducia. Persone come te che dedicano del tempo ai ragazzi, genitori che aprono il loro cuore e la loro casa agli altri in nome del Vangelo, un prete o una suora che vivono con gioia autentica il loro servizio.

Leggere il Vangelo senza pregiudizi, mettendo fra parentesi quello che pensiamo di sapere sul cristianesimo, può davvero spalancare il cuore a tante novità inattese. Prova a leggere questo Vangelo da solo, o confrontati in gruppo o con qualcuno che già è discepolo di Cristo. Fallo senza resistenze, sapendo che dentro queste pagine milioni di uomini e donne "normali", non strani, sì, speciali, hanno trovato speranza, hanno cambiato (in meglio) la loro vita. Fallo sul serio, non cedere alla tentazione, molto diffusa, di seguire il gregge, di essere fra quelli che seguono l'idea comune senza mettersi in discussione. Dio non è un affare da poco e, se sceglierai di non credere nella possibilità di conoscerlo, fallo solo dopo avere veramente cercato. È così triste vedere che gli appassionati intellettuali atei dei secoli scorsi, che con tormento e notti insonni si ponevano il problema dell'esistenza o meno di Dio, oggi sono sostituiti da adulti pigri, col pensiero omologato! E se fosse tutto vero? Se davvero Dio si fosse raccontato attraverso Gesù? Se in queste pagine ci fosse il segreto intimo e profondo della vita? Rinunceresti a cercare la perla preziosa per non passare per bigotto? Ma dai!

La nascita dei Vangeli

I Vangeli che hai in mano hanno avuto uno sviluppo complesso e particolare che vale la pena ricordare. Tutto parte da Gesù e dalla sua missione, dal suo annuncio: egli è venuto per annunciare il Regno di Dio e la salvezza di tutti gli uomini. Un gruppo di persone lo ha seguito, chiamate da lui, per ascoltare la sua Parola e per condividere il suo sogno. Sono loro, i discepoli, ad avere accolto la predicazione del Signore e, fra di essi, un gruppo particolare, gli apostoli, ha seguito passo passo i tre anni di vita pubblica del Maestro. Dopo la sua morte e risurrezione, riempiti dallo Spirito Santo, gli apostoli hanno riletto in maniera completa la vicenda di Gesù. Egli era più di un rabbino, più di un profeta, più del Messia: era il Figlio di Dio. Da subito, come ci documenta l'opera di san Luca, gli apostoli annunciano agli abitanti di Gerusalemme la risurrezione di Gesù. Non è più Gesù che parla della buona novella, ma lui diventa "Vangelo" per ogni uomo. La predicazione deve superare numerosi ostacoli e persecuzioni ma, anche grazie al prezioso apporto di san Paolo, varca i confini della Palestina per raggiungere le principali città del Mediterraneo. L'opera missionaria dei primi discepoli, fra cui primeggiano Barnaba e Paolo, raggiunge anche i pagani, non senza un'accesa disputa interna alla Chiesa primitiva sull'opportunità di tale scelta. Nuclei di discepoli si radunano attorno agli apostoli e, dopo di loro, attorno ai fratelli designati all'annuncio e alla custodia delle comunità. Cominciano a circolare vari scritti: le lettere di Paolo, alcuni riassunti della Passione di Gesù, probabilmente anche delle raccolte di parabole e miracoli di Gesù. È verosimilmente Marco, discepolo di Pietro e su suggerimento dello stesso, a mettere per iscritto in maniera organica le parole e i gesti di Gesù, dal battesimo nel Giordano fino alla risurrezione. Il suo scritto, il più breve dei quattro, è probabilmente destinato a una comunità di cristiani provenienti dal paganesimo, forse la comunità di Roma. Siamo a pochi decenni dalla morte e risurrezione del Signore.

Dopo di lui, quasi in contemporanea, altri due discepoli decidono di scrivere, ricopiando quasi per intero il racconto di Marco e aggiungendo materiale proprio: si tratta di Matteo, identificato con Levi il pubblicano, apostolo di Gesù, che scrive per una comunità di Giudei, forse quella di Gerusalemme, e di Luca, discepolo di san Paolo, che prende informazioni (non ha mai visto Gesù!) per redigere un'opera straordinaria rivolta ai cristiani greci; essa racconta la vita di Gesù da prima della sua nascita e si conclude con la prigionia di Paolo a Roma. Grazie a lui abbiamo uno spaccato vivace dei primi anni della comunità cristiana, raccolti negli *Atti degli Apostoli*.

Qualche decennio più tardi un ultimo Vangelo è redatto da un discepolo, Giovanni, o, più probabilmente, dalla sua scuola. È un vero "master" spirituale, che dà per scontata la conoscenza degli altri Vangeli e si rivolge a chi vuole approfondire la vera natura di Gesù in un linguaggio profondo e articolato.

Molte altre opere, più tardive, hanno voluto raccontare la propria versione dei fatti, e gli autori, attribuendosi il titolo di apostoli, hanno sottolineato uno o l'altro aspetto della vita di Gesù, non sempre con sobrietà, manifestando in questo modo l'ambiente vivace e creativo delle prime comunità e il grande dibattito accesosi nei primi secoli riguardo all'identità profonda di Gesù: sono i cosiddetti Vangeli apocrifi. Solo quattro Vangeli, però, sono stati usati con continuità dalle prime comunità sparse nel mondo nella preghiera liturgica e il loro contenuto è stato riconosciuto come autentica testimonianza della primitiva predicazione degli apostoli e perciò sono giunti fino a noi oggi.

Stiamo per leggere la testimonianza di coloro che hanno visto e creduto perché anche noi possiamo vedere e credere.

Abbreviazioni
dei libri della Bibbia

Ab	Abacuc	Gc	Giacomo
Abd	Abdia	Gd	Giuda
Ag	Aggeo	Gdc	Giudici
Am	Amos	Gdt	Giuditta
Ap	Apocalisse	Gen	Genesi
At	Atti degli Apostoli	Ger	Geremia
Bar	Baruc	Gl	Gioele
Col	Colossesi	Gn	Giona
1Cor	1 Corinzi	Gs	Giosuè
2Cor	2 Corinzi	Gv	Giovanni
1Cr	1 Cronache	1Gv	1 Giovanni
2Cr	2 Cronache	2Gv	2 Giovanni
Ct	Cantico dei Cantici	3Gv	3 Giovanni
Dn	Daniele	Is	Isaia
Dt	Deuteronomio	Lam	Lamentazioni
Eb	Ebrei	Lc	Luca
Ef	Efesini	Lv	Levitico
Es	Esodo	1Mac	1 Maccabei
Esd	Esdra	2Mac	2 Maccabei
Est	Ester	Mc	Marco
Ez	Ezechiele	Mi	Michea
Fil	Filippesi	Ml	Malachia
Fm	Filemone	Mt	Matteo
Gal	Galati	Na	Naum
Gb	Giobbe	Ne	Neemia

Nm	Numeri
Os	Osea
Pr	Proverbi
1Pt	1 Pietro
2Pt	2 Pietro
Qo	Qohèlet
1Re	1 Re
2Re	2 Re
Rm	Romani
Rt	Rut
Sal	Salmi
1Sam	1 Samuele
2Sam	2 Samuele
Sap	Sapienza
Sir	Siracide
Sof	Sofonia
Tb	Tobia
1Tm	1 Timoteo
2Tm	2 Timoteo
1Ts	1 Tessalonicesi
2Ts	2 Tessalonicesi
Tt	Tito
Zc	Zaccaria

VANGELO
SECONDO MATTEO

Autore	✔ anonimo, identificato con Matteo, il pubblicano divenuto discepolo di Gesù.
Destinatari	✔ cristiani perlopiù di origine giudaica.
Tempo e luogo	✔ 80-90 d.C., forse scritto in Siria.
Temi portanti	✔ Gesù è il compimento delle Scritture giudaiche, è il nuovo Mosè, vero Maestro di tutta l'umanità; la Chiesa è immagine del Regno dei cieli.

Introduzione

Un Vangelo... giudaico!

La più importante chiave di lettura del Vangelo di Matteo è probabilmente il suo retroterra ebraico: fu scritto, infatti, per una comunità di cristiani convertiti dal giudaismo, e molteplici sono le tracce che questa particolare impostazione ha lasciato nell'opera:

- anzitutto le numerose citazioni dell'Antico Testamento (quelle dirette sono 41, ma se si contano anche le semplici allusioni si arriva a una settantina): *Matteo* è il Vangelo che più di ogni altro ha interesse di mostrare il filo rosso che lega l'alleanza antica alla nuova;
- in secondo luogo, il continuo gioco di sovrapposizioni tra Mosè e Gesù: appena nati, entrambi riescono a scampare a un'uccisione di massa di bambini ebrei; il primo discorso di Gesù è pronunciato su un monte, che richiama il luogo in cui Mosè ricevette le tavole della Legge; Gesù fa cinque discorsi, come cinque sono i libri della Legge ebraica di tradizione mosaica. Tutti questi particolari suggeriscono al lettore giudeo di considerare Gesù come il nuovo Mosè, il portatore della nuova Legge, il vero Maestro di Israele e dell'umanità intera;
- c'è, poi, la genealogia con la quale si apre il Vangelo: essa inserisce a pieno titolo Gesù nella storia degli uomini – è proprio per questo, tra l'altro, che il simbolo del primo Van-

gelo è un uomo alato – e inizia con il nome di Abramo, il padre del popolo di Israele;

- infine, si possono citare numerosi particolari che indicano una profonda conoscenza del mondo giudaico: si parla di decime per il tempio, frange rituali, filatteri, abluzioni, modalità di offerta all'altare, prassi dei giuramenti. Tutte cose che gli altri Vangeli ignorano, oppure spiegano.

Portare a compimento le Scritture

Il rapporto tra la Legge antica e quella nuova viene presentato da *Matteo* in chiave di *compimento*. L'evangelista fa pronunciare a Gesù la seguente frase proprio all'inizio del suo primo discorso: «Non crediate che io sia venuto ad abolire la Legge o i Profeti; non sono venuto ad abolire, ma a dare pieno compimento» (5,17). La categoria del *compiere*, del *perfezionare* è determinante per comprendere il primo Vangelo, che si mantiene in equilibrio tra continuità e rottura con la tradizione di Israele: Gesù non vuole cancellare il passato, però lo deve rinnovare; non intende abolirlo, ma ne mostra un significato nuovo, più profondo, che troppo spesso era rimasto nascosto agli occhi dei Giudei. In un certo senso Matteo tenta una rilettura cristiana dell'Antico Testamento, muovendo i primi passi su quel sentiero che si sta rivelando sempre più attuale: la consapevolezza che solo il Nuovo Testamento svela il pieno significato dell'Antico, e che solo a partire dall'Antico Testamento può essere compreso il Nuovo.

La struttura dello scritto

Alla base della struttura del Vangelo di Matteo sta la chiara intenzione dell'autore di suddividere la parte centrale dell'opera in cinque sezioni, ciascuna composta da una narrazione e da un discorso solenne di Gesù. Il tutto viene poi incorniciato con i racconti del Natale e della Pasqua.

- *I racconti del Natale. A Betlemme è nato un re* (1,1 - 2,23): presenta le circostanze straordinarie della nascita di Gesù.
- *Libro I. Una grande novità* (3,1 - 7,27): la figura di Giovanni Battista introduce quella di Gesù, che sceglie i primi discepoli e pronuncia il suo discorso programmatico.
- *Libro II. Tutto un mondo da guarire* (7,28 - 10,42): l'invio dei Dodici e il grande discorso missionario sono preceduti da dieci racconti di guarigione.
- *Libro III. Il mistero del suo Regno* (11,1 - 13,52): le parole e le opere di Gesù suscitano le prime reazioni, alle quali egli risponde con il grande discorso in parabole sul Regno.
- *Libro IV. Una vita da fratelli* (13,53 - 18,35): Gesù si rivolge ai suoi più stretti collaboratori; la sua identità e la sua missione appaiono con sempre maggior chiarezza.
- *Libro V. Un futuro già presente* (19,1 - 25,46): Gesù si dirige ormai verso Gerusalemme e parla apertamente del destino riservato a sé e ai suoi seguaci.
- *I racconti della Pasqua. Ecco il Regno che si compie* (26,1 - 28,20): gli avvenimenti delle ultime ore della vita terrena di Gesù, le apparizioni di lui risorto ai suoi discepoli e l'invio ad ammaestrare tutte le nazioni.

I RACCONTI DI NATALE
(Mt 1,1 - 2,23)

Matteo inizia il proprio Vangelo con un'impennata: non è certo semplice per il lettore moderno comprendere la lunga lista dei nomi degli antenati di Gesù! Eppure questa scelta è estremamente significativa, perché indica l'intenzione dell'evangelista di dare il massimo rilievo all'incredibile notizia da cui prende avvio il suo racconto: il fatto che Dio stesso si è fatto uomo ed è entrato a pieno titolo nella storia del popolo d'Israele. La cornice in cui i racconti del Natale sono inseriti è estremamente solenne: i ripetuti annunci dell'angelo a Giuseppe, l'apparizione della stella e la visita dei Magi, l'interessamento del re Erode, la fuga in Egitto, la strage degli innocenti. Tutto lascia presagire la grandezza di quel bambino che è venuto alla luce in circostanze che, non a caso, richiamano quelle della nascita del personaggio di maggior spicco di tutta la storia di Israele: Mosè. Questo ci dà l'occasione di porre l'accento sul valore altamente teologico di questi racconti che, prima di narrarci come effettivamente si svolsero i fatti, intendono richiamare la nostra attenzione sulla dignità divina di colui che è il protagonista indiscusso dell'opera matteana.

1 **Albero genealogico di Gesù -** 1Genealogia di Gesù Cristo
figlio di Davide, figlio di Abramo. 2Abramo generò Isacco,
Isacco generò Giacobbe, Giacobbe generò Giuda e i suoi fra-
telli, 3Giuda generò Fares e Zara da Tamar, Fares generò Esrom,
Esrom generò Aram, 4Aram generò Aminadàb, Aminadàb ge-
nerò Naassòn, Naassòn generò Salmon, 5Salmon generò Booz

1,1 Come l'Antico Testamento inizia con il libro della Genesi, così il Nuovo si apre con questo significativo titolo dato da Matteo al proprio Vangelo: *Libro della genesi* o *Genealogia* di Gesù Cristo. Siamo di fronte a un solido ponte con il quale l'evangelista intende unire l'alleanza antica, rappresentata qui da Abramo e Davide, a quella nuova, suo compimento in Gesù.

da Racab, Booz generò Obed da Rut, Obed generò Iesse, 6Iesse
generò il re Davide.
Davide generò Salomone da quella che era stata la moglie di
Uria, 7Salomone generò Roboamo, Roboamo generò Abia, Abia
generò Asaf, 8Asaf generò Giòsafat, Giòsafat generò Ioram, Io-
ram generò Ozia, 9Ozia generò Ioatàm, Ioatàm generò Acaz,
Acaz generò Ezechia, 10Ezechia generò Manasse, Manasse ge-
nerò Amos, Amos generò Giosia, 11Giosia generò Ieconia e i
suoi fratelli, al tempo della deportazione in Babilonia.
12Dopo la deportazione in Babilonia, Ieconia generò Salatièl,
Salatièl generò Zorobabele, 13Zorobabele generò Abiùd, Abiùd
generò Eliachìm, Eliachìm generò Azor, 14Azor generò Sadoc,
Sadoc generò Achim, Achim generò Eliùd, 15Eliùd generò Elea-
zar, Eleazar generò Mattan, Mattan generò Giacobbe, 16Gia-
cobbe generò Giuseppe, lo sposo di Maria, dalla quale è nato
Gesù, chiamato Cristo.
17In tal modo, tutte le generazioni da Abramo a Davide sono
quattordici, da Davide fino alla deportazione in Babilonia quat-
tordici, dalla deportazione in Babilonia a Cristo quattordici.

Nascita di Gesù - 18Così fu generato Gesù Cristo: sua madre
Maria, essendo promessa sposa di Giuseppe, prima che andas-
sero a vivere insieme si trovò incinta per opera dello Spirito San-
to. 19Giuseppe suo sposo, poiché era uomo giusto e non voleva

1,6 Partita con Abramo, il capostipite del popolo d'Israele, la genealogia matteana dà grande rilievo anche alla figura del re Davide, assicurando così che Gesù discende dal sovrano a cui fu rivolta da Natan la seguente profezia: «Io susciterò un tuo discendente dopo di te, uscito dalle tue viscere, e renderò stabile il tuo regno» (2Sam 7,12). Grazie a queste parole, tutto Israele attendeva il re Messia proprio dalla discendenza di Davide.

1,17 La ripartizione in gruppi di quattordici generazioni è chiaramente simbolica: 14 è il doppio del numero "sacro" 7, e il suo ripetersi per 3 volte mostra, a chi legge con fede, qualcosa dell'ordine perfetto col quale Dio ha predisposto e guidato la storia del mondo. Nella lingua ebraica, inoltre, dove ad ogni lettera è associato un valore numerico, 14 è il valore numerico legato alla somma delle lettere che compongono il nome Davide!

accusarla pubblicamente, pensò di ripudiarla in segreto. [20]Men-
tre però stava considerando queste cose, ecco, gli apparve in so-
gno un angelo del Signore e gli disse: «Giuseppe, figlio di Da-
vide, non temere di prendere con te Maria, tua sposa. Infatti il
bambino che è generato in lei viene dallo Spirito Santo; [21]ella
darà alla luce un figlio e tu lo chiamerai Gesù: egli infatti salverà
il suo popolo dai suoi peccati».
[22]Tutto questo è avvenuto perché si compisse ciò che era sta-
to detto dal Signore per mezzo del profeta:

[23]*Ecco, la vergine concepirà e darà alla luce un figlio:*
a lui sarà dato il nome di Emmanuele,

che significa *Dio con noi*. [24]Quando si destò dal sonno, Giu-
seppe fece come gli aveva ordinato l'angelo del Signore e pre-
se con sé la sua sposa; [25]senza che egli la conoscesse, ella die-
de alla luce un figlio ed egli lo chiamò Gesù.

2 **I Magi** - [1]Nato Gesù a Betlemme di Giudea, al tempo del re
Erode, ecco, alcuni Magi vennero da oriente a Gerusalem-
me [2]e dicevano: «Dov'è colui che è nato, il re dei Giudei? Ab-

1,20 È la prima di una serie di apparizioni angeliche a Giuseppe (cfr. 2,13; 2,19; 2,22). I racconti del Natale di Matteo si caratterizzano per il risalto dato alla figura del padre legale di Gesù. Sarà il racconto lucano a narrare gli eventi dal punto di vista di Maria.
1,21 *Gesù* è la versione italiana del nome ebraico *Jehôshua*, che significa, appunto, «Dio (Yhwh) è salvezza», «Dio (Yhwh) salva».
1,25 Qui il verbo *conoscere* è un eufemismo biblico indicante l'intimità sessuale: il Vangelo di Matteo ribadisce così che il concepimento di Gesù avvenne senza l'intervento di alcun uomo.
2,1 Se la genealogia e il racconto della nascita di Gesù rimangono ancora entro i confini del paese e del popolo giudaico, con la visita dei Magi lo sguardo si amplia enormemente abbracciando il mondo e l'umanità intera. Questo episodio dà ai racconti del Natale di Matteo un respiro universalistico.
2,2 L'appellativo *re dei Giudei* è usato raramente nel Vangelo di Matteo: Gesù è definito così durante il processo da Pilato (27,11), dai soldati che lo scherniscono (27,29) e nell'iscrizione posta sulla croce (27,37). Qui il tema è sfruttato per far emergere il contrasto tra la vera regalità di Gesù e quella spesso cinica e crudele degli uomini, rappresentata da Erode.

biamo visto spuntare la sua stella e siamo venuti ad adorarlo».
3All'udire questo, il re Erode restò turbato e con lui tutta Geru-
salemme. 4Riuniti tutti i capi dei sacerdoti e gli scribi del popo-
lo, si informava da loro sul luogo in cui doveva nascere il Cri-
sto. 5Gli risposero: «A Betlemme di Giudea, perché così è scrit-
to per mezzo del profeta:

6*E tu, Betlemme,* terra di Giuda,
non *sei* davvero *l'ultima delle città principali di Giuda:*
da te infatti uscirà un capo
che sarà il pastore del mio popolo, Israele».

7Allora Erode, chiamati segretamente i Magi, si fece dire da
loro con esattezza il tempo in cui era apparsa la stella 8e li inviò
a Betlemme dicendo: «Andate e informatevi accuratamente sul
bambino e, quando l'avrete trovato, fatemelo sapere, perché an-
ch'io venga ad adorarlo».
9Udito il re, essi partirono. Ed ecco, la stella, che avevano vi-
sto spuntare, li precedeva, finché giunse e si fermò sopra il luo-
go dove si trovava il bambino. 10Al vedere la stella, provarono
una gioia grandissima. 11Entrati nella casa, videro il bambino
con Maria sua madre, si prostrarono e lo adorarono. Poi apriro-
no i loro scrigni e gli offrirono in dono oro, incenso e mirra.
12Avvertiti in sogno di non tornare da Erode, per un'altra strada
fecero ritorno al loro paese.

Fuga in Egitto - 13Essi erano appena partiti, quando un angelo
del Signore apparve in sogno a Giuseppe e gli disse: «Àlzati,

2,11 I tre doni dei Magi sono tradizionalmente interpretati come un omaggio a Gesù che è re (l'oro), Dio (l'incenso) e uomo chiamato a soffrire (la mirra, unguento usato per profumare le salme dei defunti). Dal numero dei doni, la tradizione ha dedotto che anche i Magi fossero tre, ma il Vangelo non dice nulla a questo proposito.

2,13-18 I richiami all'Antico Testamento si moltiplicano: la fuga in Egitto ricorda quella dei figli di Giacobbe, che raggiunsero là il fratello Giuseppe per scampare a una carestia (cfr. Gen

prendi con te il bambino e sua madre, fuggi in Egitto e resta là finché non ti avvertirò: Erode infatti vuole cercare il bambino per ucciderlo».
[14]Egli si alzò, nella notte, prese il bambino e sua madre e si ri-
fugiò in Egitto, [15]dove rimase fino alla morte di Erode, perché si compisse ciò che era stato detto dal Signore per mezzo del profeta:

Dall'Egitto ho chiamato mio figlio.

[16]Quando Erode si accorse che i Magi si erano presi gioco di lui, si infuriò e mandò a uccidere tutti i bambini che stavano a Betlemme e in tutto il suo territorio e che avevano da due anni in giù, secondo il tempo che aveva appreso con esattezza dai
Magi. [17]Allora si compì ciò che era stato detto per mezzo del profeta Geremia:

[18]*Un grido è stato udito in Rama,*
un pianto e un lamento grande:
Rachele piange i suoi figli
e non vuole essere consolata,
perché non sono più.

Ritorno a Nàzaret - [19]Morto Erode, ecco, un angelo del Signo-
re apparve in sogno a Giuseppe in Egitto [20]e gli disse: «Àlzati, prendi con te il bambino e sua madre e va' nella terra d'Israele; sono morti infatti quelli che cercavano di uccidere il bambino».
[21]Egli si alzò, prese il bambino e sua madre ed entrò nella terra
d'Israele. [22]Ma, quando venne a sapere che nella Giudea regnava Archelao al posto di suo padre Erode, ebbe paura di andarvi.

46); la strage degli innocenti ordinata dal re Erode ricalca l'uccisione dei figli maschi di Israele voluta dal faraone al tempo di Mosè (cfr. Es 1,22). Matteo è attento alle profonde sintonie che sembrano sovrapporre gli inizi della storia del popolo d'Israele e il compimento della storia della salvezza.

Avvertito poi in sogno, si ritirò nella regione della Galilea [23]e andò ad abitare in una città chiamata Nàzaret, perché si compisse ciò che era stato detto per mezzo dei profeti: «Sarà chiamato Nazareno».

I CINQUE LIBRI DELLA NUOVA LEGGE

LIBRO I: UNA GRANDE NOVITÀ
(Mt 3,1 - 7,27)

La figura di Giovanni il Battista funziona da trait d'union *tra il mondo giudaico e quello cristiano, tra l'antica e la nuova alleanza: predicando la conversione, prepara gli uomini e le donne del suo tempo ad accogliere la novità assoluta dell'annuncio di Gesù. Questa prima sezione narrativa (3,1 - 4,25) è seguita dal* Discorso inaugurale – *chiamato anche* Discorso della montagna – *che è il più importante pronunciamento di Gesù. Questa sorta di annuncio programmatico, a cui il Vangelo dedica tre lunghi capitoli (dal 5 al 7), si apre con la proclamazione delle beatitudini (ritratto del Cristo stesso), e prosegue mostrando in che modo egli intenda interpretare la Legge mosaica, rinnovandola senza abolirla, rivelandone cioè il vero e profondo significato.* ■

Gesù, Giovanni Battista e i primi discepoli
(Mt 3,1 - 4,25)

3 **Giovanni Battista** - [1]In quei giorni venne Giovanni il Battista e predicava nel deserto della Giudea [2]dicendo: «Convertitevi, perché il regno dei cieli è vicino!».

[3]Egli infatti è colui del quale aveva parlato il profeta Isaia quando disse:

Voce di uno che grida nel deserto:
Preparate la via del Signore,
raddrizzate i suoi *sentieri!*

4 E lui, Giovanni, portava un vestito di peli di cammello e una
cintura di pelle attorno ai fianchi; il suo cibo erano cavallette e
miele selvatico.
5 Allora Gerusalemme, tutta la Giudea e tutta la zona lungo il
Giordano accorrevano a lui 6 e si facevano battezzare da lui nel
fiume Giordano, confessando i loro peccati.

Predicazione di Giovanni Battista - 7 Vedendo molti farisei e
sadducei venire al suo battesimo, disse loro: «Razza di vipere!
Chi vi ha fatto credere di poter sfuggire all'ira imminente? 8 Fa-
te dunque un frutto degno della conversione, 9 e non crediate di
poter dire dentro di voi: "Abbiamo Abramo per padre!". Perché
io vi dico che da queste pietre Dio può suscitare figli ad Abra-
mo. 10 Già la scure è posta alla radice degli alberi; perciò ogni al-
bero che non dà buon frutto viene tagliato e gettato nel fuoco.
11 Io vi battezzo nell'acqua per la conversione; ma colui che vie-
ne dopo di me è più forte di me e io non sono degno di portar-
gli i sandali; egli vi battezzerà in Spirito Santo e fuoco. 12 Tiene
in mano la pala e pulirà la sua aia e raccoglierà il suo frumento
nel granaio, ma brucerà la paglia con un fuoco inestinguibile».

Battesimo di Gesù - 13 Allora Gesù dalla Galilea venne al Gior-
dano da Giovanni, per farsi battezzare da lui. 14 Giovanni però
voleva impedirglielo, dicendo: «Sono io che ho bisogno di es-

3,7-12 L'invito di Giovanni Battista alla conversione è analogo a quello che formulerà Gesù in 4,17: *Convertitevi, perché il regno dei cieli è vicino*. La predicazione di Giovanni ha però un tono fortemente polemico e punta più sul castigo per i peccati che sul perdono.

3,13-14 Gesù appare in scena per la prima volta dopo i racconti dell'infanzia. La sua comparsa avviene in maniera semplice, senza una presentazione ufficiale: egli viene per essere battezzato, cosa che provoca la reazione di Giovanni.

sere battezzato da te, e tu vieni da me?». 15Ma Gesù gli rispose:
«Lascia fare per ora, perché conviene che adempiamo ogni giu-
stizia». Allora egli lo lasciò fare. 16Appena battezzato, Gesù uscì
dall'acqua: ed ecco, si aprirono per lui i cieli ed egli vide lo Spi-
rito di Dio discendere come una colomba e venire sopra di lui.
17Ed ecco una voce dal cielo che diceva: «Questi è il Figlio mio,
l'amato: in lui ho posto il mio compiacimento».

4 **Tentazioni nel deserto** - 1Allora Gesù fu condotto dallo Spi-
rito nel deserto, per essere tentato dal diavolo. 2Dopo aver
digiunato quaranta giorni e quaranta notti, alla fine ebbe fame. 3Il
tentatore gli si avvicinò e gli disse: «Se tu sei Figlio di Dio, di'
che queste pietre diventino pane». 4Ma egli rispose: «Sta scritto:

Non di solo pane vivrà l'uomo,
ma di ogni parola che esce dalla bocca di Dio».

5Allora il diavolo lo portò nella città santa, lo pose sul punto
più alto del tempio 6e gli disse: «Se tu sei Figlio di Dio, gèttati
giù; sta scritto infatti:

Ai suoi angeli darà ordini a tuo riguardo
ed essi ti porteranno sulle loro mani
perché il tuo piede non inciampi in una pietra».

3,15 La risposta di Gesù a Giovanni Battista è incentrata sul verbo *adempiere*, che fa riferimento al compimento della volontà di Dio, detta anche *giustizia*. In altre parole, quello che sta avvenendo, cioè il battesimo di Gesù, fa parte del mistero di salvezza voluto da Dio.
3,17 La voce di Dio dichiara realizzate in Gesù tre figure dell'Antico Testamento: il re-messia (Sal 2,7), il figlio amato (Gen 22,2) e il servo eletto per una missione particolare (Is 42,1). In una sola frase sono raccolte le tre grandi parti delle Scritture ebraiche: Torah (Gen 22,2), Profeti (Is 42,1) e Scritti (Sal 2,7).
4,1-11 Gesù rifà l'esperienza del popolo d'Israele, messo alla prova da Dio nel deserto «per sapere quello che aveva nel cuore» (cfr. Dt 8,2). Qui però a tentare il Messia è il *diavolo* (vv. 5.8.11: calunniatore, ingannatore, divisore), detto anche *tentatore* (v. 3) e *satana* (v. 10: avversario, oppositore).

[7]Gesù gli rispose: «Sta scritto anche:

Non metterai alla prova il Signore Dio tuo».

[8]Di nuovo il diavolo lo portò sopra un monte altissimo e gli mostrò tutti i regni del mondo e la loro gloria [9]e gli disse: «Tutte queste cose io ti darò se, gettandoti ai miei piedi, mi adorerai». [10]Allora Gesù gli rispose: «Vattene, Satana! Sta scritto infatti:

Il Signore, Dio tuo, adorerai:
a lui solo renderai culto».

[11]Allora il diavolo lo lasciò, ed ecco, degli angeli gli si avvicinarono e lo servivano.

Predicazione di Gesù a Cafàrnao - [12]Quando Gesù seppe che Giovanni era stato arrestato, si ritirò nella Galilea, [13]lasciò Nàzaret e andò ad abitare a Cafàrnao, sulla riva del mare, nel territorio di Zàbulon e di Nèftali, [14]perché si compisse ciò che era stato detto per mezzo del profeta Isaia:

[15]*Terra di Zàbulon* e *terra di Nèftali,*
sulla via del mare, oltre il Giordano,
Galilea delle genti!
[16]*Il popolo che abitava nelle tenebre*
vide una grande luce,

4,7 *Non metterai alla prova il Signore* significa mancare di fede, esasperando gli aspetti negativi della propria situazione per spingere Dio a intervenire. Gesù invita a non strumentalizzare il Signore, che già nell'Antico Testamento si lamentava così del suo popolo: «Mi tentarono i vostri padri, mi misero alla prova, pur avendo visto le mie opere» (Sal 95,9).

4,12-16 Qui l'evangelista Matteo presenta Gesù in maniera solenne, con molti richiami all'Antico Testamento. Giunge la luce per tutte le genti, colui che offre la via d'uscita al popolo avvolto dalle tenebre.

per quelli *che abitavano in regione e ombra di morte*
una luce è sorta.

[17]Da allora Gesù cominciò a predicare e a dire: «Convertitevi, perché il regno dei cieli è vicino».

Chiamata dei primi discepoli - [18]Mentre camminava lungo il mare di Galilea, vide due fratelli, Simone, chiamato Pietro, e Andrea suo fratello, che gettavano le reti in mare; erano infatti pescatori. [19]E disse loro: «Venite dietro a me, vi farò pescatori di uomini». [20]Ed essi subito lasciarono le reti e lo seguirono. [21]Andando oltre, vide altri due fratelli, Giacomo, figlio di Zebedeo, e Giovanni suo fratello, che nella barca, insieme a Zebedeo loro padre, riparavano le loro reti, e li chiamò. [22]Ed essi subito lasciarono la barca e il loro padre e lo seguirono.

Grandi folle al seguito di Gesù - [23]Gesù percorreva tutta la Galilea, insegnando nelle loro sinagoghe, annunciando il vangelo del Regno e guarendo ogni sorta di malattie e di infermità nel popolo. [24]La sua fama si diffuse per tutta la Siria e conducevano a lui tutti i malati, tormentati da varie malattie e dolori, indemoniati, epilettici e paralitici; ed egli li guarì. [25]Grandi folle cominciarono a seguirlo dalla Galilea, dalla Decàpoli, da Gerusalemme, dalla Giudea e da oltre il Giordano.

4,17 La predicazione di Gesù invita alla conversione, al pentimento, alla sottomissione alla volontà divina. Ciò è motivato dall'avvicinarsi, in Gesù stesso, di Dio e della sua salvezza. Cfr. Is 56,1: «Osservate il diritto e praticate la giustizia, perché la mia salvezza sta per venire, la mia giustiziai sta per rivelarsi».

4,19 *Pescatori di uomini*, cioè missionari. Gesù utilizza l'espressione *pescatori* per indicare una continuità con la professione praticata dai discepoli nella loro vita di tutti i giorni. La chiamata a una vita nuova non cancella l'esistenza precedente, le abitudini, le doti acquisite nel tempo.

Discorso inaugurale
(Mt 5,1 - 7,27)

5 **Le beatitudini** - 1Vedendo le folle, Gesù salì sul monte: si
pose a sedere e si avvicinarono a lui i suoi discepoli. 2Si mi-
se a parlare e insegnava loro dicendo:

3«Beati i poveri in spirito,
perché di essi è il regno dei cieli.
4Beati quelli che sono nel pianto,
perché saranno consolati.
5Beati i miti,
perché avranno in eredità la terra.
6Beati quelli che hanno fame e sete della giustizia,
perché saranno saziati.
7Beati i misericordiosi,
perché troveranno misericordia.
8Beati i puri di cuore,
perché vedranno Dio.
9Beati gli operatori di pace,
perché saranno chiamati figli di Dio.

5,1 Inizia il più ampio dei cinque discorsi del Vangelo di Matteo, detto anche *Discorso della montagna* dal luogo in cui viene pronunciato. Ha il valore di prima proclamazione pubblica del Vangelo da parte di Gesù e contiene sia la rivelazione della buona notizia sia l'appello concreto a vivere la fede in pienezza.

5,3-12 Otto beatitudini aprono il discorso inaugurale. Esse da un lato qualificano la condizione di chi vive secondo il Vangelo: il discepolo già ora è *beato, felice, fortunato*, perché ha scelto la strada migliore, anche se più difficile. Dall'altro costituiscono una promessa per la vita futura, assicurata da Dio a coloro che fanno affidamento sulla sua parola.

5,3 La beatitudine fondamentale, della quale le altre sono un'esplicitazione, riguarda i *poveri in spirito*. L'espressione fa riferimento a quelli che l'Antico Testamento chiama *poveri del Signore*, alludendo al fatto che egli assicura il suo intervento in favore di coloro che sono privi di sicurezza materiale e sociale, oppressi, senza importanza. L'aggiunta *in spirito* sottolinea che si tratta di persone che cercano il Signore. Essi sono dunque *mendicanti davanti a Dio*; entreranno in futuro nel Regno, ma questo è loro destinato già fin da ora.

10 Beati i perseguitati per la giustizia,
perché di essi è il regno dei cieli.
11 Beati voi quando vi insulteranno, vi perseguiteranno e, men-
tendo, diranno ogni sorta di male contro di voi per causa mia.
12 Rallegratevi ed esultate, perché grande è la vostra ricompensa
nei cieli. Così infatti perseguitarono i profeti che furono prima
di voi.

Sale della terra, luce del mondo - 13 Voi siete il sale della terra; ma
se il sale perde il sapore, con che cosa lo si renderà salato? A nul-
l'altro serve che ad essere gettato via e calpestato dalla gente.
14 Voi siete la luce del mondo; non può restare nascosta una
città che sta sopra un monte, 15 né si accende una lampada per
metterla sotto il moggio, ma sul candelabro, e così fa luce a tut-
ti quelli che sono nella casa. 16 Così risplenda la vostra luce da-
vanti agli uomini, perché vedano le vostre opere buone e ren-
dano gloria al Padre vostro che è nei cieli.

Gesù e la Legge di Israele - 17 Non crediate che io sia venuto ad
abolire la Legge o i Profeti; non sono venuto ad abolire, ma a da-
re pieno compimento. 18 In verità io vi dico: finché non siano
passati il cielo e la terra, non passerà un solo iota o un solo trat-
tino della Legge, senza che tutto sia avvenuto. 19 Chi dunque tra-
sgredirà uno solo di questi minimi precetti e insegnerà agli al-
tri a fare altrettanto, sarà considerato minimo nel regno dei cie-
li. Chi invece li osserverà e li insegnerà, sarà considerato gran-
de nel regno dei cieli.

5,17 Gesù sottolinea il valore positivo delle Scritture antiche e in particolare dei precetti contenuti nella Legge ebraica. Egli non è venuto ad abrogarli ma a portarli a perfezione, recuperando gli intenti morali profondi da cui erano nati.

5,18 *Senza che tutto sia avvenuto* può essere tradotto anche «finché tutto avvenga»: la Legge va adempiuta alla lettera finché perdura questo mondo, anche se c'è qualcosa di superiore ad essa, che la compie e la fonda, e che viene espresso nell'insegnamento di Gesù (cfr. 24,35: «Il cielo e la terra passeranno, ma le mie parole non passeranno»).

[20]Io vi dico infatti: se la vostra giustizia non supererà quella degli scribi e dei farisei, non entrerete nel regno dei cieli.

Non ucciderai - [21]Avete inteso che fu detto agli antichi: *Non ucciderai*; chi avrà ucciso dovrà essere sottoposto al giudizio. [22]Ma io vi dico: chiunque si adira con il proprio fratello dovrà essere sottoposto al giudizio. Chi poi dice al fratello: "Stupido", dovrà essere sottoposto al sinedrio; e chi gli dice: "Pazzo", sarà destinato al fuoco della Geènna.

[23]Se dunque tu presenti la tua offerta all'altare e lì ti ricordi che tuo fratello ha qualche cosa contro di te, [24]lascia lì il tuo dono davanti all'altare, va' prima a riconciliarti con il tuo fratello e poi torna a offrire il tuo dono.

[25]Mettiti presto d'accordo con il tuo avversario mentre sei in cammino con lui, perché l'avversario non ti consegni al giudice e il giudice alla guardia, e tu venga gettato in prigione. [26]In verità io ti dico: non uscirai di là finché non avrai pagato fino all'ultimo spicciolo!

Non commetterai adulterio - [27]Avete inteso che fu detto: *Non commetterai adulterio.* [28]Ma io vi dico: chiunque guarda una donna per desiderarla, ha già commesso adulterio con lei nel proprio cuore.

[29]Se il tuo occhio destro ti è motivo di scandalo, cavalo e gettalo via da te: ti conviene infatti perdere una delle tue membra,

5,20 Gesù propone un superamento qualitativo della «giustizia che viene dalla Legge» (Rm 10,5). La competizione con gli scribi e i farisei non riguarda l'osservanza materiale della Legge, ma la capacità di coglierne le intenzionalità profonde, come il Maestro indica nelle contrapposizioni che seguono.
5,21 Dopo aver citato il quinto comandamento del decalogo, Gesù impone di evitare non solo l'omicidio, ma qualunque atteggiamento di astio o di offesa.
5,27-28 Dopo aver citato il sesto comandamento del decalogo, Gesù chiede di evitare l'adulterio non solo nei fatti, ma anche nello sguardo e nel pensiero. Vi è un passaggio dal piano legale a quello degli atteggiamenti profondi dell'individuo e delle relazioni interpersonali.

piuttosto che tutto il tuo corpo venga gettato nella Geènna. [30]E se la tua mano destra ti è motivo di scandalo, tagliala e gettala via da te: ti conviene infatti perdere una delle tue membra, piuttosto che tutto il tuo corpo vada a finire nella Geènna.

L'atto di ripudio - [31]Fu pure detto: "Chi ripudia la propria moglie, le dia l'atto del ripudio". [32]Ma io vi dico: chiunque ripudia la propria moglie, eccetto il caso di unione illegittima, la espone all'adulterio, e chiunque sposa una ripudiata, commette adulterio.

Non giurerai il falso - [33]Avete anche inteso che fu detto agli antichi: "Non giurerai il falso, ma adempirai verso il Signore i tuoi giuramenti". [34]Ma io vi dico: non giurate affatto, né per il cielo, perché è il trono di Dio, [35]né per la terra, perché è lo sgabello dei suoi piedi, né per Gerusalemme, perché è la città del grande Re. [36]Non giurare neppure per la tua testa, perché non hai il potere di rendere bianco o nero un solo capello. [37]Sia invece il vostro parlare: "Sì, sì", "No, no"; il di più viene dal Maligno.

Occhio per occhio, dente per dente - [38]Avete inteso che fu detto: *Occhio per occhio* e *dente per dente*. [39]Ma io vi dico di non

5,31-32 In maniera più rigorosa rispetto alla prassi corrente al suo tempo, Gesù comanda di evitare il divorzio, che conduce all'adulterio, quindi alla situazione precedente (vv. 27-28). Unica eccezione: il caso della *porneia*, espressione greca che può alludere alla pratica di rapporti illegittimi. Sul senso preciso da attribuire a questo termine, però, non esiste attualmente un accordo tra gli studiosi.
5,33-37 Mentre la Legge antica proibiva di giurare il falso in nome di Dio, Gesù chiede di evitare ogni forma di giuramento. Non occorre scomodare Dio: è sufficiente dare più valore alle parole (il *sì* e il *no*) che pronunciamo.
5,38 La legge del taglione, diffusa in tutte le legislazioni antiche (fin dal codice di Hammurabi: 1800 a.C. circa) aveva come scopo di controllare la vendetta dei clan familiari che subivano un affronto; per far questo stabiliva una pena proporzionata al reato commesso nel caso dei delitti più frequenti.
5,39-42 Gesù propone di attenersi non tanto alla violenza controllata della legge del taglione, ma all'assoluta nonviolenza. Si tratta di un modo di vivere dotato di una dimensione attiva, alter-

opporvi al malvagio; anzi, se uno ti dà uno schiaffo sulla guan-
cia destra, tu pórgigli anche l'altra, [40]e a chi vuole portarti in tri-
bunale e toglierti la tunica, tu lascia anche il mantello. [41]E se
uno ti costringerà ad accompagnarlo per un miglio, tu con lui
fanne due. [42]Da' a chi ti chiede, e a chi desidera da te un presti-
to non voltare le spalle.

Amerai il tuo prossimo - [43]Avete inteso che fu detto: *Amerai il
tuo prossimo* e odierai il tuo nemico. [44]Ma io vi dico: amate i
vostri nemici e pregate per quelli che vi perseguitano, [45]affin-
ché siate figli del Padre vostro che è nei cieli; egli fa sorgere il
suo sole sui cattivi e sui buoni, e fa piovere sui giusti e sugli in-
giusti. [46]Infatti, se amate quelli che vi amano, quale ricompen-
sa ne avete? Non fanno così anche i pubblicani? [47]E se date il sa-
luto soltanto ai vostri fratelli, che cosa fate di straordinario? Non
fanno così anche i pagani? [48]Voi, dunque, siate perfetti come è
perfetto il Padre vostro celeste.

6 **L'elemosina -** [1]State attenti a non praticare la vostra giusti-
zia davanti agli uomini per essere ammirati da loro, altri-
menti non c'è ricompensa per voi presso il Padre vostro che è
nei cieli. [2]Dunque, quando fai l'elemosina, non suonare la trom-
ba davanti a te, come fanno gli ipocriti nelle sinagoghe e nelle
strade, per essere lodati dalla gente. In verità io vi dico: hanno
già ricevuto la loro ricompensa. [3]Invece, mentre tu fai l'elemo-
sina, non sappia la tua sinistra ciò che fa la tua destra, [4]perché

nativa, volta a creare un rapporto nuovo tra le persone: il problema non è solo di evitare l'altro e la sua eventuale tendenza all'intromissione o alla sopraffazione, ma di considerarlo in ogni caso un fratello con il quale rapportarsi.

5,43-48 Esplicitando ulteriormente quanto detto a proposito della legge del taglione, Gesù insegna a non accontentarsi dell'amore del prossimo e invita ad amare perfino i nemici. Così fa del resto Dio stesso, presso il quale non esiste preferenza di persone.

6,3-4 Gesù condanna chi si esalta da sé. Il premio del discepolo sta nel rapporto che egli può instaurare con Dio: una relazione filiale, intima e personale, che è appunto il contrario di ogni esibizione.

la tua elemosina resti nel segreto; e il Padre tuo, che vede nel se-
greto, ti ricompenserà.

La preghiera - 5E quando pregate, non siate simili agli ipocriti
che, nelle sinagoghe e negli angoli delle piazze, amano pregare
stando ritti, per essere visti dalla gente. In verità io vi dico: han-
no già ricevuto la loro ricompensa. 6Invece, quando tu preghi,
entra nella tua camera, chiudi la porta e prega il Padre tuo, che è
nel segreto; e il Padre tuo, che vede nel segreto, ti ricompenserà.

Il «Padre nostro» - 7Pregando, non sprecate parole come i pa-
gani: essi credono di venire ascoltati a forza di parole. 8Non sia-
te dunque come loro, perché il Padre vostro sa di quali cose ave-
te bisogno prima ancora che gliele chiediate.
9Voi dunque pregate così:

Padre nostro che sei nei cieli,
sia santificato il tuo nome,
10venga il tuo regno,
sia fatta la tua volontà,
come in cielo così in terra.
11Dacci oggi il nostro pane quotidiano,
12e rimetti a noi i nostri debiti
come anche noi li rimettiamo ai nostri debitori,

6,9-13 La preghiera fondamentale di Gesù e dei cristiani, il *Padre nostro*, prende nome dal suo inizio. Essa attesta la possibilità di chiamare Dio *padre* o anche *papà*, e quindi di partecipare al rapporto specialissimo che c'è tra Dio e il Figlio suo Gesù Cristo. Tale preghiera viene consegnata al credente al momento del battesimo.
6,9 *Sia santificato il tuo nome*. L'espressione invita Dio a manifestare la propria grandezza e gli uomini a riconoscerla nella storia e a onorarla.
6,10 *Sia fatta la tua volontà*. Il discepolo è chiamato a pregare affinché il progetto di Dio si compia. Realizzare la volontà divina non spetta solo all'uomo, il quale è comunque invitato a non ostacolare il piano di salvezza del Signore con propri voleri o desideri. Si prega Dio perché egli stesso compia le sue promesse in favore dell'umanità.
6,12 Il termine tradotto con *debiti* rimanda a una parola aramaica che può

[13]e non abbandonarci alla tentazione,
ma liberaci dal male.

[14]Se voi infatti perdonerete agli altri le loro colpe, il Padre vo-
stro che è nei cieli perdonerà anche a voi; [15]ma se voi non perdo-
nerete agli altri, neppure il Padre vostro perdonerà le vostre colpe.

Il digiuno - [16]E quando digiunate, non diventate malinconici co-
me gli ipocriti, che assumono un'aria disfatta per far vedere agli
altri che digiunano. In verità io vi dico: hanno già ricevuto la
loro ricompensa. [17]Invece, quando tu digiuni, profùmati la testa
e làvati il volto, [18]perché la gente non veda che tu digiuni, ma so-
lo il Padre tuo, che è nel segreto; e il Padre tuo, che vede nel se-
greto, ti ricompenserà.

Il vero tesoro - [19]Non accumulate per voi tesori sulla terra, do-
ve tarma e ruggine consumano e dove ladri scassìnano e ruba-
no; [20]accumulate invece per voi tesori in cielo, dove né tarma né
ruggine consumano e dove ladri non scassìnano e non rubano.
[21]Perché, dov'è il tuo tesoro, là sarà anche il tuo cuore.

Un occhio limpido - [22]La lampada del corpo è l'occhio; per-
ciò, se il tuo occhio è semplice, tutto il tuo corpo sarà lumino-
so; [23]ma se il tuo occhio è cattivo, tutto il tuo corpo sarà tene-
broso. Se dunque la luce che è in te è tenebra, quanto grande
sarà la tenebra!

significare anche *peccati*: l'uomo davanti a Dio è come un debitore insolvente, che può sperare soltanto nel condono.

6,13 Per intendere bene quest'ultima richiesta al Padre si può ricordare il Salmo 141,4: «Non lasciare che il mio cuore si pieghi al male e compia azioni inique con i malfattori». Il discepolo non chiede di essere esente dalla tentazione, cosa questa impossibile finché vive sulla terra, ma di non soccombere quando è tentato.

6,19 Comincia qui una sezione del discorso inaugurale dedicata al distacco dai beni terreni e all'abbandono fiducioso nelle mani di Dio. In questo modo il discepolo è invitato a non cedere alle preoccupazioni e a manifestare il primato del Regno.

Il denaro - 24Nessuno può servire due padroni, perché o odierà
l'uno e amerà l'altro, oppure si affezionerà all'uno e disprez-
zerà l'altro. Non potete servire Dio e la ricchezza.

Affidarsi al Padre - 25Perciò io vi dico: non preoccupatevi per la
vostra vita, di quello che mangerete o berrete, né per il vostro
corpo, di quello che indosserete; la vita non vale forse più del ci-
bo e il corpo più del vestito? 26Guardate gli uccelli del cielo: non
séminano e non mietono, né raccolgono nei granai; eppure il
Padre vostro celeste li nutre. Non valete forse più di loro? 27E chi
di voi, per quanto si preoccupi, può allungare anche di poco la
propria vita? 28E per il vestito, perché vi preoccupate? Osserva-
te come crescono i gigli del campo: non faticano e non filano.
29Eppure io vi dico che neanche Salomone, con tutta la sua glo-
ria, vestiva come uno di loro. 30Ora, se Dio veste così l'erba del
campo, che oggi c'è e domani si getta nel forno, non farà mol-
to di più per voi, gente di poca fede? 31Non preoccupatevi dun-
que dicendo: "Che cosa mangeremo? Che cosa berremo? Che
cosa indosseremo?". 32Di tutte queste cose vanno in cerca i pa-
gani. Il Padre vostro celeste, infatti, sa che ne avete bisogno.
33Cercate invece, anzitutto, il regno di Dio e la sua giustizia, e
tutte queste cose vi saranno date in aggiunta. 34Non preoccupa-
tevi dunque del domani, perché il domani si preoccuperà di se
stesso. A ciascun giorno basta la sua pena.

7 **La pagliuzza e la trave** - 1Non giudicate, per non essere giu-
dicati; 2perché con il giudizio con il quale giudicate sarete

6,25-34 I pagani rischiano di essere ossessionati da preoccupazioni materiali, dal momento che non credono in un Dio padre premuroso. Invece i discepoli sono invitati ad affidarsi totalmente alla sua bontà, cercando prima il regno dei cieli e il compimento della sua volontà (*la sua giustizia*), che permette di conseguire la pienezza della vita.

7,1 *Non giudicate* non significa astenersi dall'avere uno sguardo critico e una capacità di esaminare e valutare le cose che accadono. Gesù qui invita a non giudicare le intenzioni delle persone, e quindi a non condannare senza appello, dal momento che di fronte a Dio tutti gli uomini sono peccatori e lui solo sa vedere quello che c'è nei cuori.

giudicati voi e con la misura con la quale misurate sarà misura-
to a voi. 3Perché guardi la pagliuzza che è nell'occhio del tuo
fratello, e non ti accorgi della trave che è nel tuo occhio? 4O co-
me dirai al tuo fratello: "Lascia che tolga la pagliuzza dal tuo oc-
chio", mentre nel tuo occhio c'è la trave? 5Ipocrita! Togli prima
la trave dal tuo occhio e allora ci vedrai bene per togliere la pa-
gliuzza dall'occhio del tuo fratello.

Le perle ai porci - 6Non date le cose sante ai cani e non gettate le vostre perle davanti ai porci, perché non le calpestino con le loro zampe e poi si voltino per sbranarvi.

Domandare al Padre - 7Chiedete e vi sarà dato, cercate e trove-
rete, bussate e vi sarà aperto. 8Perché chiunque chiede riceve, e
chi cerca trova, e a chi bussa sarà aperto. 9Chi di voi, al figlio che
gli chiede un pane, darà una pietra? 10E se gli chiede un pesce,
gli darà una serpe? 11Se voi, dunque, che siete cattivi, sapete da-
re cose buone ai vostri figli, quanto più il Padre vostro che è nei
cieli darà cose buone a quelli che gliele chiedono!

La regola d'oro - 12Tutto quanto volete che gli uomini faccia-
no a voi, anche voi fatelo a loro: questa infatti è la Legge e i
Profeti.

7,6 Le *cose sante* che non vanno distribuite senza criterio sono, in questo caso, i misteri del Regno e gli insegnamenti del Vangelo.
7,11 Gesù si rivolge ai suoi ascoltatori definendoli in linea di massima *cattivi*. Non si tratta di un giudizio offensivo, ma della segnalazione di una radicale differenza tra gli uomini e Dio: questi soltanto è *buono* (cfr. 19,17) e dà *cose buone* (il Regno, lo Spirito Santo: cfr. Lc 11,13).

7,12 Il confronto di Gesù con la Legge era iniziato dichiarando l'intenzione di non abolirla ma di ritrovarne la radice e il compimento (cfr. 5,17). Ora è possibile riassumerne lo spirito in un insegnamento che riecheggia l'Antico Testamento («Amerai il tuo prossimo come te stesso»: Lv 19,18). L'apostolo Paolo dirà con parole simili: «La carità non fa alcun male al prossimo: pienezza della Legge è infatti la carità»: Rm 13,10.

Le due vie - [13]Entrate per la porta stretta, perché larga è la porta e spaziosa la via che conduce alla perdizione, e molti sono quelli che vi entrano. [14]Quanto stretta è la porta e angusta la via che conduce alla vita, e pochi sono quelli che la trovano!

Falsi profeti - [15]Guardatevi dai falsi profeti, che vengono a voi in veste di pecore, ma dentro sono lupi rapaci! [16]Dai loro frutti li riconoscerete. Si raccoglie forse uva dagli spini, o fichi dai rovi? [17]Così ogni albero buono produce frutti buoni e ogni albero cattivo produce frutti cattivi; [18]un albero buono non può produrre frutti cattivi, né un albero cattivo produrre frutti buoni. [19]Ogni albero che non dà buon frutto viene tagliato e gettato nel fuoco. [20]Dai loro frutti dunque li riconoscerete.

Veri discepoli - [21]Non chiunque mi dice: "Signore, Signore", entrerà nel regno dei cieli, ma colui che fa la volontà del Padre mio che è nei cieli. [22]In quel giorno molti mi diranno: "Signore, Signore, non abbiamo forse profetato nel tuo nome? E nel tuo nome non abbiamo forse scacciato demòni? E nel tuo nome non abbiamo forse compiuto molti prodigi?". [23]Ma allora io dichiarerò loro: "Non vi ho mai conosciuti. Allontanatevi da me, voi che operate l'iniquità!".

[24]Perciò chiunque ascolta queste mie parole e le mette in pratica, sarà simile a un uomo saggio, che ha costruito la sua casa sulla roccia. [25]Cadde la pioggia, straripareno i fiumi, soffiarono

7,13-14 Il confronto tra le due porte e le due vie esprime l'invito a percorrere la strada difficile della vita evitando la sua alternativa facile, la via *che conduce alla perdizione*. L'opposizione continuerà con altre immagini: quella dei profeti falsi e veri (vv. 15-20) e quella della casa costruita sulla roccia e sulla sabbia (vv. 21-27). In questa sezione conclusiva del discorso inaugurale l'accento è posto sulla necessità di una prassi conseguente alla scelta di fede e destinata a portare molto frutto.

7,21-23 Il criterio per distinguere i veri dai falsi discepoli è analogo a quello adottato con i profeti (cfr. vv. 15-20): non contano le invocazioni a parole, o i gesti clamorosi compiuti nel nome di Gesù; conta la coerenza della vita, la presenza dei «frutti buoni» della condotta di fede, il *fare la volontà* del Padre manifestata dalle parole di Gesù.

i venti e si abbatterono su quella casa, ma essa non cadde, per-
ché era fondata sulla roccia. [26]Chiunque ascolta queste mie pa-
role e non le mette in pratica, sarà simile a un uomo stolto, che
ha costruito la sua casa sulla sabbia. [27]Cadde la pioggia, strari-
parono i fiumi, soffiarono i venti e si abbatterono su quella ca-
sa, ed essa cadde e la sua rovina fu grande».

LIBRO II: TUTTO UN MONDO DA GUARIRE
(Mt 7,28 - 10,42)

Questo secondo libro del Vangelo di Matteo si apre con una sezione narrativa (7,28 - 9,38) che riporta una sorprendente serie di prodigi operati dal Signore: se ne possono contare addirittura dieci! Il lettore è così posto di fronte all'incontenibile novità entrata nel mondo grazie a Gesù, che si mostra profeta potente in parole e in opere, Messia venuto a ristabilire l'ordine nella creazione, a ridonare a ogni uomo e a ogni donna una vita piena. Questo stesso potere viene poi affidato anche ai Dodici, che sono inviati alle «pecore perdute della casa d'Israele» (10,6) per scacciare «gli spiriti impuri» e «guarire ogni malattia e ogni infermità» (10,1) nel contesto del secondo grande insegnamento del Maestro: il Discorso missionario, *a cui è dedicato il capitolo 10.* ■

Dieci racconti di guarigione
(Mt 7,28 - 9,38)

[28]Quando Gesù ebbe terminato questi discorsi, le folle erano
stupite del suo insegnamento: [29]egli infatti insegnava loro come
uno che ha autorità, e non come i loro scribi.

7,28 - 8,4 Il primo miracolo di Gesù raccontato da Matteo è la guarigione del lebbroso, che avrà stupito le folle tanto quanto gli insegnamenti dati con autorità. In effetti l'Antico Testamento separava il puro dall'impuro, il sano dal lebbroso: questi doveva portare «vesti strappate e il capo scoperto… è impuro,

8 **Guarigione di un lebbroso** - [1]Scese dal monte e molta fol-
la lo seguì. [2]Ed ecco, si avvicinò un lebbroso, si prostrò
davanti a lui e disse: «Signore, se vuoi, puoi purificarmi». [3]Te-
se la mano e lo toccò dicendo: «Lo voglio: sii purificato!». E
subito la sua lebbra fu guarita. [4]Poi Gesù gli disse: «Guàrdati
bene dal dirlo a qualcuno; va' invece a mostrarti al sacerdote e
presenta l'offerta prescritta da Mosè come testimonianza per
loro».

Guarigione del servo di un centurione - [5]Entrato in Cafàrnao,
gli venne incontro un centurione che lo scongiurava e diceva:
[6]«Signore, il mio servo è in casa, a letto, paralizzato e soffre ter-
ribilmente». [7]Gli disse: «Verrò e lo guarirò». [8]Ma il centurione
rispose: «Signore, io non sono degno che tu entri sotto il mio tet-
to, ma di' soltanto una parola e il mio servo sarà guarito. [9]Pur es-
sendo anch'io un subalterno, ho dei soldati sotto di me e dico a
uno: "Va'!", ed egli va; e a un altro: "Vieni!", ed egli viene; e al
mio servo: "Fa' questo!", ed egli lo fa».
[10]Ascoltandolo, Gesù si meravigliò e disse a quelli che lo se-
guivano: «In verità io vi dico, in Israele non ho trovato nessuno
con una fede così grande! [11]Ora io vi dico che molti verranno
dall'oriente e dall'occidente e siederanno a mensa con Abramo,
Isacco e Giacobbe nel regno dei cieli, [12]mentre i figli del regno
saranno cacciati fuori, nelle tenebre, dove sarà pianto e strido-
re di denti». [13]E Gesù disse al centurione: «Va', avvenga per te
come hai creduto». In quell'istante il suo servo fu guarito.

se ne starà solo, abiterà fuori dall'accampamento» (Lv 13,45-46). Stendendo la mano e toccando il lebbroso, Gesù annulla il fossato di separazione scavato dalla Legge e mostra che nessuno è escluso dalla comunità che loda Dio.
8,5-13 Dopo la guarigione del lebbroso Gesù abbatte una seconda barriera, risanando il servo di un pagano, cioè di una persona considerata impura dalla Legge. È un miracolo che il Maestro compie con grande consapevolezza (*Io verrò e lo curerò*: v. 7), manifestando la volontà di Dio: che tutti, venendo *dall'oriente e dall'occidente* (v. 11), siano benedetti in Abramo e possano prendere parte all'unica mensa del regno dei cieli.

Guarigione della suocera di Pietro - [14]Entrato nella casa di Pietro, Gesù vide la suocera di lui che era a letto con la febbre. [15]Le toccò la mano e la febbre la lasciò; poi ella si alzò e lo serviva.

Molte guarigioni - [16]Venuta la sera, gli portarono molti indemoniati ed egli scacciò gli spiriti con la parola e guarì tutti i malati, [17]perché si compisse ciò che era stato detto per mezzo del profeta Isaia:

Egli ha preso le nostre infermità
e si è caricato delle nostre malattie.

Difficoltà della sequela - [18]Vedendo la folla attorno a sé, Gesù ordinò di passare all'altra riva. [19]Allora uno scriba si avvicinò e gli disse: «Maestro, ti seguirò dovunque tu vada». [20]Gli rispose Gesù: «Le volpi hanno le loro tane e gli uccelli del cielo i loro nidi, ma il Figlio dell'uomo non ha dove posare il capo». [21]E un altro dei suoi discepoli gli disse: «Signore, permettimi di andare prima a seppellire mio padre». [22]Ma Gesù gli rispose: «Seguimi, e lascia che i morti seppelliscano i loro morti».

La tempesta calmata - [23]Salito sulla barca, i suoi discepoli lo seguirono. [24]Ed ecco, avvenne nel mare un grande sconvolgimen-

8,17 Il versetto con la citazione di Isaia 53 conclude il racconto delle tre guarigioni e dice il senso di quanto è avvenuto: Gesù si rivela come colui che compie la Legge e i Profeti (cfr. 5,17) non solo nell'insegnamento (come nel Discorso della montagna) ma anche nelle azioni.

8,18-20 Tra alcuni racconti di miracoli compiuti dal Maestro di Nàzaret è ricordata anche questa storia di vocazione. Uno scriba è interessato a diventare discepolo di Gesù e chiede di conoscere le condizioni. Si tratta di condizioni impegnative: seguire Gesù comporta una scelta totale di vita e non garantisce comodità e sicurezze.

8,20 *Figlio dell'uomo*: titolo già utilizzato in Ezechiele e soprattutto in Daniele (cfr. 7,13-14) per annunziare la grande novità degli ultimi tempi. Seguire Gesù non come semplice maestro, ma in quanto Figlio dell'uomo, significa abbandonare le proprie certezze e aprirsi alla novità di Dio presente nel suo potente inviato.

to, tanto che la barca era coperta dalle onde; ma egli dormiva.
25Allora si accostarono a lui e lo svegliarono, dicendo: «Sal-
vaci, Signore, siamo perduti!». 26Ed egli disse loro: «Perché
avete paura, gente di poca fede?». Poi si alzò, minacciò i venti
e il mare e ci fu grande bonaccia. 27Tutti, pieni di stupore, dice-
vano: «Chi è mai costui, che perfino i venti e il mare gli obbe-
discono?».

Guarigione di due indemoniati - 28Giunto all'altra riva, nel pae-
se dei Gadarèni, due indemoniati, uscendo dai sepolcri, gli
andarono incontro; erano tanto furiosi che nessuno poteva pas-
sare per quella strada. 29Ed ecco, si misero a gridare: «Che vuoi
da noi, Figlio di Dio? Sei venuto qui a tormentarci prima del
tempo?».
30A qualche distanza da loro c'era una numerosa mandria di
porci al pascolo; 31e i demòni lo scongiuravano dicendo: «Se ci
scacci, mandaci nella mandria dei porci». 32Egli disse loro: «An-
date!». Ed essi uscirono, ed entrarono nei porci: ed ecco, tutta
la mandria si precipitò giù dalla rupe nel mare e morirono nel-
le acque.
33I mandriani allora fuggirono e, entrati in città, raccontarono
ogni cosa e anche il fatto degli indemoniati. 34Tutta la città allora
uscì incontro a Gesù: quando lo videro, lo pregarono di allon-
tanarsi dal loro territorio.

9 **Guarigione di un paralitico** - 1Salito su una barca, passò
all'altra riva e giunse nella sua città. 2Ed ecco, gli portava-
no un paralitico disteso su un letto. Gesù, vedendo la loro fede,
disse al paralitico: «Coraggio, figlio, ti sono perdonati i pecca-
ti». 3Allora alcuni scribi dissero fra sé: «Costui bestemmia».
4Ma Gesù, conoscendo i loro pensieri, disse: «Perché pensate
cose malvagie nel vostro cuore? 5Che cosa infatti è più facile: di-
re "Ti sono perdonati i peccati", oppure dire "Àlzati e cammi-
na"? 6Ma, perché sappiate che il Figlio dell'uomo ha il potere
sulla terra di perdonare i peccati: Àlzati – disse allora al parali-

tico –, prendi il tuo letto e va' a casa tua». 7Ed egli si alzò e andò
a casa sua. 8Le folle, vedendo questo, furono prese da timore e
resero gloria a Dio che aveva dato un tale potere agli uomini.

Chiamata di Matteo - 9Andando via di là, Gesù vide un uomo,
chiamato Matteo, seduto al banco delle imposte, e gli disse:
«Seguimi». Ed egli si alzò e lo seguì.
10Mentre sedeva a tavola nella casa, sopraggiunsero molti
pubblicani e peccatori e se ne stavano a tavola con Gesù e con
i suoi discepoli. 11Vedendo ciò, i farisei dicevano ai suoi disce-
poli: «Come mai il vostro Maestro mangia insieme ai pubblica-
ni e ai peccatori?». 12Udito questo, disse: «Non sono i sani che
hanno bisogno del medico, ma i malati. 13Andate a imparare che
cosa vuol dire: *Misericordia io voglio e non sacrifici*. Io non so-
no venuto infatti a chiamare i giusti, ma i peccatori».

Discussione sul digiuno - 14Allora gli si avvicinarono i discepoli
di Giovanni e gli dissero: «Perché noi e i farisei digiuniamo
molte volte, mentre i tuoi discepoli non digiunano?». 15E Gesù
disse loro: «Possono forse gli invitati a nozze essere in lutto fin-
ché lo sposo è con loro? Ma verranno giorni quando lo sposo
sarà loro tolto, e allora digiuneranno. 16Nessuno mette un pez-
zo di stoffa grezza su un vestito vecchio, perché il rattoppo por-
ta via qualcosa dal vestito e lo strappo diventa peggiore. 17Né si
versa vino nuovo in otri vecchi, altrimenti si spaccano gli otri e
il vino si spande e gli otri vanno perduti. Ma si versa vino nuo-
vo in otri nuovi, e così l'uno e gli altri si conservano».

9,9 Come già nel capitolo precedente, ad alcuni racconti di miracoli segue una vicenda di vocazione, accompagnata da una discussione sul digiuno, che prende avvio proprio nella casa del nuovo discepolo: Matteo, l'uomo a cui la tradizione attribuisce la scrittura del presente Vangelo. L'espressione-chiave di tutta questa parte del racconto sta nella citazione del profeta Osea, secondo il quale ogni culto a Dio (compresa appunto la pratica del digiuno) ha senso se esprime una scelta d'amore per lui e per i fratelli: quella *misericordia* che Dio domanda agli uomini e che è il primo a mettere in atto (cfr. Os 6,6).

Guarigione di una donna e risurrezione di una fanciulla - [18]Mentre diceva loro queste cose, giunse uno dei capi, gli si prostrò dinanzi e disse: «Mia figlia è morta proprio ora; ma vieni, imponi la tua mano su di lei ed ella vivrà». [19]Gesù si alzò e lo seguì con i suoi discepoli.

[20]Ed ecco, una donna, che aveva perdite di sangue da dodici anni, gli si avvicinò alle spalle e toccò il lembo del suo mantello. [21]Diceva infatti tra sé: «Se riuscirò anche solo a toccare il suo mantello, sarò salvata». [22]Gesù si voltò, la vide e disse: «Coraggio, figlia, la tua fede ti ha salvata». E da quell'istante la donna fu salvata.

[23]Arrivato poi nella casa del capo e veduti i flautisti e la folla in agitazione, Gesù [24]disse: «Andate via! La fanciulla infatti non è morta, ma dorme». E lo deridevano. [25]Ma dopo che la folla fu cacciata via, egli entrò, le prese la mano e la fanciulla si alzò. [26]E questa notizia si diffuse in tutta quella regione.

Guarigione di due ciechi - [27]Mentre Gesù si allontanava di là, due ciechi lo seguirono gridando: «Figlio di Davide, abbi pietà di noi!». [28]Entrato in casa, i ciechi gli si avvicinarono e Gesù disse loro: «Credete che io possa fare questo?». Gli risposero: «Sì, o Signore!». [29]Allora toccò loro gli occhi e disse: «Avvenga per voi secondo la vostra fede». [30]E si aprirono loro gli occhi. Quindi Gesù li ammonì dicendo: «Badate che nessuno lo sappia!». [31]Ma essi, appena usciti, ne diffusero la notizia in tutta quella regione.

9,18 L'ultima serie di miracoli comprende la guarigione dell'emorroissa, la risurrezione della figlia di un capo e quella di due ciechi. In tutti e tre i racconti viene messa in evidenza l'esigenza della fede.

9,22 Il Maestro individua, dietro l'atteggiamento quasi magico della donna (il bisogno di toccare il mantello di Gesù) una reale manifestazione del credere. Questo rende possibile la salvezza.

9,27 *Figlio di Davide* è il titolo più popolare nell'attesa del Messia vissuta da Israele. L'inviato definitivo di Dio, l'unto del Signore, era considerato discendente di Davide; quando egli sarebbe giunto si sarebbero aperti gli occhi dei ciechi e sciolte le orecchie dei sordi (cfr. Is 35,5-6).

9,28 Con questa domanda Gesù conferma che senza la fede non è possibile la salvezza.

Guarigione di un muto indemoniato - [32]Usciti costoro, gli pre-
sentarono un muto indemoniato. [33]E dopo che il demonio fu
scacciato, quel muto cominciò a parlare. E le folle, prese da stu-
pore, dicevano: «Non si è mai vista una cosa simile in Israele!».
[34]Ma i farisei dicevano: «Egli scaccia i demòni per opera del
principe dei demòni».

Compassione per le folle - [35]Gesù percorreva tutte le città e i vil-
laggi, insegnando nelle loro sinagoghe, annunciando il vangelo
del Regno e guarendo ogni malattia e ogni infermità. [36]Veden-
do le folle, ne sentì compassione, perché erano stanche e sfini-
te *come pecore che non hanno pastore*. [37]Allora disse ai suoi di-
scepoli: «La messe è abbondante, ma sono pochi gli operai!
[38]Pregate dunque il signore della messe, perché mandi operai
nella sua messe!».

Discorso missionario
(Mt 10,1-42)

10 **Invio dei Dodici -** [1]Chiamati a sé i suoi dodici discepo-
li, diede loro potere sugli spiriti impuri per scacciarli e
guarire ogni malattia e ogni infermità.
[2]I nomi dei dodici apostoli sono: primo, Simone, chiamato
Pietro, e Andrea suo fratello; Giacomo, figlio di Zebedeo, e Gio-
vanni suo fratello; [3]Filippo e Bartolomeo; Tommaso e Matteo il
pubblicano; Giacomo, figlio di Alfeo, e Taddeo; [4]Simone il Ca-
naneo e Giuda l'Iscariota, colui che poi lo tradì.

9,34 Se le persone che stavano nella casa del capo al momento della risurrezione della figlia deridono Gesù (cfr. v. 24b), qui appare una vera e propria ostilità, espressa dalla dura affermazione dei farisei, che fa da contrasto con lo stupore genuino della folla (cfr. v. 33).
9,35-38 Le istruzioni che i discepoli riceveranno da Gesù nel discorso missionario sono strettamente legate all'esempio concreto del suo ministero, fornito nei racconti precedenti. L'impegno dei discepoli prolunga quindi il ministero del Maestro ed esprime gli stessi sentimenti con i quali egli ha vissuto la sua missione, qui riassunti nel termine *compassione*: la novità dell'annuncio esprime la misericordia di Dio.

5 Questi sono i Dodici che Gesù inviò, ordinando loro: «Non
andate fra i pagani e non entrate nelle città dei Samaritani; 6 ri-
volgetevi piuttosto alle pecore perdute della casa d'Israele.
7 Strada facendo, predicate, dicendo che il regno dei cieli è vici-
no. 8 Guarite gli infermi, risuscitate i morti, purificate i lebbro-
si, scacciate i demòni. Gratuitamente avete ricevuto, gratuita-
mente date. 9 Non procuratevi oro né argento né denaro nelle vo-
stre cinture, 10 né sacca da viaggio, né due tuniche, né sandali, né
bastone, perché chi lavora ha diritto al suo nutrimento.
11 In qualunque città o villaggio entriate, domandate chi là sia
degno e rimanetevi finché non sarete partiti. 12 Entrando nella
casa, rivolgetele il saluto. 13 Se quella casa ne è degna, la vostra
pace scenda su di essa; ma se non ne è degna, la vostra pace ri-
torni a voi. 14 Se qualcuno poi non vi accoglie e non dà ascolto
alle vostre parole, uscite da quella casa o da quella città e scuo-
tete la polvere dei vostri piedi. 15 In verità io vi dico: nel giorno
del giudizio la terra di Sòdoma e Gomorra sarà trattata meno
duramente di quella città.

Pecore in mezzo ai lupi - 16 Ecco: io vi mando come pecore in
mezzo a lupi; siate dunque prudenti come i serpenti e semplici
come le colombe. 17 Guardatevi dagli uomini, perché vi conse-
gneranno ai tribunali e vi flagelleranno nelle loro sinagoghe; 18 e
sarete condotti davanti a governatori e re per causa mia, per da-
re testimonianza a loro e ai pagani. 19 Ma, quando vi consegne-
ranno, non preoccupatevi di come o di che cosa direte, perché vi
sarà dato in quell'ora ciò che dovrete dire: 20 infatti non siete voi
a parlare, ma è lo Spirito del Padre vostro che parla in voi.

10,7-8 I Dodici sono inviati a compiere quello che faceva Gesù: annunciare il Regno, liberare dal male. Parole e gesti sono al servizio della rivelazione di Dio.

10,9-14 Anche lo stile del discepolo è simile a quello del Maestro: povero (vv. 9-10), prudente (v. 11), apportatore di pace (vv. 12-13), condizionato dall'urgenza dell'annuncio (v. 14).

10,16-20 Come Gesù, il discepolo è chiamato a essere disarmato (pecora tra i lupi), prudente, semplice, attento alla possibile opposizione degli uomini, non preoccupato ma fiducioso nell'aiuto del Signore.

[21]Il fratello farà morire il fratello e il padre il figlio, e i figli si alzeranno ad accusare i genitori e li uccideranno. [22]Sarete odiati da tutti a causa del mio nome. Ma chi avrà perseverato fino alla fine sarà salvato. [23]Quando sarete perseguitati in una città, fuggite in un'altra; in verità io vi dico: non avrete finito di percorrere le città d'Israele, prima che venga il Figlio dell'uomo.

[24]Un discepolo non è più grande del maestro, né un servo è più grande del suo signore; [25]è sufficiente per il discepolo diventare come il suo maestro e per il servo come il suo signore. Se hanno chiamato Beelzebùl il padrone di casa, quanto più quelli della sua famiglia!

Niente paura - [26]Non abbiate dunque paura di loro, poiché nulla vi è di nascosto che non sarà svelato né di segreto che non sarà conosciuto. [27]Quello che io vi dico nelle tenebre voi ditelo nella luce, e quello che ascoltate all'orecchio voi annunciatelo dalle terrazze. [28]E non abbiate paura di quelli che uccidono il corpo, ma non hanno potere di uccidere l'anima; abbiate paura piuttosto di colui che ha il potere di far perire nella Geènna e l'anima e il corpo. [29]Due passeri non si vendono forse per un soldo? Eppure nemmeno uno di essi cadrà a terra senza il volere del Padre vostro. [30]Perfino i capelli del vostro capo sono tutti contati. [31]Non abbiate dunque paura: voi valete più di molti passeri!

[32]Perciò chiunque mi riconoscerà davanti agli uomini, anch'io lo riconoscerò davanti al Padre mio che è nei cieli; [33]chi invece mi rinnegherà davanti agli uomini, anch'io lo rinnegherò davanti al Padre mio che è nei cieli.

10,25 Il *padrone di casa* è Gesù, che fu chiamato *Beelzebùl*, cioè demonio o principe dei demoni. Se lui è stato calunniato e perseguitato, lo stesso potrà accadere ai suoi seguaci.

10,28b *Colui che ha il potere* è qui satana, il demonio, la cui ambizione non è di uccidere il corpo ma *l'anima*, cioè la vita in pienezza, la relazione del discepolo con Dio.

La spada di Gesù - [34]Non crediate che io sia venuto a portare pace sulla terra; sono venuto a portare non pace, ma spada. [35]Sono infatti venuto a separare *l'uomo da suo padre* e *la figlia da sua madre* e *la nuora da sua suocera*; [36]e *nemici dell'uomo saranno quelli della sua casa.*

[37]Chi ama padre o madre più di me, non è degno di me; chi ama figlio o figlia più di me, non è degno di me; [38]chi non prende la propria croce e non mi segue, non è degno di me. [39]Chi avrà tenuto per sé la propria vita, la perderà, e chi avrà perduto la propria vita per causa mia, la troverà.

Accogliere i discepoli - [40]Chi accoglie voi accoglie me, e chi accoglie me accoglie colui che mi ha mandato. [41]Chi accoglie un profeta perché è un profeta, avrà la ricompensa del profeta, e chi accoglie un giusto perché è un giusto, avrà la ricompensa del giusto. [42]Chi avrà dato da bere anche un solo bicchiere d'acqua fresca a uno di questi piccoli perché è un discepolo, in verità io vi dico: non perderà la sua ricompensa».

LIBRO III: IL MISTERO DEL SUO REGNO
(Mt 11,1 - 13,52)

Gesù inizia a far parlare di sé. Le sue opere e i suoi discorsi non passano inosservati, così il Vangelo di Matteo, nei capitoli 11 e 12, inizia a registrare le prime reazioni di coloro che entrano in contatto con lui. Non fu semplice per nessuno com-

10,34 La presenza di Gesù è, in se stessa, apportatrice di pace. Ma in realtà finisce per dividere perché non tutti la accolgono con fede. Il riferimento alla spada si legge anche in Eb 4,12, dove la parola di Dio è definita come una lama a doppio taglio che penetra fino al punto di divisione dell'anima e dello spirito; è capace di scrutare i sentimenti e i pensieri del cuore.

10,40 Il Discorso missionario si chiude ribadendo che i discepoli continuano l'opera di Gesù: chi accoglie loro in realtà accoglie Gesù stesso e il Padre che lo ha mandato.

10,42 *Uno di questi piccoli*: l'espressione non allude specificamente a bambini o ragazzi, ma ai discepoli di Gesù, ai membri della comunità cristiana per la quale Matteo scrive il suo racconto.

prendere la novità dell'insegnamento del Maestro: non lo fu per Giovanni il Battista, né per le folle, non per gli scribi o i farisei e nemmeno per gli stessi discepoli. Questa terza sezione del racconto viene conclusa con il grande Discorso in parabole *(13,1-52), in cui Gesù delinea perfettamente le caratteristiche del Regno che è venuto a portare: una signoria che evita le armi del potere, della grandezza e del dominio violento, e che si affida invece all'umile forza di un piccolo seme deposto nella terra... e nel cuore di ognuno di noi!*

Gli occhi puntati su Gesù
(Mt 11,1 - 12,50)

11 **Ambasciata di Giovanni Battista** - 1Quando Gesù ebbe
terminato di dare queste istruzioni ai suoi dodici discepoli, partì di là per insegnare e predicare nelle loro città.
2Giovanni, che era in carcere, avendo sentito parlare delle
opere del Cristo, per mezzo dei suoi discepoli mandò 3a dirgli:
«Sei tu colui che deve venire o dobbiamo aspettare un altro?».
4Gesù rispose loro: «Andate e riferite a Giovanni ciò che udite
e vedete: 5*i ciechi riacquistano la vista*, gli zoppi camminano, i lebbrosi sono purificati, *i sordi odono*, *i morti risuscitano*, ai poveri è annunciato il Vangelo.
6E beato è colui che non trova in me motivo di scandalo!».

A proposito di Giovanni Battista - 7Mentre quelli se ne andavano, Gesù si mise a parlare di Giovanni alle folle: «Che cosa siete andati a vedere nel deserto? Una canna sbattuta dal vento?
8Allora, che cosa siete andati a vedere? Un uomo vestito con

11,7b-10 Le domande che Gesù formula a proposito di Giovanni Battista suppongono tutte una risposta negativa. Tranne una: quella riguardante il suo essere profeta, anzi qualcosa di più di un semplice profeta. Giovanni è infatti il messaggero di cui parlano Es 23,20 e Mal 3,1, il precursore che prepara la strada al Messia: fra i nati di donna non è sorto alcuno più grande di lui.

abiti di lusso? Ecco, quelli che vestono abiti di lusso stanno nei
palazzi dei re! 9Ebbene, che cosa siete andati a vedere? Un pro-
feta? Sì, io vi dico, anzi, più che un profeta. 10Egli è colui del
quale sta scritto:

Ecco, dinanzi a te *io mando il mio messaggero,*
davanti a te *egli preparerà la tua via.*

11In verità io vi dico: fra i nati da donna non è sorto alcuno più
grande di Giovanni il Battista; ma il più piccolo nel regno dei
cieli è più grande di lui. 12Dai giorni di Giovanni il Battista fino
ad ora, il regno dei cieli subisce violenza e i violenti se ne im-
padroniscono. 13Tutti i Profeti e la Legge infatti hanno profeta-
to fino a Giovanni. 14E, se volete comprendere, è lui quell'Elia
che deve venire. 15Chi ha orecchi, ascolti!

Una generazione mai contenta - 16A chi posso paragonare que-
sta generazione? È simile a bambini che stanno seduti in piaz-
za e, rivolti ai compagni, gridano:

17"Vi abbiamo suonato il flauto e non avete ballato,
abbiamo cantato un lamento
e non vi siete battuti il petto!".

18È venuto Giovanni, che non mangia e non beve, e dicono:
"È indemoniato". 19È venuto il Figlio dell'uomo, che mangia e
beve, e dicono: "Ecco, è un mangione e un beone, un amico di
pubblicani e di peccatori". Ma la sapienza è stata riconosciuta
giusta per le opere che essa compie».

11,16-19 I bambini del tempo di Gesù imitavano gli adulti che suonavano il flauto in occasione dei matrimoni e intonavano lamenti accompagnando i morti al cimitero. Se l'annuncio di Giovanni appare duro e struggente come un lamento, quello di Gesù risuona alle orecchie come il suono dolce del flauto. Eppure a molti né l'una né l'altra musica vanno bene: non sono mossi alla danza, non sono spinti al cammino verso Dio.

[20]Allora si mise a rimproverare le città nelle quali era avve-
nuta la maggior parte dei suoi prodigi, perché non si erano con-
vertite: [21]«Guai a te, Corazìn! Guai a te, Betsàida! Perché, se a
Tiro e a Sidone fossero avvenuti i prodigi che ci sono stati in
mezzo a voi, già da tempo esse, vestite di sacco e cosparse di ce-
nere, si sarebbero convertite. [22]Ebbene, io vi dico: nel giorno del
giudizio, Tiro e Sidone saranno trattate meno duramente di voi.
[23]E tu, Cafàrnao, sarai forse innalzata fino al cielo? Fino agli in-
feri precipiterai! Perché, se a Sòdoma fossero avvenuti i prodi-
gi che ci sono stati in mezzo a te, oggi essa esisterebbe ancora!
[24]Ebbene, io vi dico: nel giorno del giudizio, la terra di Sòdoma
sarà trattata meno duramente di te!».

La rivelazione ai piccoli - [25]In quel tempo Gesù disse: «Ti ren-
do lode, Padre, Signore del cielo e della terra, perché hai na-
scosto queste cose ai sapienti e ai dotti e le hai rivelate ai pic-
coli. [26]Sì, o Padre, perché così hai deciso nella tua benevolenza.
[27]Tutto è stato dato a me dal Padre mio; nessuno conosce il Fi-
glio se non il Padre, e nessuno conosce il Padre se non il Figlio
e colui al quale il Figlio vorrà rivelarlo.

Il giogo leggero - [28]Venite a me, voi tutti che siete stanchi e op-
pressi, e io vi darò ristoro. [29]Prendete il mio giogo sopra di voi
e imparate da me, che sono mite e umile di cuore, *e troverete ri-
storo per la vostra vita.* [30]Il mio giogo infatti è dolce e il mio
peso leggero».

12 **Il Signore del sabato -** [1]In quel tempo Gesù passò, in
giorno di sabato, fra campi di grano e i suoi discepoli eb-

11,30 Il giogo imposto da Gesù è accettabile e *leggero*, proprio come melodioso e persuasivo giunge il "suono" della sua predicazione, a differenza di quella di Giovanni, che tuonava duro ed esigente.

12,1-8 Ora il Battista non è più in scena né al centro delle parole di Gesù. Il Maestro di Nàzaret si trova infatti solo di fronte a coloro che hanno rifiutato Giovanni e che si apprestano a rigettare anche lui.

12,1 Di sabato agli Ebrei è permesso mangiare, ma non mietere il grano. Per

bero fame e cominciarono a cogliere delle spighe e a mangiarle. [2]Vedendo ciò, i farisei gli dissero: «Ecco, i tuoi discepoli stanno facendo quello che non è lecito fare di sabato». [3]Ma egli rispose loro: «Non avete letto quello che fece Davide, quando lui e i suoi compagni ebbero fame? [4]Egli entrò nella casa di Dio e mangiarono i pani dell'offerta, che né a lui né ai suoi compagni era lecito mangiare, ma ai soli sacerdoti. [5]O non avete letto nella Legge che nei giorni di sabato i sacerdoti nel tempio vìolano il sabato e tuttavia sono senza colpa? [6]Ora io vi dico che qui vi è uno più grande del tempio. [7]Se aveste compreso che cosa significhi: *Misericordia io voglio e non sacrifici*, non avreste condannato persone senza colpa. [8]Perché il Figlio dell'uomo è signore del sabato».

Guarigioni di sabato - [9]Allontanatosi di là, andò nella loro sinagoga; [10]ed ecco un uomo che aveva una mano paralizzata. Per accusarlo, domandarono a Gesù: «È lecito guarire in giorno di sabato?». [11]Ed egli rispose loro: «Chi di voi, se possiede una pecora e questa, in giorno di sabato, cade in un fosso, non l'afferra e la tira fuori? [12]Ora, un uomo vale ben più di una pecora! Perciò è lecito in giorno di sabato fare del bene». [13]E disse all'uomo: «Tendi la tua mano». Egli la tese e quella ritornò sana come l'altra. [14]Allora i farisei uscirono e tennero consiglio contro di lui per farlo morire.

[15]Gesù però, avendolo saputo, si allontanò di là. Molti lo seguirono ed egli li guarì tutti [16]e impose loro di non divulgarlo, [17]perché si compisse ciò che era stato detto per mezzo del profeta Isaia:

i farisei strappare le spighe equivale a compiere un lavoro vietato.

12,5-7 La legge che regolava il lavoro degli addetti al tempio era superiore a quella del sabato: per tale ragione nel tempio si compivano di sabato più attività che in un giorno normale, dal momento che bisognava offrire i sacrifici e compiere le preghiere rituali. Se però Gesù è più importante del tempio, la sua presenza giustifica interpretazioni meno letterali della norma del sabato, soprattutto in nome della legge della *misericordia*, cioè dell'amore.

[18]*Ecco il mio servo, che io ho scelto;*
il mio amato, nel quale ho posto il mio compiacimento.
Porrò il mio spirito sopra di lui
e annuncerà alle nazioni la giustizia.
[19]*Non contesterà né griderà*
né si udrà nelle piazze la sua voce.
[20]*Non spezzerà una canna già incrinata,*
non spegnerà una fiamma smorta,
finché non abbia fatto trionfare la *giustizia;*
[21]*nel suo nome spereranno le nazioni.*

Il regno diviso - [22]In quel tempo fu portato a Gesù un indemo-
niato, cieco e muto, ed egli lo guarì, sicché il muto parlava e ve-
deva. [23]Tutta la folla era sbalordita e diceva: «Che non sia costui
il figlio di Davide?». [24]Ma i farisei, udendo questo, dissero: «Co-
stui non scaccia i demòni se non per mezzo di Beelzebùl, capo
dei demòni».

[25]Egli però, conosciuti i loro pensieri, disse loro: «Ogni re-
gno diviso in se stesso cade in rovina e nessuna città o famiglia
divisa in se stessa potrà restare in piedi. [26]Ora, se Satana scac-
cia Satana, è diviso in se stesso; come dunque il suo regno po-
trà restare in piedi? [27]E se io scaccio i demòni per mezzo di Beel-
zebùl, i vostri figli per mezzo di chi li scacciano? Per questo sa-
ranno loro i vostri giudici. [28]Ma, se io scaccio i demòni per mez-
zo dello Spirito di Dio, allora è giunto a voi il regno di Dio.
[29]Come può uno entrare nella casa di un uomo forte e rapire i
suoi beni, se prima non lo lega? Soltanto allora potrà saccheg-
giargli la casa. [30]Chi non è con me è contro di me, e chi non rac-
coglie con me disperde.

[31]Perciò io vi dico: qualunque peccato e bestemmia verrà per-

12,18-21 Matteo sceglie, tra i ritratti che il profeta dedica al Servo di Dio, gli elementi che riflettono meglio l'atteggiamento di Gesù (cfr. Is 42,1-4). La sua predicazione produce il consenso delle persone che cercano un pastore ma insieme provoca intenzioni omicide negli oppositori.

donata agli uomini, ma la bestemmia contro lo Spirito non verrà
perdonata. 32A chi parlerà contro il Figlio dell'uomo, sarà per-
donato; ma a chi parlerà contro lo Spirito Santo, non sarà per-
donato, né in questo mondo né in quello futuro.

A ciascun albero il suo frutto - 33Prendete un albero buono, an-
che il suo frutto sarà buono. Prendete un albero cattivo, anche
il suo frutto sarà cattivo: dal frutto infatti si conosce l'albero.
34Razza di vipere, come potete dire cose buone, voi che siete
cattivi? La bocca infatti esprime ciò che dal cuore sovrabbonda.
35L'uomo buono dal suo buon tesoro trae fuori cose buone, men-
tre l'uomo cattivo dal suo cattivo tesoro trae fuori cose cattive.
36Ma io vi dico: di ogni parola vana che gli uomini diranno, do-
vranno rendere conto nel giorno del giudizio; 37infatti in base
alle tue parole sarai giustificato e in base alle tue parole sarai
condannato».

Il segno preteso da scribi e farisei - 38Allora alcuni scribi e fa-
risei gli dissero: «Maestro, da te vogliamo vedere un segno».
39Ed egli rispose loro: «Una generazione malvagia e adultera
pretende un segno! Ma non le sarà dato alcun segno, se non il
segno di Giona il profeta. 40Come infatti *Giona rimase tre gior-
ni e tre notti nel ventre del pesce,* così il Figlio dell'uomo resterà
tre giorni e tre notti nel cuore della terra. 41Nel giorno del giu-
dizio, quelli di Ninive si alzeranno contro questa generazione e
la condanneranno, perché essi alla predicazione di Giona si con-

12,33-37 Continuando la polemica con i farisei, Gesù li accusa di una incongruenza: essi non possono negare che sia cosa buona (*frutto buono*) liberare un uomo posseduto dal demonio, ma non ritengono Gesù buono; eppure se il Maestro fosse un «albero cattivo», non saprebbe produrre frutti buoni. Qualcosa di simile Gesù aveva detto nel Discorso inaugurale: cfr. 7,16-20.

12,38-42 Gesù fa riferimento al libro biblico che narra le vicende del profeta Giona, dove il protagonista rimane per tre giorni nel ventre di un pesce, prima di essere restituito alla vita e alla missione. Questo episodio richiama la morte, sepoltura e risurrezione di Gesù, unico vero segno (il cosiddetto *segno di Giona*) concesso ai credenti per toccare con mano la misericordia di Dio.

vertirono. Ed ecco, qui vi è uno più grande di Giona! [42]Nel giorno del giudizio, la regina del Sud si alzerà contro questa generazione e la condannerà, perché ella venne dagli estremi confini della terra per ascoltare la sapienza di Salomone. Ed ecco, qui vi è uno più grande di Salomone!

Destino di una generazione perversa - [43]Quando lo spirito impuro esce dall'uomo, si aggira per luoghi deserti cercando sollievo, ma non ne trova. [44]Allora dice: "Ritornerò nella mia casa, da cui sono uscito". E, venuto, la trova vuota, spazzata e adorna. [45]Allora va, prende con sé altri sette spiriti peggiori di lui, vi entrano e vi prendono dimora; e l'ultima condizione di quell'uomo diventa peggiore della prima. Così avverrà anche a questa generazione malvagia».

Vera famiglia di Gesù - [46]Mentre egli parlava ancora alla folla, ecco, sua madre e i suoi fratelli stavano fuori e cercavano di parlargli. [47]Qualcuno gli disse: «Ecco, tua madre e i tuoi fratelli stanno fuori e cercano di parlarti». [48]Ed egli, rispondendo a chi gli parlava, disse: «Chi è mia madre e chi sono i miei fratelli?». [49]Poi, tendendo la mano verso i suoi discepoli, disse: «Ecco mia madre e i miei fratelli! [50]Perché chiunque fa la volontà del Padre mio che è nei cieli, egli è per me fratello, sorella e madre».

Discorso in parabole
(Mt 13,1-52)

13 **Introduzione** - [1]Quel giorno Gesù uscì di casa e sedette in riva al mare. [2]Si radunò attorno a lui tanta folla che egli salì

12,48-50 Maria è madre di Cristo non solo dal punto di vista biologico, ma anche perché ascolta e mette in pratica la sua parola custodendola nel suo cuore. Così è di ogni vero discepolo di Gesù.

13,1 Inizia il Discorso in parabole, che presenta sette racconti completi in se stessi, a partire da quello del seminatore.

su una barca e si mise a sedere, mentre tutta la folla stava sulla
spiaggia.
3Egli parlò loro di molte cose con parabole.

Parabola del seminatore - E disse: «Ecco, il seminatore uscì a
seminare. 4Mentre seminava, una parte cadde lungo la strada;
vennero gli uccelli e la mangiarono. 5Un'altra parte cadde sul
terreno sassoso, dove non c'era molta terra; germogliò subito,
perché il terreno non era profondo, 6ma quando spuntò il sole,
fu bruciata e, non avendo radici, seccò. 7Un'altra parte cadde
sui rovi, e i rovi crebbero e la soffocarono. 8Un'altra parte cad-
de sul terreno buono e diede frutto: il cento, il sessanta, il tren-
ta per uno. 9Chi ha orecchi, ascolti».

Perché parlare in parabole - 10Gli si avvicinarono allora i di-
scepoli e gli dissero: «Perché a loro parli con parabole?». 11Egli
rispose loro: «Perché a voi è dato conoscere i misteri del regno
dei cieli, ma a loro non è dato. 12Infatti a colui che ha, verrà
dato e sarà nell'abbondanza; ma a colui che non ha, sarà tolto
anche quello che ha. 13Per questo a loro parlo con parabole:
perché guardando non vedono, udendo non ascoltano e non
comprendono. 14Così si compie per loro la profezia di Isaia che
dice:

13,3b-9 In questa importante parabola, Gesù non sta parlando dei semi di grano adoperati per fare il pane, ma di un seme scelto che ha il compito di produrre altri semi.

13,4-8 Gesù menziona tre situazioni in cui la forza del seme viene vanificata; lascia per ultima, però, quella positiva, efficace. Sullo sfondo vi è il riferimento a un passaggio dell'Antico Testamento, dove si paragona la Parola al seme, di cui Dio dice: «Non ritornerà a me senza effetto… e senza aver operato ciò per cui l'ho mandata» (Is 55, 11).

13,14-16 Una profezia di Isaia (Is 6,9-10) serve a Matteo per spiegare la ragione del parlare in parabole da parte di Gesù: un parlare che rischia di prestarsi a equivoci o di rimanere impenetrabile, a meno che uno non diventi discepolo di Gesù. Di fatto, il Maestro di Nàzaret si rivolge ai suoi discepoli: altri non capiranno e si opporranno, come già spiegava il profeta; ma i discepoli, che possono ascoltare e comprendere, saranno beati.

Udrete, sì, ma non comprenderete,
guarderete, sì, ma non vedrete.
[15]*Perché il cuore di questo popolo è diventato insensibile,*
sono diventati duri di orecchi
e hanno chiuso gli occhi,
perché non vedano con gli occhi,
non ascoltino con gli orecchi
e non comprendano con il cuore
e non si convertano e io li guarisca!

[16]Beati invece i vostri occhi perché vedono e i vostri orecchi
perché ascoltano. [17]In verità io vi dico: molti profeti e molti giu-
sti hanno desiderato vedere ciò che voi guardate, ma non lo vi-
dero, e ascoltare ciò che voi ascoltate, ma non lo ascoltarono!

Spiegazione della parabola del seminatore - [18]Voi dunque
ascoltate la parabola del seminatore. [19]Ogni volta che uno ascol-
ta la parola del Regno e non la comprende, viene il Maligno e
ruba ciò che è stato seminato nel suo cuore: questo è il seme se-
minato lungo la strada. [20]Quello che è stato seminato sul terre-
no sassoso è colui che ascolta la Parola e l'accoglie subito con
gioia, [21]ma non ha in sé radici ed è incostante, sicché, appena
giunge una tribolazione o una persecuzione a causa della Paro-
la, egli subito viene meno. [22]Quello seminato tra i rovi è colui
che ascolta la Parola, ma la preoccupazione del mondo e la se-
duzione della ricchezza soffocano la Parola ed essa non dà frut-
to. [23]Quello seminato sul terreno buono è colui che ascolta la
Parola e la comprende; questi dà frutto e produce il cento, il ses-
santa, il trenta per uno».

Parabola della zizzania - [24]Espose loro un'altra parabola, di-
cendo: «Il regno dei cieli è simile a un uomo che ha seminato del

13,24-30 Nella parabola del seminatore si dà per scontata la qualità del seme. Qui avviene la precisazione: si tratta di seme buono, non di zizzania. Proprio

buon seme nel suo campo. [25]Ma, mentre tutti dormivano, venne il suo nemico, seminò della zizzania in mezzo al grano e se ne andò. [26]Quando poi lo stelo crebbe e fece frutto, spuntò anche la zizzania. [27]Allora i servi andarono dal padrone di casa e gli dissero: "Signore, non hai seminato del buon seme nel tuo campo? Da dove viene la zizzania?". [28]Ed egli rispose loro: "Un nemico ha fatto questo!". E i servi gli dissero: "Vuoi che andiamo a raccoglierla?". [29]"No, rispose, perché non succeda che, raccogliendo la zizzania, con essa sradichiate anche il grano. [30]Lasciate che l'una e l'altro crescano insieme fino alla mietitura e al momento della mietitura dirò ai mietitori: Raccogliete prima la zizzania e legatela in fasci per bruciarla; il grano invece ripónetelo nel mio granaio"».

Parabola del granello di senape - [31]Espose loro un'altra parabola, dicendo: «Il regno dei cieli è simile a un granello di senape, che un uomo prese e seminò nel suo campo. [32]Esso è il più piccolo di tutti i semi ma, una volta cresciuto, è più grande delle altre piante dell'orto e diventa un albero, tanto che *gli uccelli del cielo vengono a fare il nido fra i suoi rami*».

Parabola del lievito - [33]Disse loro un'altra parabola: «Il regno dei cieli è simile al lievito, che una donna prese e mescolò in tre misure di farina, finché non fu tutta lievitata».

La folla e le parabole - [34]Tutte queste cose Gesù disse alle folle con parabole e non parlava ad esse se non con parabo-

perché la semente è di qualità, l'oppositore (raffigurato come il nemico che di notte semina zizzania) si affanna inutilmente: non riuscirà a intralciare l'opera del Signore.

13,33 Se nella parabola del granello di senape colpiva la sproporzione tra il seme piccolissimo e l'arbusto che produce, qui si sottolinea la capacità che ha il lievito – di nuovo piccola cosa, un pizzico solo nascosto nella farina – di diffondersi e fermentare tutto l'impasto. Malgrado le apparenze, è così anche del regno di Dio rispetto alla realtà umana. Il discepolo di Gesù è invitato a custodire questa misteriosa logica.

le, [35]perché si compisse ciò che era stato detto per mezzo del profeta:

Aprirò la mia bocca con parabole,
proclamerò cose nascoste fin dalla fondazione del mondo.

Spiegazione della parabola della zizzania - [36]Poi congedò la folla ed entrò in casa; i suoi discepoli gli si avvicinarono per dirgli: «Spiegaci la parabola della zizzania nel campo». [37]Ed egli rispose: «Colui che semina il buon seme è il Figlio dell'uomo. [38]Il campo è il mondo e il seme buono sono i figli del Regno. La zizzania sono i figli del Maligno [39]e il nemico che l'ha seminata è il diavolo. La mietitura è la fine del mondo e i mietitori sono gli angeli. [40]Come dunque si raccoglie la zizzania e la si brucia nel fuoco, così avverrà alla fine del mondo. [41]Il Figlio dell'uomo manderà i suoi angeli, i quali raccoglieranno dal suo regno tutti gli scandali e tutti quelli che commettono iniquità [42]e *li getteranno nella fornace ardente*, dove sarà pianto e stridore di denti. [43]Allora i giusti splenderanno come il sole nel regno del Padre loro. Chi ha orecchi, ascolti!

Parabola del tesoro nascosto - [44]Il regno dei cieli è simile a un tesoro nascosto nel campo; un uomo lo trova e lo nasconde; poi va, pieno di gioia, vende tutti i suoi averi e compra quel campo.

13,40-43 Di fronte all'ostilità e al rifiuto, la comunità cristiana alla quale Matteo indirizza il suo Vangelo si vede impegnata nella lotta contro Satana. Ecco la ragione del richiamo al giudizio finale, dove Cristo e quanti hanno creduto in lui trionferanno sulle forze del male.

13,44 L'uomo che trova il tesoro non è onestissimo: avrebbe dovuto informare dell'accaduto il padrone del campo, in modo che questi potesse disporre di un bene che si trovava in una sua proprietà. Ma qui Gesù non è preoccupato di dare un insegnamento morale: dell'uomo che trova il tesoro gli interessa esaltare soprattutto la gioia e la decisione con cui vende tutto per procurarselo.

Parabola del mercante di perle - [45]Il regno dei cieli è simile anche a un mercante che va in cerca di perle preziose; [46]trovata una perla di grande valore, va, vende tutti i suoi averi e la compra.

Parabola della rete da pesca - [47]Ancora, il regno dei cieli è simile a una rete gettata nel mare, che raccoglie ogni genere di pesci. [48]Quando è piena, i pescatori la tirano a riva, si mettono a sedere, raccolgono i pesci buoni nei canestri e buttano via i cattivi. [49]Così sarà alla fine del mondo. Verranno gli angeli e separeranno i cattivi dai buoni [50]e *li getteranno nella fornace ardente*, dove sarà pianto e stridore di denti.

Il tesoro dello scriba - [51]Avete compreso tutte queste cose?». Gli risposero: «Sì». [52]Ed egli disse loro: «Per questo ogni scriba, divenuto discepolo del regno dei cieli, è simile a un padrone di casa che estrae dal suo tesoro cose nuove e cose antiche».

LIBRO IV: UNA VITA DA FRATELLI
(Mt 13,53 - 18,35)

Il quarto dei libri in cui Matteo suddivide il proprio Vangelo si apre con una sezione – lunga ben sei capitoli, dal 13 al 18 – il cui filo conduttore è rappresentato dalla domanda sull'identità di Gesù, che viene riproposta a più riprese, e con diversi accenti. Essa riceve infatti le più svariate risposte a seconda dei soggetti coinvolti: per la gente di Nàzaret egli rimane «il figlio del falegname» (13,55), per Erode è «Giovanni il Battista

13,51 I discepoli hanno capito le parabole di Gesù. Sono quindi tra coloro cui *è dato di conoscere i misteri del regno dei cieli* (13,11), tra quelli cioè che ascoltano la Parola e la comprendono (cfr. 13,23).
13,52 Se uno scriba si converte al Regno può confrontare la *novità* di Gesù con gli insegnamenti della tradizione giudaica (le *cose vecchie*), comprendendo che tutto acquista senso proprio in lui. È quanto accaduto alla comunità di Matteo, in maggioranza di origine ebraica.

risuscitato dai morti» (14,2), per la donna cananea è «il figlio di Davide» (15,22), per i discepoli è «veramente il Figlio di Dio» (14,33), intuizione confermata dalla voce stessa del Padre che nell'episodio della trasfigurazione lo riconosce come «il Figlio mio, l'amato; in lui ho posto il mio compiacimento» (17,5). Questa sezione è seguita dal Discorso ecclesiale *(18,1-35), indirizzato alla cerchia dei più stretti amici e seguaci del Signore, che devono capire come la vita fraterna dei cristiani debba essere guidata da comprensione, correzione fraterna, perdono e attenzione ai lontani.*

La verità su Gesù si fa strada
(Mt 13,53 - 17,27)

Gesù torna a Nàzaret - [53]Terminate queste parabole, Gesù partì
di là. [54]Venuto nella sua patria, insegnava nella loro sinagoga e
la gente rimaneva stupita e diceva: «Da dove gli vengono que-
sta sapienza e i prodigi? [55]Non è costui il figlio del falegname?
E sua madre, non si chiama Maria? E i suoi fratelli, Giacomo,
Giuseppe, Simone e Giuda? [56]E le sue sorelle, non stanno tutte
da noi? Da dove gli vengono allora tutte queste cose?». [57]Ed era
per loro motivo di scandalo. Ma Gesù disse loro: «Un profeta
non è disprezzato se non nella sua patria e in casa sua». [58]E lì, a
causa della loro incredulità, non fece molti prodigi.

14 **Erode, Gesù e Giovanni Battista -** [1]In quel tempo al te-
trarca Erode giunse notizia della fama di Gesù. [2]Egli dis-

13,53-58 Il destino di Gesù sembra proprio quello di non essere riconosciuto e accolto. Chi non lo conosce, come gli scribi e i farisei, lo rifiuta perché non comprende le sue parole; chi pensa di conoscerlo fin troppo bene, come i suoi concittadini, non crede possibile che Dio possa davvero rivelarsi in lui: potrà forse essere un sapiente e un guaritore, ma non il Messia atteso.

14,1 Il testo specifica che si tratta del *tetrarca* Erode, per non confondere questo personaggio – Erode Antipa, il sovrano della Galilea e della Perea – con Erode il Grande, suo padre, defunto da tempo.

se ai suoi cortigiani: «Costui è Giovanni il Battista. È risorto dai morti e per questo ha il potere di fare prodigi!».

[3]Erode infatti aveva arrestato Giovanni e lo aveva fatto incatenare e gettare in prigione a causa di Erodìade, moglie di suo fratello Filippo. [4]Giovanni infatti gli diceva: «Non ti è lecito tenerla con te!». [5]Erode, benché volesse farlo morire, ebbe paura della folla perché lo considerava un profeta.

[6]Quando fu il compleanno di Erode, la figlia di Erodìade danzò in pubblico e piacque tanto a Erode [7]che egli le promise con giuramento di darle quello che avesse chiesto. [8]Ella, istigata da sua madre, disse: «Dammi qui, su un vassoio, la testa di Giovanni il Battista». [9]Il re si rattristò, ma a motivo del giuramento e dei commensali ordinò che le venisse data [10]e mandò a decapitare Giovanni nella prigione. [11]La sua testa venne portata su un vassoio, fu data alla fanciulla e lei la portò a sua madre. [12]I suoi discepoli si presentarono a prendere il cadavere, lo seppellirono e andarono a informare Gesù.

Prima moltiplicazione dei pani - [13]Avendo udito questo, Gesù partì di là su una barca e si ritirò in un luogo deserto, in disparte. Ma le folle, avendolo saputo, lo seguirono a piedi dalle città. [14]Sceso dalla barca, egli vide una grande folla, sentì compassione per loro e guarì i loro malati.

[15]Sul far della sera, gli si avvicinarono i discepoli e gli dissero: «Il luogo è deserto ed è ormai tardi; congeda la folla perché vada nei villaggi a comprarsi da mangiare». [16]Ma Gesù disse loro: «Non occorre che vadano; voi stessi date loro da mangiare». [17]Gli risposero: «Qui non abbiamo altro che cinque pani e due

14,13-21 È la prima delle due volte in cui Matteo ricorda che Gesù ha moltiplicato i pani. La comunità cristiana annetteva grande importanza a questo racconto: esso mostra l'attenzione di Gesù verso le folle (v. 14: *sentì compassione per loro*) e prefigura la celebrazione dell'eucaristia. La moltiplicazione dei pani e la stessa eucaristia cristiana sono segni della bontà con cui Dio negli ultimi giorni sazierà la fame materiale e spirituale di tutte le genti.

pesci!». [18]Ed egli disse: «Portatemeli qui». [19]E, dopo aver ordi-
nato alla folla di sedersi sull'erba, prese i cinque pani e i due
pesci, alzò gli occhi al cielo, recitò la benedizione, spezzò i pa-
ni e li diede ai discepoli, e i discepoli alla folla. [20]Tutti mangia-
rono a sazietà, e portarono via i pezzi avanzati: dodici ceste pie-
ne. [21]Quelli che avevano mangiato erano circa cinquemila uo-
mini, senza contare le donne e i bambini.

Gesù cammina sulle acque - [22]Subito dopo costrinse i discepoli
a salire sulla barca e a precederlo sull'altra riva, finché non aves-
se congedato la folla. [23]Congedata la folla, salì sul monte, in di-
sparte, a pregare. Venuta la sera, egli se ne stava lassù, da solo.
[24]La barca intanto distava già molte miglia da terra ed era agi-
tata dalle onde: il vento infatti era contrario. [25]Sul finire della
notte egli andò verso di loro camminando sul mare. [26]Vedendo-
lo camminare sul mare, i discepoli furono sconvolti e dissero:
«È un fantasma!» e gridarono dalla paura. [27]Ma subito Gesù
parlò loro dicendo: «Coraggio, sono io, non abbiate paura!».
[28]Pietro allora gli rispose: «Signore, se sei tu, comandami di ve-
nire verso di te sulle acque». [29]Ed egli disse: «Vieni!». Pietro
scese dalla barca, si mise a camminare sulle acque e andò ver-
so Gesù. [30]Ma, vedendo che il vento era forte, s'impaurì e, co-
minciando ad affondare, gridò: «Signore, salvami!». [31]E subito
Gesù tese la mano, lo afferrò e gli disse: «Uomo di poca fede,
perché hai dubitato?». [32]Appena saliti sulla barca, il vento ces-
sò. [33]Quelli che erano sulla barca si prostrarono davanti a lui,
dicendo: «Davvero tu sei Figlio di Dio!».

Guarigioni a Gennèsaret - [34]Compiuta la traversata, approdaro-
no a Gennèsaret. [35]E la gente del luogo, riconosciuto Gesù, dif-
fuse la notizia in tutta la regione; gli portarono tutti i malati [36]e
lo pregavano di poter toccare almeno il lembo del suo mantel-
lo. E quanti lo toccarono furono guariti.

15 **Falsità di farisei e scribi** - [1]In quel tempo alcuni farisei
e alcuni scribi, venuti da Gerusalemme, si avvicinarono
a Gesù e gli dissero: [2]«Perché i tuoi discepoli trasgrediscono la
tradizione degli antichi? Infatti quando prendono cibo non si la-
vano le mani!». [3]Ed egli rispose loro: «E voi, perché trasgredi-
te il comandamento di Dio in nome della vostra tradizione?
[4]Dio ha detto: *Onora il padre e la madre* e inoltre: *Chi male-
dice il padre o la madre sia messo a morte*.
[5]Voi invece dite: "Chiunque dichiara al padre o alla madre:
Ciò con cui dovrei aiutarti è un'offerta a Dio, [6]non è più tenuto
a onorare suo padre". Così avete annullato la parola di Dio con
la vostra tradizione.
[7]Ipocriti! Bene ha profetato di voi Isaia, dicendo:

[8]*Questo popolo mi onora con le labbra,*
ma il suo cuore è lontano da me.
[9]*Invano essi mi rendono culto,*
insegnando dottrine che sono precetti di uomini».

Il puro e l'impuro - [10]Poi, riunita la folla, disse loro: «Ascolta-
te e comprendete bene! [11]Non ciò che entra nella bocca rende
impuro l'uomo; ciò che esce dalla bocca, questo rende impuro
l'uomo!».
[12]Allora i discepoli si avvicinarono per dirgli: «Sai che i fari-
sei, a sentire questa parola, si sono scandalizzati?». [13]Ed egli ri-
spose: «Ogni pianta, che non è stata piantata dal Padre mio ce-
leste, verrà sradicata. [14]Lasciateli stare! Sono ciechi e guide di
ciechi. E quando un cieco guida un altro cieco, tutti e due ca-
dranno in un fosso!».

15,1-9 Gesù è sollecitato da alcuni scribi e farisei a proposito dell'osservanza di prescrizioni minuziose della tradizione. Egli si oppone evidenziando che ben maggiore importanza andrebbe data ai grandi comandamenti inviolabili della Legge, per esempio a quello che impone il rispetto e la cura dei genitori. Tali comandi non possono essere aggirati neppure con mezzi di natura religiosa (per esempio, dichiarando di offrire al tempio quanto dovrebbe servire per curare e onorare i genitori anziani o malati).

[15]Pietro allora gli disse: «Spiegaci questa parabola». [16]Ed egli
rispose: «Neanche voi siete ancora capaci di comprendere?
[17]Non capite che tutto ciò che entra nella bocca, passa nel ven-
tre e viene gettato in una fogna? [18]Invece ciò che esce dalla boc-
ca proviene dal cuore. Questo rende impuro l'uomo. [19]Dal cuo-
re, infatti, provengono propositi malvagi, omicidi, adultèri, im-
purità, furti, false testimonianze, calunnie. [20]Queste sono le co-
se che rendono impuro l'uomo; ma il mangiare senza lavarsi le
mani non rende impuro l'uomo».

Guarigione della figlia di una straniera - [21]Partito di là, Gesù
si ritirò verso la zona di Tiro e di Sidone. [22]Ed ecco, una donna
cananea, che veniva da quella regione, si mise a gridare: «Pietà
di me, Signore, figlio di Davide! Mia figlia è molto tormentata
da un demonio». [23]Ma egli non le rivolse neppure una parola.
Allora i suoi discepoli gli si avvicinarono e lo implorarono:
«Esaudiscila, perché ci viene dietro gridando!». [24]Egli rispose:
«Non sono stato mandato se non alle pecore perdute della casa
d'Israele». [25]Ma quella si avvicinò e si prostrò dinanzi a lui, di-
cendo: «Signore, aiutami!». [26]Ed egli rispose: «Non è bene pren-
dere il pane dei figli e gettarlo ai cagnolini». [27]«È vero, Signo-
re – disse la donna –, eppure i cagnolini mangiano le briciole
che cadono dalla tavola dei loro padroni». [28]Allora Gesù le re-
plicò: «Donna, grande è la tua fede! Avvenga per te come desi-
deri». E da quell'istante sua figlia fu guarita.

Altre guarigioni - [29]Gesù si allontanò di là, giunse presso il ma-
re di Galilea e, salito sul monte, lì si fermò. [30]Attorno a lui si ra-
dunò molta folla, recando con sé zoppi, storpi, ciechi, sordi e
molti altri malati; li deposero ai suoi piedi, ed egli li guarì, [31]tan-

15,30 Colpisce la grande folla che si accalca intorno a Gesù. E, soprattutto, colpisce che la rivelazione della potenza di Dio, di cui parlavano le profezie messianiche, si realizzi in Galilea, regione priva del tempio e posta ai confini con le terre pagane: quanti giungono ai piedi di Gesù trovano grazia.

to che la folla era piena di stupore nel vedere i muti che parla-
vano, gli storpi guariti, gli zoppi che camminavano e i ciechi
che vedevano. E lodava il Dio d'Israele.

Seconda moltiplicazione dei pani - 32Allora Gesù chiamò a sé
i suoi discepoli e disse: «Sento compassione per la folla. Ormai
da tre giorni stanno con me e non hanno da mangiare. Non vo-
glio rimandarli digiuni, perché non vengano meno lungo il cam-
mino». 33E i discepoli gli dissero: «Come possiamo trovare in un
deserto tanti pani da sfamare una folla così grande?». 34Gesù
domandò loro: «Quanti pani avete?». Dissero: «Sette, e pochi
pesciolini». 35Dopo aver ordinato alla folla di sedersi per terra,
36prese i sette pani e i pesci, rese grazie, li spezzò e li dava ai di-
scepoli, e i discepoli alla folla. 37Tutti mangiarono a sazietà. Por-
tarono via i pezzi avanzati: sette sporte piene. 38Quelli che ave-
vano mangiato erano quattromila uomini, senza contare le don-
ne e i bambini. 39Congedata la folla, Gesù salì sulla barca e andò
nella regione di Magadàn.

16 **Il segno preteso da scribi e farisei** - 1I farisei e i saddu-
cei si avvicinarono per metterlo alla prova e gli chiese-
ro che mostrasse loro un segno dal cielo. 2Ma egli rispose loro:
«Quando si fa sera, voi dite: "Bel tempo, perché il cielo ros-
seggia"; 3e al mattino: "Oggi burrasca, perché il cielo è rosso
cupo". Sapete dunque interpretare l'aspetto del cielo e non sie-
te capaci di interpretare i segni dei tempi? 4Una generazione
malvagia e adultera pretende un segno! Ma non le sarà dato al-
cun segno, se non il segno di Giona». Li lasciò e se ne andò.

15,32 Se nella prima moltiplicazione dei pani erano stati i discepoli a far presenti a Gesù le necessità della folla, qui è sottolineata con maggiore chiarezza la sua compassione. L'espressione *Non voglio rimandarli digiuni, perché non svengano lungo la strada* richiama una volta di più all'eucaristia, il pane del cammino per i cristiani.

15,39 *Magadàn*: con questo nome si indica forse una località posta sulla riva occidentale del lago di Gennèsaret.

16,4a Per il significato del *segno di Giona*, cfr. 12,38-42.

Il lievito dei farisei e dei sadducei - [5]Nel passare all'altra ri-
va, i discepoli avevano dimenticato di prendere del pane. [6]Gesù
disse loro: «Fate attenzione e guardatevi dal lievito dei farisei e
dei sadducei». [7]Ma essi parlavano tra loro e dicevano: «Non ab-
biamo preso del pane!». [8]Gesù se ne accorse e disse: «Gente di
poca fede, perché andate dicendo tra voi che non avete pane?
[9]Non capite ancora e non ricordate i cinque pani per i cinque-
mila, e quante ceste avete portato via? [10]E neppure i sette pani
per i quattromila, e quante sporte avete raccolto? [11]Come mai
non capite che non vi parlavo di pane? Guardatevi invece dal
lievito dei farisei e dei sadducei». [12]Allora essi compresero che
egli non aveva detto di guardarsi dal lievito del pane, ma dal-
l'insegnamento dei farisei e dei sadducei.

Chi è il Figlio dell'uomo? - [13]Gesù, giunto nella regione di Ce-
sarèa di Filippo, domandò ai suoi discepoli: «La gente, chi di-
ce che sia il Figlio dell'uomo?». [14]Risposero: «Alcuni dicono
Giovanni il Battista, altri Elia, altri Geremia o qualcuno dei pro-
feti». [15]Disse loro: «Ma voi, chi dite che io sia?». [16]Rispose Si-
mon Pietro: «Tu sei il Cristo, il Figlio del Dio vivente». [17]E Ge-
sù gli disse: «Beato sei tu, Simone, figlio di Giona, perché né

16,6 Tra i gruppi politici e religiosi che gli si oppongono Gesù include anche i *sadducei*, un partito potente legato ad alcune famiglie di sacerdoti di Gerusalemme, che avevano all'epoca il controllo del tribunale supremo degli Ebrei, il sinedrio. Dal punto di vista religioso, essi non credevano nella risurrezione.

16,13 Varie città erano state edificate negli ultimi decenni e chiamate *Cesarèa* in onore degli imperatori romani. Qui si tratta della capitale del piccolo dominio di un altro figlio di Erode il Grande, Filippo, signore dell'estremo nord della Palestina, verso la Siria. Era una zona con ampia presenza di pagani, e non è senza importanza che la confessione di fede di Pietro avvenga proprio qui.

16,15 Dopo avere posto ai discepoli domande meno dirette, Gesù chiede che cosa pensino loro. È ormai tempo che rompano con la posizione di scribi e farisei, chiusi nel sospetto e nel rifiuto, ma anche con quella delle folle, il cui entusiasmo rischia di sognare un regno puramente terreno. Gesù esige che i suoi discepoli decidano totalmente e personalmente per lui e per la causa del Regno.

16,17 *Carne* e *sangue* indicano la persona in tutta la sua umanità e debolezza. Quando Simon Pietro davanti a tutti riconosce in Gesù il Messia, il Figlio

carne né sangue te lo hanno rivelato, ma il Padre mio che è nei
cieli. [18]E io a te dico: tu sei Pietro e su questa pietra edificherò
la mia Chiesa e le potenze degli inferi non prevarranno su di es-
sa. [19]A te darò le chiavi del regno dei cieli: tutto ciò che leghe-
rai sulla terra sarà legato nei cieli, e tutto ciò che scioglierai sul-
la terra sarà sciolto nei cieli». [20]Allora ordinò ai discepoli di non
dire ad alcuno che egli era il Cristo.

Primo annuncio della passione - [21]Da allora Gesù cominciò a
spiegare ai suoi discepoli che doveva andare a Gerusalemme e
soffrire molto da parte degli anziani, dei capi dei sacerdoti e de-
gli scribi, e venire ucciso e risorgere il terzo giorno. [22]Pietro lo
prese in disparte e si mise a rimproverarlo dicendo: «Dio non
voglia, Signore; questo non ti accadrà mai». [23]Ma egli, voltan-
dosi, disse a Pietro: «Va' dietro a me, Satana! Tu mi sei di scan-
dalo, perché non pensi secondo Dio, ma secondo gli uomini!».

Condizioni per seguire Gesù - [24]Allora Gesù disse ai suoi disce-
poli: «Se qualcuno vuole venire dietro a me, rinneghi se stesso,
prenda la sua croce e mi segua. [25]Perché chi vuole salvare la pro-
pria vita, la perderà; ma chi perderà la propria vita per causa mia,
la troverà. [26]Infatti quale vantaggio avrà un uomo se guadagnerà
il mondo intero, ma perderà la propria vita? O che cosa un uomo
potrà dare in cambio della propria vita? [27]Perché il Figlio del-

del Dio vivente, non è spinto solo da un impulso spontaneo, ma è ispirato da Dio stesso.

16,23 *Va' dietro a me, Satana!* Pietro è chiamato così da Gesù perché, invece di rendersi disponibile ai piani di Dio, diventa inconsapevolmente un tentatore, Satana appunto. Gesù vuole accettare il destino che Dio gli prepara, fosse anche un destino di morte.

16,25 Con questa frase paradossale Gesù esprime in sintesi il messaggio del Regno. Lo scopo dell'esistenza umana non è conservare la propria vita o "realizzarsi" a tutti i costi. Chi si comporta così finisce in realtà per perdere la propria *vita* o *anima*. Al contrario, la piena realizzazione di sé può essere solo accolta come dono da Dio: è la pienezza di vita assicurata a chi non risparmia le proprie forze e ha il coraggio di *perdersi* a motivo di Cristo e del suo Vangelo (*per causa mia*, come afferma appunto Gesù).

l'uomo sta per venire nella gloria del Padre suo, con i suoi angeli,
e allora *renderà a ciascuno secondo le sue azioni*. [28]In verità io
vi dico: vi sono alcuni tra i presenti che non moriranno, prima di
aver visto venire il Figlio dell'uomo con il suo regno».

17 **La trasfigurazione** - [1]Sei giorni dopo, Gesù prese con sé
Pietro, Giacomo e Giovanni suo fratello e li condusse in
disparte, su un alto monte. [2]E fu trasfigurato davanti a loro: il
suo volto brillò come il sole e le sue vesti divennero candide co-
me la luce. [3]Ed ecco, apparvero loro Mosè ed Elia, che conver-
savano con lui. [4]Prendendo la parola, Pietro disse a Gesù: «Si-
gnore, è bello per noi essere qui! Se vuoi, farò qui tre capanne,
una per te, una per Mosè e una per Elia». [5]Egli stava ancora par-
lando, quando una nube luminosa li coprì con la sua ombra. Ed
ecco una voce dalla nube che diceva: «Questi è il Figlio mio,
l'amato: in lui ho posto il mio compiacimento. Ascoltatelo».
[6]All'udire ciò, i discepoli caddero con la faccia a terra e furono
presi da grande timore. [7]Ma Gesù si avvicinò, li toccò e disse:
«Alzatevi e non temete». [8]Alzando gli occhi non videro nessu-
no, se non Gesù solo.

Elia e Giovanni Battista - [9]Mentre scendevano dal monte, Ge-
sù ordinò loro: «Non parlate a nessuno di questa visione, prima
che il Figlio dell'uomo non sia risorto dai morti».
[10]Allora i discepoli gli domandarono: «Perché dunque gli scri-

17,3 Mosè ed Elia rappresentano, in questo episodio, la Legge e i Profeti, ovvero la rivelazione di Dio attuata nell'Antico Testamento. Da autentici conoscitori del Signore, entrambi possono testimoniare con la loro presenza che colui che appare trasfigurato sul monte non è un maestro qualsiasi, ma il Figlio amato, in cui Dio si compiace (cfr. v. 5).
17,6 Il *grande timore* da cui sono presi i discepoli ammessi alla visione di Gesù trasfigurato è tipico delle solenni manifestazioni di Dio narrate nella Sacra Scrittura.
17,10 Secondo 2Re 2 Elia fu assunto in cielo in un carro di fuoco. Una profezia vuole che egli ritorni a preparare il popolo ai tempi messianici (cfr. Mal 3,23; Sir 48,1-11). La domanda dei discepoli intende dunque capire come potrà manifestarsi il Messia se Elia non è ancora tornato.

bi dicono che *prima deve venire Elia*?». [11]Ed egli rispose: «Sì, *verrà Elia e ristabilirà* ogni cosa. [12]Ma io vi dico: Elia è già venuto e non l'hanno riconosciuto; anzi, hanno fatto di lui quello che hanno voluto. Così anche il Figlio dell'uomo dovrà soffrire per opera loro». [13]Allora i discepoli compresero che egli parlava loro di Giovanni il Battista.

Guarigione di un epilettico indemoniato - [14]Appena ritornati presso la folla, si avvicinò a Gesù un uomo che gli si gettò in ginocchio [15]e disse: «Signore, abbi pietà di mio figlio! È epilettico e soffre molto; cade spesso nel fuoco e sovente nell'acqua. [16]L'ho portato dai tuoi discepoli, ma non sono riusciti a guarirlo». [17]E Gesù rispose: «O generazione incredula e perversa! Fino a quando sarò con voi? Fino a quando dovrò sopportarvi? Portatelo qui da me». [18]Gesù lo minacciò e il demonio uscì da lui, e da quel momento il ragazzo fu guarito.

[19]Allora i discepoli si avvicinarono a Gesù, in disparte, e gli chiesero: «Perché noi non siamo riusciti a scacciarlo?». [20]Ed egli rispose loro: «Per la vostra poca fede. In verità io vi dico: se avrete fede pari a un granello di senape, direte a questo monte: "Spòstati da qui a là", ed esso si sposterà, e nulla vi sarà impossibile». [[21]]

Secondo annuncio della passione - [22]Mentre si trovavano insieme in Galilea, Gesù disse loro: «Il Figlio dell'uomo sta per

17,12-13 Gesù spiega che la venuta di Elia può essere riconosciuta in Giovanni Battista, colui che di fatto ha compiuto il ruolo di precursore del Messia. Però, una volta posto nelle mani degli uomini, il Battista ha patito opposizione e violenza. Così sarà per lo stesso Messia.

17,20 A differenza di alcune guarigioni viste nelle sezioni precedenti del Vangelo di Matteo, qui non si insiste sulla presenza o meno della fede nelle persone che domandano un miracolo a Gesù. In questione è piuttosto la fede dei discepoli, che egli ha mandato a predicare e a guarire al suo posto. Gesù deve ancora lavorare molto per formare i suoi seguaci.

17,22 Al cuore dell'annuncio della passione sta il verbo *consegnare*, che rimanda al Servo di Dio di cui parla il profeta Isaia. Il Signore mette nelle ma-

essere consegnato nelle mani degli uomini [23]e lo uccideranno, ma il terzo giorno risorgerà». Ed essi furono molto rattristati.

La tassa per il tempio - [24]Quando furono giunti a Cafàrnao, quelli che riscuotevano la tassa per il tempio si avvicinarono a Pietro e gli dissero: «Il vostro Maestro non paga la tassa?». [25]Rispose: «Sì». Mentre entrava in casa, Gesù lo prevenne dicendo: «Che cosa ti pare, Simone? I re della terra da chi riscuotono le tasse e i tributi? Dai propri figli o dagli estranei?». [26]Rispose: «Dagli estranei». E Gesù replicò: «Quindi i figli sono liberi. [27]Ma, per evitare di scandalizzarli, va' al mare, getta l'amo e prendi il primo pesce che viene su, aprigli la bocca e vi troverai una moneta d'argento. Prendila e consegnala loro per me e per te».

Discorso ecclesiale
(Mt 18,1-35)

18 **Chi è il più grande** - [1]In quel momento i discepoli si avvicinarono a Gesù dicendo: «Chi dunque è più grande nel regno dei cieli?». [2]Allora chiamò a sé un bambino, lo pose

ni degli uomini il suo Servo prediletto e questo è da loro «disprezzato e reietto", è reso «uomo dei dolori che ben conosce il patire», si carica «delle nostre sofferenze» (cfr. Is 53,3-4).

17,23 Mentre il rifiuto crescente degli uomini gli impone di considerare la prospettiva di una morte violenta, Gesù vive il suo destino nella fiducia che Dio gli ridarà la vita. Del resto anche nel canto del Servo l'annuncio della passione è aperto alla speranza: il prescelto di Dio «vedrà una discendenza, vivrà a lungo… dopo il suo intimo tormento vedrà la luce» (Is 53,10-11).

18,1-4 La domanda posta dai discepoli a Gesù conduce al cuore del Discorso ecclesiale. Tutto il capitolo va riletto e compreso alla luce della questione qui sollevata.

18,1 La domanda significa: «Chi è il più grande agli occhi di Dio?». La risposta di Gesù stravolge il concetto umano del potere come grandezza e dominio, sostituendolo con quello divino: è grande colui che diventa come un bambino. Più che umile, egli è debole, ha bisogno degli altri, e per questo ha un animo radicalmente fiducioso. Per entrare nel regno dei cieli bisogna dunque vincere la tentazione di "farcela da soli" e decidersi ad abbandonarsi nelle mani di Dio.

in mezzo a loro [3]e disse: «In verità io vi dico: se non vi conver-
tirete e non diventerete come i bambini, non entrerete nel regno
dei cieli. [4]Perciò chiunque si farà piccolo come questo bambi-
no, costui è il più grande nel regno dei cieli.

Messa in guardia dagli scandali - [5]E chi accoglierà un solo bam-
bino come questo nel mio nome, accoglie me.
[6]Chi invece scandalizzerà uno solo di questi piccoli che cre-
dono in me, gli conviene che gli venga appesa al collo una ma-
cina da mulino e sia gettato nel profondo del mare. [7]Guai al
mondo per gli scandali! È inevitabile che vengano scandali, ma
guai all'uomo a causa del quale viene lo scandalo!
[8]Se la tua mano o il tuo piede ti è motivo di scandalo, taglialo
e gettalo via da te. È meglio per te entrare nella vita monco o
zoppo, anziché con due mani o due piedi essere gettato nel fuo-
co eterno. [9]E se il tuo occhio ti è motivo di scandalo, cavalo e
gettalo via da te. È meglio per te entrare nella vita con un occhio
solo, anziché con due occhi essere gettato nella Geènna del
fuoco.

La pecora smarrita - [10]Guardate di non disprezzare uno solo di
questi piccoli, perché io vi dico che i loro angeli nei cieli vedo-
no sempre la faccia del Padre mio che è nei cieli. [11]
[12]Che cosa vi pare? Se un uomo ha cento pecore e una di lo-

18,5 Il bambino diventa un segno della presenza di Dio, che ha scelto ciò che nel mondo è stolto e debole, per confondere i sapienti e i forti (cfr. 1Cor 1,27). Siamo di fronte a una legge fondamentale del regno di Dio, punto di rottura con la cultura greca e la religione giudaica.

18,7 La lingua greca, con *scandalo*, intende un oggetto concreto, una pietra che fa inciampare, un masso che impedisce di proseguire il cammino. L'immagine vuole dunque rappresentare la negazione assoluta del bene, l'opera stessa di Satana.

18,10 Dio non fa graduatorie basate sull'importanza o il potere, «non fa preferenza di persone» (At 10,34; cfr. anche Ef 6,9 e Gal 2,6). Anzi: dimostra una speciale predilezione per chi è povero e indifeso. Così deve essere anche per i cristiani.

18,12 La figura del pastore cela dietro di sé la persona stessa di Dio: il suo sguardo si posa su ciascuno dei suoi piccoli, non ne trascura neppure uno.

ro si smarrisce, non lascerà le novantanove sui monti e andrà a
cercare quella che si è smarrita? [13]In verità io vi dico: se riesce
a trovarla, si rallegrerà per quella più che per le novantanove
che non si erano smarrite. [14]Così è volontà del Padre vostro che
è nei cieli, che neanche uno di questi piccoli si perda.

Correzione fraterna - [15]Se il tuo fratello commetterà una colpa
contro di te, va' e ammoniscilo fra te e lui solo; se ti ascolterà,
avrai guadagnato il tuo fratello; [16]se non ascolterà, prendi anco-
ra con te una o due persone, perché *ogni cosa sia risolta sulla
parola di due o tre testimoni.* [17]Se poi non ascolterà costoro, dil-
lo alla comunità; e se non ascolterà neanche la comunità, sia per
te come il pagano e il pubblicano. [18]In verità io vi dico: tutto
quello che legherete sulla terra sarà legato in cielo, e tutto quel-
lo che scioglierete sulla terra sarà sciolto in cielo.

Preghiera comune - [19]In verità io vi dico ancora: se due di voi
sulla terra si metteranno d'accordo per chiedere qualunque co-
sa, il Padre mio che è nei cieli gliela concederà. [20]Perché dove
sono due o tre riuniti nel mio nome, lì sono io in mezzo a loro».

Parabola sul perdono - [21]Allora Pietro gli si avvicinò e gli dis-
se: «Signore, se il mio fratello commette colpe contro di me,
quante volte dovrò perdonargli? Fino a sette volte?». [22]E Gesù
gli rispose: «Non ti dico fino a sette volte, ma fino a settanta
volte sette.

18,15 Il rapporto tra cristiani è equiparato a un legame di sangue. Questo ci rende responsabili della vita e della salvezza di ogni fratello e sorella della comunità. Dio non ha mai gradito risposte come quella di Caino: «Sono forse il custode di mio fratello?» (Gen 4,9).

18,18 Il potere che Gesù aveva già affidato a Pietro (cfr. 16,9) viene qui esteso a tutta la comunità degli apostoli: la responsabilità della Chiesa tutta è grande, perché nel suo giudizio terreno si attua e si esprime quello divino.

18,19 Importante è l'accenno alla comunione fraterna nella preghiera: non sempre il singolo è in grado di capire da solo cosa sia meglio chiedere per sé. È dunque bene confrontarsi con qualche fratello o sorella: in questo modo la richiesta avrà una forza maggiore.

[23]Per questo, il regno dei cieli è simile a un re che volle regolare i conti con i suoi servi. [24]Aveva cominciato a regolare i conti, quando gli fu presentato un tale che gli doveva diecimila talenti. [25]Poiché costui non era in grado di restituire, il padrone ordinò che fosse venduto lui con la moglie, i figli e quanto possedeva, e così saldasse il debito. [26]Allora il servo, prostrato a terra, lo supplicava dicendo: "Abbi pazienza con me e ti restituirò ogni cosa". [27]Il padrone ebbe compassione di quel servo, lo lasciò andare e gli condonò il debito.

[28]Appena uscito, quel servo trovò uno dei suoi compagni, che gli doveva cento denari. Lo prese per il collo e lo soffocava, dicendo: "Restituisci quello che devi!". [29]Il suo compagno, prostrato a terra, lo pregava dicendo: "Abbi pazienza con me e ti restituirò". [30]Ma egli non volle, andò e lo fece gettare in prigione, fino a che non avesse pagato il debito.

[31]Visto quello che accadeva, i suoi compagni furono molto dispiaciuti e andarono a riferire al loro padrone tutto l'accaduto. [32]Allora il padrone fece chiamare quell'uomo e gli disse: "Servo malvagio, io ti ho condonato tutto quel debito perché tu mi hai pregato. [33]Non dovevi anche tu aver pietà del tuo compagno, così come io ho avuto pietà di te?". [34]Sdegnato, il padrone lo diede in mano agli aguzzini, finché non avesse restituito tutto il dovuto. [35]Così anche il Padre mio celeste farà con voi se non perdonerete di cuore, ciascuno al proprio fratello».

LIBRO V: UN FUTURO GIÀ PRESENTE
(Mt 19,1 - 25,46)

La tensione tra Gesù e le autorità religiose del giudaismo ufficiale cresce sempre più, come appare nella sezione narrativa di questo quinto libro (19,1 - 23,39). Il Maestro d'Israele, però, non intende certo sottrarsi a una testimonianza sempre più decisa alla novità del Regno ormai presente. Il tema della presenza del Regno è ripreso anche dall'ultimo dei grandi insegnamenti del Maestro, il Discorso escatologico, *che si snoda attraverso i capitoli 24 e 25. Sotto la patina di un linguaggio di tipo apocalittico, simile a quello di alcune pagine del profeta Daniele e dell'Apocalisse di Giovanni, Matteo ci rivela che ciò che interessa a Gesù non è tanto «quel giorno e quell'ora», perché di essi nessuno sa niente, «né gli angeli del cielo e né il Figlio, ma solo il Padre» (24,36); quanto piuttosto la necessità di vegliare nel presente. Il pensiero dell'incontro definitivo che ogni creatura avrà con Dio deve infatti portare i credenti a vivere con determinazione l'oggi, seguendo gli insegnamenti e l'esempio del Signore Gesù.*

Il traguardo di un lungo cammino (Mt 19,1 - 23,39)

19 **Questioni su divorzio e celibato** - [1]Terminati questi di-
scorsi, Gesù lasciò la Galilea e andò nella regione della
Giudea, al di là del Giordano. [2]Molta gente lo seguì e là egli li
guarì.
[3]Allora gli si avvicinarono alcuni farisei per metterlo alla pro-
va e gli chiesero: «È lecito a un uomo ripudiare la propria mo-
glie per qualsiasi motivo?». [4]Egli rispose: «Non avete letto che
il Creatore da principio *li fece maschio e femmina* [5]e disse: *Per
questo l'uomo lascerà il padre e la madre e si unirà a sua mo-
glie e i due diventeranno una sola carne*? [6]Così non sono più

19,1 Eccoci all'inizio dell'ultimo dei cinque libri nei quali l'evangelista divide la sezione centrale della propria opera. Ancora una volta lo stacco decisivo è segnato dalla ripetizione di una frase che in greco funziona come un ritornello che ritma tutta la narrazione e separa le varie sezioni del racconto (cfr. 7,28; 11,1; 13,53; 19,1 e 26,1).
19,3 I farisei vogliono tendere una trappola a Gesù, costringendolo a schierarsi per una delle due scuole di pensiero che esistevano a quel tempo: quella del rabbino *Hillel*, che riteneva che il matrimonio potesse essere sciolto per qualsiasi motivo; quella di *Shammai*, invece, che riduceva tali motivi alle sole mancanze gravi. Gesù evita la trappola, risalendo dalla Legge di Mosé – che riconosceva appunto il permesso di divorzio (cfr. Dt 24,1) – a quella della creazione, inscritta da Dio stesso nella carne dell'uomo: *l'uomo non divida quello che Dio ha congiunto*.

due, ma una sola carne. Dunque l'uomo non divida quello che
Dio ha congiunto». [7]Gli domandarono: «Perché allora Mosè ha
ordinato di darle l'atto di ripudio e di ripudiarla?». [8]Rispose lo-
ro: «Per la durezza del vostro cuore Mosè vi ha permesso di ri-
pudiare le vostre mogli; all'inizio però non fu così. [9]Ma io vi
dico: chiunque ripudia la propria moglie, se non in caso di unio-
ne illegittima, e ne sposa un'altra, commette adulterio».
[10]Gli dissero i suoi discepoli: «Se questa è la situazione del-
l'uomo rispetto alla donna, non conviene sposarsi». [11]Egli ri-
spose loro: «Non tutti capiscono questa parola, ma solo coloro
ai quali è stato concesso. [12]Infatti vi sono eunuchi che sono na-
ti così dal grembo della madre, e ve ne sono altri che sono sta-
ti resi tali dagli uomini, e ve ne sono altri ancora che si sono re-
si tali per il regno dei cieli. Chi può capire, capisca».

Gesù e i bambini - [13]Allora gli furono portati dei bambini perché
imponesse loro le mani e pregasse; ma i discepoli li rimprovera-
rono. [14]Gesù però disse: «Lasciateli, non impedite che i bambi-
ni vengano a me; a chi è come loro, infatti, appartiene il regno dei
cieli». [15]E, dopo avere imposto loro le mani, andò via di là.

Il giovane ricco - [16]Ed ecco, un tale si avvicinò e gli disse:
«Maestro, che cosa devo fare di buono per avere la vita eter-
na?». [17]Gli rispose: «Perché mi interroghi su ciò che è buono?
Buono è uno solo. Se vuoi entrare nella vita, osserva i coman-
damenti». [18]Gli chiese: «Quali?». Gesù rispose: *«Non uccide-*

19,9 Pur affermando l'indissolubilità del matrimonio, Gesù ammette un'eccezione: *il caso di una unione illegittima*. Sul senso preciso da attribuire al termine greco non esiste attualmente un accordo tra gli studiosi (cfr. Mt 5,31-32).

19,10 "L'indissolubilità del matrimonio comporta una buona dose di rischio", sembrano affermare i discepoli. Gesù non commenta, ma apre il cuore dei suoi interlocutori a una scelta altrettanto coraggiosa, anche se radicalmente diversa: il celibato per il Regno. Matrimonio e celibato sono qui presentati in un bel dittico che illustra le molteplici forme della fecondità della vita cristiana.

rai, non commetterai adulterio, non ruberai, non testimonierai
il falso, [19]*onora il padre e la madre* e *amerai il prossimo tuo co-*
me te stesso». [20]Il giovane gli disse: «Tutte queste cose le ho os-
servate; che altro mi manca?». [21]Gli disse Gesù: «Se vuoi esse-
re perfetto, va', vendi quello che possiedi, dallo ai poveri e avrai
un tesoro nel cielo; e vieni! Seguimi!». [22]Udita questa parola, il
giovane se ne andò, triste; possedeva infatti molte ricchezze.

Pericoli della ricchezza - [23]Gesù allora disse ai suoi discepoli:
«In verità io vi dico: difficilmente un ricco entrerà nel regno dei
cieli. [24]Ve lo ripeto: è più facile che un cammello passi per la
cruna di un ago, che un ricco entri nel regno di Dio». [25]A que-
ste parole i discepoli rimasero molto stupiti e dicevano: «Allo-
ra, chi può essere salvato?». [26]Gesù li guardò e disse: «Questo
è impossibile agli uomini, ma a Dio tutto è possibile».

Il centuplo - [27]Allora Pietro gli rispose: «Ecco, noi abbiamo la-
sciato tutto e ti abbiamo seguito; che cosa dunque ne avremo?».
[28]E Gesù disse loro: «In verità io vi dico: voi che mi avete se-
guito, quando il Figlio dell'uomo sarà seduto sul trono della sua
gloria, alla rigenerazione del mondo, siederete anche voi su do-
dici troni a giudicare le dodici tribù d'Israele. [29]Chiunque avrà
lasciato case, o fratelli, o sorelle, o padre, o madre, o figli, o
campi per il mio nome, riceverà cento volte tanto e avrà in ere-
dità la vita eterna. [30]Molti dei primi saranno ultimi e molti degli
ultimi saranno primi.

20 **Parabola degli operai mandati nella vigna -** [1]Il regno
dei cieli è simile a un padrone di casa che uscì all'alba

19,21 La perfezione chiamata in causa da Gesù non è l'assoluta integrità morale a cui l'uomo può arrivare con la minuziosa osservanza della Legge, bensì la partecipazione alla vita stessa di Dio (cfr. 5,48). La richiesta di rinunciare alle attrattive della famiglia (cfr. 19,12) e della ricchezza (cfr. 19,21) fa parte di quel compimento, di quel perfezionamento della Legge antica, che ne costituisce un "di più" incomprensibile senza Gesù.

20,1-16 Siamo di fronte a un'ulteriore conferma della radicale distanza che

per prendere a giornata lavoratori per la sua vigna. [2]Si accordò con loro per un denaro al giorno e li mandò nella sua vigna. [3]Uscito poi verso le nove del mattino, ne vide altri che stavano in piazza, disoccupati, [4]e disse loro: “Andate anche voi nella vigna; quello che è giusto ve lo darò”. [5]Ed essi andarono. Uscì di nuovo verso mezzogiorno, e verso le tre, e fece altrettanto. [6]Uscito ancora verso le cinque, ne vide altri che se ne stavano lì e disse loro: “Perché ve ne state qui tutto il giorno senza far niente?”. [7]Gli risposero: “Perché nessuno ci ha presi a giornata”. Ed egli disse loro: “Andate anche voi nella vigna”.

[8]Quando fu sera, il padrone della vigna disse al suo fattore: “Chiama i lavoratori e da’ loro la paga, incominciando dagli ultimi fino ai primi”. [9]Venuti quelli delle cinque del pomeriggio, ricevettero ciascuno un denaro. [10]Quando arrivarono i primi, pensarono che avrebbero ricevuto di più. Ma anch’essi ricevettero ciascuno un denaro. [11]Nel ritirarlo, però, mormoravano contro il padrone [12]dicendo: “Questi ultimi hanno lavorato un’ora soltanto e li hai trattati come noi, che abbiamo sopportato il peso della giornata e il caldo”. [13]Ma il padrone, rispondendo a uno di loro, disse: “Amico, io non ti faccio torto. Non hai forse concordato con me per un denaro? [14]Prendi il tuo e vattene. Ma io voglio dare anche a quest’ultimo quanto a te: [15]non posso fare delle mie cose quello che voglio? Oppure tu sei invidioso perché io sono buono?”. [16]Così gli ultimi saranno primi e i primi, ultimi».

Terzo annuncio della passione - [17]Mentre saliva a Gerusalemme, Gesù prese in disparte i dodici discepoli e lungo il cammino disse loro: [18]«Ecco, noi saliamo a Gerusalemme e il Fi-

separa la logica del mondo, incentrata su produttività e guadagno, e quella di Dio, che è invece caratterizzata dall’attenzione verso gli ultimi e dalla più inaspettata generosità.

20,17 Gerusalemme è la meta finale del cammino di Gesù e di quest’ultima parte del Vangelo di Matteo. I presagi connessi alla sorte del Messia in questa città sono tutt’altro che rassicuranti, come Gesù aveva già ricordato ai suoi discepoli (cfr. 16,21).

glio dell'uomo sarà consegnato ai capi dei sacerdoti e agli scribi; lo condanneranno a morte [19]e lo consegneranno ai pagani perché venga deriso e flagellato e crocifisso, e il terzo giorno risorgerà».

I figli di Zebedeo - [20]Allora gli si avvicinò la madre dei figli di Zebedeo con i suoi figli e si prostrò per chiedergli qualcosa. [21]Egli le disse: «Che cosa vuoi?». Gli rispose: «Di' che questi miei due figli siedano uno alla tua destra e uno alla tua sinistra nel tuo regno». [22]Rispose Gesù: «Voi non sapete quello che chiedete. Potete bere il calice che io sto per bere?». Gli dicono: «Lo possiamo». [23]Ed egli disse loro: «Il mio calice, lo berrete; però sedere alla mia destra e alla mia sinistra non sta a me concederlo: è per coloro per i quali il Padre mio lo ha preparato».

Il compito dei capi - [24]Gli altri dieci, avendo sentito, si sdegnarono con i due fratelli. [25]Ma Gesù li chiamò a sé e disse: «Voi sapete che i governanti delle nazioni dóminano su di esse e i capi le opprimono. [26]Tra voi non sarà così; ma chi vuole diventare grande tra voi, sarà vostro servitore [27]e chi vuole essere il primo tra voi, sarà vostro schiavo. [28]Come il Figlio dell'uomo, che non è venuto per farsi servire, ma per servire e dare la propria vita in riscatto per molti».

20,21 Dopo l'annuncio di passione, la richiesta di Giacomo e Giovanni avanzata tramite la madre risuona come una nota stonata... Sarà significativo ritrovare la donna ai piedi della croce (cfr. Mt 27,56), mentre i due posti richiesti per i figli saranno occupati da due briganti: Giacomo e Giovanni si sono, infatti, dati alla fuga.
20,24 Lo sdegno dei discepoli, più che vera comprensione del pensiero del Maestro, tradisce un moto di rabbia contro i due compagni che avevano osato chiedere quello che tutti avrebbero desiderato. Gesù ribadisce che per entrare nel regno dei cieli bisogna abbandonare la sete di potere di cui i discepoli si mostrano ancora prigionieri.
20,28 Il racconto della lavanda dei piedi che si può leggere in Gv 13,1-20 rappresenta una splendida drammatizzazione di questo insegnamento.

Guarigione di due ciechi a Gerico - [29]Mentre uscivano da Gerico, una grande folla lo seguì. [30]Ed ecco, due ciechi, seduti lungo la strada, sentendo che passava Gesù, gridarono dicendo: «Signore, figlio di Davide, abbi pietà di noi!». [31]La folla li rimproverava perché tacessero; ma essi gridavano ancora più forte: «Signore, figlio di Davide, abbi pietà di noi!». [32]Gesù si fermò, li chiamò e disse: «Che cosa volete che io faccia per voi?». [33]Gli risposero: «Signore, che i nostri occhi si aprano!». [34]Gesù ebbe compassione, toccò loro gli occhi ed essi all'istante ricuperarono la vista e lo seguirono.

21 **Ingresso a Gerusalemme** - [1]Quando furono vicini a Gerusalemme e giunsero presso Bètfage, verso il monte degli Ulivi, Gesù mandò due discepoli, [2]dicendo loro: «Andate nel villaggio di fronte a voi e subito troverete un'asina, legata, e con essa un puledro. Slegateli e conduceteli da me. [3]E se qualcuno vi dirà qualcosa, rispondete: "Il Signore ne ha bisogno, ma li rimanderà indietro subito"». [4]Ora questo avvenne perché si compisse ciò che era stato detto per mezzo del profeta:

[5]*Dite alla figlia di Sion:*
Ecco, a te viene il tuo re,
mite, seduto su un'asina
e su un puledro, figlio di una bestia da soma.

[6]I discepoli andarono e fecero quello che aveva ordinato loro Gesù: [7]condussero l'asina e il puledro, misero su di essi i mantelli ed egli vi si pose a sedere. [8]La folla, numerosissima, stese

21,1-11 Gesù si riallaccia alle tradizioni più antiche del suo popolo e della sua terra, i cui re cavalcavano degli asinelli (cfr. 1Re 1,38; vedi anche Gen 49,11; Gdc 10,4; 12,13-14), contrariamente ai sovrani stranieri che si insuperbivano montando carri e cavalli (cfr. 1Re 1,5).

21,5 Citando Zaccaria (cfr. Zc 9,9), Matteo afferma che l'ingresso di Gesù in Gerusalemme a cavallo di un'asina e del suo puledro avrebbe dovuto costituire un segno per i Giudei, invitandoli a riconoscere in quell'uomo il Messia.

i propri mantelli sulla strada, mentre altri tagliavano rami dagli alberi e li stendevano sulla strada. [9]La folla che lo precedeva e quella che lo seguiva, gridava:

«*Osanna* al figlio di Davide!
Benedetto colui che viene nel nome del Signore!
Osanna nel più alto dei cieli!».

[10]Mentre egli entrava in Gerusalemme, tutta la città fu presa da agitazione e diceva: «Chi è costui?». [11]E la folla rispondeva: «Questi è il profeta Gesù, da Nàzaret di Galilea».

Ingresso nel tempio - [12]Gesù entrò nel tempio e scacciò tutti quelli che nel tempio vendevano e compravano; rovesciò i tavoli dei cambiamonete e le sedie dei venditori di colombe [13]e disse loro: «Sta scritto:

La mia casa sarà chiamata casa di preghiera.
Voi invece ne fate *un covo di ladri*».

[14]Gli si avvicinarono nel tempio ciechi e storpi, ed egli li guarì. [15]Ma i capi dei sacerdoti e gli scribi, vedendo le meraviglie che aveva fatto e i fanciulli che acclamavano nel tempio: «Osanna al figlio di Davide!», si sdegnarono, [16]e gli dissero: «Non senti quello che dicono costoro?». Gesù rispose loro: «Sì! Non avete mai letto:

Dalla bocca di bambini e di lattanti
hai tratto per te una lode?».

[17]Li lasciò, uscì fuori dalla città, verso Betània, e là trascorse la notte.

21,15 Anche i sommi sacerdoti e gli scribi sono spettatori delle meraviglie operate da Gesù, ma la durezza di cuore impedisce loro di rispondere positivamente a tale appello – diversamente dai bambini che ancora una volta simboleggiano i poveri e i semplici al seguito di Gesù.

Il fico seccato - [18]La mattina dopo, mentre rientrava in città, ebbe fame. [19]Vedendo un albero di fichi lungo la strada, gli si avvicinò, ma non vi trovò altro che foglie, e gli disse: «Mai più in eterno nasca un frutto da te!». E subito il fico seccò. [20]Vedendo ciò, i discepoli rimasero stupiti e dissero: «Come mai l'albero di fichi è seccato in un istante?». [21]Rispose loro Gesù: «In verità io vi dico: se avrete fede e non dubiterete, non solo potrete fare ciò che ho fatto a quest'albero, ma, anche se direte a questo monte: "Lèvati e gèttati nel mare", ciò avverrà. [22]E tutto quello che chiederete con fede nella preghiera, lo otterrete».

Gesù e i capi dei sacerdoti - [23]Entrò nel tempio e, mentre insegnava, gli si avvicinarono i capi dei sacerdoti e gli anziani del popolo e dissero: «Con quale autorità fai queste cose? E chi ti ha dato questa autorità?». [24]Gesù rispose loro: «Anch'io vi farò una sola domanda. Se mi rispondete, anch'io vi dirò con quale autorità faccio questo. [25]Il battesimo di Giovanni da dove veniva? Dal cielo o dagli uomini?». Essi discutevano fra loro dicendo: «Se diciamo: "Dal cielo", ci risponderà: "Perché allora non gli avete creduto?". [26]Se diciamo: "Dagli uomini", abbiamo paura della folla, perché tutti considerano Giovanni un profeta». [27]Rispondendo a Gesù dissero: «Non lo sappiamo». Allora anch'egli disse loro: «Neanch'io vi dico con quale autorità faccio queste cose».

Parabola di due figli - [28]«Che ve ne pare? Un uomo aveva due figli. Si rivolse al primo e disse: "Figlio, oggi va' a lavorare nel-

21,23 Gesù non cade nella trappola dei suoi interlocutori. Decide, invece, di usare una strategia comune nei dialoghi didattici dei rabbini: la controdomanda. Da notare anche il parallelismo che egli stesso instaura tra la missione del Battista e la propria, tema peculiare ai Vangeli di Matteo e di Marco.

21,28-32 La parabola proposta da Gesù viene correttamente interpretata dai Giudei. Richiama infatti un detto rabbinico: «I giusti promettono poco e fanno molto; gli empi parlano molto e non fanno nulla». Radicalmente nuova è invece l'applicazione che ne vuole dare il Signore: quelli che nel giudizio umano sono considerati empi (pubblicani e prostitute), agli occhi di Dio possono apparire migliori di scribi e farisei, che continuano a rifiutare Gesù.

la vigna". [29]Ed egli rispose: "Non ne ho voglia". Ma poi si pentì e vi andò. [30]Si rivolse al secondo e disse lo stesso. Ed egli rispose: "Sì, signore". Ma non vi andò. [31]Chi dei due ha compiuto la volontà del padre?». Risposero: «Il primo». E Gesù disse loro: «In verità io vi dico: i pubblicani e le prostitute vi passano avanti nel regno di Dio. [32]Giovanni infatti venne a voi sulla via della giustizia, e non gli avete creduto; i pubblicani e le prostitute invece gli hanno creduto. Voi, al contrario, avete visto queste cose, ma poi non vi siete nemmeno pentiti così da credergli.

Parabola dei vignaioli omicidi - [33]Ascoltate un'altra parabola: c'era un uomo che possedeva un terreno e vi piantò una vigna. La circondò con una siepe, vi scavò una buca per il torchio e costruì una torre. La diede in affitto a dei contadini e se ne andò lontano. [34]Quando arrivò il tempo di raccogliere i frutti, mandò i suoi servi dai contadini a ritirare il raccolto. [35]Ma i contadini presero i servi e uno lo bastonarono, un altro lo uccisero, un altro lo lapidarono. [36]Mandò di nuovo altri servi, più numerosi dei primi, ma li trattarono allo stesso modo. [37]Da ultimo mandò loro il proprio figlio dicendo: "Avranno rispetto per mio figlio!". [38]Ma i contadini, visto il figlio, dissero tra loro: "Costui è l'erede. Su, uccidiamolo e avremo noi la sua eredità!". [39]Lo presero, lo cacciarono fuori dalla vigna e lo uccisero. [40]Quando verrà dunque il padrone della vigna, che cosa farà a quei contadini?». [41]Gli risposero: «Quei malvagi, li farà morire miseramente e darà in affitto la vigna ad altri contadini, che gli consegneranno i frutti a suo tempo».

[42]E Gesù disse loro: «Non avete mai letto nelle Scritture:

21,33-46 Questa parabola è una vera e propria allegoria della storia della salvezza. Il testo ripercorre le vicende del passato di Israele fino a giungere al loro compimento messianico, presente in Gesù, che non costituisce solo il momento del giudizio, ma anche quello della creazione di un nuovo popolo – la Chiesa – da cui si attendono frutti.

La pietra che i costruttori hanno scartato
è diventata la pietra d'angolo;
questo è stato fatto dal Signore
ed è una meraviglia ai nostri occhi?

43Perciò io vi dico: a voi sarà tolto il regno di Dio e sarà dato
a un popolo che ne produca i frutti. 44Chi cadrà sopra questa pie-
tra si sfracellerà; e colui sul quale essa cadrà, verrà stritolato».
45Udite queste parabole, i capi dei sacerdoti e i farisei capiro-
no che parlavano di loro. 46Cercavano di catturarlo, ma ebbero pau-
ra della folla, perché lo considerava un profeta.

22 **Parabola del banchetto di nozze -** 1Gesù riprese a par-
lare loro con parabole e disse: 2«Il regno dei cieli è si-
mile a un re, che fece una festa di nozze per suo figlio. 3Egli
mandò i suoi servi a chiamare gli invitati alle nozze, ma questi
non volevano venire. 4Mandò di nuovo altri servi con quest'or-
dine: "Dite agli invitati: Ecco, ho preparato il mio pranzo; i miei
buoi e gli animali ingrassati sono già uccisi e tutto è pronto; ve-
nite alle nozze!". 5Ma quelli non se ne curarono e andarono chi
al proprio campo, chi ai propri affari; 6altri poi presero i suoi
servi, li insultarono e li uccisero. 7Allora il re si indignò: mandò
le sue truppe, fece uccidere quegli assassini e diede alle fiamme
la loro città. 8Poi disse ai suoi servi: "La festa di nozze è pron-
ta, ma gli invitati non erano degni; 9andate ora ai crocicchi del-
le strade e tutti quelli che troverete, chiamateli alle nozze".
10Usciti per le strade, quei servi radunarono tutti quelli che tro-
varono, cattivi e buoni, e la sala delle nozze si riempì di com-
mensali. 11Il re entrò per vedere i commensali e lì scorse un uo-
mo che non indossava l'abito nuziale. 12Gli disse: "Amico, co-
me mai sei entrato qui senza l'abito nuziale?". Quello ammutolì.
13Allora il re ordinò ai servi: "Legatelo mani e piedi e gettatelo

22,1-14 Matteo conclude con la presente un trittico di parabole che costituiscono un preciso discorso d'accusa diretto contro le autorità giudaiche.

fuori nelle tenebre; là sarà pianto e stridore di denti”. [14]Perché
molti sono chiamati, ma pochi eletti».

Il tributo a Cesare - [15]Allora i farisei se ne andarono e tennero
consiglio per vedere come coglierlo in fallo nei suoi discorsi.
[16]Mandarono dunque da lui i propri discepoli, con gli erodiani,
a dirgli: «Maestro, sappiamo che sei veritiero e insegni la via di
Dio secondo verità. Tu non hai soggezione di alcuno, perché
non guardi in faccia a nessuno. [17]Dunque, di' a noi il tuo pare-
re: è lecito, o no, pagare il tributo a Cesare?». [18]Ma Gesù, co-
noscendo la loro malizia, rispose: «Ipocriti, perché volete met-
termi alla prova? [19]Mostratemi la moneta del tributo». Ed essi gli
presentarono un denaro. [20]Egli domandò loro: «Questa imma-
gine e l'iscrizione, di chi sono?». [21]Gli risposero: «Di Cesare».
Allora disse loro: «Rendete dunque a Cesare quello che è di Ce-
sare e a Dio quello che è di Dio». [22]A queste parole rimasero
meravigliati, lo lasciarono e se ne andarono.

La risurrezione dei morti - [23]In quello stesso giorno vennero da
lui alcuni sadducei – i quali dicono che non c'è risurrezione – e
lo interrogarono: [24]«Maestro, Mosè disse: *Se uno muore senza
figli, suo fratello ne sposerà la moglie e darà una discendenza
al proprio fratello.* [25]Ora, c'erano tra noi sette fratelli; il primo,

22,14 Questa sentenza di tono apocalittico fa da conclusione a tutto il racconto. Non si riferisce dunque solo ai pagani chiamati nella Chiesa, ma anche a tutto Israele, e intende essere un monito a rispondere positivamente alla chiamata di Dio.

22,21 Ancora una volta Gesù non cade nella trappola: la sua risposta non vuole solo affermare la separazione dei poteri temporale e spirituale, ma suggerisce velatamente che non c'è proporzione tra la grandezza imperiale e quella divina. Questa moneta datela pure a Cesare – sembra affermare Gesù – purché vi ricordiate che voi siete “immagine” di Dio!

22,24 I sadducei ironizzano sulla risurrezione, appoggiandosi sull'antica legge del levirato (che, tra l'altro, aveva fatto il suo ingresso nelle pratiche ebraiche prima che maturasse la fede in una vita dopo la morte). Gesù, nella sua risposta, si attiene comunque rigorosamente alla Torah (cita infatti Es 3,6), condannando la cecità dei suoi interlocutori, che chiudono il cuore alla Legge di Dio per questioni ideologiche.

Mt

appena sposato, morì e, non avendo discendenza, lasciò la mo-
glie a suo fratello. 26Così anche il secondo, e il terzo, fino al set-
timo. 27Alla fine, dopo tutti, morì la donna. 28Alla risurrezione,
dunque, di quale dei sette lei sarà moglie? Poiché tutti l'hanno
avuta in moglie». 29E Gesù rispose loro: «Vi ingannate, perché
non conoscete le Scritture e neppure la potenza di Dio. 30Alla ri-
surrezione infatti non si prende né moglie né marito, ma si è co-
me angeli nel cielo. 31Quanto poi alla risurrezione dei morti, non
avete letto quello che vi è stato detto da Dio: 32*Io sono il Dio di
Abramo, il Dio di Isacco e il Dio di Giacobbe*? Non è il Dio dei
morti, ma dei viventi!». 33La folla, udendo ciò, era stupita dal
suo insegnamento.

Il più grande comandamento - 34Allora i farisei, avendo udito
che egli aveva chiuso la bocca ai sadducei, si riunirono insieme
35e uno di loro, un dottore della Legge, lo interrogò per metter-
lo alla prova: 36«Maestro, nella Legge, qual è il grande coman-
damento?». 37Gli rispose: «*Amerai il Signore tuo Dio con tutto
il tuo cuore, con tutta la tua anima e con tutta la tua mente.*
38Questo è il grande e primo comandamento. 39Il secondo poi è
simile a quello: *Amerai il tuo prossimo come te stesso.* 40Da que-
sti due comandamenti dipendono tutta la Legge e i Profeti».

Domanda di Gesù sul Messia - 41Mentre i farisei erano riuniti
insieme, Gesù chiese loro: 42«Che cosa pensate del Cristo? Di

22,33 Più diventa evidente la contrapposizione tra Gesù e le istituzioni giudaiche, più la folla riconosce l'autorità straordinaria della persona e dell'insegnamento del Maestro di Nàzaret.

22,37 Gesù indica nell'amore il principio unificatore di tutta la Legge antica. Questo duplice comandamento si trova così a incarnare la novità cristiana di fronte alla tradizione di Israele.

22,39 Il duplice comandamento dell'amore potrebbe essere completato con un terzo elemento, che viene presupposto da Gesù. A una lettura attenta, infatti, si nota che il secondo comando prende come misura dell'amore per il prossimo l'amore per sé. La verità e la perfezione dell'amore cristiano dipendono quindi dal non escludere dalla cerchia degli affetti né Dio, né gli altri, né se stessi.

22,41-46 Questo brano sintetizza la riflessione del primo Vangelo sull'identità del Messia. Non basta professare

chi è figlio?». Gli risposero: «Di Davide». [43]Disse loro: «Come mai allora Davide, mosso dallo Spirito, lo chiama Signore, dicendo:

[44]*Disse il Signore al mio Signore:*
Siedi alla mia destra
finché io ponga i tuoi nemici
sotto i tuoi piedi?

[45]Se dunque Davide lo chiama Signore, come può essere suo figlio?». [46]Nessuno era in grado di rispondergli e, da quel giorno, nessuno osò più interrogarlo.

23 **Falsità di scribi e farisei** - [1]Allora Gesù si rivolse alla folla e ai suoi discepoli [2]dicendo: «Sulla cattedra di Mosè si sono seduti gli scribi e i farisei. [3]Praticate e osservate tutto ciò che vi dicono, ma non agite secondo le loro opere, perché essi dicono e non fanno. [4]Legano infatti fardelli pesanti e difficili da portare e li pongono sulle spalle della gente, ma essi non vogliono muoverli neppure con un dito. [5]Tutte le loro opere le fanno per essere ammirati dalla gente: allargano i loro filattèri e allungano le frange; [6]si compiacciono dei posti d'onore nei banchetti, dei primi seggi nelle sinagoghe, [7]dei saluti nelle piazze, come anche di essere chiamati "rabbì" dalla gente.

[8]Ma voi non fatevi chiamare "rabbì", perché uno solo è il vostro maestro e voi siete tutti fratelli. [9]E non chiamate "padre" nessuno di voi sulla terra, perché uno solo è il Padre vostro, quello celeste. [10]E non fatevi chiamare "guide", perché uno so-

che egli è il *Figlio di Davide* (1,1). È necessario giungere alla fede nella sua identità divina (cfr. 27,54).
23,1-12 L'opposizione tra Gesù da una parte, e scribi e farisei dall'altra, non è dovuta principalmente alla dottrina, quanto piuttosto alla coerenza della vita: in Gesù parole e opere vanno sempre di pari passo. La miglior prova di questa integrità sarà la sua piena disponibilità a sacrificarsi per compiere la missione affidatagli dal Padre.

lo è la vostra Guida, il Cristo. [11]Chi tra voi è più grande, sarà vostro servo; [12]chi invece si esalterà, sarà umiliato e chi si umilierà sarà esaltato.

Sette guai - [13]Guai a voi, scribi e farisei ipocriti, che chiudete il regno dei cieli davanti alla gente; di fatto non entrate voi, e non lasciate entrare nemmeno quelli che vogliono entrare. [[14]]

[15]Guai a voi, scribi e farisei ipocriti, che percorrete il mare e la terra per fare un solo prosèlito e, quando lo è divenuto, lo rendete degno della Geènna due volte più di voi.

[16]Guai a voi, guide cieche, che dite: "Se uno giura per il tempio, non conta nulla; se invece uno giura per l'oro del tempio, resta obbligato". [17]Stolti e ciechi! Che cosa è più grande: l'oro o il tempio che rende sacro l'oro? [18]E dite ancora: "Se uno giura per l'altare, non conta nulla; se invece uno giura per l'offerta che vi sta sopra, resta obbligato". [19]Ciechi! Che cosa è più grande: l'offerta o l'altare che rende sacra l'offerta? [20]Ebbene, chi giura per l'altare, giura per l'altare e per quanto vi sta sopra; [21]e chi giura per il tempio, giura per il tempio e per Colui che lo abita. [22]E chi giura per il cielo, giura per il trono di Dio e per Colui che vi è assiso.

[23]Guai a voi, scribi e farisei ipocriti, che pagate la decima sulla menta, sull'anéto e sul cumìno, e trasgredite le prescrizioni più gravi della Legge: la giustizia, la misericordia e la fedeltà. Queste invece erano le cose da fare, senza tralasciare quelle. [24]Guide cieche, che filtrate il moscerino e ingoiate il cammello!

23,11 Gesù insistette molto sul tema del servizio (cfr. anche 20,24-28), perché rappresentava una modalità radicalmente nuova di concepire l'autorità, nonché un importante indizio lasciato ai suoi per guidarli nella comprensione della sua croce.

23,13-32 Il linguaggio di Gesù è molto duro: riprende la formula della maledizione profetica attraverso il *Guai!*. Se si esclude la terza invettiva, che ha un tono a sé e si rivolge alla pratica del giuramento, le restanti sei sono accomunate dal ritornello iniziale rivolto a *scribi e farisei ipocriti*. La motivazione della maledizione è così indicata in modo esplicito, e si riferisce alla discrepanza tra l'esterno e l'interno, tra l'apparire e l'essere. Le accuse sono disposte secondo un criterio di crescente asprezza.

25 Guai a voi, scribi e farisei ipocriti, che pulite l'esterno del
bicchiere e del piatto, ma all'interno sono pieni di avidità e d'in-
temperanza. 26 Fariseo cieco, pulisci prima l'interno del bicchie-
re, perché anche l'esterno diventi pulito!

27 Guai a voi, scribi e farisei ipocriti, che assomigliate a sepolcri
imbiancati: all'esterno appaiono belli, ma dentro sono pieni di os-
sa di morti e di ogni marciume. 28 Così anche voi: all'esterno ap-
parite giusti davanti alla gente, ma dentro siete pieni di ipocrisia e
di iniquità.

29 Guai a voi, scribi e farisei ipocriti, che costruite le tombe
dei profeti e adornate i sepolcri dei giusti, 30 e dite: "Se fossimo
vissuti al tempo dei nostri padri, non saremmo stati loro com-
plici nel versare il sangue dei profeti". 31 Così testimoniate, con-
tro voi stessi, di essere figli di chi uccise i profeti. 32 Ebbene, voi
colmate la misura dei vostri padri.

Parole di giudizio - 33 Serpenti, razza di vipere, come potrete
sfuggire alla condanna della Geènna?

34 Perciò ecco, io mando a voi profeti, sapienti e scribi: di
questi, alcuni li ucciderete e crocifiggerete, altri li flagellerete
nelle vostre sinagoghe e li perseguiterete di città in città; 35 per-
ché ricada su di voi tutto il sangue innocente versato sulla ter-
ra, dal sangue di Abele il giusto fino al sangue di Zaccaria, fi-
glio di Barachia, che avete ucciso tra il santuario e l'altare. 36 In
verità io vi dico: tutte queste cose ricadranno su questa gene-
razione.

37 Gerusalemme, Gerusalemme, tu che uccidi i profeti e lapi-
di quelli che sono stati mandati a te, quante volte ho voluto rac-
cogliere i tuoi figli, come una chioccia raccoglie i suoi pulcini
sotto le ali, e voi non avete voluto! 38 Ecco, la vostra casa è la-

23,35 Tutte le uccisioni dei giusti sono qui riassunte ricordando la prima e l'ultima riportate dalla Bibbia ebraica: quella di Abele per mano del fratello Caino alle origini della storia umana (cfr. Gen 4,8) e quella di Zaccaria per mano del re e dei capi di Giuda (cfr. 2Cr 24,21).

sciata a voi deserta! [39]Vi dico infatti che non mi vedrete più, fino a quando non direte:

Benedetto colui che viene nel nome del Signore!».

Discorso sulla fine dei tempi
(Mt 24,1 - 25,46)

24 **Introduzione** - [1]Mentre Gesù, uscito dal tempio, se ne andava, gli si avvicinarono i suoi discepoli per fargli osservare le costruzioni del tempio. [2]Egli disse loro: «Non vedete tutte queste cose? In verità io vi dico: non sarà lasciata qui pietra su pietra che non sarà distrutta».

[3]Al monte degli Ulivi poi, sedutosi, i discepoli gli si avvicinarono e, in disparte, gli dissero: «Di' a noi quando accadranno queste cose e quale sarà il segno della tua venuta e della fine del mondo».

Inizio dei dolori - [4]Gesù rispose loro: «Badate che nessuno vi inganni! [5]Molti infatti verranno nel mio nome, dicendo: "Io sono il Cristo", e trarranno molti in inganno. [6]E sentirete di guerre e di rumori di guerre. Guardate di non allarmarvi, perché deve avvenire, ma non è ancora la fine. [7]Si solleverà infatti nazione contro nazione e regno contro regno; vi saranno carestie e terremoti in vari luoghi: [8]ma tutto questo è solo l'inizio dei dolori.

[9]Allora vi abbandoneranno alla tribolazione e vi uccideranno,

24,1-3 Da questo breve dialogo tra Gesù e i suoi discepoli prende avvio l'ultimo dei cinque discorsi riportati da Matteo: quello escatologico. L'evangelista combina in esso le tematiche della distruzione di Gerusalemme e della fine dei tempi, ponendo un accento particolare sul tema della vigilanza.
24,2 La profezia sulla distruzione del tempio – che all'epoca di Gesù doveva splendere in tutta la sua bellezza, grazie alla recente ricostruzione ad opera di Erode il Grande – è un presagio dell'imminente fine dell'antica alleanza: sarà Gesù il nuovo tempio attraverso cui gli uomini potranno innalzare le loro preghiere a Dio.
24,9-14 L'attenzione di Matteo è particolarmente rivolta alla sua comunità, che già si trova a dover sopportare tri-

e sarete odiati da tutti i popoli a causa del mio nome. [10]Molti ne resteranno scandalizzati, e si tradiranno e odieranno a vicenda. [11]Sorgeranno molti falsi profeti e inganneranno molti; [12]per il dilagare dell'iniquità, si raffredderà l'amore di molti. [13]Ma chi avrà perseverato fino alla fine sarà salvato. [14]Questo vangelo del Regno sarà annunciato in tutto il mondo, perché ne sia data testimonianza a tutti i popoli; e allora verrà la fine.

Grande tribolazione – [15]Quando dunque vedrete presente nel luogo santo *l'abominio della devastazione*, di cui parlò il profeta Daniele – chi legge, comprenda –, [16]allora quelli che sono in Giudea fuggano sui monti, [17]chi si trova sulla terrazza non scenda a prendere le cose di casa sua, [18]e chi si trova nel campo non torni indietro a prendere il suo mantello. [19]In quei giorni guai alle donne incinte e a quelle che allattano!

[20]Pregate che la vostra fuga non accada d'inverno o di sabato. [21]Poiché vi sarà allora una tribolazione grande, quale non vi è mai stata dall'inizio del mondo fino ad ora, né mai più vi sarà. [22]E se quei giorni non fossero abbreviati, nessuno si salverebbe; ma, grazie agli eletti, quei giorni saranno abbreviati.

[23]Allora, se qualcuno vi dirà: "Ecco, il Cristo è qui", oppure: "È là", non credeteci; [24]perché sorgeranno falsi cristi e falsi profeti e faranno grandi segni e miracoli, così da ingannare, se possibile, anche gli eletti. [25]Ecco, io ve l'ho predetto.

[26]Se dunque vi diranno: "Ecco, è nel deserto", non andateci; "Ecco, è in casa", non credeteci. [27]Infatti, come la folgore vie-

bolazioni e persecuzioni esterne, ma anche defezioni e tradimenti al suo interno.

24,15 L'abominio della devastazione di cui parla il profeta (cfr. Dn 11,31) era un idolo posto in un angolo dell'altare degli olocausti dal re siro Antioco IV Epifane attorno al 167 a.C., per permettere ai dominatori stranieri di sfruttare il tempio di Gerusalemme per l'offerta di sacrifici (sacrileghi) a Zeus Olimpio. Il fatto è riportato in 1Mac 1,54.59 e rimase come un grave segno di scandalo nella memoria del popolo.

24,24 Gesù fa emergere chiaramente l'ambiguità di una fede che si fonda esclusivamente su segni e prodigi esteriori.

ne da oriente e brilla fino a occidente, così sarà la venuta del Figlio dell'uomo. [28]Dovunque sia il cadavere, lì si raduneranno gli avvoltoi.

Venuta del Figlio dell'uomo - [29]Subito dopo la tribolazione di quei giorni,

il sole si oscurerà,
la luna non darà più la sua luce,
le stelle cadranno dal cielo
e le potenze dei cieli saranno sconvolte.

[30]Allora comparirà in cielo il segno del Figlio dell'uomo e allora si batteranno il petto tutte le tribù della terra, e vedranno *il Figlio dell'uomo venire sulle nubi del cielo* con grande potenza e gloria. [31]Egli manderà i suoi angeli, con una grande tromba, ed essi raduneranno i suoi eletti dai quattro venti, da un estremo all'altro dei cieli.

Parabola del fico - [32]Dalla pianta di fico imparate la parabola: quando ormai il suo ramo diventa tenero e spuntano le foglie, sapete che l'estate è vicina. [33]Così anche voi: quando vedrete tutte queste cose, sappiate che egli è vicino, è alle porte. [34]In verità io vi dico: non passerà questa generazione prima che tutto questo avvenga. [35]Il cielo e la terra passeranno, ma le mie parole non passeranno.

[36]Quanto a quel giorno e a quell'ora, nessuno lo sa, né gli angeli del cielo né il Figlio, ma solo il Padre.

Vigilanza - [37]Come furono i giorni di Noè, così sarà la venuta del Figlio dell'uomo. [38]Infatti, come nei giorni che precedettero il

24,37-42 Siamo di fronte alla descrizione della venuta finale del Messia, che dona la salvezza al mondo dopo le grandi tribolazioni. Come in tutta la letteratura apocalittica, questa venuta è preannunciata dallo sconvolgimento del mondo celeste (cfr. Is 13,10; 34,4; Gl 2,10).

diluvio mangiavano e bevevano, prendevano moglie e prende-
vano marito, fino al giorno in cui Noè entrò nell'arca, [39]e non si
accorsero di nulla finché venne il diluvio e travolse tutti: così
sarà anche la venuta del Figlio dell'uomo. [40]Allora due uomini
saranno nel campo: uno verrà portato via e l'altro lasciato. [41]Due
donne macineranno alla mola: una verrà portata via e l'altra la-
sciata.
[42]Vegliate dunque, perché non sapete in quale giorno il Signore
vostro verrà. [43]Cercate di capire questo: se il padrone di casa sa-
pesse a quale ora della notte viene il ladro, veglierebbe e non si
lascerebbe scassinare la casa. [44]Perciò anche voi tenetevi pronti
perché, nell'ora che non immaginate, viene il Figlio dell'uomo.

Parabola del servo fidato - [45]Chi è dunque il servo fidato e pru-
dente, che il padrone ha messo a capo dei suoi domestici per
dare loro il cibo a tempo debito? [46]Beato quel servo che il pa-
drone, arrivando, troverà ad agire così! [47]Davvero io vi dico: lo
metterà a capo di tutti i suoi beni. [48]Ma se quel servo malvagio
dicesse in cuor suo: "Il mio padrone tarda", [49]e cominciasse a
percuotere i suoi compagni e a mangiare e a bere con gli ubria-
coni, [50]il padrone di quel servo arriverà un giorno in cui non se
l'aspetta e a un'ora che non sa, [51]lo punirà severamente e gli in-
fliggerà la sorte che meritano gli ipocriti: là sarà pianto e stri-
dore di denti.

25 **Parabola delle dieci vergini -** [1]Allora il regno dei cieli
sarà simile a dieci vergini che presero le loro lampade e
uscirono incontro allo sposo. [2]Cinque di esse erano stolte e cin-

24,42 Inizia una nuova sezione del discorso: l'annuncio di ciò che accadrà è finito, ora si traggono le conseguenze per i discepoli. Il tono, da apocalittico, diventa esortativo.
24,45 L'evangelista inserisce a questo punto tre parabole il cui tema centrale è quello della sorte finale degli uomini. In tutte e tre il momento della prova coincide con il tempo dell'assenza del padrone o dello sposo.
25,2 Al termine del suo discorso inaugurale Gesù aveva contrapposto l'uomo stolto, che aveva costruito la propria ca-

que sagge; [3]le stolte presero le loro lampade, ma non presero con sé l'olio; [4]le sagge invece, insieme alle loro lampade, presero anche l'olio in piccoli vasi. [5]Poiché lo sposo tardava, si assopirono tutte e si addormentarono. [6]A mezzanotte si alzò un grido: "Ecco lo sposo! Andategli incontro!". [7]Allora tutte quelle vergini si destarono e prepararono le loro lampade. [8]Le stolte dissero alle sagge: "Dateci un po' del vostro olio, perché le nostre lampade si spengono". [9]Le sagge risposero: "No, perché non venga a mancare a noi e a voi; andate piuttosto dai venditori e compratevene". [10]Ora, mentre quelle andavano a comprare l'olio, arrivò lo sposo e le vergini che erano pronte entrarono con lui alle nozze, e la porta fu chiusa. [11]Più tardi arrivarono anche le altre vergini e incominciarono a dire: "Signore, signore, aprici!". [12]Ma egli rispose: "In verità io vi dico: non vi conosco". [13]Vegliate dunque, perché non sapete né il giorno né l'ora.

Parabola dei talenti - [14]Avverrà infatti come a un uomo che, partendo per un viaggio, chiamò i suoi servi e consegnò loro i suoi beni. [15]A uno diede cinque talenti, a un altro due, a un altro uno, secondo le capacità di ciascuno; poi partì. Subito [16]colui che aveva ricevuto cinque talenti andò a impiegarli, e ne gua-

sa sulla sabbia, a quello saggio, che l'aveva costruita sulla roccia (cfr. 7,24-27). Qui contrappone cinque vergini sagge, che hanno con sé una riserva d'olio per le lampade, a cinque stolte, che ne sono sprovviste. La spiegazione della prima parabola ci indirizza a una giusta comprensione anche della seconda: avere olio per la propria lampada significa non limitarsi ad ascoltare le parole del Signore, ma impegnarsi a metterle in pratica.

25,11 La richiesta delle vergini stolte fa risuonare alle orecchie del lettore il monito che Gesù aveva inserito nel discorso inaugurale: *Non chiunque mi dice: «Signore! Signore!», entrerà nel regno dei cieli* (7,21). Egli non si accontenta delle parole.

25,14-30 La parabola dei talenti dà un'ulteriore chiarificazione del contenuto della vigilanza cristiana: vegliare significa riempire il tempo che si ha a disposizione utilizzando i doni che Dio regala.

25,15 La somma che il padrone assegna a ciascun servo è esorbitante – un talento è l'equivalente di una vita intera di lavoro – come i doni che Dio fa a ciascuno di noi.

dagnò altri cinque. [17]Così anche quello che ne aveva ricevuti due, ne guadagnò altri due. [18]Colui invece che aveva ricevuto un solo talento, andò a fare una buca nel terreno e vi nascose il denaro del suo padrone. [19]Dopo molto tempo il padrone di quei servi tornò e volle regolare i conti con loro. [20]Si presentò colui che aveva ricevuto cinque talenti e ne portò altri cinque, dicendo: "Signore, mi hai consegnato cinque talenti; ecco, ne ho guadagnati altri cinque". [21]"Bene, servo buono e fedele – gli disse il suo padrone –, sei stato fedele nel poco, ti darò potere su molto; prendi parte alla gioia del tuo padrone". [22]Si presentò poi colui che aveva ricevuto due talenti e disse: "Signore, mi hai consegnato due talenti; ecco, ne ho guadagnati altri due". [23]"Bene, servo buono e fedele – gli disse il suo padrone –, sei stato fedele nel poco, ti darò potere su molto; prendi parte alla gioia del tuo padrone". [24]Si presentò infine anche colui che aveva ricevuto un solo talento e disse: "Signore, so che sei un uomo duro, che mieti dove non hai seminato e raccogli dove non hai sparso. [25]Ho avuto paura e sono andato a nascondere il tuo talento sotto terra: ecco ciò che è tuo". [26]Il padrone gli rispose: "Servo malvagio e pigro, tu sapevi che mieto dove non ho seminato e raccolgo dove non ho sparso; [27]avresti dovuto affidare il mio denaro ai banchieri e così, ritornando, avrei ritirato il mio con l'interesse. [28]Toglietegli dunque il talento, e datelo a chi ha i dieci talenti. [29]Perché a chiunque ha, verrà dato e sarà nell'abbondanza; ma a chi non ha, verrà tolto anche quello che ha. [30]E il servo inutile gettatelo fuori nelle tenebre; là sarà pianto e stridore di denti".

Giudizio finale - [31]Quando il Figlio dell'uomo verrà nella sua gloria, e tutti gli angeli con lui, siederà sul trono della sua glo-

25,31-46 Questo brano riveste un'importanza particolare nel Vangelo, rappresentando la chiusura non solo del discorso sulla fine dei tempi, ma anche di tutta l'attività pubblica di Gesù. Diventa così una sintesi dell'insegnamento evangelico e delle esigenze del regno dei cieli in vista del giudizio finale.

ria. [32]Davanti a lui verranno radunati tutti i popoli. Egli separerà
gli uni dagli altri, come il pastore separa le pecore dalle capre,
[33]e porrà le pecore alla sua destra e le capre alla sinistra. [34]Al-
lora il re dirà a quelli che saranno alla sua destra: "Venite, be-
nedetti del Padre mio, ricevete in eredità il regno preparato per
voi fin dalla creazione del mondo, [35]perché ho avuto fame e mi
avete dato da mangiare, ho avuto sete e mi avete dato da bere,
ero straniero e mi avete accolto, [36]nudo e mi avete vestito, ma-
lato e mi avete visitato, ero in carcere e siete venuti a trovar-
mi". [37]Allora i giusti gli risponderanno: "Signore, quando ti ab-
biamo visto affamato e ti abbiamo dato da mangiare, o asseta-
to e ti abbiamo dato da bere? [38]Quando mai ti abbiamo visto
straniero e ti abbiamo accolto, o nudo e ti abbiamo vestito?
[39]Quando mai ti abbiamo visto malato o in carcere e siamo ve-
nuti a visitarti?". [40]E il re risponderà loro: "In verità io vi dico:
tutto quello che avete fatto a uno solo di questi miei fratelli più
piccoli, l'avete fatto a me". [41]Poi dirà anche a quelli che saran-
no alla sinistra: "Via, lontano da me, maledetti, nel fuoco eter-
no, preparato per il diavolo e per i suoi angeli, [42]perché ho avu-
to fame e non mi avete dato da mangiare, ho avuto sete e non
mi avete dato da bere, [43]ero straniero e non mi avete accolto,
nudo e non mi avete vestito, malato e in carcere e non mi ave-
te visitato". [44]Anch'essi allora risponderanno: "Signore, quan-
do ti abbiamo visto affamato o assetato o straniero o nudo o
malato o in carcere, e non ti abbiamo servito?". [45]Allora egli ri-
sponderà loro: "In verità io vi dico: tutto quello che non avete
fatto a uno solo di questi più piccoli, non l'avete fatto a me". [46]E

25,32 Tutte le genti si raduneranno di fronte al Figlio dell'uomo: egli non verrà dunque solo come il Messia di Israele o dei cristiani. Verrà piuttosto come il Salvatore che ogni donna e ogni uomo attendono. L'evangelista sovrappone due immagini: quella del Figlio dell'uomo, giudice supremo di tutto il creato, e quella del pastore, che ha guidato e condotto in unità tutte le pecore disperse.

25,34-36 In piena conformità con l'insegnamento fin qui dispensato, Gesù annuncia che ognuno verrà giudicato sull'amore, sul servizio, sull'impegno fattivo a favore degli ultimi.

se ne andranno: questi al supplizio eterno, i giusti invece alla vita eterna».

I RACCONTI DELLA PASQUA
(Mt 26,1 - 28,20)

Ecco che il racconto evangelico giunge al suo culmine: la novità predicata e vissuta da Gesù viene rifiutata da Israele. I capi dei sacerdoti e gli anziani si riuniscono e tengono consiglio per arrestare il Maestro con inganno e farlo morire (26,3-4). La passione e morte del Signore non rappresentano, tuttavia, il fallimento del suo insegnamento, bensì il suo perfezionamento. Il Vangelo di Matteo – più che gli altri – ci mostra infatti un Gesù che parla e ammaestra anche durante le ultime ore della sua vita, e impreziosisce ogni pagina di questa sua ultima sezione citando passi dell'Antico Testamento, a conferma del fatto che davvero la Legge e i Profeti si stanno compiendo. La risurrezione giunge così come la conferma di ciò che il Signore aveva preannunciato ai suoi, e come il presupposto perché lui possa continuare a essere l'«Emmanuele» (1,23) – ossia il Dio con noi – «tutti i giorni, fino alla fine del mondo» (28,20).

Ecco il Regno che si compie

26 **Complotto contro Gesù** - [1]Terminati tutti questi discorsi, Gesù disse ai suoi discepoli: [2]«Voi sapete che fra due giorni è la Pasqua e il Figlio dell'uomo sarà consegnato per essere crocifisso».
[3]Allora i capi dei sacerdoti e gli anziani del popolo si riunirono nel palazzo del sommo sacerdote, che si chiamava Caifa,

26,1-2 La passione, morte e risurrezione di Gesù donano un significato nuovo alla Pasqua ebraica: il memoriale della liberazione dalla schiavitù egiziana si unisce per sempre a quello della liberazione di tutta l'umanità dai legami della morte. È Gesù il nuovo Mosè che scandisce le tappe del nuovo esodo.

[4]e tennero consiglio per catturare Gesù con un inganno e farlo
morire. [5]Dicevano però: «Non durante la festa, perché non av-
venga una rivolta fra il popolo».

Unzione a Betània - [6]Mentre Gesù si trovava a Betània, in casa
di Simone il lebbroso, [7]gli si avvicinò una donna che aveva un
vaso di alabastro, pieno di profumo molto prezioso, e glielo ver-
sò sul capo mentre egli stava a tavola. [8]I discepoli, vedendo ciò,
si sdegnarono e dissero: «Perché questo spreco? [9]Si poteva ven-
derlo per molto denaro e darlo ai poveri!». [10]Ma Gesù se ne ac-
corse e disse loro: «Perché infastidite questa donna? Ella ha
compiuto un'azione buona verso di me. [11]I poveri infatti li ave-
te sempre con voi, ma non sempre avete me. [12]Versando questo
profumo sul mio corpo, lei lo ha fatto in vista della mia sepol-
tura. [13]In verità io vi dico: dovunque sarà annunciato questo Van-
gelo, nel mondo intero, in ricordo di lei si dirà anche ciò che el-
la ha fatto».

Tradimento di Giuda - [14]Allora uno dei Dodici, chiamato Giu-
da Iscariota, andò dai capi dei sacerdoti [15]e disse: «Quanto vo-
lete darmi perché io ve lo consegni?». E quelli gli fissarono tren-
ta monete d'argento. [16]Da quel momento cercava l'occasione
propizia per consegnarlo.

Preparativi per la Pasqua - [17]Il primo giorno degli Azzimi, i di-
scepoli si avvicinarono a Gesù e gli dissero: «Dove vuoi che

26,6-13 Anche se con qualche diversità, lo stesso racconto è riportato da Marco (14,3-9) e da Giovanni (12,1-8), il che ci permette di identificare la donna, qui lasciata nell'anonimato, con Maria di Betània, sorella di Marta e Lazzaro. L'episodio della peccatrice narrato da Luca (7,36-50) è differente.
26,12 Un semplice gesto di puro amore assume un significato inaspettato: prefigura le cure attente che Giuseppe di Arimatea e le pie donne riserveranno al corpo di Gesù, che di lì a poche ore sarebbe stato torturato, crocifisso e sepolto.
26,14 È con dolore che l'evangelista ci fa sapere che il traditore è *uno dei Dodici*: chi tradisce fa parte della cerchia degli amici più intimi di Gesù, proprio come lui!

prepariamo per te, perché tu possa mangiare la Pasqua?». [18]Ed
egli rispose: «Andate in città da un tale e ditegli: “Il Maestro di-
ce: Il mio tempo è vicino; farò la Pasqua da te con i miei disce-
poli”». [19]I discepoli fecero come aveva loro ordinato Gesù, e
prepararono la Pasqua.

Cena e annuncio del tradimento - [20]Venuta la sera, si mise a ta-
vola con i Dodici. [21]Mentre mangiavano, disse: «In verità io vi
dico: uno di voi mi tradirà». [22]Ed essi, profondamente rattrista-
ti, cominciarono ciascuno a domandargli: «Sono forse io, Si-
gnore?». [23]Ed egli rispose: «Colui che ha messo con me la ma-
no nel piatto, è quello che mi tradirà. [24]Il Figlio dell’uomo se ne
va, come sta scritto di lui; ma guai a quell’uomo dal quale il Fi-
glio dell’uomo viene tradito! Meglio per quell’uomo se non fos-
se mai nato!». [25]Giuda, il traditore, disse: «Rabbì, sono forse
io?». Gli rispose: «Tu l’hai detto».

Istituzione dell’eucaristia - [26]Ora, mentre mangiavano, Gesù
prese il pane, recitò la benedizione, lo spezzò e, mentre lo dava
ai discepoli, disse: «Prendete, mangiate: questo è il mio corpo».
[27]Poi prese il calice, rese grazie e lo diede loro, dicendo: «Be-
vetene tutti, [28]perché questo è il mio sangue dell’alleanza, che è
versato per molti per il perdono dei peccati. [29]Io vi dico che d’o-
ra in poi non berrò di questo frutto della vite fino al giorno in cui

26,22 L’annuncio del tradimento imminente spezza l’intimità serena e raccolta della cena: la reazione dei discepoli lascia intendere che tutto si sarebbero potuti aspettare, tranne che il Maestro sarebbe stato consegnato da uno di loro.

26,24 Giuda non è la vittima inconsapevole di un tragico piano divino: il suo tradimento è frutto di una scelta personale che affonda le radici nell’insondabile mistero del cuore dell’uomo, sempre libero di rifiutare la salvezza offertagli da Gesù.

26,26-30 I gesti ordinari della cena pasquale ebraica (il pane spezzato e il calice condiviso) sono come trasfigurati e ricevono una sovrabbondanza di grazia dalle parole di Gesù: in questo modo è inaugurata l’alleanza nuova, che compie quella antica portandola a perfezione.

26,27 Il verbo greco qui utilizzato per esprimere il rendimento di grazie è *eucharistéō*: da esso deriva il termine cristiano che indica la messa come eucaristia, cioè “azione di grazie”.

lo berrò nuovo con voi, nel regno del Padre mio». [30]Dopo aver cantato l'inno, uscirono verso il monte degli Ulivi.

Annuncio del rinnegamento di Pietro - [31]Allora Gesù disse loro: «Questa notte per tutti voi sarò motivo di scandalo. Sta scritto infatti:

Percuoterò il pastore
e saranno disperse le pecore del gregge.

[32]Ma, dopo che sarò risorto, vi precederò in Galilea». [33]Pietro gli disse: «Se tutti si scandalizzeranno di te, io non mi scandalizzerò mai». [34]Gli disse Gesù: «In verità io ti dico: questa notte, prima che il gallo canti, tu mi rinnegherai tre volte». [35]Pietro gli rispose: «Anche se dovessi morire con te, io non ti rinnegherò». Lo stesso dissero tutti i discepoli.

Preghiera al Getsèmani - [36]Allora Gesù andò con loro in un podere, chiamato Getsèmani, e disse ai discepoli: «Sedetevi qui, mentre io vado là a pregare». [37]E, presi con sé Pietro e i due figli di Zebedeo, cominciò a provare tristezza e angoscia. [38]E disse loro: «*La mia anima è triste* fino alla morte; restate qui e vegliate con me». [39]Andò un poco più avanti, cadde faccia a terra

26,30 La cena pasquale ebraica è tradizionalmente conclusa dal canto dei Salmi dell'*Hallel* (Sal 113-118).
26,31 È qui particolarmente sottolineato il tema dello scandalo della croce, centrale nel Nuovo Testamento (cfr. 1Cor 1,23). Ciò che agli occhi degli uomini fa apparire l'opera di Gesù come un fallimento è non solo il suo supplizio, ma anche l'essere abbandonato da tutti gli amici.
26,35 La sicurezza ostentata da Pietro e dai Dodici sarebbe crollata di lì a poche ore: non in sé deve riporre la propria fiducia il discepolo, ma in Dio.
26,36 *Getsèmani* significa «torchio per l'olio, frantoio», e indica un podere posto ai piedi del monte degli Ulivi.
26,38 In questa sofferenza Gesù si mostra pienamente uomo. Del tutto umano è anche il bisogno di avere degli amici accanto a sé nel momento della prova.
26,39.42 Torna l'immagine del calice (cfr. 20,22), usata per indicare la sventura imminente, gli eventi della passione.

e pregava, dicendo: «Padre mio, se è possibile, passi via da me
questo calice! Però non come voglio io, ma come vuoi tu!». [40]Poi
venne dai discepoli e li trovò addormentati. E disse a Pietro:
«Così, non siete stati capaci di vegliare con me una sola ora?
[41]Vegliate e pregate, per non entrare in tentazione. Lo spirito è
pronto, ma la carne è debole». [42]Si allontanò una seconda volta
e pregò dicendo: «Padre mio, se questo calice non può passare
via senza che io lo beva, si compia la tua volontà». [43]Poi venne
e li trovò di nuovo addormentati, perché i loro occhi si erano fat-
ti pesanti. [44]Li lasciò, si allontanò di nuovo e pregò per la terza
volta, ripetendo le stesse parole. [45]Poi si avvicinò ai discepoli e
disse loro: «Dormite pure e riposatevi! Ecco, l'ora è vicina e il
Figlio dell'uomo viene consegnato in mano ai peccatori. [46]Al-
zatevi, andiamo! Ecco, colui che mi tradisce è vicino».

Arresto di Gesù - [47]Mentre ancora egli parlava, ecco arrivare
Giuda, uno dei Dodici, e con lui una grande folla con spade e
bastoni, mandata dai capi dei sacerdoti e dagli anziani del po-
polo. [48]Il traditore aveva dato loro un segno, dicendo: «Quello
che bacerò, è lui; arrestatelo!». [49]Subito si avvicinò a Gesù e dis-
se: «Salve, Rabbì!». E lo baciò. [50]E Gesù gli disse: «Amico, per
questo sei qui!». Allora si fecero avanti, misero le mani addos-
so a Gesù e lo arrestarono. [51]Ed ecco, uno di quelli che erano
con Gesù impugnò la spada, la estrasse e colpì il servo del som-
mo sacerdote, staccandogli un orecchio. [52]Allora Gesù gli disse:
«Rimetti la tua spada al suo posto, perché tutti quelli che pren-
dono la spada, di spada moriranno. [53]O credi che io non possa
pregare il Padre mio, che metterebbe subito a mia disposizione
più di dodici legioni di angeli? [54]Ma allora come si compireb-
bero le Scritture, secondo le quali così deve avvenire?». [55]In
quello stesso momento Gesù disse alla folla: «Come se fossi un
ladro siete venuti a prendermi con spade e bastoni. Ogni giorno
sedevo nel tempio a insegnare, e non mi avete arrestato. [56]Ma
tutto questo è avvenuto perché si compissero le Scritture dei
profeti». Allora tutti i discepoli lo abbandonarono e fuggirono.

Di notte davanti al sinedrio - [57]Quelli che avevano arrestato Gesù lo condussero dal sommo sacerdote Caifa, presso il quale si erano riuniti gli scribi e gli anziani. [58]Pietro intanto lo aveva seguito, da lontano, fino al palazzo del sommo sacerdote; entrò e stava seduto fra i servi, per vedere come sarebbe andata a finire.

[59]I capi dei sacerdoti e tutto il sinedrio cercavano una falsa testimonianza contro Gesù, per metterlo a morte; [60]ma non la trovarono, sebbene si fossero presentati molti falsi testimoni. Finalmente se ne presentarono due, [61]che affermarono: «Costui ha dichiarato: "Posso distruggere il tempio di Dio e ricostruirlo in tre giorni"». [62]Il sommo sacerdote si alzò e gli disse: «Non rispondi nulla? Che cosa testimoniano costoro contro di te?». [63]Ma Gesù taceva. Allora il sommo sacerdote gli disse: «Ti scongiuro, per il Dio vivente, di dirci se sei tu il Cristo, il Figlio di Dio». [64]«Tu l'hai detto – gli rispose Gesù –; anzi io vi dico:

d'ora innanzi vedrete il *Figlio dell'uomo*
seduto alla destra della Potenza
e *venire sulle nubi del cielo*».

[65]Allora il sommo sacerdote si stracciò le vesti dicendo: «Ha bestemmiato! Che bisogno abbiamo ancora di testimoni? Ecco, ora avete udito la bestemmia; [66]che ve ne pare?». E quelli risposero: «È reo di morte!».

[67]Allora gli sputarono in faccia e lo percossero; altri lo schiaffeggiarono, [68]dicendo: «Fa' il profeta per noi, Cristo! Chi è che ti ha colpito?».

26,61 Secondo il diritto giudaico, in un processo era necessario che almeno due testimoni maschi deponessero concordemente per poter prendere in considerazione la testimonianza.

26,64 Gesù afferma chiaramente di essere il Messia, dal momento che dichiara di poter ricostruire il tempio di Gerusalemme (cfr. Is 54,11-12; Tb 13,17; Bar 5,1-9). Si presenta anche come il Figlio dell'uomo della visione di Daniele (cfr. Dn 7,13).

26,65 Il gesto del sommo sacerdote era previsto dalla Legge giudaica: il giudice che avesse ascoltato una bestemmia in un processo ufficiale era tenuto a stracciarsi le vesti (cfr. 2Re 18,37) a significare il grave oltraggio fatto a Dio.

Rinnegamenti di Pietro - [69]Pietro intanto se ne stava seduto fuo-
ri, nel cortile. Una giovane serva gli si avvicinò e disse: «Anche
tu eri con Gesù, il Galileo!». [70]Ma egli negò davanti a tutti di-
cendo: «Non capisco che cosa dici». [71]Mentre usciva verso l'a-
trio, lo vide un'altra serva e disse ai presenti: «Costui era con
Gesù, il Nazareno». [72]Ma egli negò di nuovo, giurando: «Non
conosco quell'uomo!». [73]Dopo un poco, i presenti si avvicina-
rono e dissero a Pietro: «È vero, anche tu sei uno di loro: infat-
ti il tuo accento ti tradisce!». [74]Allora egli cominciò a impreca-
re e a giurare: «Non conosco quell'uomo!». E subito un gallo
cantò. [75]E Pietro si ricordò della parola di Gesù, che aveva det-
to: «Prima che il gallo canti, tu mi rinnegherai tre volte». E,
uscito fuori, pianse amaramente.

27 **Gesù consegnato a Pilato** - [1]Venuto il mattino, tutti i ca-
pi dei sacerdoti e gli anziani del popolo tennero consi-
glio contro Gesù per farlo morire. [2]Poi lo misero in catene, lo
condussero via e lo consegnarono al governatore Pilato.

Pentimento e morte di Giuda - [3]Allora Giuda – colui che lo
tradì –, vedendo che Gesù era stato condannato, preso dal ri-
morso, riportò le trenta monete d'argento ai capi dei sacerdoti
e agli anziani, [4]dicendo: «Ho peccato, perché ho tradito sangue
innocente». Ma quelli dissero: «A noi che importa? Pensaci
tu!». [5]Egli allora, gettate le monete d'argento nel tempio, si al-
lontanò e andò a impiccarsi. [6]I capi dei sacerdoti, raccolte le mo-

26,73 Pietro non parla un dialetto caratteristico; piuttosto conserva la particolare pronuncia dell'aramaico diffusa tra la popolazione rurale della Galilea.

27,2 Le autorità giudaiche conducono Gesù dal governatore romano. Il Vangelo di Matteo dipinge Pilato come l'esecutore materiale di una condanna voluta e diretta dal sinedrio.

27,3-10 Matteo è l'unico evangelista a riportare la tragica fine di Giuda. Al centro del brano, però, sembra mettere la durezza dei capi dei sacerdoti, che dopo essersi serviti di lui, lo abbandonano al suo destino. In questo racconto di passione Giuda è il primo a morire, e resta l'ultima vittima del regno del peccato, prima che questo venga definitivamente sconfitto dalla risurrezione di Gesù.

nete, dissero: «Non è lecito metterle nel tesoro, perché sono
prezzo di sangue». 7Tenuto consiglio, comprarono con esse il
«Campo del vasaio» per la sepoltura degli stranieri. 8Perciò quel
campo fu chiamato «Campo di sangue» fino al giorno d'oggi.
9Allora si compì quanto era stato detto per mezzo del profeta
Geremia: *E presero trenta monete d'argento, il prezzo di colui
che a tal prezzo fu valutato* dai figli d'Israele, 10e le diedero per
il campo del vasaio, *come* mi *aveva ordinato il Signore.*

Processo da Pilato - 11Gesù intanto comparve davanti al gover-
natore, e il governatore lo interrogò dicendo: «Sei tu il re dei
Giudei?». Gesù rispose: «Tu lo dici». 12E mentre i capi dei sa-
cerdoti e gli anziani lo accusavano, non rispose nulla. 13Allora
Pilato gli disse: «Non senti quante testimonianze portano con-
tro di te?». 14Ma non gli rispose neanche una parola, tanto che
il governatore rimase assai stupito.
15A ogni festa, il governatore era solito rimettere in libertà per
la folla un carcerato, a loro scelta. 16In quel momento avevano
un carcerato famoso, di nome Barabba. 17Perciò, alla gente che
si era radunata, Pilato disse: «Chi volete che io rimetta in libertà
per voi: Barabba o Gesù, chiamato Cristo?». 18Sapeva bene in-
fatti che glielo avevano consegnato per invidia.
19Mentre egli sedeva in tribunale, sua moglie gli mandò a di-
re: «Non avere a che fare con quel giusto, perché oggi, in sogno,
sono stata molto turbata per causa sua».
20Ma i capi dei sacerdoti e gli anziani persuasero la folla a
chiedere Barabba e a far morire Gesù. 21Allora il governatore

27,11 Davanti al sinedrio Gesù aveva dichiarato di essere il Messia. Davanti a Pilato afferma di essere il *re dei Giudei*. Dopo di che tace: «Era come agnello condotto al macello, come pecora muta di fronte ai suoi tosatori» (Is 53,7).

27,16 Nella menzione del soprannome del famigerato delinquente, Barabba, si deve scorgere un'amara ironia: in ebraico tale appellativo significa infatti «figlio del padre» e, sembra dire Matteo, egli porta quel nome immeritatamente. Il vero Figlio del Padre è un altro, ma questa verità resta nascosta sia ai capi dei sacerdoti e agli anziani, sia alla folla, che qui entra a pieno titolo come uno dei protagonisti del racconto di passione.

domandò loro: «Di questi due, chi volete che io rimetta in li-
bertà per voi?». Quelli risposero: «Barabba!». [22]Chiese loro Pi-
lato: «Ma allora, che farò di Gesù, chiamato Cristo?». Tutti ri-
sposero: «Sia crocifisso!». [23]Ed egli disse: «Ma che male ha fat-
to?». Essi allora gridavano più forte: «Sia crocifisso!».
[24]Pilato, visto che non otteneva nulla, anzi che il tumulto au-
mentava, prese dell'acqua e si lavò le mani davanti alla folla,
dicendo: «Non sono responsabile di questo sangue. Pensateci
voi!». [25]E tutto il popolo rispose: «Il suo sangue ricada su di noi
e sui nostri figli». [26]Allora rimise in libertà per loro Barabba e,
dopo aver fatto flagellare Gesù, lo consegnò perché fosse cro-
cifisso.

Gesù schernito dai soldati - [27]Allora i soldati del governatore
condussero Gesù nel pretorio e gli radunarono attorno tutta la
truppa. [28]Lo spogliarono, gli fecero indossare un mantello scar-
latto, [29]intrecciarono una corona di spine, gliela posero sul ca-
po e gli misero una canna nella mano destra. Poi, inginoc-
chiandosi davanti a lui, lo deridevano: «Salve, re dei Giudei!».
[30]Sputandogli addosso, gli tolsero di mano la canna e lo per-
cuotevano sul capo. [31]Dopo averlo deriso, lo spogliarono del
mantello e gli rimisero le sue vesti, poi lo condussero via per
crocifiggerlo.
[32]Mentre uscivano, incontrarono un uomo di Cirene, chiama-
to Simone, e lo costrinsero a portare la sua croce.
[33]Giunti al luogo detto Gòlgota, che significa «Luogo del cra-
nio», [34]gli diedero da bere vino mescolato con fiele. Egli lo as-
saggiò, ma non ne volle bere. [35]Dopo averlo crocifisso, *si divi-
sero le* sue *vesti, tirandole a sorte*. [36]Poi, seduti, gli facevano la
guardia. [37]Al di sopra del suo capo posero il motivo scritto del-

27,27 Il pretorio era l'antica residenza gerosolimitana del governatore romano.

27,34 Una tradizionale usanza giudaica diviene motivo di scherno: la bevanda inebriante che le donne di Gerusalemme erano solite offrire ai condannati, per lenirne le terribili sofferenze, viene qui mischiata a veleno. Il testo riecheggia le parole del Sal 69,22 e 22,19.

la sua condanna: «Costui è Gesù, il re dei Giudei». [38]Insieme a
lui vennero crocifissi due ladroni, uno a destra e uno a sinistra.

Gesù crocifisso schernito - [39]Quelli che passavano di lì lo in-
sultavano, scuotendo il capo [40]e dicendo: «Tu, che distruggi il
tempio e in tre giorni lo ricostruisci, salva te stesso, se tu sei Fi-
glio di Dio, e scendi dalla croce!». [41]Così anche i capi dei sa-
cerdoti, con gli scribi e gli anziani, facendosi beffe di lui dice-
vano: [42]«Ha salvato altri e non può salvare se stesso! È il re d'I-
sraele; scenda ora dalla croce e crederemo in lui. [43]*Ha confida-
to in Dio; lo liberi lui, ora, se gli vuol bene*. Ha detto infatti:
"Sono Figlio di Dio"!». [44]Anche i ladroni crocifissi con lui lo
insultavano allo stesso modo.

Morte di Gesù - [45]A mezzogiorno si fece buio su tutta la terra,
fino alle tre del pomeriggio. [46]Verso le tre, Gesù gridò a gran
voce: «*Elì, Elì, lemà sabactàni*?», che significa: «*Dio mio, Dio
mio, perché mi hai abbandonato*?». [47]Udendo questo, alcuni dei
presenti dicevano: «Costui chiama Elia». [48]E subito uno di loro
corse a prendere una spugna, la inzuppò di aceto, la fissò su una
canna e gli dava da bere. [49]Gli altri dicevano: «Lascia! Vediamo
se viene Elia a salvarlo!». [50]Ma Gesù di nuovo gridò a gran vo-
ce ed emise lo spirito.

[51]Ed ecco, il velo del tempio si squarciò in due, da cima a fon-
do, la terra tremò, le rocce si spezzarono, [52]i sepolcri si apriro-

27,42 L'orgoglio e l'incredulità rendono gli astanti ciechi di fronte a quello che diventerà il segno salvifico per eccellenza. Per questo a Gesù viene chiesto un segno che risponde, però, a una logica puramente umana: scendere dalla croce, cioè essere esonerato dalla prova. È la più pericolosa delle tentazioni. Ma anche in questo caso Gesù non cede.
27,46 L'ultimo grido di Gesù – che ripropone l'inizio del Sal 22 – unisce la terribile e umanissima angoscia dell'abbandono alla disarmante fiducia del Figlio, che si rimette al Padre, chiamato e riconosciuto come proprio Dio.
27,52 Questa è una delle più antiche espressioni della fede cristiana nella liberazione dalla morte grazie alla discesa di Cristo negli inferi. L'iconografia cristiana orientale è molto legata a questa immagine per rappresentare la risurrezione di Gesù.

Mt

no e molti corpi di santi, che erano morti, risuscitarono. [53]Uscendo dai sepolcri, dopo la sua risurrezione, entrarono nella città santa e apparvero a molti.

[54]Il centurione, e quelli che con lui facevano la guardia a Gesù, alla vista del terremoto e di quello che succedeva, furono presi da grande timore e dicevano: «Davvero costui era Figlio di Dio!».

[55]Vi erano là anche molte donne, che osservavano da lontano; esse avevano seguito Gesù dalla Galilea per servirlo. [56]Tra queste c'erano Maria di Màgdala, Maria madre di Giacomo e di Giuseppe, e la madre dei figli di Zebedeo.

Sepoltura - [57]Venuta la sera, giunse un uomo ricco, di Arimatea, chiamato Giuseppe; anche lui era diventato discepolo di Gesù. [58]Questi si presentò a Pilato e chiese il corpo di Gesù. Pilato allora ordinò che gli fosse consegnato. [59]Giuseppe prese il corpo, lo avvolse in un lenzuolo pulito [60]e lo depose nel suo sepolcro nuovo, che si era fatto scavare nella roccia; rotolata poi una grande pietra all'entrata del sepolcro, se ne andò. [61]Lì, sedute di fronte alla tomba, c'erano Maria di Màgdala e l'altra Maria.

Il sepolcro vigilato - [62]Il giorno seguente, quello dopo la Parasceve, si riunirono presso Pilato i capi dei sacerdoti e i farisei, [63]dicendo: «Signore, ci siamo ricordati che quell'impostore, mentre era vivo, disse: "Dopo tre giorni risorgerò". [64]Ordina dunque che la tomba venga vigilata fino al terzo giorno, perché

27,57 Matteo non lega la necessità della sepoltura di Gesù all'inizio del riposo sabbatico, che avveniva al tramonto del venerdì. Fino a questo punto del racconto il giorno della passione resta indeterminato. La necessità di una immediata sepoltura era data dall'usanza giudaica di non lasciare dissepolto un cadavere neppure per una sola notte, in modo da evitarne la profanazione.

27,62 Finalmente giunge l'indicazione temporale: Gesù fu giustiziato e sepolto il giorno della Parasceve. La parola greca significa *preparazione* e veniva usata per indicare il giorno che precedeva il sabato.

non arrivino i suoi discepoli, lo rubino e poi dicano al popolo:
“È risorto dai morti”. Così quest’ultima impostura sarebbe peg-
giore della prima!». [65]Pilato disse loro: «Avete le guardie: andate
e assicurate la sorveglianza come meglio credete». [66]Essi anda-
rono e, per rendere sicura la tomba, sigillarono la pietra e vi la-
sciarono le guardie.

28 Tomba vuota e annuncio dell’angelo - [1]Dopo il sabato,
all’alba del primo giorno della settimana, Maria di
Màgdala e l’altra Maria andarono a visitare la tomba. [2]Ed ecco,
vi fu un gran terremoto. Un angelo del Signore, infatti, sceso
dal cielo, si avvicinò, rotolò la pietra e si pose a sedere su di es-
sa. [3]Il suo aspetto era come folgore e il suo vestito bianco come
neve. [4]Per lo spavento che ebbero di lui, le guardie furono scos-
se e rimasero come morte. [5]L’angelo disse alle donne: «Voi non
abbiate paura! So che cercate Gesù, il crocifisso. [6]Non è qui. È
risorto, infatti, come aveva detto; venite, guardate il luogo dove
era stato deposto. [7]Presto, andate a dire ai suoi discepoli: “È ri-
sorto dai morti, ed ecco, vi precede in Galilea; là lo vedrete”. Ec-
co, io ve l’ho detto».
[8]Abbandonato in fretta il sepolcro con timore e gioia grande,
le donne corsero a dare l’annuncio ai suoi discepoli.

Apparizione alle donne - [9]Ed ecco, Gesù venne loro incontro e
disse: «Salute a voi!». Ed esse si avvicinarono, gli abbracciaro-
no i piedi e lo adorarono. [10]Allora Gesù disse loro: «Non teme-

27,66 Questo episodio, riportato solo da Matteo, trova la sua ragione nel fatto che fin da subito si era diffusa tra i Giudei la calunnia secondo la quale i discepoli avrebbero trafugato il cadavere per poter diffondere la notizia fasulla di una risurrezione del loro Signore (cfr. anche 28,11-15).

28,1-8 Il sepolcro viene aperto da un angelo davanti alle donne. La tomba è vuota e ciò che è accaduto rimane nascosto nel mistero di Dio, visto che le guardie non si erano accorte di nulla.

28,7 Gesù dà appuntamento ai suoi in Galilea, dove aveva iniziato il suo ministero. Non a Gerusalemme, roccaforte del giudaismo, ma ai suoi antipodi: il Vangelo è destinato a tutte le genti.

te; andate ad annunciare ai miei fratelli che vadano in Galilea:
là mi vedranno».

I capi dei sacerdoti vogliono nascondere l'accaduto - 11Mentre
esse erano in cammino, ecco, alcune guardie giunsero in città e
annunciarono ai capi dei sacerdoti tutto quanto era accaduto.
12Questi allora si riunirono con gli anziani e, dopo essersi con-
sultati, diedero una buona somma di denaro ai soldati, 13dicen-
do: «Dite così: "I suoi discepoli sono venuti di notte e l'hanno
rubato, mentre noi dormivamo". 14E se mai la cosa venisse al-
l'orecchio del governatore, noi lo persuaderemo e vi libereremo
da ogni preoccupazione». 15Quelli presero il denaro e fecero se-
condo le istruzioni ricevute. Così questo racconto si è divulga-
to fra i Giudei fino ad oggi.

Apparizione agli undici in Galilea e missione universale - 16Gli
undici discepoli, intanto, andarono in Galilea, sul monte che
Gesù aveva loro indicato. 17Quando lo videro, si prostrarono.
Essi però dubitarono. 18Gesù si avvicinò e disse loro: «A me è
stato dato ogni potere in cielo e sulla terra. 19Andate dunque e fa-
te discepoli tutti i popoli, battezzandoli nel nome del Padre e
del Figlio e dello Spirito Santo, 20insegnando loro a osservare
tutto ciò che vi ho comandato. Ed ecco, io sono con voi tutti i
giorni, fino alla fine del mondo».

28,16 Il monte è il luogo della rivelazione: su un monte Gesù aveva pronunciato il suo Discorso inaugurale (cfr. 5,1), su un monte si era trasfigurato (cfr. 17,1), su un monte appare risorto ai suoi.

28,20 A sigillare la fine della propria opera, l'evangelista pone il nome stesso del Signore, Emmanuele, il Dio con noi (cfr. Mt 1,23): *Io sono con voi tutti i giorni, fino alla fine del mondo.*

LA FAMIGLIA
in dialogo con il Vangelo

SCHEDE DI APPROFONDIMENTO

Matteo 7,24

LA ROCCIA CIOÈ LA RAGIONE PER IL NOSTRO AMORE

✔ Qualcosa ci colpisce in questa intensa parabola delle due case, posta ai piedi del Discorso della Montagna, quasi a sua sintesi: qui intendiamo il termine *casa* come la casa delle nozze, a partire dalla nuova identità di coppia; ebbene, dice il nostro testo, le stesse difficoltà (di vera alluvione si tratta: pioggia ininterrotta, esondazione di fiumi, vortici di vento) si abbattono sia sulla casa fondata sulla roccia, sia su quella fondata sulla sabbia. Senza sconti. Oggi le scienze della coppia parlano di «circuito della delusione» (Malagoli Togliatti) che ogni patto coniugale non può non affrontare. Come a dire, nella vita di coppia prima o poi la delusione emerge, è fisiologica, non occorre far finta che non ci sia (la negazione delle difficoltà sarebbe la più grave delle patologie). Essa ci pone al bivio: o se ne esce rinforzati, o il matrimonio naufraga. Questo testo matteano ce ne pone tra le mani la chiave interpretativa: ciò che fa la differenza è il *fondamento*. O la sabbia del «quanto ho diritto che tu cambi» («Cosa stiamo insieme a fare se non mi fai felice?», diceva una lei che chiedeva al rapporto di coppia un'assicurazione che non può dare) oppure la *ragione solida* e incrollabile per la quale ci amiamo. Ma su quale fondamento *continuare* ad amarci senza lasciarci sommergere dalle "alluvioni"? *Sul-*

la sua Parola, che è la ragione ultima (e prima!) del nostro amarci. Amarci per attrazione, per simpatia, per benessere psicofisico sono tutte *buone* ragioni. Ma non bastano. La roccia stupefacente che non si sgretola di fronte agli attacchi – più o meno consapevoli – che ciascuno dei due porta al rapporto di coppia è il *fatto* che Lui ci ha comandato di amarci. Tutta la sua vita, che parte dall'ampiezza sconfinata dell'etica del Regno (pensiamo soltanto alla regola aurea di Mt 7,12; al non-giudicate di Mt 7,1; all'amate i vostri nemici di Mt 5,44... chi è in certi momenti più ostile o persecutore del proprio coniuge?) e giunge alla morte in croce *per noi*, chiede di amarci gli uni gli altri. Anche quando (provvisoria-mente!) la consolazione dell'attrazione è spenta; poiché il fuoco del suo Amore – se lo vogliamo – è in grado di risvegliare le nostre ceneri.

"Chiunque ascolta queste mie parole
e le mette in pratica sarà simile a un uomo saggio,
che ha costruito la sua casa sulla roccia".

Matteo 18,3

SE NON DIVENTERETE COME BAMBINI

✔ Il rispetto e l'accoglienza di Gesù verso i bambini non hanno paragoni nella cultura del suo tempo: il gesto simbolico di avvolgere un bambino nel suo abbraccio dice molto di Lui, anzitutto: del coraggio, della tenerezza e del suo sfidare i luoghi comuni che fanno della posizione del bambino una posizione trascurabile. Ma c'è di più: Egli stesso *si consegna* nel bambino perché «lo pone nel mezzo» che è propriamente il suo posto nella comunità (18,20) e questa è la ragione stupefacente del *rispetto* che noi adulti dobbiamo ai nostri bambini. Di più ancora: in questo contesto, il bambino diventa per noi un modello di fede, la porta stretta per entrare misteriosamente nel Regno («se non diventerete come bambini», 18,3). Lasciamoci sorprendere: com'è che Gesù ci fa questa richiesta così facile all'equivoco, se si pensa a un piccolo come innocente, ingenuo, credulone? Noi genitori abbiamo a portata di mano un primo piano: un piccolo affamato, su un seggiolone, alle prime pappe, e cioè a contatto con cibi di volta in volta diversi, sconosciuti. Che fa il nostro piccolo di fronte al cucchiaio che la mamma gli porge? Spalanca la bocca! Sa con tutte le sue fibre che la pappa proviene da qualcuno che ha cura di lui, che mai e poi mai inquinerebbe ciò che gli dà per dargli la morte. Il suo spalancare la bocca è un atto di *fiducia* pieno, *incondizio-*

nato e *senza resistenze*. Forse lo abbiamo dimenticato, non sappiamo più «come si fa a...» a regalare una tale fiducia che fa vivere. Questo non significa che il piccolo non possa permettersi gusti suoi, ma non si permette il dubbio corrosivo che ciò che c'è nel cucchiaio sia male per lui. Questo è il rapporto che Dio *sogna* per ciascuno di noi: *una fiducia disarmata* nella volontà di Dio, nel suo Regno già iniziato tra noi, anche quando ci chiede superamenti o contenuti amari. La fiducia che ciò che ci viene posto "nel cucchiaio" sia *per la vita*. Vi sono famiglie in cui questo avviene e lì succedono miracoli impensabili: l'accoglienza di un figlio disabile, di un anziano "impossibile", di un lutto. Per questo *gli angeli* sono attorno a questi piccoli che spalancano la bocca: sono a contatto con l'Invisibile, già da ora.

"In verità io vi dico: se non vi convertirete
e non diventerete come i bambini,
non entrerete nel regno dei cieli".

Matteo 18,21

LA VIA DELL'ACCORDO

✔ Prima di buttarci ad esaltare la bellezza del perdono (necessario!) nella vita di coppia, negli sconfinati orizzonti del «settanta volte sette», conviene che ci interroghiamo su un passaggio, quello dal v. 20 al v. 21, cui Pietro dà voce con un «allora»: Pietro ha capito benissimo – e si avvicina a Gesù quasi in confidenza, come a dire «ma, sai bene quello che dici?» – che c'è una *relazione* strettissima *tra il «si metteranno d'accordo* per chiedere qualunque cosa» (18,19) al Padre e la necessità del perdono. Poniamo che un marito e una moglie (che sono appunto «due sulla terra») si accordino per questa preghiera al Padre, cioè chiedano qualcosa di prioritario in vista del Regno: l'accordo non è per niente scontato, come potrebbe sembrare a prima vista. Anzi, l'esperienza ci insegna che per un figlio, in uno stesso momento storico, i due genitori possono trovarsi a chiedere qualcosa di radicalmente diverso (per metterla sul banale: che finisca di studiare oppure che trovi la "morosa"). L'orizzonte in cui si pone questo quarto discorso matteano è *la comunità di fede*, infatti i due possono trovare questo accordo nella misura in cui *vivono* la dimensione comunitaria e missionaria della fede, cioè imparano a poco a poco che il proprio punto di vista non è assoluto, anzi deve cedere il passo al punto di vista dell'altro, nella fede. Due che si accordano in tal senso sono una meraviglia che *muove* il cuore del Padre, il quale ci mette tutta la sua pazienza nell'aspettare il nostro accordo, l'accordo di coppia nella preghiera, nella relazione con Lui. Di più, il testo dice che *in* questo accordo il Padre *vede* il Figlio, la sua azione tra noi «perché dove sono due o tre riuniti nel mio nome, lì sono io in mezzo a loro» (18,20): Gesù in persona è presente e fa della comunità uno squarcio di cielo sulla terra. Allora ha ragione Pietro, ci si scontra con la necessità del perdono reciproco che è anzitutto un *lasciar essere* l'altro nella sua diversità, anzi uno "sposare" la sua diversità, la quale non è una minaccia, né una posizione contro di me. Di fronte alla richiesta di un limite al "perdono", Gesù lancia una sfida al *perdono senza limiti*, che è l'unico modo per trovare ogni volta da capo la via dell'*accordo*!

"Signore, se il mio fratello commette colpe contro di me quante volte dovrò perdonargli? Fino a sette volte?".

Matteo 19,4-5

LASCIARE IL PADRE E LA MADRE

✔ È vero, «per arrivare alla sorgente, bisogna andare contro corrente», diceva il beato Giovanni Paolo II, e affrontare la salita. Per affrontare il dibattito sul divorzio, oggi come allora, dato per scontato, occorre fare come questo coraggioso Gesù matteano che non si cura dell'*audience* (perfino i suoi discepoli si spaventano della crudezza delle sue parole) e risalire al Progetto originario che Egli da sempre ha conosciuto nella casa del Padre: il cammino di due *verso* (*eis*) la carne sola. Due, quando si mettono deliberatamente dentro una relazione di coppia, non sono più la somma di due, un semplice «vivere assieme» che non cambia le loro identità (anche un cane e un gatto ben addestrati possono vivere insieme e mangiare dalla stessa ciotola) ma si ritrovano in una "scalata", un viaggio esaltante e pericoloso verso la carne sola, cioè verso una *esistenza concreta* che è una sorta di *terzo* di un livello superiore alla somma di due; la carne sola diviene ciò che *plasma la loro identità*, a partire dalla differenza originaria del maschile e del femminile, diviene *irreversibile* (la «carne sola» dopo quarant'anni di matrimonio – perfino nella mimica e nella tenerezza che accomuna i due – è ben più profonda che la carne sola degli inizi del cammino!). Pensando al matrimonio nei termini della «carne sola» Dio non poteva «pensar meglio» di questi due usciti dalle sue mani, la sua fantasia creativa e inesauribile non poteva esserci meglio consegnata! Ma c'è una condizione perché inizi questo *novum* antropologico, questa nuova "incarnazione" cui Egli ha dato il sigillo del suo sangue, ed è il «lasciare il padre e la madre». Oggi facciamo sempre più difficoltà a capire la profondità e la saggezza di questo *lasciare* che non avviene puntualmente solo il giorno delle nozze, ma è un reale cammino di distacco dalla famiglia di origine che ha un suo sviluppo lungo il corso della vita. Tra i molti significati di questo "lasciare", ne sottolineiamo uno: la famiglia del sangue (il padre e la madre) non è la ragione ultima, non è una palude che assorbe, ma deve essere un lancio per la vita. *Va oltrepassata*. Questo dobbiamo sapere *anche* per i nostri figli!

"L'uomo lascerà il padre e la madre
e si unirà a sua moglie
e i due diventeranno una sola carne".

VANGELO SECONDO MARCO

Autore	✔ anonimo, identificato con Marco, discepolo di Pietro e Paolo.
Destinatari	✔ cristiani perlopiù di origine pagana.
Tempo e luogo	✔ 65-70 d.C., forse scritto a Roma.
Temi portanti	✔ Gesù, Figlio di Dio; le esigenze della sequela; la centralità della croce.

Introduzione

Due urla che lacerano il cielo

Marco raccoglie il ministero di Gesù tra due forti grida: il grido di Giovanni Battista all'inizio della narrazione (1,3), il grido di Gesù sulla croce al termine della sua parabola di vita (15,37). Già da questo aspetto è possibile cogliere alcuni elementi stilistici del secondo Vangelo: il tono aggressivo, la coloritura drammatica, il procedere a scatti, il ritmo incalzante, la descrizione efficace di luoghi e personaggi, l'attenzione a temi "scottanti" come il fallimento, la paura, il tradimento, la fatica nel capire, il rifiuto. L'insieme di questi aspetti ha portato la tradizione ad associare Marco al simbolo del leone, cogliendo nel suo Vangelo un "ruggito" che squarcia il quieto vivere dell'uomo.

Tre spazi di rivelazione

Marco, componendo la trama narrativa del suo Vangelo, dà rilievo a tre momenti importanti di rivelazione che permettono di superare l'incomprensione che spesso caratterizza il rapporto tra Gesù e i discepoli. Questi tre momenti sono collocati all'inizio, al centro e alla fine del racconto. Il primo momento è quello del battesimo al Giordano (1,9-11); la voce del Padre proclama solennemente l'identità di Gesù, facendo di lui il compimento di tutte le Scritture antiche: Torah, Profeti e Scritti sono sintetizzati nelle parole che giungono dall'alto mentre i cieli si squarciano. Il secondo momento è quello della trasfigurazione (9,2-8) dove Gesù viene presentato in dialogo con Mosè ed Elia, figure a cui era associata l'attesa messianica di Israele. In questo contesto la voce del Padre conferma la rivelazione avvenuta al Giordano e invita tutti all'ascolto. Il terzo momento è quello del Golgota, inteso sia come spazio in cui risuona il grido della morte (15,34-37), sia come luogo in cui viene consegnato l'annuncio della risurrezione (16,1-8). La voce del Padre in questo caso tace, evidenziando la grandezza del dono di Gesù, prima riconosciuta da un centurione pagano (15,39), poi annunciata da un giovane vestito di bianco (16,5-7).

Quattro sezioni narrative

Al lettore attento, il Vangelo di Marco si presenta articolato in quattro sezioni narrative.

- Il prologo (1,1-13), che presenta l'inizio del ministero pubblico di Gesù come risposta alla sete di salvezza presente nel cuore dell'uomo e come possibilità di restaurazione dell'armonia delle origini.
- La sezione dell'identità (1,14 - 8,30), attraversata dalla domanda sull'identità di Gesù che sfugge alle etichette di chi vuole farne un operatore di miracoli, un maestro autorevole o la concretizzazione di una delle tante attese messianiche diffuse tra la gente.
- La sezione della sequela (8,31 - 14,50), che evidenzia le esigenze legate al discepolato, abbozzando sullo sfondo l'ombra inquietante della croce che porterà tutti i discepoli ad abbandonare la scena.
- Il mistero pasquale (14,51 - 16,8), che descrive il compimento del ministero di Gesù nella sua passione, morte e risurrezione, mostrando la trasformazione che tale dono opera nel credente, raffigurato dietro le sembianze del giovane di Mc 14,51-52 e 16,5-7.

I vv. 9-20 del capitolo 16 costituiscono una sorta di "appendice" aggiunta posteriormente nel tentativo di rispondere alle domande che l'evangelista aveva volutamente lasciate aperte al termine del suo racconto in 16,8.

PROLOGO
(Mc 1,1-13)

Dopo aver precisato il "titolo" che vuole dare al suo racconto («Vangelo di Gesù, Cristo, Figlio di Dio»), Marco apre la narrazione con tre scene: la corsa delle folle verso il Battista (1,2-8); il battesimo di Gesù al Giordano (1,9-11); Gesù nel deserto (1,12-13). Molti elementi fanno di queste tre scene una sorta di "sommario" di quanto verrà raccontato nell'intero Vangelo: la corsa della folla prepara il ministero pubblico di Gesù che si propone di rispondere al bisogno di salvezza che l'uomo sente dentro di sé (1,14 - 14,50); il battesimo inaugura quel processo di "incarnazione" che troverà il suo culmine nella passione e morte di Cristo (14,51 - 15,47); il servizio degli angeli nel deserto evoca la nuova creazione che la risurrezione rende accessibile a ogni discepolo (16,1-8).

1 **Inizio -** [1]Inizio del vangelo di Gesù, Cristo, Figlio di Dio.

Il grido di Giovanni - [2]Come sta scritto nel profeta Isaia:

Ecco, dinanzi a te io mando il mio messaggero:
egli preparerà la tua *via.*
[3]*Voce di uno che grida nel deserto:*
Preparate la via del Signore,
raddrizzate i suoi *sentieri,*

[4]vi fu Giovanni, che battezzava nel deserto e proclamava un
battesimo di conversione per il perdono dei peccati. [5]Accorre-

1,1 Il racconto di Marco si intitola *vangelo*, cioè *buona notizia*. Marco non scrive una biografia storica di Gesù ma tramanda una professione di fede: Gesù di Nàzaret è la buona notizia, il Cristo-Messia, il Figlio di Dio.
1,2-3 La figura di Giovanni è introdotta con un richiamo dell'Antico Testamento che lo designa come la realizzazione di un'antica profezia. La citazione, attribuita a Isaia (Is 40,30), riprende in realtà anche parole di Malachia (Ml 3,1), e vuole indurre a riconoscere in Giovanni la "voce" che annuncia il Cristo.
1,4 La parola *battezzare* deriva dal verbo greco *báptein/baptízein*, che signifi-

vano a lui tutta la regione della Giudea e tutti gli abitanti di Ge-
rusalemme. E si facevano battezzare da lui nel fiume Giordano,
confessando i loro peccati. [6]Giovanni era vestito di peli di cam-
mello, con una cintura di pelle attorno ai fianchi, e mangiava
cavallette e miele selvatico. [7]E proclamava: «Viene dopo di me
colui che è più forte di me: io non sono degno di chinarmi per
slegare i lacci dei suoi sandali. [8]Io vi ho battezzato con acqua,
ma egli vi battezzerà in Spirito Santo».

Il battesimo di Gesù - [9]Ed ecco, in quei giorni, Gesù venne da
Nàzaret di Galilea e fu battezzato nel Giordano da Giovanni.
[10]E subito, uscendo dall'acqua, vide squarciarsi i cieli e lo Spi-
rito discendere verso di lui come una colomba. [11]E venne una
voce dal cielo: «Tu sei il Figlio mio, l'amato: in te ho posto il
mio compiacimento».

Le tentazioni nel deserto - [12]E subito lo Spirito lo sospinse nel
deserto [13]e nel deserto rimase quaranta giorni, tentato da Sata-
na. Stava con le bestie selvatiche e gli angeli lo servivano.

CHI È GESÙ?
(Mc 1,14 - 8,30)

Fin dall'inizio del ministero pubblico, Gesù suscita la domanda in chi lo incontra: «Che è mai questo?». Le folle (e non solo) si interrogano circa la sua identità, chiara ai demòni ma velata a tutti coloro che lo seguono, discepoli compresi. La sezione può essere scandita in tre parti che descrivono la progressiva formazione del gruppo dei Dodici.

ca *lavare, immergere*. Giovanni invita la gente a farsi lavare dai propri peccati.
1,9-11 Gesù è presentato in maniera diversa da un qualsiasi maestro: egli è il Figlio prediletto di Dio, incaricato di compierne il progetto di salvezza.
1,12-13 L'attività di Gesù è preceduta da una fase di tentazioni, descritte sulla falsariga dell'esodo (si parla di *deserto* e di *quaranta giorni*) e del giardino di Eden (come luogo della prova e della coabitazione pacifica con gli animali). Gesù è dunque colui che riprende da capo i fili della storia.

Nella prima parte (1,14 - 3,6) Gesù chiama i primi discepoli e li educa lentamente all'incontro con Dio oltre i luoghi convenzionali stabiliti dalla tradizione. La salvezza interpella l'uomo non solo nelle sinagoghe, ma anche in casa, nei luoghi del lavoro quotidiano, negli spazi stessi che la natura offre (deserto, lago, monte), cominciando da quanti la Legge riteneva i più lontani: gli indemoniati.

Nella seconda parte (3,7 - 6,6a) Gesù distingue la sua scuola da quella dei rabbi del tempo. I Dodici non sono semplicemente "discepoli" ma uomini chiamati a «stare con lui», a intessere con lui un rapporto che va oltre il legame familiare e li rende co-protagonisti dell'annuncio di salvezza.

La terza parte (6,6b - 8,30) pone al centro la domanda portante: «Chi è Gesù?». Sono proprio i discepoli a essere interpellati. La risposta comincia ad affiorare sullo sfondo di un segno molto espressivo: quello del pane spezzato e condiviso, che già porge la chiave per accedere al mistero del Maestro e che lascia disorientati i Dodici.

Dallo stupore all'indignazione
(Mc 1,14 - 3,6)

Inizio del ministero pubblico - 14Dopo che Giovanni fu arrestato, Gesù andò nella Galilea, proclamando il vangelo di Dio,
15e diceva: «Il tempo è compiuto e il regno di Dio è vicino; convertitevi e credete nel Vangelo».

I primi discepoli - 16Passando lungo il mare di Galilea, vide Simone e Andrea, fratello di Simone, mentre gettavano le reti in

1,14 *Vangelo di Dio*: Gesù non propone una buona notizia che parla di Dio, ma il Vangelo che viene da Dio stesso e ha origine in lui.
1,15 Con Gesù è ormai giunto il tempo favorevole, quello in cui Dio si rivela come Signore universale e Salvatore dell'umanità. Di fronte a questa rivelazione è necessario decidersi, convertirsi.
1,16 Il *mare di Galilea* è detto anche Lago di Gennèsaret (o di Tiberìade).

mare; erano infatti pescatori. [17]Gesù disse loro: «Venite dietro a
me, vi farò diventare pescatori di uomini». [18]E subito lasciaro-
no le reti e lo seguirono. [19]Andando un poco oltre, vide Giaco-
mo, figlio di Zebedeo, e Giovanni suo fratello, mentre anch'es-
si nella barca riparavano le reti. [20]E subito li chiamò. Ed essi la-
sciarono il loro padre Zebedeo nella barca con i garzoni e an-
darono dietro a lui.

Una giornata di Gesù - [21]Giunsero a Cafàrnao e subito Gesù,
entrato di sabato nella sinagoga, insegnava. [22]Ed erano stupiti
del suo insegnamento: egli infatti insegnava loro come uno che
ha autorità, e non come gli scribi. [23]Ed ecco, nella loro sinago-
ga vi era un uomo posseduto da uno spirito impuro e cominciò
a gridare, [24]dicendo: «Che vuoi da noi, Gesù Nazareno? Sei ve-
nuto a rovinarci? Io so chi tu sei: il santo di Dio!». [25]E Gesù gli
ordinò severamente: «Taci! Esci da lui!». [26]E lo spirito impuro,
straziandolo e gridando forte, uscì da lui. [27]Tutti furono presi da
timore, tanto che si chiedevano a vicenda: «Che è mai questo?
Un insegnamento nuovo, dato con autorità. Comanda persino
agli spiriti impuri e gli obbediscono!». [28]La sua fama si diffuse
subito dovunque, in tutta la regione della Galilea.
[29]E subito, usciti dalla sinagoga, andarono nella casa di Si-
mone e Andrea, in compagnia di Giacomo e Giovanni. [30]La suo-
cera di Simone era a letto con la febbre e subito gli parlarono di
lei. [31]Egli si avvicinò e la fece alzare prendendola per mano; la
febbre la lasciò ed ella li serviva.
[32]Venuta la sera, dopo il tramonto del sole, gli portavano tut-

1,17 Per annunciare la buona notizia Gesù sceglie dei compagni di cammino, i quali sono anzitutto invitati a *seguirlo*.
1,18 Gesù sceglie del pescatori "di pesci" e li chiama a diventare pescatori "di uomini", cioè capaci di coinvolgere altre persone alla causa del Vangelo.
1,21-39 Nella giornata-tipo di Gesù i momenti sono quattro: l'insegnamento e la guarigione nella sinagoga, la liberazione della suocera di Simone dalla febbre che la rende inferma, l'accoglienza e la guarigione di malati e indemoniati, il dialogo a tu per tu con Dio nella preghiera.
1,32-33 *Venuta la sera*, cioè terminato il riposo del sabato, *tutta la città era*

ti i malati e gli indemoniati. [33]Tutta la città era riunita davanti alla porta. [34]Guarì molti che erano affetti da varie malattie e scacciò molti demòni; ma non permetteva ai demòni di parlare, perché lo conoscevano.

[35]Al mattino presto si alzò quando ancora era buio e, uscito, si ritirò in un luogo deserto, e là pregava. [36]Ma Simone e quelli che erano con lui si misero sulle sue tracce. [37]Lo trovarono e gli dissero: «Tutti ti cercano!». [38]Egli disse loro: «Andiamocene altrove, nei villaggi vicini, perché io predichi anche là; per questo infatti sono venuto!». [39]E andò per tutta la Galilea, predicando nelle loro sinagoghe e scacciando i demòni.

Gesù guarisce un lebbroso - [40]Venne da lui un lebbroso, che lo supplicava in ginocchio e gli diceva: «Se vuoi, puoi purificarmi!». [41]Ne ebbe compassione, tese la mano, lo toccò e gli disse: «Lo voglio, sii purificato!». [42]E subito la lebbra scomparve da lui ed egli fu purificato. [43]E, ammonendolo severamente, lo cacciò via subito [44]e gli disse: «Guarda di non dire niente a nessuno; va', invece, a mostrarti al sacerdote e offri per la tua purificazione quello che Mosè ha prescritto, come testimonianza per loro». [45]Ma quello si allontanò e si mise a proclamare e a divulgare il fatto, tanto che Gesù non poteva più entrare pubblicamente in una città, ma rimaneva fuori, in luoghi deserti; e venivano a lui da ogni parte.

riunita davanti alla porta: a differenza della guarigione della suocera di Simone, questo è un gesto pubblico, solenne e ufficiale. La giornata di Gesù si svolge in vari ambienti e condivide le situazioni più diverse della vita delle persone.

1,41-42 Toccando e guarendo il lebbroso, Gesù sfida un tabù sociale e religioso della sua epoca: quello della lebbra, immagine eloquente e terribile della colpa/impurità che esclude dal popolo eletto. Il Regno annunciato da Gesù è per tutti.

1,44 *Non dir niente a nessuno*: Gesù impone di tacere ai demòni e ad alcuni miracolati. Egli non vuole essere confuso con il Messia che la gente si immagina: un supremo sacerdote del culto puro o un grande re liberatore. Solo all'avvicinarsi della Pasqua, quando sarà più difficile vedere in Gesù un trionfatore, egli lascerà che lo si definisca così.

2 Gesù guarisce un uomo paralitico - [1]Entrò di nuovo a
Cafàrnao, dopo alcuni giorni. Si seppe che era in casa [2]e si
radunarono tante persone che non vi era più posto neanche da-
vanti alla porta; ed egli annunciava loro la Parola.
[3]Si recarono da lui portando un paralitico, sorretto da quattro
persone. [4]Non potendo però portarglielo innanzi, a causa della
folla, scoperchiarono il tetto nel punto dove egli si trovava e,
fatta un'apertura, calarono la barella su cui era adagiato il para-
litico. [5]Gesù, vedendo la loro fede, disse al paralitico: «Figlio,
ti sono perdonati i peccati».
[6]Erano seduti là alcuni scribi e pensavano in cuor loro: [7]«Per-
ché costui parla così? Bestemmia! Chi può perdonare i peccati,
se non Dio solo?». [8]E subito Gesù, conoscendo nel suo spirito
che così pensavano tra sé, disse loro: «Perché pensate queste
cose nel vostro cuore? [9]Che cosa è più facile: dire al paralitico
"Ti sono perdonati i peccati", oppure dire "Àlzati, prendi la tua
barella e cammina"? [10]Ora, perché sappiate che il Figlio del-
l'uomo ha il potere di perdonare i peccati sulla terra, [11]dico a te
– disse al paralitico –: àlzati, prendi la tua barella e va' a casa
tua». [12]Quello si alzò e subito presa la sua barella, sotto gli oc-
chi di tutti se ne andò, e tutti si meravigliarono e lodavano Dio,
dicendo: «Non abbiamo mai visto nulla di simile!».

Gesù chiama Levi - [13]Uscì di nuovo lungo il mare; tutta la folla
veniva a lui ed egli insegnava loro. [14]Passando, vide Levi, il fi-
glio di Alfeo, seduto al banco delle imposte, e gli disse: «Se-
guimi». Ed egli si alzò e lo seguì.

2,1 *Era in casa*: cioè nella casa di Simon Pietro, dove Gesù veniva ospitato quando si trovava a Cafàrnao. Gesù sceglie una famiglia come luogo di riferimento del suo ministero.

2,5 *Vedendo la loro fede*: è la fiducia degli amici dell'uomo malato a colpire Gesù e a spingerlo al miracolo. Nella mentalità giudaica la malattia era spesso ricondotta a un'origine spirituale, al peccato compiuto dal soggetto. Ne consegue che l'eventuale guarigione era intesa come segno dell'avvenuta remissione della colpa.

2,14 Il primo Vangelo chiama Levi "Matteo" (Mt 9,9); alcuni lo identificano con l'autore stesso del racconto evangelico.

[15]Mentre stava a tavola in casa di lui, anche molti pubblicani
e peccatori erano a tavola con Gesù e i suoi discepoli; erano
molti infatti quelli che lo seguivano. [16]Allora gli scribi dei fari-
sei, vedendolo mangiare con i peccatori e i pubblicani, diceva-
no ai suoi discepoli: «Perché mangia e beve insieme ai pubbli-
cani e ai peccatori?». [17]Udito questo, Gesù disse loro: «Non so-
no i sani che hanno bisogno del medico, ma i malati; io non so-
no venuto a chiamare i giusti, ma i peccatori».

Discussione sul digiuno - [18]I discepoli di Giovanni e i farisei sta-
vano facendo un digiuno. Vennero da lui e gli dissero: «Perché i
discepoli di Giovanni e i discepoli dei farisei digiunano, mentre i
tuoi discepoli non digiunano?». [19]Gesù disse loro: «Possono for-
se digiunare gli invitati a nozze, quando lo sposo è con loro? Fin-
ché hanno lo sposo con loro, non possono digiunare. [20]Ma ver-
ranno giorni quando lo sposo sarà loro tolto: allora, in quel gior-
no, digiuneranno. [21]Nessuno cuce un pezzo di stoffa grezza su un
vestito vecchio; altrimenti il rattoppo nuovo porta via qualcosa
alla stoffa vecchia e lo strappo diventa peggiore. [22]E nessuno ver-
sa vino nuovo in otri vecchi, altrimenti il vino spaccherà gli otri,
e si perdono vino e otri. Ma vino nuovo in otri nuovi!».

Discussione sul sabato - [23]Avvenne che di sabato Gesù passa-
va fra campi di grano e i suoi discepoli, mentre camminavano,
si misero a cogliere le spighe. [24]I farisei gli dicevano: «Guar-
da! Perché fanno in giorno di sabato quello che non è lecito?».
[25]Ed egli rispose loro: «Non avete mai letto quello che fece Da-

2,18 Nel giudaismo dell'epoca di Gesù il digiuno era obbligatorio solo nel grande Giorno del Perdono (*Yom Kippur*); ma certi gruppi religiosi – come i farisei – lo praticavano più spesso.
2,19-22 Gesù risponde alla critica sul digiuno con tre immagini significative che si riferiscono alla sua persona e alla novità del Regno: la presenza dello sposo, la stoffa nuova e il vino giovane.
2,23 Il sabato, grande festa del giudaismo, ricorda la creazione e la liberazione dall'Egitto. I Giudei non compiono alcun lavoro, per rammentare a se stessi che il tempo – e quindi tutta la vita – è di Dio.
2,25 Gesù ricorda che in una particolare occasione il grande re Davide non aveva

vide quando si trovò nel bisogno e lui e i suoi compagni ebbe-
ro fame? [26]Sotto il sommo sacerdote Abiatàr, entrò nella casa
di Dio e mangiò i pani dell'offerta, che non è lecito mangiare
se non ai sacerdoti, e ne diede anche ai suoi compagni!». [27]E di-
ceva loro: «Il sabato è stato fatto per l'uomo e non l'uomo per
il sabato! [28]Perciò il Figlio dell'uomo è signore anche del sa-
bato».

3 **L'uomo dalla mano paralizzata -** [1]Entrò di nuovo nella si-
nagoga. Vi era lì un uomo che aveva una mano paralizzata,
[2]e stavano a vedere se lo guariva in giorno di sabato, per accu-
sarlo. [3]Egli disse all'uomo che aveva la mano paralizzata: «Àl-
zati, vieni qui in mezzo!». [4]Poi domandò loro: «È lecito in gior-
no di sabato fare del bene o fare del male, salvare una vita o uc-
ciderla?». Ma essi tacevano. [5]E guardandoli tutt'intorno con in-
dignazione, rattristato per la durezza dei loro cuori, disse al-
l'uomo: «Tendi la mano!». Egli la tese e la sua mano fu guari-
ta. [6]E i farisei uscirono subito con gli erodiani e tennero consi-
glio contro di lui per farlo morire.

Dalla fede all'incredulità
(3,7 - 6,6a)

In riva al lago - [7]Gesù, intanto, con i suoi discepoli si ritirò pres-
so il mare e lo seguì molta folla dalla Galilea. Dalla Giudea [8]e
da Gerusalemme, dall'Idumea e da oltre il Giordano e dalle par-
ti di Tiro e Sidone, una grande folla, sentendo quanto faceva,
andò da lui. [9]Allora egli disse ai suoi discepoli di tenergli pron-

osservato la Legge, autorizzando i propri compagni a fare lo stesso (cfr. 1Sam 21,2-7). L'esempio citato da Gesù non riguarda propriamente il sabato, ma gli serve per ricordare che anche le leggi più sacre non hanno un valore assoluto.

3,6 La discussione sul sabato assume le coordinate del tranello teso a Gesù per poterlo accusare. L'opposizione al Maestro conosce qui una svolta: non ci si limita più a contrastarlo a parole, ma si intende passare ai fatti ed eliminarlo fisicamente non appena si presenterà l'occasione.

ta una barca, a causa della folla, perché non lo schiacciassero.
[10]Infatti aveva guarito molti, cosicché quanti avevano qualche
male si gettavano su di lui per toccarlo. [11]Gli spiriti impuri,
quando lo vedevano, cadevano ai suoi piedi e gridavano: «Tu
sei il Figlio di Dio!». [12]Ma egli imponeva loro severamente di
non svelare chi egli fosse.

Gesù sceglie i Dodici - [13]Salì poi sul monte, chiamò a sé quelli
che voleva ed essi andarono da lui. [14]Ne costituì Dodici – che
chiamò apostoli –, perché stessero con lui e per mandarli a pre-
dicare [15]con il potere di scacciare i demòni. [16]Costituì dunque i
Dodici: Simone, al quale impose il nome di Pietro, [17]poi Gia-
como, figlio di Zebedeo, e Giovanni fratello di Giacomo, ai qua-
li diede il nome di Boanèrghes, cioè «figli del tuono»; [18]e An-
drea, Filippo, Bartolomeo, Matteo, Tommaso, Giacomo, figlio
di Alfeo, Taddeo, Simone il Cananeo [19]e Giuda Iscariota, il qua-
le poi lo tradì.

Un Maestro che scandalizza - [20]Entrò in una casa e di nuovo si
radunò una folla, tanto che non potevano neppure mangiare.
[21]Allora i suoi, sentito questo, uscirono per andare a prenderlo;
dicevano infatti: «È fuori di sé».
[22]Gli scribi, che erano scesi da Gerusalemme, dicevano: «Co-
stui è posseduto da Beelzebùl e scaccia i demòni per mezzo del

3,13 L'episodio avviene sul monte, luogo della rivelazione di Dio. Non si tratta di una scelta organizzativa (Gesù ha bisogno di alcuni collaboratori), ma di un momento di rivelazione del Regno (Gesù convoca il popolo di Dio, radunandolo dalla dispersione).

3,20-35 Non tutti riconoscono Gesù come maestro o liberatore: i parenti e i familiari si chiedono se sia pazzo, gli scribi lo ritengono posseduto da Satana. Ai primi Gesù spiega che la sua vita si fonda più sulle relazioni vitali che nascono dalla parola di Dio che sui legami familiari. Ai secondi intima di non cadere nella *bestemmia contro lo Spirito*, cioè nell'incredulità e nel rifiuto, il peccato più grave di tutti.

3,22 *Beelzebùl,* nome di una divinità pagana, era usato popolarmente per indicare *Satana*, che significa *accusatore*, *avversario*. Si tratta dell'avversario di Dio, colui che vuole ostacolarne il progetto di salvezza. È anche detto *diavolo,* che in greco vuol dire *colui che divide, mette contro*.

capo dei demòni». 23Ma egli li chiamò e con parabole diceva lo-
ro: «Come può Satana scacciare Satana? 24Se un regno è divi-
so in se stesso, quel regno non potrà restare in piedi; 25se una
casa è divisa in se stessa, quella casa non potrà restare in pie-
di. 26Anche Satana, se si ribella contro se stesso ed è diviso,
non può restare in piedi, ma è finito. 27Nessuno può entrare nel-
la casa di un uomo forte e rapire i suoi beni, se prima non lo le-
ga. Soltanto allora potrà saccheggiargli la casa. 28In verità io vi
dico: tutto sarà perdonato ai figli degli uomini, i peccati e an-
che tutte le bestemmie che diranno; 29ma chi avrà bestemmia-
to contro lo Spirito Santo non sarà perdonato in eterno: è reo di
colpa eterna». 30Poiché dicevano: «È posseduto da uno spirito
impuro».
31Giunsero sua madre e i suoi fratelli e, stando fuori, manda-
rono a chiamarlo. 32Attorno a lui era seduta una folla, e gli dis-
sero: «Ecco, tua madre, i tuoi fratelli e le tue sorelle stanno fuo-
ri e ti cercano». 33Ma egli rispose loro: «Chi è mia madre e chi
sono i miei fratelli?». 34Girando lo sguardo su quelli che erano
seduti attorno a lui, disse: «Ecco mia madre e i miei fratelli!
35Perché chi fa la volontà di Dio, costui per me è fratello, sorel-
la e madre».

4 **Parabola del seminatore -** 1Cominciò di nuovo a insegna-
re lungo il mare. Si riunì attorno a lui una folla enorme,
tanto che egli, salito su una barca, si mise a sedere stando in
mare, mentre tutta la folla era a terra lungo la riva. 2Insegnava
loro molte cose con parabole e diceva loro nel suo insegna-
mento: 3«Ascoltate. Ecco, il seminatore uscì a seminare. 4Men-
tre seminava, una parte cadde lungo la strada; vennero gli uc-
celli e la mangiarono. 5Un'altra parte cadde sul terreno sassoso,

3,32 Vedi nota a Mc 6,3.

4,2.9 Gesù inizia la parabola con un invito solenne all'attenzione – *Ascoltate* – che rimanda a Dt 6,4-5 e alla preghiera quotidiana ebraica; la conclude al v. 9 dicendo *Chi ha orecchi ascolti*. Al centro del rapporto con Dio stanno l'ascolto e l'accoglienza della sua Parola.

dove non c'era molta terra; e subito germogliò perché il terre-
no non era profondo, [6]ma quando spuntò il sole, fu bruciata e,
non avendo radici, seccò. [7]Un'altra parte cadde tra i rovi, e i ro-
vi crebbero, la soffocarono e non diede frutto. [8]Altre parti cad-
dero sul terreno buono e diedero frutto: spuntarono, crebbero e
resero il trenta, il sessanta, il cento per uno». [9]E diceva: «Chi ha
orecchi per ascoltare, ascolti!».

Perché Gesù parla in parabole - [10]Quando poi furono da soli,
quelli che erano intorno a lui insieme ai Dodici lo interrogava-
no sulle parabole. [11]Ed egli diceva loro: «A voi è stato dato il mi-
stero del regno di Dio; per quelli che sono fuori invece tutto av-
viene in parabole, [12]affinché

guardino, sì, ma non vedano,
ascoltino, sì, ma non comprendano,
perché non si convertano e venga loro perdonato».

Spiegazione della parabola del seminatore - [13]E disse loro:
«Non capite questa parabola, e come potrete comprendere tut-
te le parabole? [14]Il seminatore semina la Parola. [15]Quelli lungo
la strada sono coloro nei quali viene seminata la Parola, ma,
quando l'ascoltano, subito viene Satana e porta via la Parola
seminata in loro. [16]Quelli seminati sul terreno sassoso sono co-
loro che, quando ascoltano la Parola, subito l'accolgono con
gioia, [17]ma non hanno radice in se stessi, sono incostanti e quin-
di, al sopraggiungere di qualche tribolazione o persecuzione a
causa della Parola, subito vengono meno. [18]Altri sono quelli
seminati tra i rovi: questi sono coloro che hanno ascoltato la
Parola, [19]ma sopraggiungono le preoccupazioni del mondo e la

4,11-12 Gesù utilizza spesso immagini e simboli per comunicare. La parabola è un racconto oscuro per coloro che non credono (Gesù li chiama *quelli di fuori* e rinvia a un testo di Is 6,9-10), ma che rivela tutta la sua importanza per i discepoli, illuminati dalle spiegazioni del Maestro (cfr. anche v. 33-34).

seduzione della ricchezza e tutte le altre passioni, soffocano la Parola e questa rimane senza frutto. [20]Altri ancora sono quelli seminati sul terreno buono: sono coloro che ascoltano la Parola, l'accolgono e portano frutto: il trenta, il sessanta, il cento per uno».

Altre parabole e detti di Gesù - [21]Diceva loro: «Viene forse la lampada per essere messa sotto il moggio o sotto il letto? O non invece per essere messa sul candelabro? [22]Non vi è infatti nulla di segreto che non debba essere manifestato e nulla di nascosto che non debba essere messo in luce. [23]Se uno ha orecchi per ascoltare, ascolti!».

[24]Diceva loro: «Fate attenzione a quello che ascoltate. Con la misura con la quale misurate sarà misurato a voi; anzi, vi sarà dato di più. [25]Perché a chi ha, sarà dato; ma a chi non ha, sarà tolto anche quello che ha».

[26]Diceva: «Così è il regno di Dio: come un uomo che getta il seme sul terreno; [27]dorma o vegli, di notte o di giorno, il seme germoglia e cresce. Come, egli stesso non lo sa. [28]Il terreno produce spontaneamente prima lo stelo, poi la spiga, poi il chicco pieno nella spiga; [29]e quando il frutto è maturo, subito egli manda la falce, perché è arrivata la mietitura».

[30]Diceva: «A che cosa possiamo paragonare il regno di Dio o con quale parabola possiamo descriverlo? [31]È come un granello di senape che, quando viene seminato sul terreno, è il più piccolo di tutti i semi che sono sul terreno; [32]ma, quando viene seminato, cresce e diventa più grande di tutte le piante dell'orto e fa rami così grandi che *gli uccelli del cielo possono fare il nido* alla sua ombra».

[33]Con molte parabole dello stesso genere annunciava loro la

4,21-32 Marco raccoglie alcuni detti in cui Gesù mostra come avviene la crescita del Regno di Dio nella storia. In Gesù esso è "seminato" nella storia umana, nel segno della piccolezza e non della forza; si tratta però di un seme potente: i credenti sono chiamati a contemplarne lo sviluppo, nella certezza che Dio garantisce il frutto promesso.

Parola, come potevano intendere. 34Senza parabole non parlava
loro ma, in privato, ai suoi discepoli spiegava ogni cosa.

La tempesta calmata - 35In quel medesimo giorno, venuta la se-
ra, disse loro: «Passiamo all'altra riva». 36E, congedata la folla,
lo presero con sé, così com'era, nella barca. C'erano anche al-
tre barche con lui. 37Ci fu una grande tempesta di vento e le on-
de si rovesciavano nella barca, tanto che ormai era piena. 38Egli
se ne stava a poppa, sul cuscino, e dormiva. Allora lo sveglia-
rono e gli dissero: «Maestro, non t'importa che siamo perdu-
ti?». 39Si destò, minacciò il vento e disse al mare: «Taci, calma-
ti!». Il vento cessò e ci fu grande bonaccia. 40Poi disse loro:
«Perché avete paura? Non avete ancora fede?». 41E furono pre-
si da grande timore e si dicevano l'un l'altro: «Chi è dunque co-
stui, che anche il vento e il mare gli obbediscono?».

5 **L'indemoniato di Gerasa** - 1Giunsero all'altra riva del ma-
re, nel paese dei Gerasèni. 2Sceso dalla barca, subito dai
sepolcri gli venne incontro un uomo posseduto da uno spirito
impuro. 3Costui aveva la sua dimora fra le tombe e nessuno
riusciva a tenerlo legato, neanche con catene, 4perché più vol-
te era stato legato con ceppi e catene, ma aveva spezzato le ca-
tene e spaccato i ceppi, e nessuno riusciva più a domarlo. 5Con-
tinuamente, notte e giorno, fra le tombe e sui monti, gridava e
si percuoteva con pietre. 6Visto Gesù da lontano, accorse, gli si
gettò ai piedi 7e, urlando a gran voce, disse: «Che vuoi da me,

4,35-38 Anche se i discepoli *presero Gesù con sé*, la tempesta li colpisce e il Maestro in un primo tempo non interviene. Essere discepoli non sottrae alla prova e non risparmia dal nutrire dubbi di fede, anche radicali (come si deduce dal v. 40).

4,41 Marco dà particolare rilievo al tema della paura, stigmatizzandola come una reazione che può bloccare l'accoglienza del Vangelo (cfr. Mc 16,8).

5,1 Dopo la tempesta, Gesù e i discepoli sbarcano sull'altra riva del lago, in una zona pagana, impura per gli Ebrei. Altri segni di impurità sono la presenza di un branco di porci e l'uomo che vive fra le tombe ed è posseduto da uno spirito immondo.

Gesù, Figlio del Dio altissimo? Ti scongiuro, in nome di Dio,
non tormentarmi!». [8]Gli diceva infatti: «Esci, spirito impuro,
da quest'uomo!». [9]E gli domandò: «Qual è il tuo nome?». «Il
mio nome è Legione – gli rispose – perché siamo in molti».
[10]E lo scongiurava con insistenza perché non li cacciasse fuo-
ri dal paese. [11]C'era là, sul monte, una numerosa mandria di
porci al pascolo. [12]E lo scongiurarono: «Mandaci da quei por-
ci, perché entriamo in essi». [13]Glielo permise. E gli spiriti im-
puri, dopo essere usciti, entrarono nei porci e la mandria si pre-
cipitò giù dalla rupe nel mare; erano circa duemila e affogaro-
no nel mare.

[14]I loro mandriani allora fuggirono, portarono la notizia nel-
la città e nelle campagne e la gente venne a vedere che cosa fos-
se accaduto. [15]Giunsero da Gesù, videro l'indemoniato seduto,
vestito e sano di mente, lui che era stato posseduto dalla Legio-
ne, ed ebbero paura. [16]Quelli che avevano visto, spiegarono lo-
ro che cosa era accaduto all'indemoniato e il fatto dei porci.
[17]Ed essi si misero a pregarlo di andarsene dal loro territorio.

[18]Mentre risaliva nella barca, colui che era stato indemoniato
lo supplicava di poter restare con lui. [19]Non glielo permise, ma
gli disse: «Va' nella tua casa, dai tuoi, annuncia loro ciò che il
Signore ti ha fatto e la misericordia che ha avuto per te». [20]Egli
se ne andò e si mise a proclamare per la Decàpoli quello che
Gesù aveva fatto per lui e tutti erano meravigliati.

La figlia di Giàiro e l'emorroissa - [21]Essendo Gesù passato di
nuovo in barca all'altra riva, gli si radunò attorno molta folla ed
egli stava lungo il mare. [22]E venne uno dei capi della sinagoga,
di nome Giàiro, il quale, come lo vide, gli si gettò ai piedi [23]e lo
supplicò con insistenza: «La mia figlioletta sta morendo: vieni

5,9 Lo spirito che ha preso possesso dell'uomo ha un nome collettivo, *Legione*, termine che rimanda alla guerra (era un insieme di 5000 soldati). I demoni sconvolgono l'animo di questa persona e la portano a farsi del male da sola.

5,15 L'uomo che era indemoniato è divenuto capace di stabilità (è seduto), ha ritrovato la propria dignità (è vestito) e può guidarsi da sé (è sano di mente).

a imporle le mani, perché sia salvata e viva». [24]Andò con lui.
Molta folla lo seguiva e gli si stringeva intorno.
[25]Ora una donna, che aveva perdite di sangue da dodici anni
[26]e aveva molto sofferto per opera di molti medici, spendendo
tutti i suoi averi senza alcun vantaggio, anzi piuttosto peggio-
rando, [27]udito parlare di Gesù, venne tra la folla e da dietro toccò
il suo mantello. [28]Diceva infatti: «Se riuscirò anche solo a toc-
care le sue vesti, sarò salvata». [29]E subito le si fermò il flusso di
sangue e sentì nel suo corpo che era guarita dal male.
[30]E subito Gesù, essendosi reso conto della forza che era usci-
ta da lui, si voltò alla folla dicendo: «Chi ha toccato le mie ve-
sti?». [31]I suoi discepoli gli dissero: «Tu vedi la folla che si strin-
ge intorno a te e dici: "Chi mi ha toccato?"». [32]Egli guardava
attorno, per vedere colei che aveva fatto questo. [33]E la donna,
impaurita e tremante, sapendo ciò che le era accaduto, venne, gli
si gettò davanti e gli disse tutta la verità. [34]Ed egli le disse: «Fi-
glia, la tua fede ti ha salvata. Va' in pace e sii guarita dal tuo ma-
le».
[35]Stava ancora parlando, quando dalla casa del capo della si-
nagoga vennero a dire: «Tua figlia è morta. Perché disturbi an-
cora il Maestro?». [36]Ma Gesù, udito quanto dicevano, disse al
capo della sinagoga: «Non temere, soltanto abbi fede!». [37]E non
permise a nessuno di seguirlo, fuorché a Pietro, Giacomo e Gio-
vanni, fratello di Giacomo. [38]Giunsero alla casa del capo della
sinagoga ed egli vide trambusto e gente che piangeva e urlava
forte. [39]Entrato, disse loro: «Perché vi agitate e piangete? La

5,25-34 Nel racconto della guarigione della figlia di Giàiro si inserisce l'incontro con una donna che vive una situazione di emarginazione radicale: soffre per un'emorragia continua, una malattia che in Israele impedisce di partecipare alla vita sociale e religiosa (chiunque la tocchi, anche inavvertitamente, diventa impuro).

5,37 All'interno dei Dodici si nota la presenza di un gruppo ristretto, composto da *Pietro, Giacomo e Giovanni.* I tre apostoli sono testimoni di alcuni momenti particolari della vita di Gesù: questa guarigione, la trasfigurazione (9,2-8), la preghiera nel Getsèmani (14,32-42). Sono cioè chiamati ad attestare la gloria e la potenza del Risorto, datore di vita, anche davanti alla sofferenza e alla morte.

bambina non è morta, ma dorme». 40E lo deridevano. Ma egli,
cacciati tutti fuori, prese con sé il padre e la madre della bam-
bina e quelli che erano con lui ed entrò dove era la bambina.
41Prese la mano della bambina e le disse: «*Talità kum*», che si-
gnifica: «Fanciulla, io ti dico: àlzati!». 42E subito la fanciulla si
alzò e camminava; aveva infatti dodici anni. Essi furono presi da
grande stupore. 43E raccomandò loro con insistenza che nessu-
no venisse a saperlo e disse di darle da mangiare.

6 **Gesù a Nàzaret** - 1Partì di là e venne nella sua patria e i suoi
discepoli lo seguirono. 2Giunto il sabato, si mise a inse-
gnare nella sinagoga. E molti, ascoltando, rimanevano stupiti e
dicevano: «Da dove gli vengono queste cose? E che sapienza è
quella che gli è stata data? E i prodigi come quelli compiuti dal-
le sue mani? 3Non è costui il falegname, il figlio di Maria, il fra-
tello di Giacomo, di Ioses, di Giuda e di Simone? E le sue so-
relle, non stanno qui da noi?». Ed era per loro motivo di scan-
dalo. 4Ma Gesù disse loro: «Un profeta non è disprezzato se non
nella sua patria, tra i suoi parenti e in casa sua». 5E lì non pote-
va compiere nessun prodigio, ma solo impose le mani a pochi
malati e li guarì. 6E si meravigliava della loro incredulità.
Gesù percorreva i villaggi d'intorno, insegnando.

Dai pani al solo Pane
(Mc 6,6b - 8,30)

Missione dei Dodici - 7Chiamò a sé i Dodici e prese a mandar-
li a due a due e dava loro potere sugli spiriti impuri. 8E ordinò

6,1 Gesù si reca nella sua patria, a Nàzaret.

6,3 Il fatto che Marco parli di *fratelli* e *sorelle di Gesù* suscita discussioni circa l'interpretazione del testo. Infatti i Vangeli di Matteo e Luca, parlando dell'infanzia di Gesù, affermano la verginità di Maria (Mt 1,20.25; Lc 1,27) e parlano di Gesù come figlio primogenito (Lc 2,7). Marco pare usare un termine greco intendendolo secondo la mentalità semitica per la quale i fratelli rappresentano tutto il clan familiare.

loro di non prendere per il viaggio nient'altro che un bastone: né pane, né sacca, né denaro nella cintura; [9]ma di calzare sandali e di non portare due tuniche. [10]E diceva loro: «Dovunque entriate in una casa, rimanetevi finché non sarete partiti di lì. [11]Se in qualche luogo non vi accogliessero e non vi ascoltassero, andatevene e scuotete la polvere sotto i vostri piedi come testimonianza per loro». [12]Ed essi, partiti, proclamarono che la gente si convertisse, [13]scacciavano molti demòni, ungevano con olio molti infermi e li guarivano.

Il giudizio di Erode - [14]Il re Erode sentì parlare di Gesù, perché il suo nome era diventato famoso. Si diceva: «Giovanni il Battista è risorto dai morti e per questo ha il potere di fare prodigi». [15]Altri invece dicevano: «È Elia». Altri ancora dicevano: «È un profeta, come uno dei profeti». [16]Ma Erode, al sentirne parlare, diceva: «Quel Giovanni che io ho fatto decapitare, è risorto!».

La morte di Giovanni Battista - [17]Proprio Erode, infatti, aveva mandato ad arrestare Giovanni e lo aveva messo in prigione a causa di Erodìade, moglie di suo fratello Filippo, perché l'aveva sposata. [18]Giovanni infatti diceva a Erode: «Non ti è lecito tenere con te la moglie di tuo fratello». [19]Per questo Erodìade lo odiava e voleva farlo uccidere, ma non poteva, [20]perché Erode temeva Giovanni, sapendolo uomo giusto e santo, e vigilava su di lui; nell'ascoltarlo restava molto perplesso, tuttavia lo ascoltava volentieri.

[21]Venne però il giorno propizio, quando Erode, per il suo compleanno, fece un banchetto per i più alti funzionari della sua

6,15 Nell'uso comune *profeta* è una sorta di indovino in grado di predire il futuro. Invece nella tradizione biblica si tratta anzitutto di un inviato di Dio, mandato a parlare in suo nome. Il profeta è colui che, pieno dello Spirito di Dio, ne diventa la voce in mezzo agli uomini, con i quali è solidale fino in fondo. Gli eventi che i profeti annunciano non sono, dunque, realtà che avverranno sicuramente, ma conseguenze negative dell'agire malvagio che possono essere evitate se gli uomini si convertono.

corte, gli ufficiali dell'esercito e i notabili della Galilea. [22]Entrata la figlia della stessa Erodìade, danzò e piacque a Erode e ai commensali. Allora il re disse alla fanciulla: «Chiedimi quello che vuoi e io te lo darò». [23]E le giurò più volte: «Qualsiasi cosa mi chiederai, te la darò, fosse anche la metà del mio regno». [24]Ella uscì e disse alla madre: «Che cosa devo chiedere?». Quella rispose: «La testa di Giovanni il Battista». [25]E subito, entrata di corsa dal re, fece la richiesta, dicendo: «Voglio che tu mi dia adesso, su un vassoio, la testa di Giovanni il Battista». [26]Il re, fattosi molto triste, a motivo del giuramento e dei commensali non volle opporle un rifiuto. [27]E subito il re mandò una guardia e ordinò che gli fosse portata la testa di Giovanni. La guardia andò, lo decapitò in prigione [28]e ne portò la testa su un vassoio, la diede alla fanciulla e la fanciulla la diede a sua madre. [29]I discepoli di Giovanni, saputo il fatto, vennero, ne presero il cadavere e lo posero in un sepolcro.

Prima moltiplicazione dei pani - [30]Gli apostoli si riunirono attorno a Gesù e gli riferirono tutto quello che avevano fatto e quello che avevano insegnato. [31]Ed egli disse loro: «Venite in disparte, voi soli, in un luogo deserto, e riposatevi un po'». Erano infatti molti quelli che andavano e venivano e non avevano neanche il tempo di mangiare. [32]Allora andarono con la barca verso un luogo deserto, in disparte. [33]Molti però li videro partire e capirono, e da tutte le città accorsero là a piedi e li precedettero.

[34]Sceso dalla barca, egli vide una grande folla, ebbe compassione di loro, perché erano *come pecore che non hanno pastore*, e si mise a insegnare loro molte cose. [35]Essendosi ormai fatto tardi, gli si avvicinarono i suoi discepoli dicendo: «Il luogo è deserto ed è ormai tardi; [36]congedali, in modo che, andando per le campagne e i villaggi dei dintorni, possano comprarsi da mangiare». [37]Ma egli rispose loro: «Voi stessi date loro da mangia-

6,37 I discepoli non si coinvolgono con la gente e i suoi bisogni: è Gesù che li provoca e li spinge a vivere questa solidarietà fino in fondo.

re». Gli dissero: «Dobbiamo andare a comprare duecento de-
nari di pane e dare loro da mangiare?». [38]Ma egli disse loro:
«Quanti pani avete? Andate a vedere». Si informarono e disse-
ro: «Cinque, e due pesci». [39]E ordinò loro di farli sedere tutti, a
gruppi, sull'erba verde. [40]E sedettero, a gruppi di cento e di cin-
quanta. [41]Prese i cinque pani e i due pesci, alzò gli occhi al cie-
lo, recitò la benedizione, spezzò i pani e li dava ai suoi discepoli
perché li distribuissero a loro; e divise i due pesci fra tutti. [42]Tut-
ti mangiarono a sazietà, [43]e dei pezzi di pane portarono via do-
dici ceste piene e quanto restava dei pesci. [44]Quelli che aveva-
no mangiato i pani erano cinquemila uomini.

Gesù cammina sulle acque - [45]E subito costrinse i suoi discepoli
a salire sulla barca e a precederlo sull'altra riva, a Betsàida, fin-
ché non avesse congedato la folla. [46]Quando li ebbe congedati,
andò sul monte a pregare. [47]Venuta la sera, la barca era in mez-
zo al mare ed egli, da solo, a terra. [48]Vedendoli però affaticati nel
remare, perché avevano il vento contrario, sul finire della notte
egli andò verso di loro, camminando sul mare, e voleva oltre-
passarli. [49]Essi, vedendolo camminare sul mare, pensarono: «È
un fantasma!», e si misero a gridare, [50]perché tutti lo avevano vi-
sto e ne erano rimasti sconvolti. Ma egli subito parlò loro e dis-
se: «Coraggio, sono io, non abbiate paura!». [51]E salì sulla bar-
ca con loro e il vento cessò. E dentro di sé erano fortemente me-

6,39-44 Il profeta Isaia annuncia che negli ultimi tempi Dio preparerà un banchetto per il suo popolo: dopo aver distrutto la morte, egli offrirà gratis a tutti cibo buono e abbondante (cfr. Is 25,6s). Questo annuncio si realizza in Gesù, a conferma che il regno di Dio è ormai giunto sulla terra.

6,51 Sul lago avviene una nuova rivelazione: se moltiplicando i pani Gesù si è manifestato come il pastore di Israele che nutre il suo popolo, qui egli incarna l'immagine biblica di Dio che traccia «un cammino anche nel mare e un sentiero sicuro anche fra le onde» (Sap 14,3). Sullo sfondo vi è il fatto che nella Bibbia il mare ha spesso valore negativo: da lì vengono i nemici di Israele; esso è molte volte imprevedibile e ingovernabile, non però fino al punto da sconfiggere Dio, il quale è in grado di dominare questa potenza e di salvare il popolo, come nella liberazione del popolo dall'Egitto.

ravigliati, [52]perché non avevano compreso il fatto dei pani: il loro cuore era indurito.

Guarigioni a Gennèsaret - [53]Compiuta la traversata fino a terra, giunsero a Gennèsaret e approdarono. [54]Scesi dalla barca, la gente subito lo riconobbe [55]e, accorrendo da tutta quella regione, cominciarono a portargli sulle barelle i malati, dovunque udivano che egli si trovasse. [56]E là dove giungeva, in villaggi o città o campagne, deponevano i malati nelle piazze e lo supplicavano di poter toccare almeno il lembo del suo mantello; e quanti lo toccavano venivano salvati.

7 **La tradizione degli antichi** - [1]Si riunirono attorno a lui i farisei e alcuni degli scribi, venuti da Gerusalemme. [2]Avendo visto che alcuni dei suoi discepoli prendevano cibo con mani impure, cioè non lavate [3] – i farisei infatti e tutti i Giudei non mangiano se non si sono lavati accuratamente le mani, attenendosi alla tradizione degli antichi [4]e, tornando dal mercato, non mangiano senza aver fatto le abluzioni, e osservano molte altre cose per tradizione, come lavature di bicchieri, di stoviglie, di oggetti di rame e di letti –, [5]quei farisei e scribi lo interrogarono: «Perché i tuoi discepoli non si comportano secondo la tradizione degli antichi, ma prendono cibo con mani impure?».

[6]Ed egli rispose loro: «Bene ha profetato Isaia di voi, ipocriti, come sta scritto:

Questo popolo mi onora con le labbra,
ma il suo cuore è lontano da me.

7,6-13 Gesù cita Isaia (Is 29,13) per indicare la differenza tra l'adesione genuina che nasce dal cuore della persona e il conformismo che imita i modelli sociali. In tal modo si può giungere a credere volontà di Dio un determinato modello di comportamento che in realtà è di origine puramente umana. Per dare forza all'argomento Gesù propone l'esempio della legge del *Korban*. Questa norma permetteva di consacrare i propri beni a Dio; chi lo faceva era esonerato dall'obbligo di assistere materialmente i propri genitori in quanto i suoi beni divenivano intoccabili. Ma questo poteva comportare una violazione al comandamento di onorare il padre e la madre (cfr. Sir 3,12-16).

[7]*Invano mi rendono culto,*
insegnando dottrine che sono precetti di uomini.

[8]Trascurando il comandamento di Dio, voi osservate la tradizione degli uomini». [9]E diceva loro: «Siete veramente abili nel rifiutare il comandamento di Dio per osservare la vostra tradizione. [10]Mosè infatti disse: *Onora tuo padre e tua madre*, e: *Chi maledice il padre o la madre sia messo a morte*. [11]Voi invece dite: "Se uno dichiara al padre o alla madre: Ciò con cui dovrei aiutarti è *korbàn*, cioè offerta a Dio", [12]non gli consentite di fare più nulla per il padre o la madre. [13]Così annullate la parola di Dio con la tradizione che avete tramandato voi. E di cose simili ne fate molte».

[14]Chiamata di nuovo la folla, diceva loro: «Ascoltatemi tutti e comprendete bene! [15]Non c'è nulla fuori dell'uomo che, entrando in lui, possa renderlo impuro. Ma sono le cose che escono dall'uomo a renderlo impuro». [[16]]

[17]Quando entrò in una casa, lontano dalla folla, i suoi discepoli lo interrogavano sulla parabola. [18]E disse loro: «Così neanche voi siete capaci di comprendere? Non capite che tutto ciò che entra nell'uomo dal di fuori non può renderlo impuro, [19]perché non gli entra nel cuore ma nel ventre e va nella fogna?». Così rendeva puri tutti gli alimenti. [20]E diceva: «Ciò che esce dall'uomo è quello che rende impuro l'uomo. [21]Dal di dentro infatti, cioè dal cuore degli uomini, escono i propositi di male: impurità, furti, omicidi, [22]adultèri, avidità, malvagità, inganno, dissolutezza, invidia, calunnia, superbia, stoltezza. [23]Tutte queste cose cattive vengono fuori dall'interno e rendono impuro l'uomo».

La donna siro-fenicia - [24]Partito di là, andò nella regione di Tiro. Entrato in una casa, non voleva che alcuno lo sapesse, ma

7,18-23 Al tempo di Gesù il giudaismo dettava regole molto restrittive per la purità rituale e alimentare. Il Maestro supera questa impostazione affermando che ciò che rende impuro l'uomo, ciò che lo allontana da Dio, non viene dall'esterno, ma dall'interno e concerne pensieri e sentimenti spesso nascosti.

non poté restare nascosto. [25]Una donna, la cui figlioletta era posseduta da uno spirito impuro, appena seppe di lui, andò e si gettò ai suoi piedi. [26]Questa donna era di lingua greca e di origine siro-fenicia. Ella lo supplicava di scacciare il demonio da sua figlia. [27]Ed egli le rispondeva: «Lascia prima che si sazino i figli, perché non è bene prendere il pane dei figli e gettarlo ai cagnolini». [28]Ma lei gli replicò: «Signore, anche i cagnolini sotto la tavola mangiano le briciole dei figli». [29]Allora le disse: «Per questa tua parola, va': il demonio è uscito da tua figlia». [30]Tornata a casa sua, trovò la bambina coricata sul letto e il demonio se n'era andato.

Guarigione di un sordomuto - [31]Di nuovo, uscito dalla regione di Tiro, passando per Sidone, venne verso il mare di Galilea in pieno territorio della Decàpoli. [32]Gli portarono un sordomuto e lo pregarono di imporgli la mano. [33]Lo prese in disparte, lontano dalla folla, gli pose le dita negli orecchi e con la saliva gli toccò la lingua; [34]guardando quindi verso il cielo, emise un sospiro e gli disse: «*Effatà*», cioè: «Apriti!». [35]E subito gli si aprirono gli orecchi, si sciolse il nodo della sua lingua e parlava correttamente. [36]E comandò loro di non dirlo a nessuno. Ma più egli lo proibiva, più essi lo proclamavano [37]e, pieni di stupore, dicevano: «Ha fatto bene ogni cosa: fa udire i sordi e fa parlare i muti!».

7,27 I pagani, come la donna siro-fenicia, erano considerati animali da evitare. In particolare l'espressione *cani* (o *cagnolini*) era utilizzata con enorme disprezzo parlando appunto di coloro che non appartenevano al popolo d'Israele.
7,28-29 La fede della donna emerge quando chiama Gesù *Signore*, appellativo con cui i discepoli indicheranno il Risorto. La risposta di Gesù mostra che anche i pagani, se hanno fede, sono accolti nel regno di Dio.

7,32 Nella tradizione biblica l'ascolto ha un rilievo fondamentale. Dall'ascolto della Parola – e non anzitutto dall'appartenenza a una razza o dall'esecuzione di pratiche rituali – dipende la fede. La condizione del sordomuto è dunque quella di chi non può entrare in rapporto con Dio, come i pagani; per questa ragione la guarigione dei sordi e dei muti era considerata segno della venuta del Messia (cfr. Is 35,5-6 e Lc 7,22).

8 **Seconda moltiplicazione dei pani** - [1]In quei giorni, poiché vi era di nuovo molta folla e non avevano da mangiare, chiamò a sé i discepoli e disse loro: [2]«Sento compassione per la folla; ormai da tre giorni stanno con me e non hanno da mangiare. [3]Se li rimando digiuni alle loro case, verranno meno lungo il cammino; e alcuni di loro sono venuti da lontano». [4]Gli risposero i suoi discepoli: «Come riuscire a sfamarli di pane qui, in un deserto?». [5]Domandò loro: «Quanti pani avete?». Dissero: «Sette». [6]Ordinò alla folla di sedersi per terra. Prese i sette pani, rese grazie, li spezzò e li dava ai suoi discepoli perché li distribuissero; ed essi li distribuirono alla folla. [7]Avevano anche pochi pesciolini; recitò la benedizione su di essi e fece distribuire anche quelli. [8]Mangiarono a sazietà e portarono via i pezzi avanzati: sette sporte. [9]Erano circa quattromila. E li congedò. [10]Poi salì sulla barca con i suoi discepoli e subito andò dalle parti di Dalmanutà.

Richiesta di un segno dal cielo - [11]Vennero i farisei e si misero a discutere con lui, chiedendogli un segno dal cielo, per metterlo alla prova. [12]Ma egli sospirò profondamente e disse: «Perché questa generazione chiede un segno? In verità io vi dico: a questa generazione non sarà dato alcun segno». [13]Li lasciò, risalì sulla barca e partì per l'altra riva.

Il lievito dei farisei - [14]Avevano dimenticato di prendere dei pani e non avevano con sé sulla barca che un solo pane. [15]Allora egli li ammoniva dicendo: «Fate attenzione, guardatevi dal lievito dei farisei e dal lievito di Erode!». [16]Ma quelli discute-

8,1-9 Marco sottolinea che alcuni dei presenti *sono venuti da lontano*: sono i pagani, coloro che erano ritenuti lontani dalla salvezza. Con questa moltiplicazione dei pani in terra pagana, Marco mostra che ai pagani non sono più destinate le briciole: essi sono ammessi a pieno titolo alla tavola del Signore; fanno dunque parte del suo popolo.

8,16 I discepoli fraintendono le parole di Gesù: il Maestro vuole metterli in guardia dall'agire scorretto (il *lievito*) dei suoi avversari, ed essi pensano al pane che manca loro!

vano fra loro perché non avevano pane. [17]Si accorse di questo e
disse loro: «Perché discutete che non avete pane? Non capite
ancora e non comprendete? Avete il cuore indurito? [18]*Avete oc-
chi e non vedete, avete orecchi e non udite*? E non vi ricordate,
[19]quando ho spezzato i cinque pani per i cinquemila, quante ce-
ste colme di pezzi avete portato via?». Gli dissero: «Dodici».
[20]«E quando ho spezzato i sette pani per i quattromila, quante
sporte piene di pezzi avete portato via?». Gli dissero: «Sette».
[21]E disse loro: «Non comprendete ancora?».

Il cieco di Betsàida - [22]Giunsero a Betsàida, e gli condussero un
cieco, pregandolo di toccarlo. [23]Allora prese il cieco per mano,
lo condusse fuori dal villaggio e, dopo avergli messo della sali-
va sugli occhi, gli impose le mani e gli chiese: «Vedi qualcosa?».
[24]Quello, alzando gli occhi, diceva: «Vedo la gente, perché vedo
come degli alberi che camminano». [25]Allora gli impose di nuo-
vo le mani sugli occhi ed egli ci vide chiaramente, fu guarito e
da lontano vedeva distintamente ogni cosa. [26]E lo rimandò a ca-
sa sua dicendo: «Non entrare nemmeno nel villaggio».

Chi è Gesù? La risposta di Pietro - [27]Poi Gesù partì con i suoi
discepoli verso i villaggi intorno a Cesarèa di Filippo, e per la
strada interrogava i suoi discepoli dicendo: «La gente, chi di-
ce che io sia?». [28]Ed essi gli risposero: «Giovanni il Battista; al-
tri dicono Elia e altri uno dei profeti». [29]Ed egli domandava lo-

8,25 Solo dopo la seconda imposizione delle mani il cieco vede davvero bene. Prima la sua vista era confusa, come quella dei discepoli. Marco riprende con questo episodio il tema-chiave della sezione, quello dell'identità di Gesù.
8,27-28 A conclusione della sezione dedicata all'identità di Gesù, è egli stesso a porre ai discepoli la domanda centrale di tutto il Vangelo: chi è Gesù? Ciò che il Maestro ha fatto e detto, ciò che è stato finora raccontato dall'evangelista, porta la gente a riconoscerlo come un profeta.
8,29-30 Pietro afferma che Gesù è il Consacrato/l'Unto del Signore (in greco *Christos,* in ebraico *Mashiah,* Messia), colui che deve venire per dare salvezza, pace e vita in nome di Dio. Poiché però molti aspettavano un Messia potente, un generale o un grande re, Gesù impone di mantenere il segreto con la gente.

ro: «Ma voi, chi dite che io sia?». Pietro gli rispose: «Tu sei il
Cristo». 30E ordinò loro severamente di non parlare di lui ad al-
cuno.

COME SEGUIRE GESÙ?
(Mc 8,31 - 14,50)

Più i discepoli sono posti di fronte alla via esigente che Gesù dovrà seguire, più emerge la radicalità richiesta alla loro sequela. Anche la sezione dedicata a questo tema può essere scandita in tre parti.

La prima (8,31 - 10,52) è caratterizzata dai tre annunci del mistero pasquale: lungo il cammino che conduce dalla Galilea alle porte di Gerusalemme Gesù precisa il destino che lo attende. Ogni volta i Dodici reagiscono con un atteggiamento di incomprensione, resistenza e rifiuto.

La seconda parte (11,1 - 13,37), ambientata nel contesto della città santa e del tempio, presenta il faccia a faccia tra Gesù e il suo popolo, lasciando trasparire un rapporto difficile, complesso, che coinvolge gli stessi discepoli. Le immagini del fico, della vigna e del tempio illustrano in forma indiretta il destino che si profila all'orizzonte.

L'ultima parte (14,1-50) descrive con chiarezza la meta della sequela, già assunta dal Maestro ed espressa da tre gesti altamente evocativi: il vasetto di alabastro spezzato a Betània, il pane spezzato durante l'ultima cena, il dono di sé nella preghiera al Getsèmani. La sezione si conclude con l'abbandono generale dei discepoli. Coloro che tutto avevano lasciato per seguire Gesù ora tutto lasciano per fuggire. ■

8,30 L'ordine severo di non dire nulla a nessuno è un tratto caratteristico del racconto di Marco, noto come "segreto messianico". Senza l'esperienza pasquale e lo scandalo della croce non è possibile cogliere la vera identità di Gesù e il grande amore di Dio di cui egli è espressione.

I tre annunci del mistero pasquale
(Mc 8,31 - 10,52)

Primo annuncio del mistero pasquale - 31E cominciò a inse-
gnare loro che il Figlio dell'uomo doveva soffrire molto ed es-
sere rifiutato dagli anziani, dai capi dei sacerdoti e dagli scribi,
venire ucciso e, dopo tre giorni, risorgere. 32Faceva questo di-
scorso apertamente. Pietro lo prese in disparte e si mise a rim-
proverarlo. 33Ma egli, voltatosi e guardando i suoi discepoli, rim-
proverò Pietro e disse: «Va' dietro a me, Satana! Perché tu non
pensi secondo Dio, ma secondo gli uomini».

Per seguire Gesù - 34Convocata la folla insieme ai suoi discepoli,
disse loro: «Se qualcuno vuol venire dietro a me, rinneghi se
stesso, prenda la sua croce e mi segua. 35Perché chi vuole salvare
la propria vita, la perderà; ma chi perderà la propria vita per
causa mia e del Vangelo, la salverà. 36Infatti quale vantaggio c'è
che un uomo guadagni il mondo intero e perda la propria vita?
37Che cosa potrebbe dare un uomo in cambio della propria vita?
38Chi si vergognerà di me e delle mie parole davanti a questa

8,31 Subito dopo essere stato riconosciuto come *il Cristo*, Gesù svela ai suoi discepoli che egli è un Messia sofferente e rifiutato.

8,32-33 Gesù dice a Pietro che è come *satana*, il divisore, il tentatore. Pietro infatti vuole difendere il Maestro dalla sofferenza e dal male che gli faranno gli uomini. Così facendo, però, rischia di metterlo su una strada diversa da quella a cui Dio lo ha chiamato. Il verbo utilizzato per descrivere l'azione di Pietro e di Gesù (*rimproverare*) è usato nei Vangeli anche per indicare lo scacciare i demòni: Pietro ritiene che Gesù sia come indemoniato, ma è lui che deve essere liberato nel profondo.

8,34 *Prendere la propria croce*: all'epoca di Gesù la croce era uno scandalo, e quindi era tale anche l'invito a seguire il Maestro in questo modo.

8,36 *La propria vita*: nella Bibbia la persona umana è vista come un tutto unitario. Nella lingua greca essa può essere definita *corpo* per indicare l'esistenza sotto l'aspetto fisico, biologico, destinato alla morte. Oppure può essere chiamata *anima*, come in questo brano, per indicare il divenire della persona, la sua crescita, il suo essere legata agli altri. Si usa anche la parola *spirito* per alludere al fatto che ogni uomo e ogni donna hanno in sé la vita donata da Dio stesso.

generazione adultera e peccatrice, anche il Figlio dell'uomo si
vergognerà di lui, quando verrà nella gloria del Padre suo con gli
angeli santi».

9 [1]Diceva loro: «In verità io vi dico: vi sono alcuni, qui pre-
senti, che non morranno prima di aver visto giungere il re-
gno di Dio nella sua potenza».

La trasfigurazione - [2]Sei giorni dopo, Gesù prese con sé Pietro,
Giacomo e Giovanni e li condusse su un alto monte, in dispar-
te, loro soli. Fu trasfigurato davanti a loro [3]e le sue vesti diven-
nero splendenti, bianchissime: nessun lavandaio sulla terra po-
trebbe renderle così bianche. [4]E apparve loro Elia con Mosè e
conversavano con Gesù. [5]Prendendo la parola, Pietro disse a Ge-
sù: «Rabbì, è bello per noi essere qui; facciamo tre capanne, una
per te, una per Mosè e una per Elia». [6]Non sapeva infatti che
cosa dire, perché erano spaventati. [7]Venne una nube che li co-
prì con la sua ombra e dalla nube uscì una voce: «Questi è il Fi-
glio mio, l'amato: ascoltatelo!». [8]E improvvisamente, guardan-
dosi attorno, non videro più nessuno, se non Gesù solo, con loro.
[9]Mentre scendevano dal monte, ordinò loro di non racconta-
re ad alcuno ciò che avevano visto, se non dopo che il Figlio
dell'uomo fosse risorto dai morti. [10]Ed essi tennero fra loro la
cosa, chiedendosi che cosa volesse dire risorgere dai morti.
[11]E lo interrogavano: «Perché gli scribi dicono che *prima de-*

9,2-10 Cambiando aspetto davanti ai tre discepoli cui è più legato, Gesù mostra la sua identità profonda. Se nelle pagine precedenti era stato chiamato profeta e Messia, ora egli è detto Figlio di Dio dal Padre stesso.

9,2 Nella Bibbia il *monte* è scelto per essere luogo di rivelazione di Dio ad alcuni grandi personaggi: Abramo (Gen 22), Mosè (Es 3), Elia (1Re 19). Per Gesù è il luogo della chiamata dei Dodici (Mc 3,13), della preghiera (Mc 6,46) e appunto della trasfigurazione.

9,11-13 Elia è uno dei grandi profeti di Israele: predica con coraggio, compie miracoli, non muore ma viene portato in cielo da Dio su un carro di fuoco. Gli Ebrei, quindi, aspettano il suo ritorno come segno dell'inizio dell'era del Messia. Il profeta che ha preceduto Gesù e che è stato rifiutato, Giovanni Battista, è stato per alcuni Ebrei di quel tempo come l'Elia tanto atteso (cfr. anche Mc 1,1-8).

ve venire Elia?». 12Egli rispose loro: «Sì, prima viene Elia e ri-
stabilisce ogni cosa; ma, come sta scritto del Figlio dell'uomo?
Che deve soffrire molto ed essere disprezzato. 13Io però vi dico
che Elia è già venuto e gli hanno fatto quello che hanno voluto,
come sta scritto di lui».

Guarigione di un ragazzo indemoniato - 14E arrivando presso i
discepoli, videro attorno a loro molta folla e alcuni scribi che di-
scutevano con loro. 15E subito tutta la folla, al vederlo, fu presa
da meraviglia e corse a salutarlo. 16Ed egli li interrogò: «Di che
cosa discutete con loro?». 17E dalla folla uno gli rispose: «Mae-
stro, ho portato da te mio figlio, che ha uno spirito muto. 18Do-
vunque lo afferri, lo getta a terra ed egli schiuma, digrigna i den-
ti e si irrigidisce. Ho detto ai tuoi discepoli di scacciarlo, ma
non ci sono riusciti». 19Egli allora disse loro: «O generazione
incredula! Fino a quando sarò con voi? Fino a quando dovrò
sopportarvi? Portatelo da me». 20E glielo portarono. Alla vista di
Gesù, subito lo spirito scosse con convulsioni il ragazzo ed egli,
caduto a terra, si rotolava schiumando. 21Gesù interrogò il padre:
«Da quanto tempo gli accade questo?». Ed egli rispose: «Dal-
l'infanzia; 22anzi, spesso lo ha buttato anche nel fuoco e nel-
l'acqua per ucciderlo. Ma se tu puoi qualcosa, abbi pietà di noi
e aiutaci». 23Gesù gli disse: «Se tu puoi! Tutto è possibile per chi
crede». 24Il padre del fanciullo rispose subito ad alta voce: «Cre-
do; aiuta la mia incredulità!». 25Allora Gesù, vedendo accorre-
re la folla, minacciò lo spirito impuro dicendogli: «Spirito mu-
to e sordo, io ti ordino, esci da lui e non vi rientrare più». 26Gri-
dando e scuotendolo fortemente, uscì. E il fanciullo diventò co-
me morto, sicché molti dicevano: «È morto». 27Ma Gesù lo pre-
se per mano, lo fece alzare ed egli stette in piedi.

28Entrato in casa, i suoi discepoli gli domandavano in priva-
to: «Perché noi non siamo riusciti a scacciarlo?». 29Ed egli dis-
se loro: «Questa specie di demòni non si può scacciare in alcun
modo, se non con la preghiera».

Secondo annuncio del mistero pasquale - [30]Partiti di là, attra-
versavano la Galilea, ma egli non voleva che alcuno lo sapesse.
[31]Insegnava infatti ai suoi discepoli e diceva loro: «Il Figlio del-
l'uomo viene consegnato nelle mani degli uomini e lo uccide-
ranno; ma, una volta ucciso, dopo tre giorni risorgerà». [32]Essi
però non capivano queste parole e avevano timore di interro-
garlo.

Chi è il più grande? - [33]Giunsero a Cafàrnao. Quando fu in ca-
sa, chiese loro: «Di che cosa stavate discutendo per la strada?».
[34]Ed essi tacevano. Per la strada infatti avevano discusso tra lo-
ro chi fosse più grande. [35]Sedutosi, chiamò i Dodici e disse lo-
ro: «Se uno vuole essere il primo, sia l'ultimo di tutti e il servi-
tore di tutti». [36]E, preso un bambino, lo pose in mezzo a loro e,
abbracciandolo, disse loro: [37]«Chi accoglie uno solo di questi
bambini nel mio nome, accoglie me; e chi accoglie me, non acco-
glie me, ma colui che mi ha mandato».

L'esorcista straniero - [38]Giovanni gli disse: «Maestro, abbiamo
visto uno che scacciava demòni nel tuo nome e volevamo im-
pedirglielo, perché non ci seguiva». [39]Ma Gesù disse: «Non glie-
lo impedite, perché non c'è nessuno che faccia un miracolo nel
mio nome e subito possa parlare male di me: [40]chi non è contro
di noi è per noi.

[41]Chiunque infatti vi darà da bere un bicchiere d'acqua nel
mio nome perché siete di Cristo, in verità io vi dico, non perderà
la sua ricompensa.

Lo scandalo - [42]Chi scandalizzerà uno solo di questi piccoli che
credono in me, è molto meglio per lui che gli venga messa al

9,33 La *casa* è l'ambiente della famiglia, della vita di ogni giorno, degli affetti e delle amicizie. Se per gli Ebrei dell'epoca di Gesù contavano soprattutto il tempio e la sinagoga, Marco ricorda che il Maestro guariva (Mc 1,29-31; 2,1; 5,38; 7,24) e insegnava (Mc 3,20-21; 9,33; 14,3-12) nelle case.

collo una macina da mulino e sia gettato nel mare. [43]Se la tua mano ti è motivo di scandalo, tagliala: è meglio per te entrare nella vita con una mano sola, anziché con le due mani andare nella Geènna, nel fuoco inestinguibile. [[44]] [45]E se il tuo piede ti è motivo di scandalo, taglialo: è meglio per te entrare nella vita con un piede solo, anziché con i due piedi essere gettato nella Geènna. [[46]] [47]E se il tuo occhio ti è motivo di scandalo, gettalo via: è meglio per te entrare nel regno di Dio con un occhio solo, anziché con due occhi essere gettato nella Geènna, [48]dove *il loro verme non muore e il fuoco non si estingue.* [49]Ognuno infatti sarà salato con il fuoco. [50]Buona cosa è il sale; ma se il sale diventa insipido, con che cosa gli darete sapore? Abbiate sale in voi stessi e siate in pace gli uni con gli altri».

10 **Il divorzio** - [1]Partito di là, venne nella regione della Giudea e al di là del fiume Giordano. La folla accorse di nuovo a lui e di nuovo egli insegnava loro, come era solito fare. [2]Alcuni farisei si avvicinarono e, per metterlo alla prova, gli domandavano se è lecito a un marito ripudiare la propria moglie. [3]Ma egli rispose loro: «Che cosa vi ha ordinato Mosè?». [4]Dissero: «Mosè ha permesso di scrivere un atto di ripudio e di ripudiarla». [5]Gesù disse loro: «Per la durezza del vostro cuore egli scrisse per voi questa norma. [6]Ma dall'inizio della creazione *li fece maschio e femmina;* [7]*per questo l'uomo lascerà suo*

9,43 *Geènna* è il nome di una valle, poco fuori Gerusalemme, nella quale si bruciavano i rifiuti. L'immagine richiama un luogo orribile (cfr. Ger 7,30-8,3). Il fuoco, in alcuni libri della Bibbia, indica gli inferi.

10,1-12 La venuta del Regno in Gesù comporta un nuovo modo di pensare le relazioni tra le persone; anche il rapporto di coppia viene ripensato secondo una visione differente rispetto alla tradizione giudaica. E così il rapporto uomo-donna può dispiegarsi secondo l'intenzione originaria di Dio: l'unità fedele dei due, in un rapporto di reciprocità e di uguaglianza reali.

10,3 La Legge di Israele ammetteva il *ripudio* (cfr. Dt 24,1-4). Al tempo di Gesù esistevano scuole rabbiniche che interpretavano il testo in modi diversi: alcuni ammettevano il divorzio solo in caso di adulterio; altri consideravano valide anche motivazioni più banali.

padre e sua madre e si unirà a sua moglie [8]*e i due diventeranno una carne sola*. Così non sono più due, ma una sola carne. [9]Dunque l'uomo non divida quello che Dio ha congiunto». [10]A casa, i discepoli lo interrogavano di nuovo su questo argomento. [11]E disse loro: «Chi ripudia la propria moglie e ne sposa un'altra, commette adulterio verso di lei; [12]e se lei, ripudiato il marito, ne sposa un altro, commette adulterio».

Gesù e i bambini - [13]Gli presentavano dei bambini perché li toccasse, ma i discepoli li rimproverarono. [14]Gesù, al vedere questo, s'indignò e disse loro: «Lasciate che i bambini vengano a me, non glielo impedite: a chi è come loro infatti appartiene il regno di Dio. [15]In verità io vi dico: chi non accoglie il regno di Dio come lo accoglie un bambino, non entrerà in esso». [16]E, prendendoli tra le braccia, li benediceva, imponendo le mani su di loro.

L'uomo ricco - [17]Mentre andava per la strada, un tale gli corse incontro e, gettandosi in ginocchio davanti a lui, gli domandò: «Maestro buono, che cosa devo fare per avere in eredità la vita eterna?». [18]Gesù gli disse: «Perché mi chiami buono? Nessuno è buono, se non Dio solo. [19]Tu conosci i comandamenti: *Non uccidere, non commettere adulterio, non rubare, non testimoniare il falso, non frodare, onora tuo padre e tua madre*». [20]Egli allora gli disse: «Maestro, tutte queste cose le ho osservate fin dalla mia giovinezza». [21]Allora Gesù fissò lo sguardo su di lui,

10,13-16 I bambini, all'epoca di Gesù, avevano rilievo sociale pressoché nullo (ecco perché i discepoli li cacciano via); eppure per entrare nella logica del Regno, per accettarlo da Dio come dono, bisogna essere come loro, cioè considerarsi poca cosa, scegliere vie diverse da quelle della forza e del potere.
10,17-22 A chi gli chiede come vivere una vita in pienezza (entrare nel regno di Dio) Gesù risponde proponendo una scelta radicale di fede; si tratta di aderire a lui, di diventare suoi discepoli, abbandonando tutto ciò che può limitare in questo cammino, concentrando le proprie forze su ciò che è essenziale: la persona di Gesù e il rapporto costante con lui.

lo amò e gli disse: «Una cosa sola ti manca: va', vendi quello
che hai e dallo ai poveri, e avrai un tesoro in cielo; e vieni! Se-
guimi!». 22Ma a queste parole egli si fece scuro in volto e se ne
andò rattristato; possedeva infatti molti beni.
23Gesù, volgendo lo sguardo attorno, disse ai suoi discepoli:
«Quanto è difficile, per quelli che possiedono ricchezze, entra-
re nel regno di Dio!». 24I discepoli erano sconcertati dalle sue
parole; ma Gesù riprese e disse loro: «Figli, quanto è difficile
entrare nel regno di Dio! 25È più facile che un cammello passi
per la cruna di un ago, che un ricco entri nel regno di Dio». 26Es-
si, ancora più stupiti, dicevano tra loro: «E chi può essere sal-
vato?». 27Ma Gesù, guardandoli in faccia, disse: «Impossibile
agli uomini, ma non a Dio! Perché tutto è possibile a Dio».
28Pietro allora prese a dirgli: «Ecco, noi abbiamo lasciato tut-
to e ti abbiamo seguito». 29Gesù gli rispose: «In verità io vi di-
co: non c'è nessuno che abbia lasciato casa o fratelli o sorelle o
madre o padre o figli o campi per causa mia e per causa del Van-
gelo, 30che non riceva già ora, in questo tempo, cento volte tan-
to in case e fratelli e sorelle e madri e figli e campi, insieme a
persecuzioni, e la vita eterna nel tempo che verrà. 31Molti dei
primi saranno ultimi e gli ultimi saranno primi».

Terzo annuncio del mistero pasquale - 32Mentre erano sulla
strada per salire a Gerusalemme, Gesù camminava davanti a lo-
ro ed essi erano sgomenti; coloro che lo seguivano erano im-
pauriti. Presi di nuovo in disparte i Dodici, si mise a dire loro
quello che stava per accadergli: 33«Ecco, noi saliamo a Gerusa-

10,23 Nel Vangelo di Marco si fa spesso riferimento alle *ricchezze*: Gesù ha rapporti con le persone ricche e non le condanna in quanto tali; avverte però che i molti beni possono fare dell'uomo uno schiavo, una persona che confida solo in se stessa ed è chiusa all'intervento di Dio. Ecco perché i discepoli di Gesù devono compiere la loro missione senza alcuna pretesa (cfr. Mc 6,7-13). L'esempio dell'apertura radicale al Regno è indicato nella povera vedova, che dà a Dio tutto ciò che ha per vivere (cfr. Mc 12,41-44).

10,33-34 In questo terzo e ultimo annuncio della passione e risurrezione è da evidenziare la sottolineatura della consegna del Figlio dell'uomo ai capi

lemme e il Figlio dell'uomo sarà consegnato ai capi dei sacer-
doti e agli scribi; lo condanneranno a morte e lo consegneran-
no ai pagani, [34]lo derideranno, gli sputeranno addosso, lo fla-
gelleranno e lo uccideranno, e dopo tre giorni risorgerà».

La richiesta di Giacomo e Giovanni - [35]Gli si avvicinarono Gia-
como e Giovanni, i figli di Zebedeo, dicendogli: «Maestro, vo-
gliamo che tu faccia per noi quello che ti chiederemo». [36]Egli
disse loro: «Che cosa volete che io faccia per voi?». [37]Gli rispo-
sero: «Concedici di sedere, nella tua gloria, uno alla tua destra e
uno alla tua sinistra». [38]Gesù disse loro: «Voi non sapete quello
che chiedete. Potete bere il calice che io bevo, o essere battezzati
nel battesimo in cui io sono battezzato?». [39]Gli risposero: «Lo
possiamo». E Gesù disse loro: «Il calice che io bevo anche voi
lo berrete, e nel battesimo in cui io sono battezzato anche voi sa-
rete battezzati. [40]Ma sedere alla mia destra o alla mia sinistra non
sta a me concederlo; è per coloro per i quali è stato preparato».
[41]Gli altri dieci, avendo sentito, cominciarono a indignarsi
con Giacomo e Giovanni. [42]Allora Gesù li chiamò a sé e disse
loro: «Voi sapete che coloro i quali sono considerati i gover-
nanti delle nazioni dominano su di esse e i loro capi le oppri-
mono. [43]Tra voi però non è così; ma chi vuole diventare grande

dei sacerdoti e agli scribi, da un lato, e la consegna ai pagani, dall'altro. Gesù morirà per volontà dei capi religiosi e politici che allora avevano il potere in Israele.

10,42ss Il dialogo con Giovanni e Giacomo e la loro incomprensione diventano l'occasione per un più ampio ammaestramento sul potere e sulla forma radicalmente nuova di comunità voluta da Gesù. Questa dovrà essere contraddistinta da un modo di vivere i rapporti tra i componenti che non metterà al centro le comuni logiche umane, ma lo stile di relazioni instaurato da Gesù, quello del *diventare servi* l'uno dell'altro.

10,43-45 Il verbo *servire* (in greco *diakonein*) e i sostantivi *servo* (*diákonos*) e *schiavo* (*doúlos*) ritornano frequentemente nel Vangelo di Marco per definire chi è Gesù e quindi ciò che deve caratterizzare i suoi discepoli. *Servo* è chi compie la volontà del suo Signore: Gesù – come il personaggio di cui parlano i canti presenti nel libro di Isaia – è servo di Dio, perché compie la sua volontà di salvezza e dona la vita in riscatto per gli uomini; i cristiani sono chiamati a pensarsi come servi di tutti, non come padroni.

tra voi sarà vostro servitore, [44]e chi vuole essere il primo tra voi
sarà schiavo di tutti. [45]Anche il Figlio dell'uomo infatti non è
venuto per farsi servire, ma per servire e dare la propria vita in
riscatto per molti».

Bartimeo risanato - [46]E giunsero a Gerico. Mentre partiva da
Gerico insieme ai suoi discepoli e a molta folla, il figlio di Ti-
meo, Bartimeo, che era cieco, sedeva lungo la strada a mendi-
care. [47]Sentendo che era Gesù Nazareno, cominciò a gridare e a
dire: «Figlio di Davide, Gesù, abbi pietà di me!». [48]Molti lo rim-
proveravano perché tacesse, ma egli gridava ancora più forte:
«Figlio di Davide, abbi pietà di me!». [49]Gesù si fermò e disse:
«Chiamatelo!». Chiamarono il cieco, dicendogli: «Coraggio!
Àlzati, ti chiama!». [50]Egli, gettato via il suo mantello, balzò in
piedi e venne da Gesù. [51]Allora Gesù gli disse: «Che cosa vuoi
che io faccia per te?». E il cieco gli rispose: «Rabbunì, che io
veda di nuovo!». [52]E Gesù gli disse: «Va', la tua fede ti ha sal-
vato». E subito vide di nuovo e lo seguiva lungo la strada.

Le tre icone di Israele: il fico, la vigna, il tempio
(Mc 11,1 - 13,37)

11 **L'ingresso di Gesù a Gerusalemme -** [1]Quando furono vi-
cini a Gerusalemme, verso Bètfage e Betània, presso il
monte degli Ulivi, mandò due dei suoi discepoli [2]e disse loro:

10,47-48 Sono particolarmente importanti in questo testo le espressioni con le quali è indicato Gesù: *Gesù di Nàzaret, figlio di Davide* (ripetuto due volte), *Maestro*. Se il primo titolo indica la storia di Gesù e l'ultimo la sua azione di insegnamento, con *figlio di Davide* si designava il Messia, cioè il Cristo, che doveva essere un discendente del grande re.

11,1 *Gerusalemme* fu conquistata verso il 1000 a.C. dal re Davide, che la fortificò, ne fece la capitale del suo regno e vi trasportò l'arca dell'alleanza. Poiché era anche il centro spirituale d'Israele, i Giudei tornati dall'esilio avevano voluto anzitutto ricostruirne le mura e il tempio. Gesù entra a Gerusalemme realizzando le attese antiche nei confronti di un Messia, principe della pace, che sarebbe apparso nella città santa alla fine dei tempi.

«Andate nel villaggio di fronte a voi e subito, entrando in esso,
troverete un puledro legato, sul quale nessuno è ancora salito.
Slegatelo e portatelo qui. 3E se qualcuno vi dirà: "Perché fate
questo?", rispondete: "Il Signore ne ha bisogno, ma lo riman-
derà qui subito"». 4Andarono e trovarono un puledro legato vi-
cino a una porta, fuori sulla strada, e lo slegarono. 5Alcuni dei
presenti dissero loro: «Perché slegate questo puledro?». 6Ed es-
si risposero loro come aveva detto Gesù. E li lasciarono fare.
7Portarono il puledro da Gesù, vi gettarono sopra i loro mantel-
li ed egli vi salì sopra. 8Molti stendevano i propri mantelli sulla
strada, altri invece delle fronde, tagliate nei campi. 9Quelli che
precedevano e quelli che seguivano, gridavano:

«*Osanna!*
Benedetto colui che viene nel nome del Signore!
10Benedetto il Regno che viene, del nostro padre Davide!
Osanna nel più alto dei cieli!».

11Ed entrò a Gerusalemme, nel tempio. E dopo aver guarda-
to ogni cosa attorno, essendo ormai l'ora tarda, uscì con i Do-
dici verso Betània.

Il fico, il tempio, la vera religione - 12La mattina seguente,
mentre uscivano da Betània, ebbe fame. 13Avendo visto da lon-

11,11 Il *tempio* di cui si parla è quello la cui ristrutturazione era stata avviata da re Erode il Grande pochi anni prima di questi fatti. Sostituiva il tempio costruito da re Salomone su una collina adiacente al palazzo reale e poi distrutto dai Babilonesi nel 587 a.C. Poiché solo qui potevano aver luogo i sacrifici prescritti dalla Legge, il tempio era il cuore della vita religiosa di Israele, e molti pellegrini vi convergevano nelle grandi feste di Pasqua, Pentecoste e delle Capanne. Del tempio, distrutto definitivamente nel 70 d.C. dai Romani, rimane la grande spianata, il cui muro occidentale è un venerato luogo di preghiera per gli Ebrei.

11,12-25 Posto ormai di fronte al probabile destino di morte che lo attende, Gesù propone un ultimo invito alla conversione. Maledice un fico: non ha frutti, come il tempio e come tutte le pratiche religiose giudaiche, incapaci di aiutare uomini e donne a rivolgersi realmente a Dio con una preghiera pura e una vita di santità. E in secondo luogo

tano un albero di fichi che aveva delle foglie, si avvicinò per ve-
dere se per caso vi trovasse qualcosa ma, quando vi giunse vi-
cino, non trovò altro che foglie. Non era infatti la stagione dei
fichi. 14 Rivolto all'albero, disse: «Nessuno mai più in eterno
mangi i tuoi frutti!». E i suoi discepoli l'udirono.
15 Giunsero a Gerusalemme. Entrato nel tempio, si mise a
scacciare quelli che vendevano e quelli che compravano nel
tempio; rovesciò i tavoli dei cambiamonete e le sedie dei ven-
ditori di colombe 16 e non permetteva che si trasportassero cose
attraverso il tempio. 17 E insegnava loro dicendo: «Non sta forse
scritto:

La mia casa sarà chiamata
casa di preghiera per tutte le nazioni?

Voi invece ne avete fatto *un covo di ladri*».
18 Lo udirono i capi dei sacerdoti e gli scribi e cercavano il
modo di farlo morire. Avevano infatti paura di lui, perché tutta
la folla era stupita del suo insegnamento. 19 Quando venne la se-
ra, uscirono fuori dalla città.
20 La mattina seguente, passando, videro l'albero di fichi sec-
cato fin dalle radici. 21 Pietro si ricordò e gli disse: «Maestro,
guarda: l'albero di fichi che hai maledetto è seccato». 22 Rispo-
se loro Gesù: «Abbiate fede in Dio! 23 In verità io vi dico: se uno
dicesse a questo monte: "Lèvati e gèttati nel mare", senza du-
bitare in cuor suo, ma credendo che quanto dice avviene, ciò gli
avverrà. 24 Per questo vi dico: tutto quello che chiederete nella
preghiera, abbiate fede di averlo ottenuto e vi accadrà. 25 Quan-
do vi mettete a pregare, se avete qualcosa contro qualcuno, per-
donate, perché anche il Padre vostro che è nei cieli perdoni a
voi le vostre colpe». [26]

se la prende in particolare con coloro che impediscono al tempio di essere la *casa di preghiera* che Dio vuole. Se si misura la fede con il metro delle offerte rituali, si rischia di non produrre frutti e di seccare fin dalle radici.

L'autorità di Gesù - 27Andarono di nuovo a Gerusalemme. E,
mentre egli camminava nel tempio, vennero da lui i capi dei sa-
cerdoti, gli scribi e gli anziani 28e gli dissero: «Con quale auto-
rità fai queste cose? O chi ti ha dato l'autorità di farle?». 29Ma
Gesù disse loro: «Vi farò una sola domanda. Se mi rispondete,
vi dirò con quale autorità faccio questo. 30Il battesimo di Gio-
vanni veniva dal cielo o dagli uomini? Rispondetemi». 31Essi Mc
discutevano fra loro dicendo: «Se diciamo: "Dal cielo", rispon-
derà: "Perché allora non gli avete creduto?". 32Diciamo dunque:
"Dagli uomini"?». Ma temevano la folla, perché tutti riteneva-
no che Giovanni fosse veramente un profeta. 33Rispondendo a
Gesù dissero: «Non lo sappiamo». E Gesù disse loro: «Neanche
io vi dico con quale autorità faccio queste cose».

12 **Parabola dei cattivi vignaioli** - 1Si mise a parlare loro con
parabole: «Un uomo piantò una vigna, la circondò con una
siepe, scavò una buca per il torchio e costruì una torre. La diede
in affitto a dei contadini e se ne andò lontano. 2Al momento op-
portuno mandò un servo dai contadini a ritirare da loro la sua
parte del raccolto della vigna. 3Ma essi lo presero, lo bastonaro-
no e lo mandarono via a mani vuote. 4Mandò loro di nuovo un al-
tro servo: anche quello lo picchiarono sulla testa e lo insultaro-
no. 5Ne mandò un altro, e questo lo uccisero; poi molti altri: al-
cuni li bastonarono, altri li uccisero. 6Ne aveva ancora uno, un fi-
glio amato; lo inviò loro per ultimo, dicendo: "Avranno rispetto
per mio figlio!". 7Ma quei contadini dissero tra loro: "Costui è
l'erede. Su, uccidiamolo e l'eredità sarà nostra!". 8Lo presero, lo

12,1-12 A coloro che gli chiedono chi sia e da dove venga la sua autorità, Gesù oppone una parabola che parla proprio della sua vicenda: egli è il figlio che il Signore ha mandato nella vigna, l'ultimo degli inviati apparsi nella storia, colui che sarà ucciso come quelli che l'hanno preceduto. E i suoi interlocutori stanno dalla parte dei custodi che hanno tradito il proprio compito e si sono resi colpevoli di aver tolto di mezzo chi li invitava a cambiare strada.

12,1 Nelle parabole usate dai profeti, e poi riprese da Gesù, la vigna (analogamente al fico), è un'immagine usata per designare il popolo d'Israele.

uccisero e lo gettarono fuori della vigna. [9]Che cosa farà dunque
il padrone della vigna? Verrà e farà morire i contadini e darà la
vigna ad altri. [10]Non avete letto questa Scrittura:

La pietra che i costruttori hanno scartato
è diventata la pietra d'angolo;
[11]*questo è stato fatto dal Signore*
ed è una meraviglia ai nostri occhi?».

[12]E cercavano di catturarlo, ma ebbero paura della folla; ave-
vano capito infatti che aveva detto quella parabola contro di lo-
ro. Lo lasciarono e se ne andarono.

Le tasse all'imperatore - [13]Mandarono da lui alcuni farisei ed
erodiani, per coglierlo in fallo nel discorso. [14]Vennero e gli dis-
sero: «Maestro, sappiamo che sei veritiero e non hai soggezio-
ne di alcuno, perché non guardi in faccia a nessuno, ma insegni
la via di Dio secondo verità. È lecito o no pagare il tributo a Ce-
sare? Lo dobbiamo dare, o no?». [15]Ma egli, conoscendo la loro
ipocrisia, disse loro: «Perché volete mettermi alla prova? Por-
tatemi un denaro: voglio vederlo». [16]Ed essi glielo portarono.
Allora disse loro: «Questa immagine e l'iscrizione, di chi so-
no?». Gli risposero: «Di Cesare». [17]Gesù disse loro: «Quello
che è di Cesare rendetelo a Cesare, e quello che è di Dio, a Dio».
E rimasero ammirati di lui.

12,10-11 La citazione del Sal 117 (118) sarà spesso ripresa negli scritti cristiani (cfr. At 4,11s; 1Pt 2,7) per indicare che Gesù edifica nella sua morte e risurrezione un nuovo popolo per Dio.
12,13 Con questo brano inizia una serie di controversie con i gruppi religiosi che abbiamo già incontrato nella prima parte del Vangelo.
12,14-17 La questione del tributo all'imperatore era politicamente e religiosamente scottante perché il pagamento attestava la sudditanza di Israele a Roma, una potenza straniera e pagana il cui imperatore non esitava a farsi passare per una divinità. Tracciando una separazione di fondo fra la sfera politica e quella religiosa, Gesù evidenzia che solo Dio decide che cosa appartiene veramente all'imperatore e dove finisce l'obbligo della lealtà.

La risurrezione dei morti - [18]Vennero da lui alcuni sadducei – i quali dicono che non c'è risurrezione – e lo interrogavano dicendo: [19]«Maestro, Mosè ci ha lasciato scritto che, *se muore il fratello di qualcuno* e lascia la moglie *senza figli, suo fratello prenda la moglie e dia una discendenza al proprio fratello.* [20]C'erano sette fratelli: il primo prese moglie, morì e non lasciò discendenza. [21]Allora la prese il secondo e morì senza lasciare discendenza; e il terzo ugualmente, [22]e nessuno dei sette lasciò discendenza. Alla fine, dopo tutti, morì anche la donna. [23]Alla risurrezione, quando risorgeranno, di quale di loro sarà moglie? Poiché tutti e sette l'hanno avuta in moglie». [24]Rispose loro Gesù: «Non è forse per questo che siete in errore, perché non conoscete le Scritture né la potenza di Dio? [25]Quando risorgeranno dai morti, infatti, non prenderanno né moglie né marito, ma saranno come angeli nei cieli. [26]Riguardo al fatto che i morti risorgono, non avete letto nel libro di Mosè, nel racconto del roveto, come Dio gli parlò dicendo: *Io sono il Dio di Abramo, il Dio di Isacco e il Dio di Giacobbe*? [27]Non è Dio dei morti, ma dei viventi! Voi siete in grave errore».

Il grande comandamento - [28]Allora si avvicinò a lui uno degli scribi che li aveva uditi discutere e, visto come aveva ben ri-

12,18-23 Per i sadducei la risurrezione dei morti è un'idea nuova che va distrutta mettendola in ridicolo. Descrivono così un'inverosimile applicazione della Legge del levirato, secondo la quale un uomo deve dare una discendenza alla vedova del fratello morto senza figli (cfr. Dt 25,5-10).

12,24-27 Gesù mostra che i suoi interlocutori non hanno il senso di Dio. La risposta del Maestro si basa sul racconto di Mosè al roveto ardente (Es 3,2-6), per sottolineare che secondo la Bibbia Dio è padrone e fonte della vita, colui che ha ogni potere anche sulla morte.

12,25 *Saranno come angeli nei cieli.* La risurrezione è affermata da Gesù come una nuova creazione che cambia la condizione delle persone, pur conservando la loro identità di uomini e donne.

12,28 Quanti erano venuti a discutere con Gesù volevano farlo cadere in contraddizione. Non così lo scriba che interroga Gesù a proposito del comandamento principe, una questione spesso dibattuta in ambiente giudaico. La Legge giudaica comprendeva numerosi comandamenti e precetti, e alcuni maestri tentavano di classificarli per ordine di importanza. La domanda si inscrive in questa prospettiva e chiede se c'è veramente un comandamento che abbia più peso degli altri.

sposto a loro, gli domandò: «Qual è il primo di tutti i comandamenti?». 29Gesù rispose: «Il primo è: *Ascolta, Israele! Il Signore nostro Dio è l'unico Signore*; 30*amerai il Signore tuo Dio con tutto il tuo cuore e con tutta la tua anima, con tutta la tua mente e con tutta la tua forza.* 31Il secondo è questo: *Amerai il tuo prossimo come te stesso.* Non c'è altro comandamento più grande di questi». 32Lo scriba gli disse: «Hai detto bene, Maestro, e secondo verità, che *Egli è unico e non vi è altri all'infuori di lui*; 33*amarlo con tutto il cuore, con tutta l'intelligenza e con tutta la forza* e *amare il prossimo come se stesso* vale più di tutti gli olocausti e i sacrifici». 34Vedendo che egli aveva risposto saggiamente, Gesù gli disse: «Non sei lontano dal regno di Dio». E nessuno aveva più il coraggio di interrogarlo.

Il Messia, figlio di Davide - 35Insegnando nel tempio, Gesù diceva: «Come mai gli scribi dicono che il Cristo è figlio di Davide? 36Disse infatti Davide stesso, mosso dallo Spirito Santo:

Disse il Signore al mio Signore:
Siedi alla mia destra,
finché io ponga i tuoi nemici
sotto i tuoi piedi.

37Davide stesso lo chiama Signore: da dove risulta che è suo figlio?». E la folla numerosa lo ascoltava volentieri.

12,29-31 Gesù curiosamente non risponde citando un solo comandamento, ma due precetti che prende da due libri diversi delle Scritture. Il primo viene dal Deuteronomio (6,4-5): «Ascolta, Israele: il Signore è il nostro Dio, unico è il Signore. Tu amerai il Signore tuo Dio con tutto il cuore, con tutta l'anima e con tutte le forze». Il secondo precetto proviene invece dal Levitico (19,17-18): «Non coverai nel tuo cuore odio contro il tuo fratello. [...] Non ti vendicherai e non serberai rancore contro i figli del tuo popolo, ma amerai il tuo prossimo come te stesso. Io sono il Signore». D'altra parte, rifiutando che si privilegi l'uno a scapito dell'altro, Gesù li associa per farne un precetto unico: il comandamento dell'amore. Qui sta l'apice della Legge

Contro gli scribi - 38Diceva loro nel suo insegnamento: «Guar-
datevi dagli scribi, che amano passeggiare in lunghe vesti, rice-
vere saluti nelle piazze, 39avere i primi seggi nelle sinagoghe e
i primi posti nei banchetti. 40Divorano le case delle vedove e
pregano a lungo per farsi vedere. Essi riceveranno una condan-
na più severa».

L'offerta della vedova - 41Seduto di fronte al tesoro, osservava
come la folla vi gettava monete. Tanti ricchi ne gettavano mol-
te. 42Ma, venuta una vedova povera, vi gettò due monetine, che
fanno un soldo. 43Allora, chiamati a sé i suoi discepoli, disse lo-
ro: «In verità io vi dico: questa vedova, così povera, ha gettato
nel tesoro più di tutti gli altri. 44Tutti infatti hanno gettato parte
del loro superfluo. Lei invece, nella sua miseria, vi ha gettato
tutto quello che aveva, tutto quanto aveva per vivere».

13 **Distribuzione del tempio e prove varie** - 1Mentre usci-
va dal tempio, uno dei suoi discepoli gli disse: «Maestro,
guarda che pietre e che costruzioni!». 2Gesù gli rispose: «Vedi
queste grandi costruzioni? Non sarà lasciata qui pietra su pietra
che non venga distrutta».
3Mentre stava sul monte degli Ulivi, seduto di fronte al tem-
pio, Pietro, Giacomo, Giovanni e Andrea lo interrogavano in di-
sparte: 4«Di' a noi: quando accadranno queste cose e quale sarà
il segno quando tutte queste cose staranno per compiersi?».

12,42 *Due monetine.* L'insistenza sul fatto che le monete fossero due è posta a conferma della generosità della povera donna, che avrebbe potuto trattenerne almeno una per sé. La donna non appare preoccupata di se stessa, dona tutto quello che ha e compie per Dio un'offerta che supera quella di tutti i presenti. Non a caso *tutto quanto aveva per vivere* nel testo greco significa *tutta la sua vita.*

13,1-23 Gesù prende a prestito le immagini terrificanti delle apocalissi giudaiche, visioni il cui scopo è di interpretare la storia e in qualche caso di illustrare il fine delle vicende dell'umanità. Egli utilizza questo linguaggio per parlare del destino finale del mondo, che è nelle mani di Dio. Queste affermazioni compongono il cosiddetto *Discorso escatologico* di Gesù, perché riguardano la fine della storia e le ultime cose (in greco *ta eskatá*, da cui *escatologico*).

5Gesù si mise a dire loro: «Badate che nessuno v'inganni!
6Molti verranno nel mio nome, dicendo: "Sono io", e trarranno
molti in inganno. 7E quando sentirete di guerre e di rumori di
guerre, non allarmatevi; deve avvenire, ma non è ancora la fine.
8Si solleverà infatti nazione contro nazione e regno contro regno;
vi saranno terremoti in diversi luoghi e vi saranno carestie: que-
sto è l'inizio dei dolori.

9Ma voi badate a voi stessi! Vi consegneranno ai sinedri, sa-
rete percossi nelle sinagoghe e comparirete davanti a governa-
tori e re per causa mia, per dare testimonianza a loro. 10Ma pri-
ma è necessario che il Vangelo sia proclamato a tutte le nazio-
ni. 11E quando vi condurranno via per consegnarvi, non preoc-
cupatevi prima di quello che direte, ma dite ciò che in quell'o-
ra vi sarà dato: perché non siete voi a parlare, ma lo Spirito San-
to. 12Il fratello farà morire il fratello, il padre il figlio, e i figli si
alzeranno ad accusare i genitori e li uccideranno. 13Sarete odia-
ti da tutti a causa del mio nome. Ma chi avrà perseverato fino al-
la fine sarà salvato.

14Quando vedrete *l'abominio della devastazione* presente là
dove non è lecito – chi legge, comprenda –, allora quelli che si
trovano nella Giudea fuggano sui monti, 15chi si trova sulla ter-
razza non scenda e non entri a prendere qualcosa nella sua ca-
sa, 16e chi si trova nel campo non torni indietro a prendersi il
mantello. 17In quei giorni guai alle donne incinte e a quelle che
allattano!

18Pregate che ciò non accada d'inverno; 19perché quelli sa-
ranno giorni di tribolazione, quale non vi è mai stata dall'inizio
della creazione, fatta da Dio, fino ad ora, e mai più vi sarà. 20E
se il Signore non abbreviasse quei giorni, nessuno si salvereb-
be. Ma, grazie agli eletti che egli si è scelto, ha abbreviato quei
giorni.

21Allora, se qualcuno vi dirà: "Ecco, il Cristo è qui; ecco, è
là", voi non credeteci; 22perché sorgeranno falsi cristi e falsi pro-
feti e faranno segni e prodigi per ingannare, se possibile, gli elet-
ti. 23Voi, però, fate attenzione! Io vi ho predetto tutto.

La venuta del Figlio dell'uomo - 24In quei giorni, dopo quella
tribolazione,

il sole si oscurerà,
la luna non darà più la sua luce,
25*le stelle cadranno* dal cielo
e le potenze che sono nei cieli saranno sconvolte.

26Allora vedranno *il Figlio dell'uomo venire sulle nubi* con
grande potenza *e gloria.* 27Egli manderà gli angeli e radunerà i
suoi eletti dai quattro venti, dall'estremità della terra fino all'e-
stremità del cielo.

Parabola del fico - 28Dalla pianta di fico imparate la parabola:
quando ormai il suo ramo diventa tenero e spuntano le foglie, sa-
pete che l'estate è vicina. 29Così anche voi: quando vedrete ac-
cadere queste cose, sappiate che egli è vicino, è alle porte.
30In verità io vi dico: non passerà questa generazione prima
che tutto questo avvenga. 31Il cielo e la terra passeranno, ma le
mie parole non passeranno.
32Quanto però a quel giorno o a quell'ora, nessuno lo sa, né
gli angeli nel cielo né il Figlio, eccetto il Padre.

Vigilanza - 33Fate attenzione, vegliate, perché non sapete quan-
do è il momento. 34È come un uomo, che è partito dopo aver la-
sciato la propria casa e dato il potere ai suoi servi, a ciascuno il
suo compito, e ha ordinato al portiere di vegliare. 35Vegliate dun-
que: voi non sapete quando il padrone di casa ritornerà, se alla
sera o a mezzanotte o al canto del gallo o al mattino; 36fate in
modo che, giungendo all'improvviso, non vi trovi addormenta-
ti. 37Quello che dico a voi, lo dico a tutti: vegliate!».

13,26-27 La successione delle scene descrive lo svolgimento di una catastrofe, ma lo sguardo del credente è puntato verso la grande liberazione donata dalla venuta del Figlio dell'uomo. È interessante notare che le apocalissi annunciavano gli avvenimenti come se riguardassero la loro generazione, la società presente. Era un modo per coinvolgere il lettore.

I tre banchetti: Betània, la cena, il Getsèmani
(Mc 14,1-50)

14 **Il Messia tradito -** 1Mancavano due giorni alla Pasqua e agli Azzimi, e i capi dei sacerdoti e gli scribi cercavano il modo di catturarlo con un inganno per farlo morire. 2Dicevano infatti: «Non durante la festa, perché non vi sia una rivolta del popolo».

3Gesù si trovava a Betània, nella casa di Simone il lebbroso. Mentre era a tavola, giunse una donna che aveva un vaso di alabastro, pieno di profumo di puro nardo, di grande valore. Ella ruppe il vaso di alabastro e versò il profumo sul suo capo. 4Ci furono alcuni, fra loro, che si indignarono: «Perché questo spreco di profumo? 5Si poteva venderlo per più di trecento denari e darli ai poveri!». Ed erano infuriati contro di lei.

6Allora Gesù disse: «Lasciatela stare; perché la infastidite? Ha compiuto un'azione buona verso di me. 7I poveri infatti li avete sempre con voi e potete far loro del bene quando volete, ma non sempre avete me. 8Ella ha fatto ciò che era in suo potere, ha unto in anticipo il mio corpo per la sepoltura. 9In verità io vi dico: dovunque sarà proclamato il Vangelo, per il mondo intero, in ricordo di lei si dirà anche quello che ha fatto».

10Allora Giuda Iscariota, uno dei Dodici, si recò dai capi dei sacerdoti per consegnare loro Gesù. 11Quelli, all'udirlo, si rallegrarono e promisero di dargli del denaro. Ed egli cercava come consegnarlo al momento opportuno.

14,3 L'*olio/profumo* veniva usato nella consacrazione di re, sacerdoti e profeti. Qui esso è rappresentato da un profumo di altissimo pregio, difficile da trovare.
14,6-9 Quello che agli occhi della gente appare come uno spreco è in realtà un gesto profetico, una *unzione messianica* che riconosce in Gesù il Cristo atteso, il consacrato del Signore che avrebbe portato a termine l'opera della redenzione riassumendo in sé la missione di re, sacerdote e profeta. La vita di Gesù sta per essere spezzata come il vasetto di alabastro del racconto.

La Pasqua con i discepoli - 12Il primo giorno degli Azzimi,
quando si immolava la Pasqua, i suoi discepoli gli dissero: «Do-
ve vuoi che andiamo a preparare, perché tu possa mangiare la
Pasqua?». 13Allora mandò due dei suoi discepoli, dicendo loro:
«Andate in città e vi verrà incontro un uomo con una brocca
d'acqua; seguitelo. 14Là dove entrerà, dite al padrone di casa:
"Il Maestro dice: Dov'è la mia stanza, in cui io possa mangiare
la Pasqua con i miei discepoli?". 15Egli vi mostrerà al piano su-
periore una grande sala, arredata e già pronta; lì preparate la ce-
na per noi». 16I discepoli andarono e, entrati in città, trovarono
come aveva detto loro e prepararono la Pasqua.

Giuda tradisce Gesù - 17Venuta la sera, egli arrivò con i Dodici.
18Ora, mentre erano a tavola e mangiavano, Gesù disse: «In ve-
rità io vi dico: uno di voi, colui che mangia con me, mi tradirà».
19Cominciarono a rattristarsi e a dirgli, uno dopo l'altro: «Sono
forse io?». 20Egli disse loro: «Uno dei Dodici, colui che mette
con me la mano nel piatto. 21Il Figlio dell'uomo se ne va, come
sta scritto di lui; ma guai a quell'uomo, dal quale il Figlio del-
l'uomo viene tradito! Meglio per quell'uomo se non fosse mai
nato!».

L'ultima cena - 22E, mentre mangiavano, prese il pane e recitò
la benedizione, lo spezzò e lo diede loro, dicendo: «Prendete,

14,12-16 Gesù continua ad essere protagonista di ciò che succede: è lui che dà le disposizioni per preparare la Pasqua. Egli segue il rituale della cena pasquale ebraica, che celebrava l'alleanza tra Dio e il popolo, dandogli nuovo senso: Gesù è il Messia atteso che stabilisce nel suo sangue la nuova alleanza promessa dai profeti. Inserendo qui la propria cena, Gesù apre l'antica alleanza ad un significato più grande. Il pane e il vino diventano il segno del compimento delle attese messianiche. Viene, in altre parole, siglata la Pasqua definitiva: presente nel sacrificio di Cristo, essa sarà riproposta dalla celebrazione cristiana dell'eucaristia.

14,17-21 Prima di passare al racconto della cena, Marco inserisce l'annuncio del tradimento di Giuda. Gesù sottolinea con amarezza che esso viene non da un nemico, ma da un amico; da uno dei Dodici, che aveva percorso con lui il cammino fino a quel momento e che condivideva il pasto con lui.

questo è il mio corpo». [23]Poi prese un calice e rese grazie, lo
diede loro e ne bevvero tutti. [24]E disse loro: «Questo è il mio
sangue dell'alleanza, che è versato per molti. [25]In verità io vi di-
co che non berrò mai più del frutto della vite fino al giorno in
cui lo berrò nuovo, nel regno di Dio».

Annuncio del rinnegamento di Pietro - [26]Dopo aver cantato
l'inno, uscirono verso il monte degli Ulivi. [27]Gesù disse loro:
«Tutti rimarrete scandalizzati, perché sta scritto:

Percuoterò il pastore e le pecore saranno disperse.

[28]Ma, dopo che sarò risorto, vi precederò in Galilea». [29]Pietro
gli disse: «Anche se tutti si scandalizzeranno, io no!». [30]Gesù gli
disse: «In verità io ti dico: proprio tu, oggi, questa notte, prima
che due volte il gallo canti, tre volte mi rinnegherai». [31]Ma egli,
con grande insistenza, diceva: «Anche se dovessi morire con te,
io non ti rinnegherò». Lo stesso dicevano pure tutti gli altri.

14,24 Il termine *alleanza* indica un concetto fondamentale nella tradizione biblica. Nel corso di tutta la rivelazione, infatti, Dio non ha mai mancato di cercare l'uomo per offrirsi a lui come alleato fedele. Contrariamente a ciò che avviene tra gli uomini, dove è il più debole a chiedere la protezione del più forte, nell'esperienza biblica è Dio che per primo si muove verso la sua creatura per offrirgli l'alleanza sapendo che l'uomo da solo non può fare nulla. Molto spesso tale alleanza appare unilaterale, in quanto Dio vi rimane fedele a prescindere dall'atteggiamento dell'uomo che può rifiutarla o tradirla. È proprio di fronte ai molti tradimenti che Dio, per bocca dei profeti, annuncia una nuova alleanza (cfr. Ger 31,31-34): non sarà più scritta sulle tavole di pietra ma nel cuore dell'uomo. In questo testo, parlando di *sangue dell'alleanza,* Gesù da un lato richiama il sangue che, al Sinai, suggellò il patto tra Dio e il suo popolo, dall'altro esprime la consapevolezza che l'alleanza annunciata dai profeti si sta compiendo nel sacrificio della sua persona. *Per molti:* nella lingua ebraica non intende escludere nessuno. Noi diremmo *tutti*.

14,26-28 Durante il tragitto verso il monte degli Ulivi Gesù mette in guardia i suoi discepoli e parla loro della dispersione, citando il profeta Zaccaria (Zc 13,7). Tuttavia, tale dispersione non sarà definitiva: Gesù annuncia la sua risurrezione e il momento in cui i discepoli saranno raccolti prima di essere inviati nel mondo.

Gesù nell'orto degli Ulivi: preghiera, tradimento, arresto - [32]Giun-
sero a un podere chiamato Getsèmani ed egli disse ai suoi di-
scepoli: «Sedetevi qui, mentre io prego». [33]Prese con sé Pietro,
Giacomo e Giovanni e cominciò a sentire paura e angoscia.
[34]Disse loro: «*La mia anima è triste* fino alla morte. Restate qui
e vegliate». [35]Poi, andato un po' innanzi, cadde a terra e prega-
va che, se fosse possibile, passasse via da lui quell'ora. [36]E di-
ceva: «Abbà! Padre! Tutto è possibile a te: allontana da me que-
sto calice! Però non ciò che voglio io, ma ciò che vuoi tu». [37]Poi
venne, li trovò addormentati e disse a Pietro: «Simone, dormi?
Non sei riuscito a vegliare una sola ora? [38]Vegliate e pregate per
non entrare in tentazione. Lo spirito è pronto, ma la carne è de-
bole». [39]Si allontanò di nuovo e pregò dicendo le stesse parole.
[40]Poi venne di nuovo e li trovò addormentati, perché i loro oc-
chi si erano fatti pesanti, e non sapevano che cosa rispondergli.
[41]Venne per la terza volta e disse loro: «Dormite pure e riposa-
tevi! Basta! È venuta l'ora: ecco, il Figlio dell'uomo viene con-
segnato nelle mani dei peccatori. [42]Alzatevi, andiamo! Ecco, co-
lui che mi tradisce è vicino».

[43]E subito, mentre ancora egli parlava, arrivò Giuda, uno dei
Dodici, e con lui una folla con spade e bastoni, mandata dai ca-
pi dei sacerdoti, dagli scribi e dagli anziani. [44]Il traditore aveva
dato loro un segno convenuto, dicendo: «Quello che bacerò, è
lui; arrestatelo e conducetelo via sotto buona scorta». [45]Appena
giunto, gli si avvicinò e disse: «Rabbì» e lo baciò. [46]Quelli gli
misero le mani addosso e lo arrestarono. [47]Uno dei presenti
estrasse la spada, percosse il servo del sommo sacerdote e gli
staccò l'orecchio. [48]Allora Gesù disse loro: «Come se fossi un

14,32-50 Il brano è giocato su due poli: da un lato Gesù nella preghiera trova la forza per compiere la volontà del Padre che gli si presenta in tutta la sua tragicità; dall'altro i discepoli che non capiscono cosa sta accadendo e, vedendo che il loro maldestro tentativo di combattere non porta da nessuna parte, abbandonano Gesù lasciandolo solo. Si compie quanto Gesù aveva detto loro richiamando il testo del profeta Zaccaria in 13,7: quando il pastore è percosso, le pecore si disperdono. Con l'arresto di Gesù si entra nel mistero pasquale.

ladro siete venuti a prendermi con spade e bastoni. [49]Ogni gior-
no ero in mezzo a voi nel tempio a insegnare, e non mi avete
arrestato. Si compiano dunque le Scritture!».
[50]Allora tutti lo abbandonarono e fuggirono.

IL MISTERO PASQUALE
(Mc 14,51 - 16,8)

Nella cornice costruita attorno alla misteriosa figura di un giovinetto che fugge via nudo (14,51-52) e di un giovane che annuncia la risurrezione (16,1-8), Marco racconta l'arresto, la condanna, la morte e la risurrezione di Gesù. La scena è composta con grande cura, presentando in primo luogo l'uscita di scena di tutte le figure positive (14,53 - 15,24), collocando al centro la morte di Gesù di cui l'evangelista enfatizza la solitudine e l'abbandono (15,25-37), per poi permettere alla speranza di riprendere spazio sulla scena del Golgota (15,38-47). I tre gruppi sociali responsabili dell'abbandono e della messa a morte di Gesù (i discepoli, le autorità religiose e l'autorità politica), dopo la morte del Maestro, vengono "riscattati" da figure positive come le discepole, Giuseppe d'Arimatea e il centurione pagano. Dietro questi passaggi narrativi si cela il messaggio chiave del Vangelo: il dono di Cristo ha la forza di trasformare l'uomo e di trasfigurare i suoi spazi di morte e di fallimento in luoghi di vita e di annuncio. ■

Il ragazzo che fugge - [51]Lo seguiva però un ragazzo, che aveva
addosso soltanto un lenzuolo, e lo afferrarono. [52]Ma egli, la-
sciato cadere il lenzuolo, fuggì via nudo.

14,51-52 Se al termine della sezione precedente l'evangelista riferiva l'amara conclusione che tutti avevano abbandonato Gesù, qui si sottolinea che un giovinetto che seguiva Gesù fugge nudo quando tentano di prenderlo; come aveva detto il profeta Amos: «Il più coraggioso fra i prodi fuggirà nudo in quel giorno» (2,16). Questo discepolo prefigura, da un lato, il destino che attende Gesù, il quale sfuggirà dalle grinfie della morte; e dall'altro l'inevitabile fallimento a cui prima o poi ogni discepolo è confrontato.

Gesù, i capi religiosi e Pietro - [53]Condussero Gesù dal sommo
sacerdote, e là si riunirono tutti i capi dei sacerdoti, gli anziani
e gli scribi. [54]Pietro lo aveva seguito da lontano, fin dentro il
cortile del palazzo del sommo sacerdote, e se ne stava seduto
tra i servi, scaldandosi al fuoco.
[55]I capi dei sacerdoti e tutto il sinedrio cercavano una testi-
monianza contro Gesù per metterlo a morte, ma non la trovava-
no. [56]Molti infatti testimoniavano il falso contro di lui e le loro
testimonianze non erano concordi. [57]Alcuni si alzarono a testi-
moniare il falso contro di lui, dicendo: [58]«Lo abbiamo udito
mentre diceva: "Io distruggerò questo tempio, fatto da mani
d'uomo, e in tre giorni ne costruirò un altro, non fatto da mani
d'uomo"». [59]Ma nemmeno così la loro testimonianza era con-
corde. [60]Il sommo sacerdote, alzatosi in mezzo all'assemblea,
interrogò Gesù dicendo: «Non rispondi nulla? Che cosa testi-
moniano costoro contro di te?». [61]Ma egli taceva e non rispon-
deva nulla. Di nuovo il sommo sacerdote lo interrogò dicendo-
gli: «Sei tu il Cristo, il Figlio del Benedetto?». [62]Gesù rispose:
«Io lo sono!

E vedrete il *Figlio dell'uomo*
seduto alla destra della Potenza
e *venire con le nubi del cielo*».

[63]Allora il sommo sacerdote, stracciandosi le vesti, disse:
«Che bisogno abbiamo ancora di testimoni? [64]Avete udito la be-
stemmia; che ve ne pare?». Tutti sentenziarono che era reo di
morte.

Mc

14,62 Durante il processo Gesù rivela la sua identità: riprendendo le parole del profeta Daniele (7,13-14) si presenta come il *Figlio dell'uomo* a cui viene affidato il giudizio del mondo. Non è quindi il suo dichiararsi «Figlio del Benedetto» che provoca l'ira del sommo sacerdote (si tratta di immagini che vengono dalla tradizione biblica e che costituivano il contenuto delle attese messianiche), quanto il fatto che Gesù si attribuisca il potere del giudizio finale collocando se stesso alla destra di Dio e proclamandosi giudice della storia.

[65]Alcuni si misero a sputargli addosso, a bendargli il volto, a percuoterlo e a dirgli: «Fa' il profeta!». E i servi lo schiaffeggiavano.

[66]Mentre Pietro era giù nel cortile, venne una delle giovani serve del sommo sacerdote [67]e, vedendo Pietro che stava a scaldarsi, lo guardò in faccia e gli disse: «Anche tu eri con il Nazareno, con Gesù». [68]Ma egli negò, dicendo: «Non so e non capisco che cosa dici». Poi uscì fuori verso l'ingresso e un gallo cantò. [69]E la serva, vedendolo, ricominciò a dire ai presenti: «Costui è uno di loro». [70]Ma egli di nuovo negava. Poco dopo i presenti dicevano di nuovo a Pietro: «È vero, tu certo sei uno di loro; infatti sei Galileo». [71]Ma egli cominciò a imprecare e a giurare: «Non conosco quest'uomo di cui parlate». [72]E subito, per la seconda volta, un gallo cantò. E Pietro si ricordò della parola che Gesù gli aveva detto: «Prima che due volte il gallo canti, tre volte mi rinnegherai». E scoppiò in pianto.

15 **Gesù, Pilato e i capi religiosi** - [1]E subito, al mattino, i capi dei sacerdoti, con gli anziani, gli scribi e tutto il sinedrio, dopo aver tenuto consiglio, misero in catene Gesù, lo portarono via e lo consegnarono a Pilato. [2]Pilato gli domandò: «Tu sei il re dei Giudei?». Ed egli rispose: «Tu lo dici». [3]I capi dei sacerdoti lo accusavano di molte cose. [4]Pilato lo interrogò di nuovo dicendo: «Non rispondi nulla? Vedi di quante cose ti accusano!». [5]Ma Gesù non rispose più nulla, tanto che Pilato rimase stupito.

14,66-72 È interessante notare il parallelo tra la comparizione di Gesù davanti al sinedrio e il rinnegamento di Pietro. È evidente che Marco da un lato vuole affermare con chiarezza l'identità di Gesù, dall'altro mostrare come Pietro non abbia ancora acquisito l'identità del discepolo. In effetti l'apostolo sfugge non tanto a un'eventuale cattura, quanto all'occasione di testimoniare la sua fede in Gesù.

15,1-15 Con l'accusa di essersi fatto re dei Giudei, e quindi di essere un pericoloso rivoluzionario, Gesù è condotto davanti al procuratore romano. Egli non tenta una difesa, ma affronta il proprio destino assumendo l'atteggiamento del Servo del Signore. In questo testo emergono da un lato la responsabilità di Pilato che, per calcolo politico, permette la morte di Gesù e dall'altro l'atteggiamento della folla che preferisce Barabba.

[6]A ogni festa, egli era solito rimettere in libertà per loro un carcerato, a loro richiesta. [7]Un tale, chiamato Barabba, si trovava in carcere insieme ai ribelli che nella rivolta avevano commesso un omicidio. [8]La folla, che si era radunata, cominciò a chiedere ciò che egli era solito concedere. [9]Pilato rispose loro: «Volete che io rimetta in libertà per voi il re dei Giudei?». [10]Sapeva infatti che i capi dei sacerdoti glielo avevano consegnato per invidia. [11]Ma i capi dei sacerdoti incitarono la folla perché, piuttosto, egli rimettesse in libertà per loro Barabba. [12]Pilato disse loro di nuovo: «Che cosa volete dunque che io faccia di quello che voi chiamate il re dei Giudei?». [13]Ed essi di nuovo gridarono: «Crocifiggilo!». [14]Pilato diceva loro: «Che male ha fatto?». Ma essi gridarono più forte: «Crocifiggilo!». [15]Pilato, volendo dare soddisfazione alla folla, rimise in libertà per loro Barabba e, dopo aver fatto flagellare Gesù, lo consegnò perché fosse crocifisso.

Gesù, i soldati e Simone di Cirene - [16]Allora i soldati lo condussero dentro il cortile, cioè nel pretorio, e convocarono tutta la truppa. [17]Lo vestirono di porpora, intrecciarono una corona di spine e gliela misero attorno al capo. [18]Poi presero a salutarlo: «Salve, re dei Giudei!». [19]E gli percuotevano il capo con una

15,15 I Romani riservavano la *crocifissione* agli schiavi e ai ribelli. Si trattava dunque di una pena capitale particolarmente infamante, cui si aggiungevano la flagellazione, la spoliazione e il dover portare la trave orizzontale della croce per le vie della città sotto lo sguardo e gli insulti dei passanti. Gesù subisce questa sorte. Se aggiungiamo che secondo la tradizione biblica l'essere *appesi a un albero* era segno di maledizione (cfr. Dt 21,23), si può comprendere quale possa essere stato lo sconcerto dei discepoli di fronte alla sorte del Maestro e quanto sia stato difficile comprendere la logica di Dio.

15,16-21 Come il servo sofferente, figura che è sullo sfondo del racconto, anche Gesù è flagellato, schernito, riceve insulti e sputi (cfr. Is 50,6-7). I soldati riversano su di lui il loro odio per i Giudei inscenando una cerimonia di incoronazione. Nella triste cornice di questi oltraggi infamanti, Marco ricorda l'episodio del Cireneo, che diventa immagine della sorte del discepolo: chi vuole seguire il Maestro si trova costretto a portare la croce come Gesù, e anche per lui la richiesta è quella di accettarla e di non fuggire.

canna, gli sputavano addosso e, piegando le ginocchia, si prostravano davanti a lui. [20]Dopo essersi fatti beffe di lui, lo spogliarono della porpora e gli fecero indossare le sue vesti, poi lo condussero fuori per crocifiggerlo.

[21]Costrinsero a portare la sua croce un tale che passava, un certo Simone di Cirene, che veniva dalla campagna, padre di Alessandro e di Rufo.

[22]Condussero Gesù al luogo del Gòlgota, che significa «Luogo del cranio», [23]e gli davano vino mescolato con mirra, ma egli non ne prese. [24]Poi lo crocifissero e *si divisero le sue vesti, tirando a sorte su di esse* ciò che ognuno avrebbe preso.

Dall'ora terza all'ora nona - [25]Erano le nove del mattino quando lo crocifissero. [26]La scritta con il motivo della sua condanna diceva: «Il re dei Giudei». [27]Con lui crocifissero anche due ladroni, uno a destra e uno alla sua sinistra. [[28]].

[29]Quelli che passavano di là lo insultavano, scuotendo il capo e dicendo: «Ehi, tu che distruggi il tempio e lo ricostruisci in tre giorni, [30]salva te stesso scendendo dalla croce!». [31]Così anche i capi dei sacerdoti, con gli scribi, fra loro si facevano beffe di lui e dicevano: «Ha salvato altri e non può salvare se stesso! [32]Il Cristo, il re d'Israele, scenda ora dalla croce, perché vediamo e crediamo!». E anche quelli che erano stati crocifissi con lui lo insultavano.

[33]Quando fu mezzogiorno, si fece buio su tutta la terra fino alle tre del pomeriggio. [34]Alle tre, Gesù gridò a gran voce: «*Eloì, Eloì, lemà sabactàni?*», che significa: «*Dio mio, Dio mio, perché mi hai abbandonato?*». [35]Udendo questo, alcuni dei presenti dicevano: «Ecco, chiama Elia!». [36]Uno corse a inzuppare di aceto una spugna, la fissò su una canna e gli dava da bere, dicen-

15,25-37 L'evangelista racconta la progressiva spoliazione di Gesù. Alle nove viene privato della solidarietà degli uomini (nessuno gli dà un segno di consolazione, diversamente dagli altri Vangeli); a mezzogiorno viene privato della solidarietà della creazione; alle tre del pomeriggio della solidarietà del Padre. La vicenda di Gesù si chiude all'insegna di un drammatico, forte grido.

do: «Aspettate, vediamo se viene Elia a farlo scendere». [37]Ma
Gesù, dando un forte grido, spirò.

Gesù, il centurione e le donne - [38]Il velo del tempio si squar-
ciò in due, da cima a fondo. [39]Il centurione, che si trovava di
fronte a lui, avendolo visto spirare in quel modo, disse: «Dav-
vero quest'uomo era Figlio di Dio!».

[40]Vi erano anche alcune donne, che osservavano da lontano,
tra le quali Maria di Màgdala, Maria madre di Giacomo il mi-
nore e di Ioses, e Salome, [41]le quali, quando era in Galilea, lo se-
guivano e lo servivano, e molte altre che erano salite con lui a
Gerusalemme.

Gesù, Pilato e Giuseppe d'Arimatea - [42]Venuta ormai la sera,
poiché era la Parasceve, cioè la vigilia del sabato, [43]Giuseppe
d'Arimatea, membro autorevole del sinedrio, che aspettava an-
ch'egli il regno di Dio, con coraggio andò da Pilato e chiese il
corpo di Gesù. [44]Pilato si meravigliò che fosse già morto e, chia-
mato il centurione, gli domandò se era morto da tempo. [45]Infor-
mato dal centurione, concesse la salma a Giuseppe. [46]Egli allo-
ra, comprato un lenzuolo, lo depose dalla croce, lo avvolse con
il lenzuolo e lo mise in un sepolcro scavato nella roccia. Poi fe-

15,38 Il velo del tempio, che impediva di accedere al santuario, segno della presenza di Dio, si squarcia, a significare che d'ora in poi niente si frapporrà tra l'uomo e Dio. In Gesù tutti gli uomini avranno accesso al Padre e ciò è manifestato dalla professione di fede che segue, dove a parlare non è un ebreo, ma un pagano. A un pagano è dunque affidato il compito di annunciare a nome di tutti coloro che crederanno in Gesù, Ebrei e pagani, il significato salvifico della vicenda del Cristo.

15,39 *In quel modo*: il Messia salva non con un gesto eclatante che obbligherebbe a credere, ma accettando fino in fondo la volontà del Padre.

15,42-47 Un capo giudeo, Giuseppe d'Arimatea, e non i discepoli, ottiene da Pilato il cadavere di Gesù e si occupa della sua sepoltura. Marco vuole farci percepire la verità storica della morte del Maestro: Gesù è veramente morto ed è grazie a un membro autorevole del sinedrio che è sfuggito alla fossa comune, destino dei condannati a morte. Inoltre, l'assenza dei discepoli mostra il momento drammatico da loro vissuto tra il venerdì sera e l'annuncio della risurrezione.

ce rotolare una pietra all'entrata del sepolcro. 47 Maria di Màg-
dala e Maria madre di Ioses stavano a osservare dove veniva
posto.

16 **Il giovane che annuncia** - 1 Passato il sabato, Maria di
Màgdala, Maria madre di Giacomo e Salome compra-
rono oli aromatici per andare a ungerlo. 2 Di buon mattino, il
primo giorno della settimana, vennero al sepolcro al levare del
sole. 3 Dicevano tra loro: «Chi ci farà rotolare via la pietra dal-
l'ingresso del sepolcro?». 4 Alzando lo sguardo, osservarono
che la pietra era già stata fatta rotolare, benché fosse molto
grande. 5 Entrate nel sepolcro, videro un giovane, seduto sulla
destra, vestito d'una veste bianca, ed ebbero paura. 6 Ma egli
disse loro: «Non abbiate paura! Voi cercate Gesù Nazareno, il
crocifisso. È risorto, non è qui. Ecco il luogo dove l'avevano
posto. 7 Ma andate, dite ai suoi discepoli e a Pietro: "Egli vi pre-
cede in Galilea. Là lo vedrete, come vi ha detto"». 8 Esse usci-
rono e fuggirono via dal sepolcro, perché erano piene di spa-
vento e di stupore. E non dissero niente a nessuno, perché era-
no impaurite.

16,1-3 Le donne che si dirigono al sepolcro di Gesù dopo il riposo obbligatorio della festa sono le stesse citate in Mc 15,40: le testimoni della morte del Messia crocifisso. Proprio perché sanno che egli è veramente morto, decidono di recarsi alla tomba di primo mattino con l'intenzione di compiere un atto di amore e di rispetto nei confronti del Maestro che hanno seguito fin dalla Galilea. L'orizzonte è quello della scomparsa di una persona cara.
16,4-6 La scoperta della tomba aperta si lega a un'esperienza: vedono un giovane in bianche vesti (il bianco è segno del divino; in altri Vangeli si parla di angeli), seduto dalla parte destra (segno della forza di Dio). Nelle parole dell'uomo si ha, in forma sintetica, il nucleo dell'annuncio che è al centro della fede cristiana: Gesù è morto ed è stato risuscitato. Il cristiano è fondamentalmente colui che, come questo giovane, lasciando l'abito vecchio, fa proprio il mistero della risurrezione annunciandolo al mondo.

Appendice
(16,9-20)

La comunità che annuncia - [9]Risorto al mattino, il primo giorno dopo il sabato, Gesù apparve prima a Maria di Màgdala, dalla quale aveva scacciato sette demòni. [10]Questa andò ad annunciarlo a quanti erano stati con lui ed erano in lutto e in pianto. [11]Ma essi, udito che era vivo e che era stato visto da lei, non credettero.

[12]Dopo questo, apparve sotto altro aspetto a due di loro, mentre erano in cammino verso la campagna. [13]Anch'essi ritornarono ad annunciarlo agli altri; ma non credettero neppure a loro.

[14]Alla fine apparve anche agli Undici, mentre erano a tavola, e li rimproverò per la loro incredulità e durezza di cuore, perché non avevano creduto a quelli che lo avevano visto risorto. [15]E disse loro: «Andate in tutto il mondo e proclamate il Vangelo a ogni creatura. [16]Chi crederà e sarà battezzato sarà salvato, ma chi non crederà sarà condannato. [17]Questi saranno i segni che accompagneranno quelli che credono: nel mio nome scacceranno demòni, parleranno lingue nuove, [18]prenderanno in mano serpenti e, se berranno qualche veleno, non recherà loro danno; imporranno le mani ai malati e questi guariranno».

[19]Il Signore Gesù, dopo aver parlato con loro, fu elevato in cielo e sedette alla destra di Dio.

[20]Allora essi partirono e predicarono dappertutto, mentre il Signore agiva insieme con loro e confermava la Parola con i segni che la accompagnavano.

16,9-20 Questi versetti non facevano parte in origine del testo scritto da Marco. Con essi la comunità cristiana sottolinea che il silenzio e la paura delle donne, al ritrovamento della tomba vuota, non sono l'ultimo atto della vicenda cristiana. Dopo l'annuncio della risurrezione avviene l'incontro con Gesù risorto, che fonda la fede della comunità e apre i discepoli alla missione.

LA FAMIGLIA
in dialogo con il Vangelo

SCHEDE DI APPROFONDIMENTO

Marco 1,31

VICINANZA E DISTANZA IN FAMIGLIA

✔ In questa giornata di Cafàrnao, che è un po' la "giornata-tipo" di Gesù nel suo ministero in Galilea, ci lasciamo sorprendere da *due gesti* che dovrebbero segnare anche la nostra vita familiare feriale: i gesti della *vicinanza* e i gesti della *distanza*. È sabato, dopo la sinagoga, cinque uomini (almeno) si recano "a casa" e forse si aspettano un bel pranzetto, ma la padrona di casa è malata. Allora Gesù mostra di essere estremamente competente nei gesti di vicinanza-prossimità: si accosta, la prende per mano, la solleva e lei guarisce, anzi, si mette a servirli: attenzione, non guarisce per metterli a tavola, ma per essere accomunata al "mestiere" di Gesù che è venuto per servire (in modo significativo, il verbo "far alzare" è lo stesso verbo della risurrezione; i gesti della vicinanza generano comunione, partecipazione allo stesso futuro). Anche in famiglia i gesti della vicinanza fanno *comunione, contatto, identità*; se ci sottraiamo a tali gesti viene a mancare qualcosa di essenziale: «Ho visto mio padre abbracciare mia madre di spalle, proprio mentre piangeva sconsolata», è un vero gesto di risurrezione (è da intendersi: i gesti toccano a noi, far passare attraverso essi la Sua guarigione tocca a Lui!) ed è un vero "conto in banca" per le nuove generazioni.

Ma poi, sul far del mattino, Gesù sparisce e il rimprovero fiorisce sulle labbra dei suoi: «Tutti ti cercano!» (1,37), come a dire: non vedi quanto sei indispensabile? come osi sottrarti? Gesù è un Maestro delle distanze sane: sa che la vera vicinanza, non asfissiante, non manipolata, *comprende* la distanza. Non come certe madri che fanno la cartella al bambino (è solo un esempio) perché lui non se la farà da solo e si rendono sempre più indispensabili e inducono dipendenza (di cui poi si lamentano!). Prendere le distanze è un modo di amare, *il modo della fiducia nell'altro*. Ma per prendere distanze sane *occorre una prospettiva*. Perché Gesù si sottrae alle impellenti necessità della gente che lo cerca? *Per pregare*: bellissima "solitudine" che nasce da un fascino, un incanto: i "miei" premono *di più al Padre* che a me! Più che asfissiarli con la mia presenza, parlerò *di loro* a Lui, nel silenzio, e scoprirò la radice di ogni vicinanza buona.

"Egli si avvicinò
e la fece alzare
prendendola per mano".

Marco 9,35

GESÙ CAMBIA I NOSTRI STILI FAMILIARI

✔ In Mc 9,30-37 c'è un episodio degno di nota per mettere alla luce di Gesù i nostri "stili familiari", quegli stili che ci vengono così spontanei, ma che sono ostici alla novità del Vangelo. Gesù è in casa, in famiglia: durante il viaggio ha confidato ai suoi qualcosa di tremendo del suo immediato futuro (il secondo annuncio della passione) e quelli non lo sono stati a sentire.

In famiglia, il nostro stile sarebbe quello della recriminazione («ma come, vi ho partecipato qualcosa di me e voi...») e invece Gesù si espone in modo impotente ad una domanda diretta, li *serve* con una interrogazione buona («Di che cosa stavate discutendo per la strada?») e si riceve un secondo schiaffo: i suoi non escono allo scoperto, forse sono imbarazzati, ma non hanno sufficiente fiducia che lui possa capirli.

Di nuovo, Gesù non mette davanti se stesso, non li ricatta emotivamente, come i nostri stili ci imporrebbero: «Ma come?! E tacete anche? Ma chi sono io per voi?», tristi campane del nostro egocentrico bisogno di essere capiti e ascoltati. Gesù *invece* fa un *gesto profetico* nel senso più profondo del termine: si siede e li chiama accanto a sé; cioè *prende tempo* e dona loro tempo. Li guarda; con sguardo realistico, sì, perché sa bene quale sia il loro (meschino) problema di fronte all'annuncio della sua passione; ma anche con lo sguardo di chi continua a credere nelle possibilità migliori dell'altro. E lo fa in modo sconcertante: prende le loro stesse parole, quelle che vengono spontanee nello stile in cui siamo cresciuti e che tutti conosciamo a memoria: essere primi/essere ultimi, vincere/perdere, guadagnare/rimetterci... sono le nostre parole velenose che designano *l'altro come rivale*, come uno da cui difendersi. Ebbene, Gesù prende le *stesse* parole, toglie loro il veleno e le restituisce con segno mutato: «Se uno vuole essere il primo, sia l'ultimo di tutti» (9,35), parole mutate nel loro DNA, parole che *guariscono* invece che accendere le nostre rivalità e che contengono un sogno profetico, ci vedono di una bellezza nuova: che in famiglia (almeno qualche volta) rinunciamo a pensare a noi stessi e ci mettiamo a servire. Come Lui!

"Se uno vuole essere il primo,
sia l'ultimo di tutti
e il servitore di tutti".

Marco 10,11

DIVORZIO E LEGAMI DI PARENTELA

✔ In fondo, nella questione marciana del divorzio (10,1-12), i farisei danno per scontata la possibilità di divorziare mentre chiedono chiarimenti sulle cause che possono motivare il ripudio: basta "qualsiasi motivo" o ci vogliono "ragioni serie"?

Lasciamoci sorprendere dall'efficacia dei vocaboli che si usano qui: atto di ripudio, ripudiare; la parola *divorzio* appare più asettica, la parola *ripudio* dice una verità che preferiamo tacere e cioè che colei/colui che si è accolto nella propria casa (interiore, prima che esteriore) in maniera definitiva, viene respinto, unilateralmente (come sa bene la coppia che – solo di fronte alla legge – inizia una pratica di "separazione consensuale"); il ripudio contiene in sé l'idea di cacciare via, allontanare, sbattere fuori. Ed è proprio ciò che succede: il ripudio si allarga a macchia d'olio nella vicenda separativa e coinvolge sia chi lo ha fomentato, sia gli innocenti. Il divorzio, infatti, oggi diviene spesso un «legame disperante» (V. Cigoli): ci si illude di troncare con il divorzio le recriminazioni e le liti che avvelenano la vita, invece ci si trova spesso a recriminare di più e in modo velenoso: «Non è giusto che quando il mio ex viene a prendere i figli, per il suo *weekend*, poi li "sbologni" a sua madre!», dice una lei velenosa, non perché tema la vicinanza ai bambini dei nonni, ma perché lui «deve fare il padre» *come dice lei*. Il ripudio ha il dono di replicarsi, come un virus, fino a vedere nel figlio che prende le difese dell'altro genitore un alleato fedifrago, magari "plagiato" dall'ex coniuge: «Ecco perché mi rifiuta, perché è sua madre che...». Figli "divisi", figli che nelle *stepfamilies* si ritrovano a fare in una (quella della madre, ad esempio) il minore e nell'altra il maggiore perché è nato il figlio della nuova coppia del padre; figli "ripudiati" perfino dai nuovi nati. «Io sono l'unico figlio vero - diceva un bimbetto figlio della nuova coppia - tu sei solo una sorellastra!».

Ma in questi ripudi si infiltrano in maniera pesante le parentele "schierate" che chiedono alleanze *contro*. E - con sorprendente parità - il testo marciano ci dice che le conseguenze del ripudio sono in capo non solo all'uomo, ma anche alla donna. Gesù è venuto a salvarci anche da questi ripudi, poiché ci chiede di non separare «quello che Dio ha congiunto» (10,9).

"Chi ripudia la propria moglie
e ne sposa un'altra,
commette adulterio verso di lei".

Marco 12,42

IL PUNTO DI PACE NEI RAPPORTI FAMILIARI

✔ Quante volte, in famiglia, ci comportiamo come gli scribi, che appaiono direttamente smascherati nell'ultima settimana di vita di Gesù: usano per se stessi il «tesoro del tempio», lo piegano ai loro interessi, sono sempre pronti ad avanzare conteggi di dare-avere e, facendo questo, indossano le loro «lunghe vesti», si credono in diritto di essere onorati a loro misura. Quante volte, in famiglia, dilapidiamo il tesoro delle relazioni tra noi a nostro uso e consumo, facendo vere rapine.

Gesù ci mette in guardia, accoratamente, da questo comportamento di rapina e trova il tempo («Sedutosi di fronte al tesoro» 12,41) di insegnarci un nuovo sguardo sui rapporti umani, uno *sguardo contemplativo* che svela una totalità nascosta. Si tratta di un vero e proprio momento rivelativo («in verità vi dico») da confidare in modo intimo («chiamati a sé i discepoli») come qualcosa che ha a che fare con il mistero.

Gesù si trova nel cortile del tempio dove ben tredici casse a forma di tromba (perché risuonino meglio) raccolgono le offerte dei fedeli. I ricchi ve ne gettano molte, e intanto si fanno guardare («ecco che cosa ho fatto per voi e per me non ho avuto niente!», dice ossessivamente una madre-scriba); ma, poi, arriva una vedova (una donna che il testo qualifica nel suo legame familiare!) e vi getta due monetine, una quantità irrisoria. Lo scriba direbbe: «Ma tienile per te! Aspettavo da te cento e tu mi dai solo due... cosa credi, che basti?!», e copre di acrimonia colei che fa... tutto quello che può fare.

Ecco invece lo sguardo contemplativo di Gesù: «Non importa quanto fai per il tesoro della tua famiglia, importa che tu faccia *tutto* quello che puoi fare». Allora queste due monetine (che rimangono due spiccioli, senza mistificazione!) sono una quantità non misurabile, perché sono *il tutto*. Certa psicologia che non si distingue dal conteggio dare-avere («Butta in faccia a tua madre tutto quello che ti ha fatto soffrire!») non arriva alla pace, non insinua un benefico «E se...?». E se mia madre, che pure mi ha dato così poco affetto, mi avesse amato *come ha potuto*? Se avesse cercato di amarmi (maldestramente!) con tutto ciò che aveva?

Questo è il *punto di pace* che Gesù ci vuole donare.

"Ma, venuta una vedova povera,
vi gettò due monetine,
che fanno un soldo".

VANGELO SECONDO LUCA

Autore ✔ anonimo, tradizionalmente identificato con Luca, il medico che seguì l'apostolo Paolo nei suoi viaggi missionari.

Destinatari ✔ cristiani convertiti dal paganesimo, probabilmente di origine greca.

Tempo e luogo ✔ 85 d.C. circa, scritto forse in Siria o in Grecia.

Temi portanti ✔ la predilezione di Gesù per poveri, esclusi e peccatori;
il perdono e la misericordia di Dio;
l'universalità della salvezza;
il ruolo dello Spirito Santo nell'opera di Gesù e nella vita della Chiesa.

Introduzione

Uno scrittore di prim'ordine

Il Vangelo di Luca è considerato la perla degli scritti del Nuovo Testamento: non solo ne è il più voluminoso, ma anche il più elegante quanto a stile e vocabolario. Del suo autore, uomo certamente molto istruito, sappiamo poco, anche se già dalla fine del II secolo lo si identificava con un certo Luca, medico pagano convertito al cristianesimo. Dalle informazioni che ci vengono dagli scritti dell'apostolo Paolo, egli lo avrebbe seguito per anni nei suoi viaggi missionari (Col 4,14; 2Tm 4,11; Fm 24). Ma se conobbe Gesù grazie alla predicazione dell'apostolo delle genti, è chiaro anche che non si accontentò della sua sola voce: prima di scrivere la propria opera consultò parecchio materiale – di sicuro il Vangelo di Marco, ma anche altre fonti scritte – e interrogò diversi testimoni oculari. Voleva infatti comporre un lavoro che potesse essere paragonato per certezza delle informazioni e ricchezza documentaria a quelli dei più seri storiografi greci.

Un grande dittico: Vangelo e Atti degli Apostoli

L'ambizione del progetto di Luca appare ancora più chiara se si considera il fatto che egli non si limitò a scrivere un libro con la storia di Gesù – il Vangelo, appunto – ma aggiunse a questo un secondo volume – gli Atti degli Apostoli – nel quale racconta le gesta dei primi missionari e l'espandersi della

Chiesa. L'opera lucana andrebbe dunque letta come un grande dittico: la storia delle prime comunità cristiane è il coronamento dell'opera del Signore Gesù e deriva direttamente dal mandato missionario affidato da Lui agli apostoli. È comunque importante precisare che questo grande progetto non ha solo un'intenzione storiografica. Parafrasando ciò che l'autore scrive nel prologo del Vangelo, possiamo affermare che egli vede la propria opera come un aiuto per la catechesi (sì, usa proprio questa parola, rivolgendosi a Teòfilo): egli intende placare la sete di verità dei pagani già raggiunti dalla predicazione degli apostoli, per sgombrare il campo da ogni dubbio riguardante la storicità di quanto loro annunciato, e per spalancare la possibilità concreta di un cammino di vita cristiana.

Gerusalemme: un'idea fissa

Il terzo Vangelo fa partire la narrazione nel cuore di Gerusalemme, nel tempio. Tale ambientazione è molto significativa, perché questa città rappresenta il centro di attrazione di tutta l'opera lucana. Il *Vangelo* è strutturato come un lungo viaggio di avvicinamento di Gesù alla città santa, città dove si deve compiere la salvezza, città che uccide i profeti inviati da Dio (l'evangelista Luca è identificato simbolicamente con un bue alato proprio per questo motivo: presenta Gesù che si dirige deciso e mansueto verso Gerusalemme, dove sarà sacrificato, proprio come i buoi nel tempio). Gli *Atti*, invece, presentano il movimento opposto: quello degli apostoli che spargono la buona notizia di Gesù «a Gerusalemme, in tutta la Giudea e la Samaria e fino ai confini della terra» (At 1,8). È proprio partendo da questa impostazione geografica che è possibile proporre una strutturazione del Vangelo di Luca in sette quadri, preceduti da un Prologo (1,1-4):

- L'infanzia: «Nulla è impossibile a Dio» (Lc 1,5 - 2,52).
- Preparazione al ministero: «Ecco il Figlio amato» (Lc 3,1 - 4,15).
- Ministero in Galilea: «Lieto annuncio per il mondo» (Lc 4,16 - 9,50).
- Il viaggio: «Verso Gerusalemme» (Lc 9,51 - 19,28).
- Ministero a Gerusalemme: «Benedetto il re che viene» (Lc 19,29 - 21,38).
- La passione: «Ecco un Figlio come muore» (Lc 22,1 - 23,56).
- La Pasqua: «Testimoni del Risorto» (Lc 24,1 - 53).

Prologo
(Lc 1,1-4)

1 [1]Poiché molti hanno cercato di raccontare con ordine gli av-
venimenti che si sono compiuti in mezzo a noi, [2]come ce li
hanno trasmessi coloro che ne furono testimoni oculari fin da
principio e divennero ministri della Parola, [3]così anch'io ho de-
ciso di fare ricerche accurate su ogni circostanza, fin dagli ini-
zi, e di scriverne un resoconto ordinato per te, illustre Teòfilo,
[4]in modo che tu possa renderti conto della solidità degli inse-
gnamenti che hai ricevuto.

L'INFANZIA: «NULLA È IMPOSSIBILE A DIO»
(Lc 1,5 - 2,52)

La prima sezione del Vangelo di Luca è molto ricca dal punto di vista teologico, letterario e documentario. L'evangelista apre la propria narrazione utilizzando un linguaggio che ricalca perfettamente quello dell'Antico Testamento, e inserisce dei cantici dal sapore antico nell'intento di ricostruire per i suoi lettori pagani il mondo tradizionale giudaico. E ci riesce! Non, però, mediante citazioni esplicite o riferimenti precisi a vicende o personaggi, come aveva fatto Matteo; egli cerca piuttosto di restituire una sensibilità e un ambiente che lascino nel cuore dei suoi lettori un'impressione, ancora indistinta ma indelebile, di continuità con una storia lontana e importante. Dal punto di vista letterario non si può non notare l'originale e perfetto parallelismo con cui vengono presentate le figure di Giovanni Battista e di Gesù: abbiamo due annunciazioni, due nascite, due circoncisioni, due crescite. Per concludere, una cu-

1,1-4 Lo scritto di Luca si propone come una guida affidabile e ordinata (v. 3) per chi sta percorrendo un cammino di scoperta e introduzione alla vita cristiana. In questo cammino è importante conoscere i fatti accaduti (v. 1) e il modo in cui i testimoni oculari li hanno compresi e trasmessi (v. 2).

riosità: Luca è l'unico che dedica una pagina della sua opera al Gesù adolescente, trovato a discutere con i dottori del tempio da Maria e Giuseppe.■

Annuncio della nascita di Giovanni Battista - [5]Al tempo di Ero-
de, re della Giudea, vi era un sacerdote di nome Zaccaria, del-
la classe di Abia, che aveva in moglie una discendente di Aron-
ne, di nome Elisabetta. [6]Ambedue erano giusti davanti a Dio e
osservavano irreprensibili tutte le leggi e le prescrizioni del Si-
gnore. [7]Essi non avevano figli, perché Elisabetta era sterile e tut-
ti e due erano avanti negli anni.

[8]Avvenne che, mentre Zaccaria svolgeva le sue funzioni sa-
cerdotali davanti al Signore durante il turno della sua classe, [9]gli
toccò in sorte, secondo l'usanza del servizio sacerdotale, di en-
trare nel tempio del Signore per fare l'offerta dell'incenso.
[10]Fuori, tutta l'assemblea del popolo stava pregando nell'ora
dell'incenso. [11]Apparve a lui un angelo del Signore, ritto alla
destra dell'altare dell'incenso. [12]Quando lo vide, Zaccaria si
turbò e fu preso da timore. [13]Ma l'angelo gli disse: «Non teme-
re, Zaccaria, la tua preghiera è stata esaudita e tua moglie Eli-
sabetta ti darà un figlio, e tu lo chiamerai Giovanni. [14]Avrai gioia
ed esultanza, e molti si rallegreranno della sua nascita, [15]perché
egli sarà grande davanti al Signore; *non berrà vino né bevande*

1,5-7 Come succedeva nell'Antico Testamento, Dio entra nella vita quotidiana di uomini e donne comuni, trasformandola. La sterilità di Elisabetta indica la povertà dell'umanità, la sua incapacità a «darsi la vita», il suo più profondo bisogno di Dio. Questa situazione ricorda gli inizi della storia del popolo d'Israele, caratterizzati dalla sterilità di Sara (Gen 16,1-2), Rebecca (Gen 25,21) e Rachele (Gen 29,31).

1,8 Il racconto di Luca inizia nel tempio, cuore del culto ebraico. Tutto il terzo Vangelo è pensato come un lungo viaggio di Gesù in direzione di Gerusalemme e del suo tempio.

1,13 Le prime parole dell'angelo a Zaccaria sono un invito a non temere di fronte a Dio: l'uomo infatti si scopre piccolo e rimane turbato davanti alla sua grandezza. Queste parole sono un ritornello di Dio che ricerca l'uomo lungo tutta la Bibbia; tra gli altri, le troviamo rivolte ad Abram (Gen 15,1), Giacobbe (Is 44,2), Gedeone (Gdc 6,23), Maria (Lc 1,30), Paolo (At 18,9), Giovanni (Ap 1,17).

inebrianti, sarà colmato di Spirito Santo fin dal seno di sua madre [16]e ricondurrà molti figli d'Israele al Signore loro Dio. [17]Egli camminerà innanzi a lui con lo spirito e la potenza di Elia, per ricondurre i cuori dei padri verso i figli e i ribelli alla saggezza dei giusti e preparare al Signore un popolo ben disposto». [18]Zaccaria disse all'angelo: «Come potrò mai conoscere questo? Io sono vecchio e mia moglie è avanti negli anni». [19]L'angelo gli rispose: «Io sono Gabriele, che sto dinanzi a Dio e sono stato mandato a parlarti e a portarti questo lieto annuncio. [20]Ed ecco, tu sarai muto e non potrai parlare fino al giorno in cui queste cose avverranno, perché non hai creduto alle mie parole, che si compiranno a loro tempo».

[21]Intanto il popolo stava in attesa di Zaccaria e si meravigliava per il suo indugiare nel tempio. [22]Quando poi uscì e non poteva parlare loro, capirono che nel tempio aveva avuto una visione. Faceva loro dei cenni e restava muto.

[23]Compiuti i giorni del suo servizio, tornò a casa. [24]Dopo quei giorni Elisabetta, sua moglie, concepì e si tenne nascosta per cinque mesi e diceva: [25]«Ecco che cosa ha fatto per me il Signore, nei giorni in cui si è degnato di togliere la mia vergogna fra gli uomini».

Annuncio della nascita di Gesù - [26]Al sesto mese, l'angelo Gabriele fu mandato da Dio in una città della Galilea, chiamata Nàzaret, [27]a una vergine, promessa sposa di un uomo della casa di Davide, di nome Giuseppe. La vergine si chiamava Maria. [28]Entrando da lei, disse: «Rallégrati, piena di grazia: il Signore è con te».

1,26 Luca accosta come in un dittico i racconti delle annunciazioni e delle nascite di Giovanni e di Gesù. A differenza di Matteo, egli presenta i fatti dal punto di vista di Maria e non di Giuseppe.

1,27 La verginità di Maria indica una disponibilità totale a Dio: è lui che agisce, è lui che dona. Lei lo accoglie così come le si presenta e aderisce al suo progetto.

1,28 Il saluto dell'angelo Gabriele suona in greco come un invito alla gioia. La promessa cede spazio al compimento: è venuto il momento di rallegrarsi, poiché Dio scende in mezzo agli uomini.

[29]A queste parole ella fu molto turbata e si domandava che senso avesse un saluto come questo. [30]L'angelo le disse: «Non temere, Maria, perché hai trovato grazia presso Dio. [31]Ed ecco, concepirai un figlio, lo darai alla luce e lo chiamerai Gesù. [32]Sarà grande e verrà chiamato Figlio dell'Altissimo; il Signore Dio gli darà il trono di Davide suo padre [33]e regnerà per sempre sulla casa di Giacobbe e il suo regno non avrà fine».

[34]Allora Maria disse all'angelo: «Come avverrà questo, poiché non conosco uomo?». [35]Le rispose l'angelo: «Lo Spirito Santo scenderà su di te e la potenza dell'Altissimo ti coprirà con la sua ombra. Perciò colui che nascerà sarà santo e sarà chiamato Figlio di Dio. [36]Ed ecco, Elisabetta, tua parente, nella sua vecchiaia ha concepito anch'essa un figlio e questo è il sesto mese per lei, che era detta sterile: [37]nulla è impossibile a Dio». [38]Allora Maria disse: «Ecco la serva del Signore: avvenga per me secondo la tua parola». E l'angelo si allontanò da lei.

Maria ed Elisabetta - [39]In quei giorni Maria si alzò e andò in fretta verso la regione montuosa, in una città di Giuda. [40]Entrata nella casa di Zaccaria, salutò Elisabetta. [41]Appena Elisabetta ebbe udito il saluto di Maria, il bambino sussultò nel suo grembo. Elisabetta fu colmata di Spirito Santo [42]ed esclamò a gran voce: «Benedetta tu fra le donne e benedetto il frutto del tuo grembo! [43]A che cosa devo che la madre del mio Signore venga da me? [44]Ecco, appena il tuo saluto è giunto ai miei orecchi, il bambino ha sussultato di gioia nel mio grembo. [45]E beata colei che ha creduto nell'adempimento di ciò che il Signore le ha detto».

[46]Allora Maria disse:

1,39 Nella vita del discepolo non c'è posto per la pigrizia e per l'ozio: la buona notizia dell'incarnazione chiede di essere divulgata immediatamente e ovunque. Il tema del viaggio è centrale nell'opera lucana e può essere letto come una metafora della vita del cristiano.

1,46-55 Il cantico di lode che l'evangelista pone sulle labbra di Maria è un vero e proprio compendio della storia della salvezza, e contiene molteplici eco bibliche (cfr. ad esempio 1Sam 2,1-10). Presenta la gioia, la gratitudine e la lode che scaturiscono dal cuore dei *pove-*

«L'anima mia magnifica il Signore
47 e il mio spirito esulta in Dio, mio salvatore,
48 perché ha guardato l'umiltà della sua serva.
D'ora in poi tutte le generazioni mi chiameranno beata.
49 Grandi cose ha fatto per me l'Onnipotente
e Santo è il suo nome;
50 di generazione in generazione la sua misericordia
per quelli che lo temono.
51 Ha spiegato la potenza del suo braccio,
ha disperso i superbi nei pensieri del loro cuore;
52 ha rovesciato i potenti dai troni,
ha innalzato gli umili;
53 ha ricolmato di beni gli affamati,
ha rimandato i ricchi a mani vuote.
54 Ha soccorso Israele, suo servo,
ricordandosi della sua misericordia,
55 come aveva detto ai nostri padri,
per Abramo e la sua discendenza, per sempre».

56 Maria rimase con lei circa tre mesi, poi tornò a casa sua.

Nascita di Giovanni Battista - 57 Per Elisabetta intanto si compì
il tempo del parto e diede alla luce un figlio. 58 I vicini e i parenti
udirono che il Signore aveva manifestato in lei la sua grande
misericordia, e si rallegravano con lei.
59 Otto giorni dopo vennero per circoncidere il bambino e vo-
levano chiamarlo con il nome di suo padre, Zaccaria. 60 Ma sua

ri di Yhwh alla vista dei doni che Dio riserva loro. La bellezza e la ricchezza di questo componimento hanno portato la Chiesa a inserirlo nella sua preghiera vespertina: l'esultanza e la lode di Maria si innalzano ancora oggi ogni sera a Dio per bocca dei cristiani di tutto il mondo.

1,59 Nella cultura ebraica viene assegnata grande importanza alla scelta del nome, poiché si crede che esso racchiuda il destino di chi lo porta. Per questo motivo, la Bibbia insiste spesso sul fatto che Dio assegna un nome nuovo agli uomini e alle donne che chiama. Anche nel caso di Giovanni, il nome viene dal Signore e significa *Dio ha fatto grazia*.

madre intervenne: «No, si chiamerà Giovanni». 61 Le dissero:
«Non c'è nessuno della tua parentela che si chiami con questo
nome». 62 Allora domandavano con cenni a suo padre come vo-
leva che si chiamasse. 63 Egli chiese una tavoletta e scrisse: «Gio-
vanni è il suo nome». Tutti furono meravigliati. 64 All'istante gli
si aprì la bocca e gli si sciolse la lingua, e parlava benedicendo
Dio. 65 Tutti i loro vicini furono presi da timore, e per tutta la re-
gione montuosa della Giudea si discorreva di tutte queste cose.
66 Tutti coloro che le udivano, le custodivano in cuor loro, di-
cendo: «Che sarà mai questo bambino?». E davvero la mano del
Signore era con lui.

Il cantico di Zaccaria - 67 Zaccaria, suo padre, fu colmato di Spi-
rito Santo e profetò dicendo:

68 «Benedetto il Signore, Dio d'Israele,
perché ha visitato e redento il suo popolo,
69 e ha suscitato per noi un Salvatore potente
nella casa di Davide, suo servo,
70 come aveva detto
per bocca dei suoi santi profeti d'un tempo:
71 salvezza dai nostri nemici,
e dalle mani di quanti ci odiano.
72 Così egli ha concesso misericordia ai nostri padri
e si è ricordato della sua santa alleanza,
73 del giuramento fatto ad Abramo, nostro padre,
di concederci, 74 liberati dalle mani dei nemici,
di servirlo senza timore, 75 in santità e giustizia
al suo cospetto, per tutti i nostri giorni.
76 E tu, bambino, sarai chiamato profeta dell'Altissimo
perché andrai innanzi al Signore a preparargli le strade,

1,68-79 Il cantico di Zaccaria ripropone il messaggio che l'evangelista aveva già espresso con il *Magnificat*: la promessa di salvezza con cui Dio aveva dato il via alla storia del popolo d'Israele si compie in Gesù. Questo inno è cantato ogni giorno dalla Chiesa tutta nelle Lodi mattutine.

[77]per dare al suo popolo la conoscenza della salvezza
nella remissione dei suoi peccati.
[78]Grazie alla tenerezza e misericordia del nostro Dio,
ci visiterà un sole che sorge dall'alto,
[79]per risplendere su quelli che stanno nelle tenebre
e nell'ombra di morte,
e dirigere i nostri passi
sulla via della pace».

[80]Il bambino cresceva e si fortificava nello spirito. Visse in regioni deserte fino al giorno della sua manifestazione a Israele.

2 **Nascita di Gesù** - [1]In quei giorni un decreto di Cesare Au-
gusto ordinò che si facesse il censimento di tutta la terra.
[2]Questo primo censimento fu fatto quando Quirinio era gover-
natore della Siria. [3]Tutti andavano a farsi censire, ciascuno nel-
la propria città. [4]Anche Giuseppe, dalla Galilea, dalla città di
Nàzaret, salì in Giudea alla città di Davide chiamata Betlemme:
egli apparteneva infatti alla casa e alla famiglia di Davide. [5]Do-
veva farsi censire insieme a Maria, sua sposa, che era incinta.
[6]Mentre si trovavano in quel luogo, si compirono per lei i gior-
ni del parto. [7]Diede alla luce il suo figlio primogenito, lo av-
volse in fasce e lo pose in una mangiatoia, perché per loro non
c'era posto nell'alloggio.

I pastori - [8]C'erano in quella regione alcuni pastori che, per-
nottando all'aperto, vegliavano tutta la notte facendo la guardia
al loro gregge. [9]Un angelo del Signore si presentò a loro e la
gloria del Signore li avvolse di luce. Essi furono presi da gran-

2,1-7 Tenendo fede al suo proposito di stilare un resoconto curato e affidabile della vita di Gesù, Luca fornisce l'indicazione del tempo della sua nascita e della motivazione per cui avvenne a Betlemme.

2,8 L'ambientazione creata da Luca è più umile di quella di Matteo: non menziona alcun coinvolgimento del re Erode, e racconta l'omaggio al Bambino da parte di semplici pastori e non di nobili Magi venuti dall'Oriente.

de timore, [10]ma l'angelo disse loro: «Non temete: ecco, vi an-
nuncio una grande gioia, che sarà di tutto il popolo: [11]oggi, nel-
la città di Davide, è nato per voi un Salvatore, che è Cristo Si-
gnore. [12]Questo per voi il segno: troverete un bambino avvolto
in fasce, adagiato in una mangiatoia». [13]E subito apparve con
l'angelo una moltitudine dell'esercito celeste, che lodava Dio e
diceva:

[14]«Gloria a Dio nel più alto dei cieli
e sulla terra pace agli uomini, che egli ama».

[15]Appena gli angeli si furono allontanati da loro, verso il cie-
lo, i pastori dicevano l'un l'altro: «Andiamo dunque fino a Be-
tlemme, vediamo questo avvenimento che il Signore ci ha fatto
conoscere». [16]Andarono, senza indugio, e trovarono Maria e
Giuseppe e il bambino, adagiato nella mangiatoia. [17]E dopo
averlo visto, riferirono ciò che del bambino era stato detto loro.
[18]Tutti quelli che udivano si stupirono delle cose dette loro dai
pastori. [19]Maria, da parte sua, custodiva tutte queste cose, me-
ditandole nel suo cuore. [20]I pastori se ne tornarono, glorifican-
do e lodando Dio per tutto quello che avevano udito e visto,
com'era stato detto loro.

Circoncisione e presentazione al tempio - [21]Quando furono
compiuti gli otto giorni prescritti per la circoncisione, gli fu
messo nome Gesù, come era stato chiamato dall'angelo prima
che fosse concepito nel grembo.

2,14 Il cantico degli angeli loda Dio perché ha portato a compimento la sua opera, donando agli uomini la salvezza, indicata qui con il termine *pace*. Anche questo canto lucano è utilizzato dalla Chiesa: questa volta non nella Liturgia delle Ore, bensì in quella eucaristica domenicale e festiva.

2,15 I pastori si mettono in moto: lasciano le loro occupazioni e si dirigono verso Betlemme. Per incontrare Gesù è chiesto loro di alzarsi e di camminare, di compiere cioè un *viaggio*: è un'altra immagine del percorso di fede a cui è chiamato ogni cristiano: il discepolo di Gesù non può rimanere fermo.

22Quando furono compiuti i giorni della loro purificazione ri-
tuale, secondo la legge di Mosè, portarono il bambino a Geru-
salemme per presentarlo al Signore – 23come è scritto nella leg-
ge del Signore: *Ogni maschio primogenito sarà sacro al Signo-*
re – 24e per offrire in sacrificio *una coppia di tortore o due gio-*
vani colombi, come prescrive la legge del Signore.

Incontro con Simeone - 25Ora a Gerusalemme c'era un uomo
di nome Simeone, uomo giusto e pio, che aspettava la conso-
lazione d'Israele, e lo Spirito Santo era su di lui. 26Lo Spirito
Santo gli aveva preannunciato che non avrebbe visto la morte
senza prima aver veduto il Cristo del Signore. 27Mosso dallo
Spirito, si recò al tempio e, mentre i genitori vi portavano il
bambino Gesù per fare ciò che la Legge prescriveva a suo ri-
guardo, 28anch'egli lo accolse tra le braccia e benedisse Dio, di-
cendo:

29«Ora puoi lasciare, o Signore, che il tuo servo
vada in pace, secondo la tua parola,
30perché i miei occhi hanno visto la tua salvezza,
31preparata da te davanti a tutti i popoli:
32luce per rivelarti alle genti
e gloria del tuo popolo, Israele».

33Il padre e la madre di Gesù si stupivano delle cose che si di-
cevano di lui. 34Simeone li benedisse e a Maria, sua madre, dis-
se: «Ecco, egli è qui per la caduta e la risurrezione di molti in
Israele e come segno di contraddizione – 35e anche a te una spa-

2,22-24 È il libro del Levitico che riporta con precisione i lunghi tempi della purificazione della madre dopo il parto (Lv 12,2-4). Insieme a tale rito si celebrava tradizionalmente anche quello del riscatto del primogenito, che qui è di centrale importanza.

2,29-32 Il cantico di Simeone è ripreso dalla Chiesa a conclusione della Compieta: la preghiera che quotidianamente chiude la Liturgia delle Ore. Al calare della notte il popolo di Dio proclama la vittoria della luce di Cristo sulle tenebre del mondo.

da trafiggerà l'anima –, affinché siano svelati i pensieri di molti cuori».

La profetessa Anna - [36]C'era anche una profetessa, Anna, figlia
di Fanuele, della tribù di Aser. Era molto avanzata in età, aveva
vissuto con il marito sette anni dopo il suo matrimonio, [37]era
poi rimasta vedova e ora aveva ottantaquattro anni. Non si al-
lontanava mai dal tempio, servendo Dio notte e giorno con di-
giuni e preghiere. [38]Sopraggiunta in quel momento, si mise an-
che lei a lodare Dio e parlava del bambino a quanti aspettavano
la redenzione di Gerusalemme.

Vita di Gesù a Nàzaret - [39]Quando ebbero adempiuto ogni co-
sa secondo la legge del Signore, fecero ritorno in Galilea, alla
loro città di Nàzaret. [40]Il bambino cresceva e si fortificava, pie-
no di sapienza, e la grazia di Dio era su di lui.

Gesù tra i dottori del tempio - [41]I suoi genitori si recavano ogni
anno a Gerusalemme per la festa di Pasqua. [42]Quando egli ebbe
dodici anni, vi salirono secondo la consuetudine della festa.
[43]Ma, trascorsi i giorni, mentre riprendevano la via del ritorno,
il fanciullo Gesù rimase a Gerusalemme, senza che i genitori se
ne accorgessero. [44]Credendo che egli fosse nella comitiva, fe-
cero una giornata di viaggio e poi si misero a cercarlo tra i pa-
renti e i conoscenti; [45]non avendolo trovato, tornarono in cerca
di lui a Gerusalemme. [46]Dopo tre giorni lo trovarono nel tempio,

2,41-50 Questo è l'unico ritratto evangelico del Gesù adolescente. Oggi la legge di Israele introduce i ragazzi nella maturità religiosa all'età di 13 anni, con la cerimonia del *bar mitzwah* (*figlio del precetto*). Da quel momento i ragazzi ebrei sono tenuti a rispettare le prescrizioni della Legge come gli adulti.

2,46 I tre giorni passati da Gesù con i dottori del tempio sono tradizionalmente letti come una figura dei tre giorni che separeranno la sua morte dalla risurrezione. Il tono profetico di questo episodio è accresciuto anche dalla sua ambientazione: il tempio di Gerusalemme diverrà nel Vangelo di Luca la meta del viaggio consapevole del Signore verso il sacrificio di sé per la salvezza dell'umanità. Il bambino che qui pone intelligenti domande, là darà l'unica vera risposta di cui l'uomo aveva bisogno.

seduto in mezzo ai maestri, mentre li ascoltava e li interrogava.
[47]E tutti quelli che l'udivano erano pieni di stupore per la sua
intelligenza e le sue risposte. [48]Al vederlo restarono stupiti, e
sua madre gli disse: «Figlio, perché ci hai fatto questo? Ecco,
tuo padre e io, angosciati, ti cercavamo». [49]Ed egli rispose loro:
«Perché mi cercavate? Non sapevate che io devo occuparmi del-
le cose del Padre mio?». [50]Ma essi non compresero ciò che ave-
va detto loro.

Vita di Gesù a Nàzaret - [51]Scese dunque con loro e venne a Nà-
zaret e stava loro sottomesso. Sua madre custodiva tutte queste
cose nel suo cuore. [52]E Gesù cresceva in sapienza, età e grazia
davanti a Dio e agli uomini.

PREPARAZIONE AL MINISTERO: «ECCO IL FIGLIO AMATO» (Lc 3,1 - 4,15)

Luca in questa sezione sfrutta ancora la figura di Giovanni Battista: come storicamente egli fu il predecessore di Gesù, così narrativamente prepara il suo ingresso in scena, che avviene proprio in occasione del battesimo nel fiume Giordano. Inoltre, teologicamente parlando, queste pagine sono molto dense, perché ci presentano Gesù come più forte di Giovanni (cfr. 3,16), Figlio amato del Padre (cfr. 3,22), nuovo Adamo venuto per inaugurare la salvezza universale (cfr. 3,38), vincitore sul diavolo e su ogni male (cfr. 4,13).

3 **Giovanni Battista -** [1]Nell'anno quindicesimo dell'impero
di Tiberio Cesare, mentre Ponzio Pilato era governatore del-

3,1-2 Sono menzionate le principali autorità del tempo di Gesù. La più importante, sul piano politico, è l'imperatore Tiberio Cesare. Dal punto di vista religioso, i principali esponenti dell'ebraismo istituzionale sono Caifa (il sommo sacerdote in carica) e Anna (suo suocero, che era stato sommo sacerdote prima lui). L'anno quindicesimo di Tiberio va collocato tra il 27 e il 29 d.C.

la Giudea, Erode tetrarca della Galilea, e Filippo, suo fratello,
tetrarca dell'Iturea e della Traconìtide, e Lisània tetrarca del-
l'Abilene, [2]sotto i sommi sacerdoti Anna e Caifa, la parola di
Dio venne su Giovanni, figlio di Zaccaria, nel deserto. [3]Egli per-
corse tutta la regione del Giordano, predicando un battesimo di
conversione per il perdono dei peccati, [4]com'è scritto nel libro
degli oracoli del profeta Isaia:

Voce di uno che grida nel deserto:
Preparate la via del Signore,
raddrizzate i suoi *sentieri*!
[5]*Ogni burrone sarà riempito,*
ogni monte e ogni colle sarà abbassato;
le vie tortuose diverranno diritte
e quelle impervie, spianate.
[6]*Ogni uomo vedrà la salvezza di Dio!*

Predicazione di Giovanni Battista - [7]Alle folle che andavano a
farsi battezzare da lui, Giovanni diceva: «Razza di vipere, chi vi
ha fatto credere di poter sfuggire all'ira imminente? [8]Fate dun-
que frutti degni della conversione e non cominciate a dire fra
voi: "Abbiamo Abramo per padre!". Perché io vi dico che da
queste pietre Dio può suscitare figli ad Abramo. [9]Anzi, già la
scure è posta alla radice degli alberi; perciò ogni albero che non
dà buon frutto viene tagliato e gettato nel fuoco».
[10]Le folle lo interrogavano: «Che cosa dobbiamo fare?». [11]Ri-

3,4-6 Viene riportata la profezia di Is 40,3-5, secondo la quale Dio, il liberatore, si mette alla testa del suo popolo e lo guida in un nuovo esodo, verso la terra della salvezza. Con questo riferimento all'Antico Testamento Luca vuole indicare che la parola di cui si fa portavoce Giovanni Battista è un messaggio di liberazione e redenzione

3,7-8 La predicazione di Giovanni si rivolge a persone prevenute, ostili alle proposte di salvezza che vengono da Dio. A costoro, che si riparano dietro l'autorità di Abramo – il padre dei credenti – Giovanni chiede un atteggiamento di vera conversione.

3,11-14 La conversione richiesta dalla predicazione profetica ha carattere pratico e quotidiano e riguarda sia la gente comune sia chi esercita professioni

spondeva loro: «Chi ha due tuniche ne dia a chi non ne ha, e chi
ha da mangiare faccia altrettanto». 12Vennero anche dei pubbli-
cani a farsi battezzare e gli chiesero: «Maestro, che cosa dob-
biamo fare?». 13Ed egli disse loro: «Non esigete nulla di più di
quanto vi è stato fissato». 14Lo interrogavano anche alcuni sol-
dati: «E noi, che cosa dobbiamo fare?». Rispose loro: «Non
maltrattate e non estorcete niente a nessuno; accontentatevi del-
le vostre paghe».

Testimonianza sul Cristo - 15Poiché il popolo era in attesa e tut-
ti, riguardo a Giovanni, si domandavano in cuor loro se non fos-
se lui il Cristo, 16Giovanni rispose a tutti dicendo: «Io vi battez-
zo con acqua; ma viene colui che è più forte di me, a cui non so-
no degno di slegare i lacci dei sandali. Egli vi battezzerà in Spi-
rito Santo e fuoco. 17Tiene in mano la pala per pulire la sua aia
e per raccogliere il frumento nel suo granaio; ma brucerà la pa-
glia con un fuoco inestinguibile».

Giovanni Battista in prigione - 18Con molte altre esortazioni
Giovanni evangelizzava il popolo.
19Ma il tetrarca Erode, rimproverato da lui a causa di Erodìa-
de, moglie di suo fratello, e per tutte le malvagità che aveva
commesso, 20aggiunse alle altre anche questa: fece rinchiudere
Giovanni in prigione.

Battesimo di Gesù - 21Ed ecco, mentre tutto il popolo veniva
battezzato e Gesù, ricevuto anche lui il battesimo, stava in pre-

che escludono coloro che le praticano (pubblicani e soldati) dalla comunità dei credenti: anche costoro sono riammessi nel rapporto con Dio.

3,15-17 Il Vangelo di Luca sottolinea con chiarezza la distinzione tra il battesimo di Giovanni e quello di Gesù e quindi tra le due figure: Gesù è *più forte* di Giovanni (v. 16), cioè superiore a lui.

3,18-20 La predicazione di Giovanni lo porta a essere perseguitato dai potenti, incarcerato e infine ucciso (cfr. 9,9). Analogo destino subirà colui che il Battista è venuto ad annunciare: Gesù Cristo.

3,21-22 Riferendo l'episodio del battesimo di Gesù, Luca vuol sottolineare che il Maestro di Nàzaret non è un pro-

ghiera, il cielo si aprì [22]e discese sopra di lui lo Spirito Santo in forma corporea, come una colomba, e venne una voce dal cielo: «Tu sei il Figlio mio, l'amato: in te ho posto il mio compiacimento».

Albero genealogico di Gesù - [23]Gesù, quando cominciò il suo ministero, aveva circa trent'anni ed era figlio, come si riteneva, di Giuseppe, figlio di Eli, [24]figlio di Mattat, figlio di Levi, figlio di Melchi, figlio di Innai, figlio di Giuseppe, [25]figlio di Mattatia, figlio di Amos, figlio di Naum, figlio di Esli, figlio di Naggai, [26]figlio di Maat, figlio di Mattatia, figlio di Semein, figlio di Iosec, figlio di Ioda, [27]figlio di Ioanàn, figlio di Resa, figlio di Zorobabele, figlio di Salatièl, figlio di Neri, [28]figlio di Melchi, figlio di Addi, figlio di Cosam, figlio di Elmadàm, figlio di Er, [29]figlio di Gesù, figlio di Elièzer, figlio di Iorim, figlio di Mattat, figlio di Levi, [30]figlio di Simeone, figlio di Giuda, figlio di Giuseppe, figlio di Ionam, figlio di Eliachìm, [31]figlio di Melea, figlio di Menna, figlio di Mattatà, figlio di Natam, figlio di Davide, [32]figlio di Iesse, figlio di Obed, figlio di Booz, figlio di Sala, figlio di Naassòn, [33]figlio di Aminadàb, figlio di Admin, figlio di Arni, figlio di Esrom, figlio di Fares, figlio di Giuda, [34]figlio di Giacobbe, figlio di Isacco, figlio di Abramo, figlio di Tare, figlio di Nacor, [35]figlio di Seruc, figlio di Ragàu, figlio di Falek, figlio di Eber, figlio di Sala, [36]figlio di Cainam, figlio di Arfacsàd, figlio di Sem, figlio di Noè, figlio di Lamec, [37]figlio di Matusalemme, figlio di Enoc, figlio di Iaret, figlio di Maleleèl, figlio di Cainam, [38]figlio di Enos, figlio di Set, figlio di Adamo, figlio di Dio.

feta qualsiasi, bensì colui che è colmato di Spirito Santo e addirittura il Figlio di Dio, l'inviato definitivo per la salvezza del mondo.

3,38 Sottolineando che Gesù è *figlio di Adamo*, Luca allarga l'orizzonte rispetto alla genealogia secondo Matteo (cfr. Mt 1,1-18), che fa discendere il Maestro di Nàzaret da Abramo. Gesù non è solo il Messia atteso dai Giudei, ma è il salvatore di tutti gli uomini (di tutti i *figli di Adamo*, di tutti i *figli di Dio*).

4 **Tentazioni nel deserto** - [1]Gesù, pieno di Spirito Santo, si allontanò dal Giordano ed era guidato dallo Spirito nel deserto, [2]per quaranta giorni, tentato dal diavolo. Non mangiò nulla in quei giorni, ma quando furono terminati, ebbe fame. [3]Allora il diavolo gli disse: «Se tu sei Figlio di Dio, di' a questa pietra che diventi pane». [4]Gesù gli rispose: «Sta scritto: *Non di solo pane vivrà l'uomo*».

[5]Il diavolo lo condusse in alto, gli mostrò in un istante tutti i regni della terra [6]e gli disse: «Ti darò tutto questo potere e la loro gloria, perché a me è stata data e io la do a chi voglio. [7]Perciò, se ti prostrerai in adorazione dinanzi a me, tutto sarà tuo». [8]Gesù gli rispose: «Sta scritto: *Il Signore, Dio tuo, adorerai*: *a lui solo renderai culto*».

[9]Lo condusse a Gerusalemme, lo pose sul punto più alto del tempio e gli disse: «Se tu sei Figlio di Dio, gèttati giù di qui; [10]sta scritto infatti:

Ai suoi angeli darà ordini a tuo riguardo
affinché essi ti custodiscano;

[11]e anche:

Essi ti porteranno sulle loro mani
perché il tuo piede non inciampi in una pietra».

[12]Gesù gli rispose: «È stato detto: *Non metterai alla prova il Signore Dio tuo*».

4,6-8 Si noti l'accenno polemico di Luca nei confronti dei poteri politici. Questo tipo di autorità viene direttamente dal diavolo, che la concede a chi vuole. Non a caso la risposta di Gesù, che si ispira a Dt 6,13, si oppone nettamente a questo modo di concepire e di usare il potere: soltanto Dio va riconosciuto come l'assoluto; a lui solo è dovuta l'adorazione degli uomini.

4,9-11 Mentre Matteo ricorda questa tentazione per seconda, in Luca essa diviene l'ultima, la culminante. Per questo evangelista, infatti, Gerusalemme è posta al vertice dell'esistenza di Gesù e del discepolato del credente.

13Dopo aver esaurito ogni tentazione, il diavolo si allontanò da lui fino al momento fissato.

14Gesù ritornò in Galilea con la potenza dello Spirito e la sua fama si diffuse in tutta la regione. 15Insegnava nelle loro sinagoghe e gli rendevano lode.

MINISTERO IN GALILEA: «LIETO ANNUNCIO PER IL MONDO» (Lc 4,16 - 9,50)

Gesù inizia il proprio ministero a Nàzaret, tra la gente che l'aveva visto crescere. E non in un luogo qualunque, bensì nella sinagoga della città. È chiaro che, almeno all'inizio, intende rivolgersi prevalentemente al suo popolo, ai Giudei: tra loro guarisce, predica, insegna, sceglie i primi discepoli... Eppure non sempre viene accolto con disponibilità. Iniziano le prime discussioni con i farisei a riguardo del riposo sabbatico, del digiuno, della sua autorità. Intanto il Signore comincia a rivolgersi anche a persone che le autorità giudaiche ritengono "lontane" – come peccatori, pubblicani, prostitute e pagani. Ognuno è messo da Gesù di fronte a una scelta: c'è chi lo accoglie e lo segue, sperimentando così la beatitudine dei poveri, e chi invece, troppo sicuro di sé, lo critica e lo osteggia, incamminandosi su una strada che porterà solo guai. ■

Predicazione di Gesù a Nàzaret - 16Venne a Nàzaret, dove era cresciuto, e secondo il suo solito, di sabato, entrò nella sinago-

4,13 Luca sottolinea che il diavolo si allontana da Gesù *fino al momento fissato*. È un'allusione piuttosto chiara alla passione di Cristo: Satana esce temporaneamente dalla scena della vita di Gesù per tornare nel momento finale e più decisivo del venerdì santo (cfr. 22,53), quando il Maestro sarà alle prese non solo con uomini ostili, ma con il male in persona.

4,16-30 L'episodio di Nàzaret svolge, nel quadro del Vangelo di Luca, lo stesso ruolo che hanno in Matteo il Discorso della montagna (cfr. Mt 5,1 - 7,29) e in Marco la narrazione della giornata inaugurale del ministero a Cafàrnao

ga e si alzò a leggere. [17]Gli fu dato il rotolo del profeta Isaia; aprì il rotolo e trovò il passo dove era scritto:

[18]*Lo Spirito del Signore è sopra di me;*
per questo mi ha consacrato con l'unzione
e mi ha mandato a portare ai poveri il lieto annuncio,
a proclamare ai prigionieri la liberazione
e ai ciechi la vista;
a rimettere in libertà gli oppressi,
[19]*a proclamare l'anno di grazia del Signore.*

[20]Riavvolse il rotolo, lo riconsegnò all'inserviente e sedette. Nella sinagoga, gli occhi di tutti erano fissi su di lui. [21]Allora cominciò a dire loro: «Oggi si è compiuta questa Scrittura che voi avete ascoltato».

[22]Tutti gli davano testimonianza ed erano meravigliati delle parole di grazia che uscivano dalla sua bocca e dicevano: «Non è costui il figlio di Giuseppe?». [23]Ma egli rispose loro: «Certamente voi mi citerete questo proverbio: "Medico, cura te stesso. Quanto abbiamo udito che accadde a Cafàrnao, fallo anche qui, nella tua patria!"». [24]Poi aggiunse: «In verità io vi dico: nessun profeta è bene accetto nella sua patria. [25]Anzi, in verità io vi dico: c'erano molte vedove in Israele al tempo di Elia, quando

(cfr. Mc 1,21-39). Mediante la citazione di Is 61,1-2 vengono sottolineati i temi dello Spirito Santo, dell'unzione del Messia, della liberazione finale, della gioia dei tempi messianici, dell'intervento divino in favore dei poveri e degli oppressi, della proclamazione dell'anno di grazia. Nel seguito del suo ministero pubblico Gesù svilupperà questi argomenti fondamentali mediante la sua predicazione e i suoi gesti prodigiosi.

4,24-27 Gesù ricorda due episodi capitati durante il ministero dei profeti Elia ed Eliseo, che operarono in Israele circa ottocento anni prima di lui. In entrambi i casi la salvezza, sotto forma di liberazione dalla carestia e di guarigione da una malattia devastante, raggiunge persone che non appartengono al popolo ebraico e che avrebbero quindi dovuto essere escluse dal favore divino. In realtà Dio ama tutti i suoi figli e opera per la loro liberazione: questa apertura salvifica, di cui si hanno appunto testimonianze anche in epoca profetica, giunge a compimento in Gesù.

il cielo fu chiuso per tre anni e sei mesi e ci fu una grande ca-
restia in tutto il paese; 26ma a nessuna di esse fu mandato Elia,
se non a una vedova a Sarepta di Sidone. 27C'erano molti leb-
brosi in Israele al tempo del profeta Eliseo; ma nessuno di loro
fu purificato, se non Naamàn, il Siro».
28All'udire queste cose, tutti nella sinagoga si riempirono di
sdegno. 29Si alzarono e lo cacciarono fuori della città e lo con-
dussero fin sul ciglio del monte, sul quale era costruita la loro
città, per gettarlo giù. 30Ma egli, passando in mezzo a loro, si
mise in cammino.

Predicazione a Cafàrnao e guarigione di un indemoniato

31Poi scese a Cafàrnao, città della Galilea, e in giorno di sabato
insegnava alla gente. 32Erano stupiti del suo insegnamento per-
ché la sua parola aveva autorità.
33Nella sinagoga c'era un uomo che era posseduto da un de-
monio impuro; cominciò a gridare forte: 34«Basta! Che vuoi da
noi, Gesù Nazareno? Sei venuto a rovinarci? Io so chi tu sei: il
santo di Dio!». 35Gesù gli ordinò severamente: «Taci! Esci da
lui!». E il demonio lo gettò a terra in mezzo alla gente e uscì da
lui, senza fargli alcun male. 36Tutti furono presi da timore e si di-
cevano l'un l'altro: «Che parola è mai questa, che comanda con
autorità e potenza agli spiriti impuri ed essi se ne vanno?». 37E
la sua fama si diffondeva in ogni luogo della regione circostante.

Altre guarigioni - 38Uscito dalla sinagoga, entrò nella casa di
Simone. La suocera di Simone era in preda a una grande febbre
e lo pregarono per lei. 39Si chinò su di lei, comandò alla febbre
e la febbre la lasciò. E subito si alzò in piedi e li serviva.

4,32.36 Per ben due volte si sottolinea che Gesù opera *con autorità*, ovvero su mandato di Dio stesso e con la pienezza dello Spirito Santo che gli è stato donato. In effetti Gesù non si limita a predicare, ma compie anche azioni di guarigione, capaci di esprimere in maniera altrettanto eloquente che Dio non vuole il male di alcuna persona. Dio è all'opera, qui e ora, per il bene di tutti.

40 Al calar del sole, tutti quelli che avevano infermi affetti da
varie malattie li condussero a lui. Ed egli, imponendo su ciascuno le mani, li guariva. 41 Da molti uscivano anche demòni,
gridando: «Tu sei il Figlio di Dio!». Ma egli li minacciava e non
li lasciava parlare, perché sapevano che era lui il Cristo.

Gesù lascia Cafàrnao - 42 Sul far del giorno uscì e si recò in un
luogo deserto. Ma le folle lo cercavano, lo raggiunsero e tentarono di trattenerlo perché non se ne andasse via. 43 Egli però disse loro: «È necessario che io annunci la buona notizia del regno
di Dio anche alle altre città; per questo sono stato mandato». 44 E
andava predicando nelle sinagoghe della Giudea.

5 **Chiamata dei primi discepoli -** 1 Mentre la folla gli faceva
ressa attorno per ascoltare la parola di Dio, Gesù, stando
presso il lago di Gennèsaret, 2 vide due barche accostate alla
sponda. I pescatori erano scesi e lavavano le reti. 3 Salì in una
barca, che era di Simone, e lo pregò di scostarsi un poco da terra. Sedette e insegnava alle folle dalla barca.

4 Quando ebbe finito di parlare, disse a Simone: «Prendi il largo e gettate le vostre reti per la pesca». 5 Simone rispose: «Maestro, abbiamo faticato tutta la notte e non abbiamo preso nulla;
ma sulla tua parola getterò le reti». 6 Fecero così e presero una
quantità enorme di pesci e le loro reti quasi si rompevano. 7 Allora fecero cenno ai compagni dell'altra barca, che venissero ad
aiutarli. Essi vennero e riempirono tutte e due le barche fino a
farle quasi affondare. 8 Al vedere questo, Simon Pietro si gettò
alle ginocchia di Gesù, dicendo: «Signore, allontànati da me,
perché sono un peccatore». 9 Lo stupore infatti aveva invaso lui
e tutti quelli che erano con lui, per la pesca che avevano fatto;

4,43 Gesù abbandona Cafàrnao e si reca ad annunciare il Vangelo in altre località della Palestina perché *è necessario* che avvenga così. L'espressione, tipica di Luca, esprime la convinzione che esiste un piano divino per la salvezza dell'umanità. Gesù lo fa suo prontamente scegliendo la volontà del Padre.

10così pure Giacomo e Giovanni, figli di Zebedeo, che erano soci di Simone. Gesù disse a Simone: «Non temere; d'ora in poi sarai pescatore di uomini». 11E, tirate le barche a terra, lasciarono tutto e lo seguirono.

Guarigione di un lebbroso - 12Mentre Gesù si trovava in una città, ecco, un uomo coperto di lebbra lo vide e gli si gettò dinanzi, pregandolo: «Signore, se vuoi, puoi purificarmi». 13Gesù tese la mano e lo toccò dicendo: «Lo voglio, sii purificato!». E immediatamente la lebbra scomparve da lui. 14Gli ordinò di non dirlo a nessuno: «Va' invece a mostrarti al sacerdote e fa' l'offerta per la tua purificazione, come Mosè ha prescritto, a testimonianza per loro». 15Di lui si parlava sempre di più, e folle numerose venivano per ascoltarlo e farsi guarire dalle loro malattie. 16Ma egli si ritirava in luoghi deserti a pregare.

Guarigione di un paralitico - 17Un giorno stava insegnando. Sedevano là anche dei farisei e maestri della Legge, venuti da ogni villaggio della Galilea e della Giudea, e da Gerusalemme. E la potenza del Signore gli faceva operare guarigioni. 18Ed ecco, alcuni uomini, portando su un letto un uomo che era paralizzato, cercavano di farlo entrare e di metterlo davanti a lui. 19Non trovando da quale parte farlo entrare a causa della folla, salirono sul tetto e, attraverso le tegole, lo calarono con il lettuccio davanti a Gesù nel mezzo della stanza. 20Vedendo la loro fede, disse: «Uomo, ti sono perdonati i tuoi peccati». 21Gli scribi e i farisei cominciarono a discutere, dicendo: «Chi è costui che dice

5,11 Luca sottolinea che i discepoli di Gesù lasciano tutto per lui (cfr. anche 5,28; 11,41; 12,33; 14,33; 18,22). Rispondere alla chiamata evangelica, e soprattutto alla chiamata a essere apostoli o *pescatori di uomini*, è realtà molto esigente.

5,14 Il lebbroso guarito dovrà tacere con la gente, che potrebbe pensare a Gesù come a un Messia potente venuto a risolvere tutti i problemi materiali delle persone; dovrà invece parlare con i sacerdoti, per rispettare quanto stabilito dalla Legge di Mosè in caso di guarigione dalla lebbra (cfr. Lv 14,2-32).

bestemmie? Chi può perdonare i peccati, se non Dio soltanto?». [22]Ma Gesù, conosciuti i loro ragionamenti, rispose: «Perché pensate così nel vostro cuore? [23]Che cosa è più facile: dire "Ti sono perdonati i tuoi peccati", oppure dire "Àlzati e cammina"? [24]Ora, perché sappiate che il Figlio dell'uomo ha il potere sulla terra di perdonare i peccati, dico a te – disse al paralitico –: àlzati, prendi il tuo lettuccio e torna a casa tua». [25]Subito egli si alzò davanti a loro, prese il lettuccio su cui era disteso e andò a casa sua, glorificando Dio. [26]Tutti furono colti da stupore e davano gloria a Dio; pieni di timore dicevano: «Oggi abbiamo visto cose prodigiose».

Chiamata di Levi - [27]Dopo questo egli uscì e vide un pubblicano di nome Levi, seduto al banco delle imposte, e gli disse: «Seguimi!». [28]Ed egli, lasciando tutto, si alzò e lo seguì.

[29]Poi Levi gli preparò un grande banchetto nella sua casa. C'era una folla numerosa di pubblicani e di altra gente, che erano con loro a tavola. [30]I farisei e i loro scribi mormoravano e dicevano ai suoi discepoli: «Come mai mangiate e bevete insieme ai pubblicani e ai peccatori?». [31]Gesù rispose loro: «Non sono i sani che hanno bisogno del medico, ma i malati; [32]io non sono venuto a chiamare i giusti, ma i peccatori perché si convertano».

Discussione sul digiuno - [33]Allora gli dissero: «I discepoli di Giovanni digiunano spesso e fanno preghiere, così pure i disce-

5,24 Come già l'evangelista Marco, anche Luca ricorda che Gesù preferiva alludere a se stesso come *Figlio dell'uomo* piuttosto che come *Messia* o *Cristo*. Voleva così evitare ogni interpretazione trionfalistica della propria missione e ricollegarsi ad alcune espressioni profetiche che sottolineavano sia l'esaltazione (cfr. Dn 7,13) che l'abbassamento (Is 52,13-53,12) dell'inviato di Dio.

5,30-32 La discussione che segue alla vocazione di Levi, che va identificato con l'apostolo Matteo (cfr. Mt 9,9), permette al Maestro di Nàzaret di chiarire il suo atteggiamento verso i peccatori: essi sono malati che hanno bisogno del medico-Gesù; non sono esclusi dalla salvezza ma sono chiamati a conversione profonda e totale.

poli dei farisei; i tuoi invece mangiano e bevono!». 34Gesù ri-
spose loro: «Potete forse far digiunare gli invitati a nozze quan-
do lo sposo è con loro? 35Ma verranno giorni quando lo sposo
sarà loro tolto: allora in quei giorni digiuneranno».
36Diceva loro anche una parabola: «Nessuno strappa un pez-
zo da un vestito nuovo per metterlo su un vestito vecchio; altri-
menti il nuovo lo strappa e al vecchio non si adatta il pezzo pre-
so dal nuovo. 37E nessuno versa vino nuovo in otri vecchi; altri-
menti il vino nuovo spaccherà gli otri, si spanderà e gli otri an-
dranno perduti. 38Il vino nuovo bisogna versarlo in otri nuovi.
39Nessuno poi che beve il vino vecchio desidera il nuovo, per-
ché dice: "Il vecchio è gradevole!"».

6 **Discussione sul sabato** - 1Un sabato Gesù passava fra cam-
pi di grano e i suoi discepoli coglievano e mangiavano le
spighe, sfregandole con le mani. 2Alcuni farisei dissero: «Perché
fate in giorno di sabato quello che non è lecito?». 3Gesù rispo-
se loro: «Non avete letto quello che fece Davide, quando lui e i
suoi compagni ebbero fame? 4Come entrò nella casa di Dio, pre-
se i pani dell'offerta, ne mangiò e ne diede ai suoi compagni,
sebbene non sia lecito mangiarli se non ai soli sacerdoti?». 5E di-
ceva loro: «Il Figlio dell'uomo è signore del sabato».

Guarigione di sabato - 6Un altro sabato egli entrò nella sinago-
ga e si mise a insegnare. C'era là un uomo che aveva la mano de-
stra paralizzata. 7Gli scribi e i farisei lo osservavano per vedere

5,39 Questo versetto è aggiunto ai precedenti in quanto parla di vino nuovo. Non esiste però un vero collegamento quanto al contenuto della discussione con i farisei circa il digiuno (si noti invece il riferimento al miracolo delle nozze di Cana, riportato in Gv 2,1-12, specialmente alle parole del maestro di tavola al v. 10).

6,1-5 Come non disprezza il digiuno, pur dichiarandolo ormai superato dall'avvento del Regno, così Gesù non abolisce il sabato ma lo ricollega al Figlio dell'uomo e alla autorità che gli è stata concessa da Dio. In ogni caso, è l'opera di Cristo a salvare gli uomini, non il rispetto delle norme rituali tradizionali.

se lo guariva in giorno di sabato, per trovare di che accusarlo. [8]Ma Gesù conosceva i loro pensieri e disse all'uomo che aveva la mano paralizzata: «Àlzati e mettiti qui in mezzo!». Si alzò e si mise in mezzo. [9]Poi Gesù disse loro: «Domando a voi: in giorno di sabato, è lecito fare del bene o fare del male, salvare una vita o sopprimerla?». [10]E guardandoli tutti intorno, disse all'uomo: «Tendi la tua mano!». Egli lo fece e la sua mano fu guarita. [11]Ma essi, fuori di sé dalla collera, si misero a discutere tra loro su quello che avrebbero potuto fare a Gesù.

Scelta dei Dodici - [12]In quei giorni egli se ne andò sul monte a pregare e passò tutta la notte pregando Dio. [13]Quando fu giorno, chiamò a sé i suoi discepoli e ne scelse dodici, ai quali diede anche il nome di apostoli: [14]Simone, al quale diede anche il nome di Pietro; Andrea, suo fratello; Giacomo, Giovanni, Filippo, Bartolomeo, [15]Matteo, Tommaso; Giacomo, figlio di Alfeo; Simone, detto Zelota; [16]Giuda, figlio di Giacomo; e Giuda Iscariota, che divenne il traditore.

[17]Disceso con loro, si fermò in un luogo pianeggiante. C'era gran folla di suoi discepoli e gran moltitudine di gente da tutta la Giudea, da Gerusalemme e dal litorale di Tiro e di Sidone, [18]che erano venuti per ascoltarlo ed essere guariti dalle loro malattie; anche quelli che erano tormentati da spiriti impuri venivano guariti. [19]Tutta la folla cercava di toccarlo, perché da lui usciva una forza che guariva tutti.

Discorso inaugurale: beatitudini e guai - [20]Ed egli, alzàti gli occhi verso i suoi discepoli, diceva:

6,17 Matteo ambienta il grande discorso inaugurale sulla montagna, per sottolineare come la via di salvezza proposta agli uomini venga da Dio stesso, il quale aveva donato le tavole della Legge a Mosè sul monte Sinai. Luca evidenzia, dal canto suo, che dopo il momento della preghiera e della chiamata Gesù scende con gli apostoli verso un luogo pianeggiante: egli porta ai discepoli e al popolo la nuova sapienza di Dio, i cui elementi fondamentali sono esposti nei vv. 20-49.

6,20-26 Se Matteo riporta nove beatitudini come apertura del discorso inaugurale di Gesù, Luca ne seleziona solo

«Beati voi, poveri,
perché vostro è il regno di Dio.
21 Beati voi, che ora avete fame,
perché sarete saziati.
Beati voi, che ora piangete,
perché riderete.
22 Beati voi, quando gli uomini vi odieranno e quando vi met-
teranno al bando e vi insulteranno e disprezzeranno il vostro no-
me come infame, a causa del Figlio dell'uomo. 23 Rallegratevi
in quel giorno ed esultate perché, ecco, la vostra ricompensa è
grande nel cielo. Allo stesso modo infatti agivano i loro padri
con i profeti.
24 Ma guai a voi, ricchi,
perché avete già ricevuto la vostra consolazione.
25 Guai a voi, che ora siete sazi,
perché avrete fame.
Guai a voi, che ora ridete,
perché sarete nel dolore e piangerete.
26 Guai, quando tutti gli uomini diranno bene di voi. Allo stes-
so modo infatti agivano i loro padri con i falsi profeti.

Amare i nemici - 27 Ma a voi che ascoltate, io dico: amate i vo-
stri nemici, fate del bene a quelli che vi odiano, 28 benedite co-

quattro, accompagnandole però con altrettanti *Guai*. La formulazione lucana è caratterizzata da un tono più sociale – parla infatti di persone effettivamente povere, affamate, in lacrime, emarginate – e da una forte insistenza sul futuro ribaltamento della situazione attuale – inserisce per quattro volte l'avverbio *ora* (cfr. vv. 21.24).

6,20-21 Qui vengono proclamate beate le categorie tradizionalmente più deboli e oppresse della società ebraica. Con Gesù è finalmente giunta la felicità per quei poveri di Yhwh a cui già si rivolgevano gli antichi profeti di Israele (cfr. Is 61,1-3; 14,30; 25,4-5; ma anche Dt 10,17-18; Sal 68,6-7; 146). Per Luca, il fondamento del privilegio di queste persone non risiede in una loro disposizione d'animo, bensì nella libera decisione di Dio di esercitare il suo potere regale proprio a vantaggio dei deboli e degli sventurati.

6,27-35 Alle beatitudini o promesse che Gesù fa ai suoi discepoli seguono alcuni principi fondamentali della vita cristiana, che possono essere sintetizzati nel comandamento dell'amore, spinto fino all'estremo: l'amore per i nemici.

loro che vi maledicono, pregate per coloro che vi trattano male. [29]A chi ti percuote sulla guancia, offri anche l'altra; a chi ti strappa il mantello, non rifiutare neanche la tunica. [30]Da' a chiunque ti chiede, e a chi prende le cose tue, non chiederle indietro.

[31]E come volete che gli uomini facciano a voi, così anche voi fate a loro. [32]Se amate quelli che vi amano, quale gratitudine vi è dovuta? Anche i peccatori amano quelli che li amano. [33]E se fate del bene a coloro che fanno del bene a voi, quale gratitudine vi è dovuta? Anche i peccatori fanno lo stesso. [34]E se prestate a coloro da cui sperate ricevere, quale gratitudine vi è dovuta? Anche i peccatori concedono prestiti ai peccatori per riceverne altrettanto. [35]Amate invece i vostri nemici, fate del bene e prestate senza sperarne nulla, e la vostra ricompensa sarà grande e sarete figli dell'Altissimo, perché egli è benevolo verso gli ingrati e i malvagi.

Non giudicare - [36]Siate misericordiosi, come il Padre vostro è misericordioso.

[37]Non giudicate e non sarete giudicati; non condannate e non sarete condannati; perdonate e sarete perdonati. [38]Date e vi sarà dato: una misura buona, pigiata, colma e traboccante vi sarà versata nel grembo, perché con la misura con la quale misurate, sarà misurato a voi in cambio».

Guide cieche - [39]Disse loro anche una parabola: «Può forse un cieco guidare un altro cieco? Non cadranno tutti e due in un fosso? [40]Un discepolo non è più del maestro; ma ognuno, che sia ben preparato, sarà come il suo maestro.

[41]Perché guardi la pagliuzza che è nell'occhio del tuo fratel-

6,36-38 Il comandamento dell'amore viene riespresso mediante il tema biblico e lucano della misericordia: la misura dell'amore è data da Dio, modello di passione e di donazione completa. Ne consegue l'invito a evitare la condanna e il giudizio, per scegliere la via del perdono incondizionato.

lo e non ti accorgi della trave che è nel tuo occhio? 42 Come puoi
dire al tuo fratello: "Fratello, lascia che tolga la pagliuzza che è
nel tuo occhio", mentre tu stesso non vedi la trave che è nel tuo
occhio? Ipocrita! Togli prima la trave dal tuo occhio e allora ci
vedrai bene per togliere la pagliuzza dall'occhio del tuo fratello.

A ciascun albero il suo frutto - 43 Non vi è albero buono che
produca un frutto cattivo, né vi è d'altronde albero cattivo che
produca un frutto buono. 44 Ogni albero infatti si riconosce dal
suo frutto: non si raccolgono fichi dagli spini, né si vendemmia
uva da un rovo. 45 L'uomo buono dal buon tesoro del suo cuore
trae fuori il bene; l'uomo cattivo dal suo cattivo tesoro trae fuo-
ri il male: la sua bocca infatti esprime ciò che dal cuore so-
vrabbonda.

La casa sulla roccia - 46 Perché mi invocate: "Signore, Signore!"
e non fate quello che dico? 47 Chiunque viene a me e ascolta le
mie parole e le mette in pratica, vi mostrerò a chi è simile: 48 è
simile a un uomo che, costruendo una casa, ha scavato molto
profondo e ha posto le fondamenta sulla roccia. Venuta la pie-
na, il fiume investì quella casa, ma non riuscì a smuoverla per-
ché era costruita bene. 49 Chi invece ascolta e non mette in pra-
tica, è simile a un uomo che ha costruito una casa sulla terra,
senza fondamenta. Il fiume la investì e subito crollò; e la di-
struzione di quella casa fu grande».

7 **Guarigione del servo di un centurione -** 1 Quando ebbe ter-
minato di rivolgere tutte le sue parole al popolo che stava in

6,45 Luca sottolinea due volte l'importanza del cuore: il cuore buono è come un tesoro da cui si trae il bene; la pienezza del cuore si manifesta nelle azioni e nei discorsi. Secondo la mentalità ebraica, il cuore è la sede di tutti i pensieri, le parole e i gesti della persona. Il vero valore di un credente, dunque, si verifica nel più profondo del cuore.

7,1-10 Questo è il primo di tre racconti in cui si sottolinea come Gesù sia stato accolto. Lo ricercano i pagani, qui rappresentati dal centurione romano; Giovanni Battista lo riconosce come il

ascolto, Gesù entrò in Cafàrnao. [2]Il servo di un centurione era ammalato e stava per morire. Il centurione l'aveva molto caro. [3]Perciò, avendo udito parlare di Gesù, gli mandò alcuni anziani dei Giudei a pregarlo di venire e di salvare il suo servo. [4]Costoro, giunti da Gesù, lo supplicavano con insistenza: «Egli merita che tu gli conceda quello che chiede – dicevano –, [5]perché ama il nostro popolo ed è stato lui a costruirci la sinagoga». [6]Gesù si incamminò con loro. Non era ormai molto distante dalla casa, quando il centurione mandò alcuni amici a dirgli: «Signore, non disturbarti! Io non sono degno che tu entri sotto il mio tetto; [7]per questo io stesso non mi sono ritenuto degno di venire da te; ma di' una parola e il mio servo sarà guarito. [8]Anch'io infatti sono nella condizione di subalterno e ho dei soldati sotto di me e dico a uno: "Va'!", ed egli va; e a un altro: "Vieni!", ed egli viene; e al mio servo: "Fa' questo!", ed egli lo fa». [9]All'udire questo, Gesù lo ammirò e, volgendosi alla folla che lo seguiva, disse: «Io vi dico che neanche in Israele ho trovato una fede così grande!». [10]E gli inviati, quando tornarono a casa, trovarono il servo guarito.

Risurrezione del figlio di una vedova - [11]In seguito Gesù si recò in una città chiamata Nain, e con lui camminavano i suoi discepoli e una grande folla. [12]Quando fu vicino alla porta della città,

Messia atteso (cfr. vv. 18-35); infine una peccatrice riconoscente diventa l'emblema dei *malati* che attendono il vero guaritore (cfr. vv. 36-50).

7,7b Nell'espressione semplice e sincera del centurione Gesù vede un esempio di fiducia totale, senza mezze misure o ripensamenti. Ancora oggi, nella celebrazione della Messa, le parole del centurione del Vangelo sono utilizzate per dichiarare la fede nella misericordia di Dio, più importante di ogni indegnità umana («Signore, non sono degno di partecipare alla tua mensa, ma di' soltanto una parola e io sarò salvato»).

7,11-17 Per analogia con il racconto precedente, viene ricordata a questo punto del Vangelo la risurrezione del figlio della vedova di Nain. Come i profeti Elia ed Eliseo avevano ridato la vita a figli unici di madri vedove (cfr. 1Re 17,17-24; 2Re 4,18-37), così Gesù non è insensibile al dolore di questa donna. Emerge con evidenza l'umanità del Maestro, ma insieme la potenza del Figlio di Dio. Davvero, con la venuta del Messia *i morti risuscitano*, come si dirà tra poco (cfr. v. 22).

ecco, veniva portato alla tomba un morto, unico figlio di una
madre rimasta vedova; e molta gente della città era con lei. [13]Ve-
dendola, il Signore fu preso da grande compassione per lei e le
disse: «Non piangere!». [14]Si avvicinò e toccò la bara, mentre i
portatori si fermarono. Poi disse: «Ragazzo, dico a te, àlzati!».
[15]Il morto si mise seduto e cominciò a parlare. Ed egli lo resti-
tuì a sua madre. [16]Tutti furono presi da timore e glorificavano
Dio, dicendo: «Un grande profeta è sorto tra noi», e: «Dio ha vi-
sitato il suo popolo». [17]Questa fama di lui si diffuse per tutta
quanta la Giudea e in tutta la regione circostante.

Ambasciata di Giovanni Battista - [18]Giovanni fu informato dai
suoi discepoli di tutte queste cose. Chiamati quindi due di loro,
Giovanni [19]li mandò a dire al Signore: «Sei tu colui che deve
venire o dobbiamo aspettare un altro?». [20]Venuti da lui, quegli
uomini dissero: «Giovanni il Battista ci ha mandati da te per do-
mandarti: "Sei tu colui che deve venire o dobbiamo aspettare
un altro?"». [21]In quello stesso momento Gesù guarì molti da ma-
lattie, da infermità, da spiriti cattivi e donò la vista a molti cie-
chi. [22]Poi diede loro questa risposta: «Andate e riferite a Gio-
vanni ciò che avete visto e udito: *i ciechi riacquistano la vista*,
gli zoppi camminano, i lebbrosi sono purificati, *i sordi odono,*
i morti risuscitano, ai poveri è annunciata la buona notizia. [23]E
beato è colui che non trova in me motivo di scandalo!».

A proposito di Giovanni Battista - [24]Quando gli inviati di Gio-
vanni furono partiti, Gesù si mise a parlare di Giovanni alle

7,22-23 Le parole della risposta di Gesù al Battista sono doppiamente importanti. In primo luogo recuperano alcune espressioni dei profeti (cfr. Is 26,19; 29,18-19, 35,5-6, 61,1) riguardanti i fenomeni che avrebbero contraddistinto l'età del Messia. In secondo luogo costituiscono una testimonianza preziosa circa quello che Gesù intendeva essere il cuore del suo ministero: un servizio all'uomo mediante la proclamazione del Vangelo accompagnata dai prodigi che la confermano (non quindi un giudizio minaccioso sulla realtà presente, come forse si attendeva Giovanni).

7,24-30 Dopo aver risposto, Gesù esalta il Battista, riferendo a lui alcune antiche profezie sul messaggero di Dio (cfr.

folle: «Che cosa siete andati a vedere nel deserto? Una canna
sbattuta dal vento? [25]Allora, che cosa siete andati a vedere?
Un uomo vestito con abiti di lusso? Ecco, quelli che portano
vesti sontuose e vivono nel lusso stanno nei palazzi dei re.
[26]Ebbene, che cosa siete andati a vedere? Un profeta? Sì, io vi
dico, anzi, più che un profeta. [27]Egli è colui del quale sta scrit-
to:

Ecco, dinanzi a te *mando il mio messaggero,*
davanti a te *egli preparerà la tua via.*

[28]Io vi dico: fra i nati da donna non vi è alcuno più grande di
Giovanni, ma il più piccolo nel regno di Dio è più grande di lui.
[29]Tutto il popolo che lo ascoltava, e anche i pubblicani, rice-
vendo il battesimo di Giovanni, hanno riconosciuto che Dio è
giusto. [30]Ma i farisei e i dottori della Legge, non facendosi bat-
tezzare da lui, hanno reso vano il disegno di Dio su di loro.

Una generazione mai contenta - [31]A chi dunque posso para-
gonare la gente di questa generazione? A chi è simile? [32]È si-
mile a bambini che, seduti in piazza, gridano gli uni agli altri
così:

"Vi abbiamo suonato il flauto e non avete ballato,
abbiamo cantato un lamento e non avete pianto!".

Ml 3,1, Es 23,20): egli è stato il profeta dei tempi messianici, il precursore del Messia e perciò il più grande tra gli uomini per la missione che gli è stata affidata. Appartiene però a una fase passata della storia della salvezza: dopo la venuta di Cristo coloro che ne accolgono la parola e la mettono in pratica sono più grandi di Giovanni Battista.

7,31-35 Il confronto-contrasto tra il Battista e Gesù continua con questo paragone, in cui la predicazione di Giovanni viene associata al lamento insistente e austero, mentre quella di Gesù assomiglierebbe al dolce suono del flauto. Quanto all'efficacia, comunque, non c'è differenza: i Giudei non hanno ascoltato Giovanni e non stanno ascoltando Gesù. Sono appunto come quei bambini che non vogliono giocare a nessun gioco né muovere i passi di alcuna danza.

[33]È venuto infatti Giovanni il Battista, che non mangia pane e non beve vino, e voi dite: “È indemoniato”. [34]È venuto il Figlio dell’uomo, che mangia e beve, e voi dite: “Ecco un mangione e un beone, un amico di pubblicani e di peccatori!”. [35]Ma la Sapienza è stata riconosciuta giusta da tutti i suoi figli».

Il fariseo, Gesù e la donna peccatrice - [36]Uno dei farisei lo invitò a mangiare da lui. Egli entrò nella casa del fariseo e si mise a tavola. [37]Ed ecco, una donna, una peccatrice di quella città, saputo che si trovava nella casa del fariseo, portò un vaso di profumo; [38]stando dietro, presso i piedi di lui, piangendo, cominciò a bagnarli di lacrime, poi li asciugava con i suoi capelli, li baciava e li cospargeva di profumo. [39]Vedendo questo, il fariseo che l’aveva invitato disse tra sé: «Se costui fosse un profeta, saprebbe chi è, e di quale genere è la donna che lo tocca: è una peccatrice!».

[40]Gesù allora gli disse: «Simone, ho da dirti qualcosa». Ed egli rispose: «Di’ pure, Maestro». [41]«Un creditore aveva due debitori: uno gli doveva cinquecento denari, l’altro cinquanta. [42]Non avendo essi di che restituire, condonò il debito a tutti e due. Chi di loro dunque lo amerà di più?». [43]Simone rispose: «Suppongo sia colui al quale ha condonato di più». Gli disse Gesù: «Hai giudicato bene». [44]E, volgendosi verso la donna, disse a Simone: «Vedi questa donna? Sono entrato in casa tua e tu non mi hai dato l’acqua per i piedi; lei invece mi ha bagnato i piedi con le lacrime e li ha asciugati con i suoi capelli. [45]Tu non mi hai dato un bacio; lei invece, da quando sono entrato, non ha cessato di baciarmi i piedi. [46]Tu non hai unto con olio il mio capo; lei invece mi ha cosparso i piedi di profumo. [47]Per questo

7,36-50 Gesù riconosce come redenta colei che il padrone di casa ritiene degna solo di condanna. Questo racconto, che troviamo solo nel Vangelo di Luca, mostra Gesù come l’amico dei peccatori, colui che *non guarda in faccia a nessuno* (cfr. 20,21) ma rivolge indistintamente a tutti la sua parola di conversione e di salvezza.

7,47 Secondo la prima parte di questo versetto, la donna appare perdonata perché ha avuto atteggiamenti di fede,

io ti dico: sono perdonati i suoi molti peccati, perché ha molto
amato. Invece colui al quale si perdona poco, ama poco». 48 Poi
disse a lei: «I tuoi peccati sono perdonati». 49 Allora i commen-
sali cominciarono a dire tra sé: «Chi è costui che perdona anche
i peccati?». 50 Ma egli disse alla donna: «La tua fede ti ha salva-
ta; va' in pace!».

8 **Il seguito di Gesù** - 1 In seguito egli se ne andava per città
e villaggi, predicando e annunciando la buona notizia del
regno di Dio. C'erano con lui i Dodici 2 e alcune donne che era-
no state guarite da spiriti cattivi e da infermità: Maria, chiama-
ta Maddalena, dalla quale erano usciti sette demòni; 3 Giovanna,
moglie di Cuza, amministratore di Erode; Susanna e molte al-
tre, che li servivano con i loro beni.

Parabola del seminatore - 4 Poiché una grande folla si raduna-
va e accorreva a lui gente da ogni città, Gesù disse con una pa-
rabola: 5 «Il seminatore uscì a seminare il suo seme. Mentre se-

devozione, amore verso Gesù. Invece, secondo il v. 47b e la parabola del creditore e dei debitori (cfr. vv. 41-43) l'amore sarebbe effetto e conseguenza del perdono. Non è quindi la qualità delle azioni che si compiono a meritare il perdono (o a escludere da esso), ma è il perdono di Dio ad abilitare il rinnovamento della vita, la pratica dell'amore, l'esistenza di fede.

8,1-3 Con queste poche righe, che ricordano le donne che seguivano Gesù durante la sua missione, inizia il racconto del suo ministero itinerante in Galilea. Gli episodi si susseguono, simili a quelli proposti da Matteo e Marco, fino al momento in cui il Maestro deciderà di fare di Gerusalemme l'unica meta del suo viaggio (cfr. 9,51).

8,2 Oltre alla vergine Maria, tra i personaggi femminili che seguono Gesù la più nota è certo Maria di Màgdala. Di lei Luca ricorda il villaggio d'origine (appunto Màgdala, un centro in riva al lago di Gennèsaret) e il fatto che Gesù l'aveva liberata da sette demòni (un numero simbolico, per indicare la situazione tragica nella quale si trovava la donna prima di essere liberata). Nulla invece permette di identificarla con la peccatrice di 7,36-50.

8,4-8 La parabola del seminatore è ricordata nel Vangelo per rispondere ai problemi della prima comunità cristiana: perché il messaggio di Gesù e degli apostoli ha avuto una risposta così ridotta? Perché solo una minoranza ha accolto la predicazione del Regno? Anche se i tempi sono mutati, la questione conserva tutta la sua attualità.

minava, una parte cadde lungo la strada e fu calpestata, e gli uc-
celli del cielo la mangiarono. 6Un'altra parte cadde sulla pietra
e, appena germogliata, seccò per mancanza di umidità. 7Un'al-
tra parte cadde in mezzo ai rovi e i rovi, cresciuti insieme con
essa, la soffocarono. 8Un'altra parte cadde sul terreno buono,
germogliò e fruttò cento volte tanto». Detto questo, esclamò:
«Chi ha orecchi per ascoltare, ascolti!».

Il significato della parabola - 9I suoi discepoli lo interrogava-
no sul significato della parabola. 10Ed egli disse: «A voi è dato
conoscere i misteri del regno di Dio, ma agli altri solo con pa-
rabole, affinché

vedendo non vedano
e ascoltando non comprendano.

11Il significato della parabola è questo: il seme è la parola di
Dio. 12I semi caduti lungo la strada sono coloro che l'hanno
ascoltata, ma poi viene il diavolo e porta via la Parola dal loro
cuore, perché non avvenga che, credendo, siano salvati. 13Quel-
li sulla pietra sono coloro che, quando ascoltano, ricevono la
Parola con gioia, ma non hanno radici; credono per un certo
tempo, ma nel tempo della prova vengono meno. 14Quello ca-
duto in mezzo ai rovi sono coloro che, dopo aver ascoltato, stra-
da facendo si lasciano soffocare da preoccupazioni, ricchezze e
piaceri della vita e non giungono a maturazione. 15Quello sul
terreno buono sono coloro che, dopo aver ascoltato la Parola
con cuore integro e buono, la custodiscono e producono frutto
con perseveranza.

Niente segreti - 16Nessuno accende una lampada e la copre con
un vaso o la mette sotto un letto, ma la pone su un candelabro,
perché chi entra veda la luce. 17Non c'è nulla di segreto che non
sia manifestato, nulla di nascosto che non sia conosciuto e ven-

ga in piena luce. [18]Fate attenzione dunque a come ascoltate; perché a chi ha, sarà dato, ma a chi non ha, sarà tolto anche ciò che crede di avere».

La madre e i fratelli di Gesù - [19]E andarono da lui la madre e i suoi fratelli, ma non potevano avvicinarlo a causa della folla. [20]Gli fecero sapere: «Tua madre e i tuoi fratelli stanno fuori e desiderano vederti». [21]Ma egli rispose loro: «Mia madre e miei fratelli sono questi: coloro che ascoltano la parola di Dio e la mettono in pratica».

La tempesta calmata - [22]E avvenne che, uno di quei giorni, Gesù salì su una barca con i suoi discepoli e disse loro: «Passiamo all'altra riva del lago». E presero il largo. [23]Ora, mentre navigavano, egli si addormentò. Una tempesta di vento si abbatté sul lago, imbarcavano acqua ed erano in pericolo. [24]Si accostarono a lui e lo svegliarono dicendo: «Maestro, Maestro, siamo perduti!». Ed egli, destatosi, minacciò il vento e le acque in tempesta: si calmarono e ci fu bonaccia. [25]Allora disse loro: «Dov'è la vostra fede?». Essi, impauriti e stupiti, dicevano l'un l'altro: «Chi è dunque costui, che comanda anche ai venti e all'acqua, e gli obbediscono?».

Guarigione di un indemoniato a Gerasa - [26]Approdarono nel paese dei Gerasèni, che sta di fronte alla Galilea. [27]Era appena

8,18a Nell'invito all'ascolto attento sta il senso di queste parole di Gesù: una sorta di conferma o di riproposizione della parabola del seminatore (il Signore semina, ma la disponibilità dell'uomo all'accoglienza conta molto).

8,21 Si ha qui un'ulteriore conferma della parabola del seminatore: il vero familiare di Gesù (addirittura la sua vera madre) è ormai il discepolo, colui che ascolta con disponibilità e animo operoso la parola di Dio.

8,22-25 Il racconto della tempesta sul lago è il primo di tre miracoli menzionati tra quelli compiuti da Gesù in Galilea. In parallelo con il messaggio della parabola del seminatore e dei testi a essa collegati, anche qui si evidenzia il rifiuto da parte degli uomini e quindi l'invito a credere in maniera autentica (cfr. v. 25).

sceso a terra, quando dalla città gli venne incontro un uomo pos-
seduto dai demòni. Da molto tempo non portava vestiti, né abi-
tava in casa, ma in mezzo alle tombe. [28]Quando vide Gesù, gli
si gettò ai piedi urlando, e disse a gran voce: «Che vuoi da me,
Gesù, Figlio del Dio altissimo? Ti prego, non tormentarmi!».
[29]Gesù aveva ordinato allo spirito impuro di uscire da quell'uo-
mo. Molte volte infatti si era impossessato di lui; allora lo te-
nevano chiuso, legato con catene e con i ceppi ai piedi, ma egli
spezzava i legami e veniva spinto dal demonio in luoghi deser-
ti. [30]Gesù gli domandò: «Qual è il tuo nome?». Rispose: «Le-
gione», perché molti demòni erano entrati in lui. [31]E lo scon-
giuravano che non ordinasse loro di andarsene nell'abisso. [32]Vi
era là una grande mandria di porci, al pascolo sul monte. I
demòni lo scongiurarono che concedesse loro di entrare nei por-
ci. Glielo permise. [33]I demòni, usciti dall'uomo, entrarono nei
porci e la mandria si precipitò, giù dalla rupe, nel lago e annegò.
[34]Quando videro ciò che era accaduto, i mandriani fuggirono
e portarono la notizia nella città e nelle campagne. [35]La gente
uscì per vedere l'accaduto e, quando arrivarono da Gesù, trova-
rono l'uomo dal quale erano usciti i demòni, vestito e sano di
mente, che sedeva ai piedi di Gesù, ed ebbero paura. [36]Quelli
che avevano visto riferirono come l'indemoniato era stato sal-
vato. [37]Allora tutta la popolazione del territorio dei Gerasèni gli
chiese che si allontanasse da loro, perché avevano molta paura.
Egli, salito su una barca, tornò indietro. [38]L'uomo dal quale era-
no usciti i demòni gli chiese di restare con lui, ma egli lo con-
gedò dicendo: [39]«Torna a casa tua e racconta quello che Dio ha
fatto per te». E quello se ne andò, proclamando per tutta la città
quello che Gesù aveva fatto per lui.

8,35-37 In questo episodio a rifiutare l'opera di Gesù non è l'indemoniato, ma le persone che gli stanno attorno (gli abitanti di Gerasa). La parola e l'azione del Messia continuano a essere accolte dall'incomprensione, fraintese, rifiutate. Eppure qualcuno crede e cambia vita, come l'ex-indemoniato che desidera restare con Gesù e viene incaricato da lui di raccontare le opere di Dio.

Guarigione di una donna e risurrezione di una fanciulla - [40]Al suo ritorno, Gesù fu accolto dalla folla, perché tutti erano in attesa di lui. [41]Ed ecco, venne un uomo di nome Giàiro, che era capo della sinagoga: si gettò ai piedi di Gesù e lo pregava di recarsi a casa sua, [42]perché l'unica figlia che aveva, di circa dodici anni, stava per morire.

Mentre Gesù vi si recava, le folle gli si accalcavano attorno. [43]E una donna, che aveva perdite di sangue da dodici anni, la quale, pur avendo speso tutti i suoi beni per i medici, non aveva potuto essere guarita da nessuno, [44]gli si avvicinò da dietro, gli toccò il lembo del mantello e immediatamente l'emorragia si arrestò. [45]Gesù disse: «Chi mi ha toccato?». Tutti negavano. Pietro allora disse: «Maestro, la folla ti stringe da ogni parte e ti schiaccia». [46]Ma Gesù disse: «Qualcuno mi ha toccato. Ho sentito che una forza è uscita da me». [47]Allora la donna, vedendo che non poteva rimanere nascosta, tremante, venne e si gettò ai suoi piedi e dichiarò davanti a tutto il popolo per quale motivo l'aveva toccato e come era stata guarita all'istante. [48]Egli le disse: «Figlia, la tua fede ti ha salvata. Va' in pace!».

[49]Stava ancora parlando, quando arrivò uno dalla casa del capo della sinagoga e disse: «Tua figlia è morta, non disturbare più il Maestro». [50]Ma Gesù, avendo udito, rispose: «Non temere, soltanto abbi fede e sarà salvata». [51]Giunto alla casa, non permise a nessuno di entrare con lui, fuorché a Pietro, Giovanni e Giacomo e al padre e alla madre della fanciulla. [52]Tutti piangevano e facevano il lamento su di lei. Gesù disse: «Non piangete. Non è morta, ma dorme». [53]Essi lo deridevano, sapendo bene che era morta; [54]ma egli le prese la mano e disse ad alta voce: «Fanciulla, àlzati!». [55]La vita ritornò in lei e si alzò all'istante. Egli ordinò di darle da mangiare. [56]I genitori ne furono

8,40-56 La piccola serie dei miracoli compiuti in Galilea si conclude con un prodigio doppio, che ha per oggetto due personaggi femminili. Emerge un contrasto piuttosto netto tra l'atteggiamento di fede di Giàiro e dell'emorroissa, da un lato, e l'incredulità ottusa di cui danno prova le persone che deridono Gesù in casa della ragazza morta, dall'altro.

sbalorditi, ma egli ordinò loro di non raccontare a nessuno ciò
che era accaduto.

9 **Invio dei Dodici** - 1Convocò i Dodici e diede loro forza e
potere su tutti i demòni e di guarire le malattie. 2E li mandò
ad annunciare il regno di Dio e a guarire gli infermi. 3Disse lo-
ro: «Non prendete nulla per il viaggio, né bastone, né sacca, né
pane, né denaro, e non portatevi due tuniche. 4In qualunque ca-
sa entriate, rimanete là, e di là poi ripartite. 5Quanto a coloro
che non vi accolgono, uscite dalla loro città e scuotete la polvere
dai vostri piedi come testimonianza contro di loro». 6Allora es-
si uscirono e giravano di villaggio in villaggio, ovunque an-
nunciando la buona notizia e operando guarigioni.

Erode e Gesù - 7Il tetrarca Erode sentì parlare di tutti questi av-
venimenti e non sapeva che cosa pensare, perché alcuni diceva-
no: «Giovanni è risorto dai morti», 8altri: «È apparso Elia», e
altri ancora: «È risorto uno degli antichi profeti». 9Ma Erode di-
ceva: «Giovanni, l'ho fatto decapitare io; chi è dunque costui,
del quale sento dire queste cose?». E cercava di vederlo.

9,1-6 Gesù comincia a occuparsi della formazione degli apostoli. A questo scopo egli propone momenti di istruzione ed esperienze concrete di missione, nelle quali i discepoli sono chiamati a operare secondo quanto ha loro insegnato il Maestro e conformemente all'esempio da lui ricevuto. Coloro che sono mandati da Gesù ricevono da lui *forza e potere* (v. 1), cioè l'efficacia dello Spirito Santo: quella forza che, secondo il Vangelo di Luca (cfr. 24,49) e gli Atti degli Apostoli (cfr. At 1,8; 2,33), caratterizza la predicazione apostolica.

9,9b Oltre all'intento formativo nei confronti dei discepoli, il capitolo 9 è segnato dalla domanda di Erode sull'identità di Gesù: una domanda che non ha riscontro negli altri Vangeli. Due sono le risposte che verranno date nel corso del racconto: da un lato Gesù di Nàzaret è il nuovo Mosè che dà la manna al suo popolo (cfr. vv. 12-17), il Messia promesso da Dio (cfr. vv. 20 e 35), il Figlio dell'uomo che verrà nella gloria del Padre (cfr. v. 26); dall'altro egli è anche colui che deve essere rifiutato (cfr. vv. 22 e 44), il Servo sofferente di Dio (cfr. v. 31), il Figlio dell'uomo che – nella prospettiva di Daniele – avrà un destino di sofferenza insieme a quello di gloria (cfr. vv. 22 e 44).

Ritorno dei Dodici e moltiplicazione dei pani - [10]Al loro ritorno, gli apostoli raccontarono a Gesù tutto quello che avevano fatto. Allora li prese con sé e si ritirò in disparte, verso una città chiamata Betsàida. [11]Ma le folle vennero a saperlo e lo seguirono. Egli le accolse e prese a parlare loro del regno di Dio e a guarire quanti avevano bisogno di cure.

[12]Il giorno cominciava a declinare e i Dodici gli si avvicinarono dicendo: «Congeda la folla perché vada nei villaggi e nelle campagne dei dintorni, per alloggiare e trovare cibo: qui siamo in una zona deserta». [13]Gesù disse loro: «Voi stessi date loro da mangiare». Ma essi risposero: «Non abbiamo che cinque pani e due pesci, a meno che non andiamo noi a comprare viveri per tutta questa gente». [14]C'erano infatti circa cinquemila uomini. Egli disse ai suoi discepoli: «Fateli sedere a gruppi di cinquanta circa». [15]Fecero così e li fecero sedere tutti quanti. [16]Egli prese i cinque pani e i due pesci, alzò gli occhi al cielo, recitò su di essi la benedizione, li spezzò e li dava ai discepoli perché li distribuissero alla folla. [17]Tutti mangiarono a sazietà e furono portati via i pezzi loro avanzati: dodici ceste.

Identità di Gesù e primo annuncio della passione - [18]Un giorno Gesù si trovava in un luogo solitario a pregare. I discepoli

9,12-17 Raccontando la moltiplicazione dei pani gli evangelisti si comportano in maniera diversa: Giovanni sottolinea che tutto avviene tra Gesù e la folla, con la quale i discepoli sembrano confondersi (cfr. Gv 6,1-15); i sinottici e in particolare Luca evidenziano invece il compito dei discepoli. Si può anzi dire che, all'interno della sezione che narra la formazione apostolica, il miracolo della moltiplicazione dei pani diviene come un momento di catechesi per l'istruzione dei discepoli, chiamati a mettersi al servizio della gente, a riconoscersi insufficienti e a collaborare allo svolgimento del miracolo operato da Gesù.

9,18 La domanda sull'identità di Gesù, anticipata al v. 9b con le parole del tetrarca Erode, risuona ancora per volere di Gesù stesso. Si tratta di un momento fondamentale nella formazione degli apostoli, come mostra il fatto che il Maestro si è ritirato in preghiera prima di parlare loro; analogamente si era comportato prima di compiere la scelta dei Dodici (cfr. 6,12).

9,18-21 Gesù domanda anzitutto una specie di resoconto delle opinioni della gente (v. 18), quindi costringe i disce-

erano con lui ed egli pose loro questa domanda: «Le folle, chi
dicono che io sia?». [19]Essi risposero: «Giovanni il Battista; al-
tri dicono Elia; altri uno degli antichi profeti che è risorto». [20]Al-
lora domandò loro: «Ma voi, chi dite che io sia?». Pietro rispo-
se: «Il Cristo di Dio». [21]Egli ordinò loro severamente di non ri-
ferirlo ad alcuno.
[22]«Il Figlio dell'uomo – disse – deve soffrire molto, essere ri-
fiutato dagli anziani, dai capi dei sacerdoti e dagli scribi, veni-
re ucciso e risorgere il terzo giorno».

Condizioni per seguire Gesù - [23]Poi, a tutti, diceva: «Se qual-
cuno vuole venire dietro a me, rinneghi se stesso, prenda la
sua croce ogni giorno e mi segua. [24]Chi vuole salvare la pro-
pria vita, la perderà, ma chi perderà la propria vita per causa
mia, la salverà. [25]Infatti, quale vantaggio ha un uomo che gua-
dagna il mondo intero, ma perde o rovina se stesso? [26]Chi si
vergognerà di me e delle mie parole, di lui si vergognerà
il Figlio dell'uomo quando verrà nella gloria sua e del Padre
e degli angeli santi. [27]In verità io vi dico: vi sono alcuni, qui
presenti, che non morranno prima di aver visto il regno di
Dio».

poli a schierarsi: che cosa essi stessi pensano di lui? (v. 20a). Il Maestro desidera che i suoi superino definitivamente l'indecisione dei loro contemporanei circa la sua identità: è ben diverso essere considerato Giovanni o Elia, a livello di fede popolare (cfr. v. 19), o essere confessato piuttosto come il Cristo-Messia, cioè colui che il Signore ha unto, consacrato, in vista della missione salvifica che gli ha affidato (cfr. v. 20b).

9,20-22 La confessione di fede di Pietro non coglie ancora tutto il mistero di Gesù il Cristo. Per questo il Maestro di Nàzaret si affretta a completare il quadro invitando i discepoli a tacere ciò che hanno udito e a considerare necessaria la sofferenza del Figlio dell'uomo perché si realizzi il piano divino di salvezza. In questo modo Gesù compie e insieme supera le attese del popolo eletto riferibili alla figura del Messia.

9,23 Gesù pone condizioni esigenti a chi lo vuole seguire. E non lo fa con un gruppo ristretto, come poteva essere quello degli apostoli o dei discepoli, ma con *tutti*; a tutti e a ciascuno egli propone di prendere la propria croce non solo in circostanze eccezionali, bensì *ogni giorno*. La sottolineatura della quotidianità è tipica di Luca.

La trasfigurazione - 28Circa otto giorni dopo questi discorsi, Ge-
sù prese con sé Pietro, Giovanni e Giacomo e salì sul monte a
pregare. 29Mentre pregava, il suo volto cambiò d'aspetto e la sua
veste divenne candida e sfolgorante. 30Ed ecco, due uomini con-
versavano con lui: erano Mosè ed Elia, 31apparsi nella gloria, e
parlavano del suo esodo, che stava per compiersi a Gerusalem-
me. 32Pietro e i suoi compagni erano oppressi dal sonno; ma,
quando si svegliarono, videro la sua gloria e i due uomini che
stavano con lui. 33Mentre questi si separavano da lui, Pietro dis-
se a Gesù: «Maestro, è bello per noi essere qui. Facciamo tre
capanne, una per te, una per Mosè e una per Elia». Egli non sa-
peva quello che diceva. 34Mentre parlava così, venne una nube
e li coprì con la sua ombra. All'entrare nella nube, ebbero pau-
ra. 35E dalla nube uscì una voce, che diceva: «Questi è il Figlio
mio, l'eletto; ascoltatelo!». 36Appena la voce cessò, restò Gesù
solo. Essi tacquero e in quei giorni non riferirono a nessuno ciò
che avevano visto.

Guarigione di un epilettico indemoniato - 37Il giorno seguen-
te, quando furono discesi dal monte, una grande folla gli venne

9,28-36 Con questo brano è dato un anticipo della gloria definitiva del Risorto. Si tratta dunque di un episodio che all'interno del racconto lucano si collega, da un lato, al battesimo di Gesù e, dall'altro, alla risurrezione-pentecoste.

9,28 Il monte della trasfigurazione richiama il Sinai, sul quale Dio manifestò la sua gloria a Mosè (cfr. Es 19 e 33). Qui Luca precisa che Gesù vi si era salito *a pregare*, situando così la trasfigurazione in rapporto alla vita interiore di Gesù e al suo specialissimo rapporto con il Padre.

9,31 Tra gli evangelisti, solo Luca riferisce il contenuto del discorso che coinvolge Gesù e i due grandi rappresentanti del profetismo dell'Antico Testamento: Mosè ed Elia. *Parlavano del suo esodo* – la via definitiva di salvezza che Gesù nuovo Mosè apre al popolo di Dio – *che stava per compiersi a Gerusalemme*. Anche in questo episodio centrale si profila la meta cui tende tutta la vita di Gesù, e alla quale sarà dedicata la sezione del grande viaggio verso la città santa e la Pasqua (cfr. 9,51 - 19,28).

9,35 Nel racconto del battesimo la voce divina si era rivolta a Gesù per confermare la sua messianicità (cfr. 3,22); qui invece le parole sono pronunciate a beneficio degli apostoli presenti alla trasfigurazione: essi devono sapere che hanno di fronte colui che è il Figlio e l'eletto di Dio.

incontro. [38]A un tratto, dalla folla un uomo si mise a gridare: «Maestro, ti prego, volgi lo sguardo a mio figlio, perché è l'unico che ho! [39]Ecco, uno spirito lo afferra e improvvisamente si mette a gridare, lo scuote, provocandogli bava alla bocca, se ne allontana a stento e lo lascia sfinito. [40]Ho pregato i tuoi discepoli di scacciarlo, ma non ci sono riusciti». [41]Gesù rispose: «O generazione incredula e perversa, fino a quando sarò con voi e vi sopporterò? Conduci qui tuo figlio». [42]Mentre questi si avvicinava, il demonio lo gettò a terra scuotendolo con convulsioni. Gesù minacciò lo spirito impuro, guarì il fanciullo e lo consegnò a suo padre. [43]E tutti restavano stupiti di fronte alla grandezza di Dio.

Secondo annuncio della passione - Mentre tutti erano ammirati di tutte le cose che faceva, disse ai suoi discepoli: [44]«Mettetevi bene in mente queste parole: il Figlio dell'uomo sta per essere consegnato nelle mani degli uomini». [45]Essi però non capivano queste parole: restavano per loro così misteriose che non ne coglievano il senso, e avevano timore di interrogarlo su questo argomento.

Chi è il più grande - [46]Nacque poi una discussione tra loro, chi di loro fosse più grande. [47]Allora Gesù, conoscendo il pensiero del loro cuore, prese un bambino, se lo mise vicino [48]e disse loro: «Chi accoglierà questo bambino nel mio nome, accoglie me;

9,41 Gesù biasima la mancanza di fede della generazione con cui ha a che fare. Non si comprende se si riferisca ai soli discepoli oppure ai presenti in genere. In ogni caso egli intuisce in momenti come questo che la sua predicazione è destinata all'insuccesso.

9,46-48 La seconda predizione della passione (cfr. vv. 43b-45), in cui Gesù menziona solo il destino di sofferenza e morte (non invece la gloria pasquale), è accompagnata significativamente da un episodio che gli permette di fare una dichiarazione forte: secondo la logica del Regno la vera grandezza non consiste negli onori tributati dagli uomini o nelle precedenze che si ottengono sugli altri. Conta invece il servizio, soprattutto se rivolto alle persone fragili e insignificanti, ai piccoli e agli umili, qui rappresentati dal bambino che Gesù prende come esempio.

e chi accoglie me, accoglie colui che mi ha mandato. Chi infatti è il più piccolo fra tutti voi, questi è grande».

Chi non è contro di voi è per voi - 49Giovanni prese la parola
dicendo: «Maestro, abbiamo visto uno che scacciava demòni
nel tuo nome e glielo abbiamo impedito, perché non ti segue insieme con noi».
50Ma Gesù gli rispose: «Non lo impedite, perché chi non è contro di voi, è per voi».

IL VIAGGIO: «VERSO GERUSALEMME» (Lc 9,51 - 19,28)

Eccoci nel cuore del Vangelo di Luca: dieci capitoli nei quali ci viene presentato il lungo viaggio di Gesù dalla Galilea a Gerusalemme. Questa sezione è caratteristica del terzo Vangelo. Qui l'evangelista ci presenta molto materiale inedito, reperito da fonti sconosciute a Marco e a Matteo, e organizzato nel contesto di un grande viaggio, che acquista un valore altamente simbolico. Un viaggio intrapreso dal Maestro "a muso duro" (cfr. 9,51), con l'intenzione di non volgersi indietro. Un viaggio che lo porterà alla città che fatalmente segna la fine dei profeti. Questo viaggio è presentato da Luca come un'immagine della vita cristiana: un percorso in salita, duro e faticoso, ma reso ricco dal rapporto con altri compagni di cammino e, soprattutto, dalla comunione costante con Dio Padre. ■

Gesù e i Samaritani - 51Mentre stavano compiendosi i giorni in
cui sarebbe stato elevato in alto, egli prese la ferma decisione di
mettersi in cammino verso Gerusalemme
52e mandò messagge-

9,51 Si compivano *i giorni in cui sarebbe stato elevato in alto*: il riferimento non è solo all'ascensione di Gesù, ma all'insieme del mistero pasquale nei momenti di passione, morte, sepoltura, discesa agli inferi, risurrezione, ascensione, pentecoste e parusìa (ritorno alla fine dei tempi). Il viaggio di Gesù a Gerusalemme realizza la svolta decisiva nel piano di salvezza di Dio: è un momento irripetibile della storia, ormai puntata verso il suo compimento definitivo.

ri davanti a sé. Questi si incamminarono ed entrarono in un vil-
laggio di Samaritani per preparargli l'ingresso. 53Ma essi non
vollero riceverlo, perché era chiaramente in cammino verso Ge-
rusalemme. 54Quando videro ciò, i discepoli Giacomo e Gio-
vanni dissero: «Signore, vuoi che diciamo che scenda un fuoco
dal cielo e li consumi?». 55Si voltò e li rimproverò. 56E si mise-
ro in cammino verso un altro villaggio.

Difficoltà della sequela - 57Mentre camminavano per la strada,
un tale gli disse: «Ti seguirò dovunque tu vada». 58E Gesù gli ri-
spose: «Le volpi hanno le loro tane e gli uccelli del cielo i loro
nidi, ma il Figlio dell'uomo non ha dove posare il capo». 59A
un altro disse: «Seguimi». E costui rispose: «Signore, permet-
timi di andare prima a seppellire mio padre». 60Gli replicò: «La-
scia che i morti seppelliscano i loro morti; tu invece va' e an-
nuncia il regno di Dio». 61Un altro disse: «Ti seguirò, Signore;
prima però lascia che io mi congedi da quelli di casa mia». 62Ma
Gesù gli rispose: «Nessuno che mette mano all'aratro e poi si
volge indietro è adatto per il regno di Dio».

10 **Invio dei settantadue** - 1Dopo questi fatti il Signore de-
signò altri settantadue e li inviò a due a due davanti a sé
in ogni città e luogo dove stava per recarsi. 2Diceva loro: «La
messe è abbondante, ma sono pochi gli operai! Pregate dunque
il signore della messe, perché mandi operai nella sua messe!
3Andate: ecco, vi mando come agnelli in mezzo a lupi; 4non por-

9,57 Fino a 10,42 si apre una sezione dedicata alle esigenze radicali cui è tenuto chi vuole seguire Gesù. Occorre che riconosca il primato assoluto del Regno senza ricercare comodità (vv. 57-58) e rispondendo alla parola irresistibile del Maestro con prontezza e coraggio decisamente totali (vv. 59-62).
10,1 Secondo un'antica concezione giudaica, i pagani erano sparsi nel mondo intero in settantadue nazioni. Luca qui insiste sulla dimensione universalistica della salvezza in Cristo e questa missione preannuncia quella più ampia cui sarà dedicata buona parte degli Atti degli Apostoli.
10,4 Come il seguire Gesù è decisione impegnativa e totalizzante, così l'andare in missione inviati da lui chiede di rinunciare alle sicurezze e alle garanzie

tate borsa, né sacca, né sandali e non fermatevi a salutare nes-
suno lungo la strada. 5In qualunque casa entriate, prima dite:
“Pace a questa casa!”. 6Se vi sarà un figlio della pace, la vostra
pace scenderà su di lui, altrimenti ritornerà su di voi. 7Restate in
quella casa, mangiando e bevendo di quello che hanno, perché
chi lavora ha diritto alla sua ricompensa. Non passate da una
casa all’altra. 8Quando entrerete in una città e vi accoglieranno,
mangiate quello che vi sarà offerto, 9guarite i malati che vi si
trovano, e dite loro: “È vicino a voi il regno di Dio”. 10Ma quan-
do entrerete in una città e non vi accoglieranno, uscite sulle sue
piazze e dite: 11“Anche la polvere della vostra città, che si è at-
taccata ai nostri piedi, noi la scuotiamo contro di voi; sappiate
però che il regno di Dio è vicino”. 12Io vi dico che, in quel gior-
no, Sòdoma sarà trattata meno duramente di quella città.
13Guai a te, Corazìn, guai a te, Betsàida! Perché, se a Tiro e a
Sidone fossero avvenuti i prodigi che avvennero in mezzo a voi,
già da tempo, vestite di sacco e cosparse di cenere, si sarebbe-
ro convertite. 14Ebbene, nel giudizio, Tiro e Sidone saranno trat-
tate meno duramente di voi. 15E tu, Cafàrnao, sarai forse innal-
zata fino al cielo? Fino agli inferi precipiterai!
16Chi ascolta voi ascolta me, chi disprezza voi disprezza me.
E chi disprezza me disprezza colui che mi ha mandato».

Ritorno dei settantadue - 17I settantadue tornarono pieni di
gioia, dicendo: «Signore, anche i demòni si sottomettono a noi

che potrebbero oscurare la radicalità della scelta che è stata compiuta. Sempre nella linea di una parola urgente va letto l’invito a non fermarsi a salutare nessuno. Non si tratta di essere maleducati, ma di non perdere tempo ed energie in cose secondarie rispetto all’annuncio del Regno.

10,11-15 Scuotere la polvere è il segno di un distacco completo. Il giudizio di Dio si pronuncerà ben presto contro le cittadine che non hanno accolto i missionari del Vangelo o Gesù stesso: è il caso di Corazìn, Betsàida e soprattutto di Cafàrnao, che lo ha visto più volte presente con la sua parola autorevole e con la sua mano potente.

10,17-20 L’avvento del Regno rappresenta la vittoria del Messia su Satana e sulla morte. È quindi il compiersi dell’opera di salvezza-liberazione di Dio e il dispiegarsi della pace messianica donata in suo nome dai discepoli inviati in missione (cfr. v. 5).

nel tuo nome». [18]Egli disse loro: «Vedevo Satana cadere dal cielo come una folgore. [19]Ecco, io vi ho dato il potere di camminare sopra serpenti e scorpioni e sopra tutta la potenza del nemico: nulla potrà danneggiarvi. [20]Non rallegratevi però perché i demòni si sottomettono a voi; rallegratevi piuttosto perché i vostri nomi sono scritti nei cieli».

La rivelazione ai piccoli - [21]In quella stessa ora Gesù esultò di gioia nello Spirito Santo e disse: «Ti rendo lode, o Padre, Signore del cielo e della terra, perché hai nascosto queste cose ai sapienti e ai dotti e le hai rivelate ai piccoli. Sì, o Padre, perché così hai deciso nella tua benevolenza. [22]Tutto è stato dato a me dal Padre mio e nessuno sa chi è il Figlio se non il Padre, né chi è il Padre se non il Figlio e colui al quale il Figlio vorrà rivelarlo».

[23]E, rivolto ai discepoli, in disparte, disse: «Beati gli occhi che vedono ciò che voi vedete. [24]Io vi dico che molti profeti e re hanno voluto vedere ciò che voi guardate, ma non lo videro, e ascoltare ciò che voi ascoltate, ma non lo ascoltarono».

Parabola del buon Samaritano - [25]Ed ecco, un dottore della Legge si alzò per metterlo alla prova e chiese: «Maestro, che cosa devo fare per ereditare la vita eterna?». [26]Gesù gli disse: «Che cosa sta scritto nella Legge? Come leggi?». [27]Costui rispose:

10,21-24 La proposta di liberazione portata dal Messia esprime una logica che viene rifiutata dai *dotti* e dai *sapienti* ma accettata da *piccoli* e semplici. Viene qui indicata la prima delle tre categorie di persone che accolgono Gesù ma che tradizionalmente erano considerate escluse o almeno *minori* all'interno del popolo eletto: i semplici, i Samaritani (cfr. vv. 25-37) e le donne (cfr. vv. 38-42).

10,25-37 Il racconto del lungo viaggio verso Gerusalemme si era aperto con un rifiuto dei Samaritani di accogliere Gesù. Egli è infatti un Giudeo, che si sta recando in pellegrinaggio alla città santa, e i Samaritani non amavano i Giudei per ragioni etnico-religiose (cfr. 9,53). In questo contesto assume significato ancora più forte l'episodio nel quale l'unico a mettere in pratica il precetto dell'amore (cfr. vv. 25-28) è proprio un uomo appartenente all'etnia samaritana.

«Amerai il Signore tuo Dio con tutto il tuo cuore, con tutta la tua anima, con tutta la tua forza e con tutta la tua mente, e il tuo prossimo come te stesso». 28Gli disse: «Hai risposto bene; fa' questo e vivrai».

29Ma quello, volendo giustificarsi, disse a Gesù: «E chi è mio prossimo?». 30Gesù riprese: «Un uomo scendeva da Gerusalemme a Gerico e cadde nelle mani dei briganti, che gli portarono via tutto, lo percossero a sangue e se ne andarono, lasciandolo mezzo morto. 31Per caso, un sacerdote scendeva per quella medesima strada e, quando lo vide, passò oltre. 32Anche un levita, giunto in quel luogo, vide e passò oltre. 33Invece un Samaritano, che era in viaggio, passandogli accanto, vide e ne ebbe compassione. 34Gli si fece vicino, gli fasciò le ferite, versandovi olio e vino; poi lo caricò sulla sua cavalcatura, lo portò in un albergo e si prese cura di lui. 35Il giorno seguente, tirò fuori due denari e li diede all'albergatore, dicendo: "Abbi cura di lui; ciò che spenderai in più, te lo pagherò al mio ritorno". 36Chi di questi tre ti sembra sia stato prossimo di colui che è caduto nelle mani dei briganti?». 37Quello rispose: «Chi ha avuto compassione di lui». Gesù gli disse: «Va' e anche tu fa' così».

Marta e Maria - 38Mentre erano in cammino, entrò in un villaggio e una donna, di nome Marta, lo ospitò. 39Ella aveva una sorella, di nome Maria, la quale, seduta ai piedi del Signore, ascoltava la sua parola. 40Marta invece era distolta per i molti servizi. Allora si fece avanti e disse: «Signore, non t'importa nulla che mia sorella mi abbia lasciata sola a servire? Dille dunque che mi aiuti». 41Ma il Signore le rispose: «Marta, Marta, tu ti affanni e ti agiti per molte cose, 42ma di una cosa sola c'è bisogno. Maria ha scelto la parte migliore, che non le sarà tolta».

10,42 Dopo i piccoli e il buon Samaritano, viene evidenziata l'accoglienza di Gesù da parte delle donne, qui rappresentate da Marta e da Maria. Maria ascolta la parola del Maestro con totale attenzione e dedizione, senza lasciarsi distrarre dalle molte incombenze dettate dal desiderio di fare bella figura con gli ospiti. Accoglienza e ascolto sono due qualità importanti per un vero discepolo.

11 **Gesù insegna a pregare** - [1]Gesù si trovava in un luogo a pre-
gare; quando ebbe finito, uno dei suoi discepoli gli disse:
«Signore, insegnaci a pregare, come anche Giovanni ha insegna-
to ai suoi discepoli». [2]Ed egli disse loro: «Quando pregate, dite:

Padre,
sia santificato il tuo nome,
venga il tuo regno;
[3]dacci ogni giorno il nostro pane quotidiano,
[4]e perdona a noi i nostri peccati,
anche noi infatti perdoniamo a ogni nostro debitore,
e non abbandonarci alla tentazione».

Pregare con insistenza - [5]Poi disse loro: «Se uno di voi ha un
amico e a mezzanotte va da lui a dirgli: "Amico, prestami tre
pani, [6]perché è giunto da me un amico da un viaggio e non ho
nulla da offrirgli", [7]e se quello dall'interno gli risponde: "Non
m'importunare, la porta è già chiusa, io e i miei bambini siamo
a letto, non posso alzarmi per darti i pani", [8]vi dico che, anche
se non si alzerà a darglieli perché è suo amico, almeno per la sua
invadenza si alzerà a dargliene quanti gliene occorrono.

11,1-4 Questo primo e fondamentale brano di tre dedicati alla preghiera contiene una versione del Padre nostro più essenziale di quella riferita da Matteo (cfr. Mt 6,9-13), che è peraltro la più nota in quanto impiegata nella celebrazione della Messa e nella preghiera cristiana in genere. Fra gli elementi caratteristici della versione lucana vi è l'inizio: non *Padre nostro*, espressione dal sapore giudaico, bensì semplicemente *Padre*. Gesù insegna ai discepoli a pregare come pregava lui, autorizzandoli a partecipare al rapporto specialissimo che c'è tra lui e Dio Padre. I cristiani sono essi pure figli di Dio e non stupisce di trovare nella preghiera della prima Chiesa l'uso addirittura dell'espressione *Abbà*, che significa *papà* (cfr. Rm 8,15; Gal 4,6).

11,3 Luca sottolinea che l'alimento di cui si parla – il pane che ci è necessario e sufficiente per la vita – viene da Dio e con continuità (*ogni giorno*). Non è escluso un riferimento al pane eucaristico.

11,4 Mentre Matteo parla di *debiti*, qui si utilizza il termine ben più concreto di *peccati*: se perdoniamo le colpe/debiti degli altri ci disponiamo ad accogliere in verità il dono divino del perdono dei peccati.

Pregare con fiducia - [9]Ebbene, io vi dico: chiedete e vi sarà dato, cercate e troverete, bussate e vi sarà aperto. [10]Perché chiunque chiede riceve e chi cerca trova e a chi bussa sarà aperto. [11]Quale padre tra voi, se il figlio gli chiede un pesce, gli darà una serpe al posto del pesce? [12]O se gli chiede un uovo, gli darà uno scorpione? [13]Se voi dunque, che siete cattivi, sapete dare cose buone ai vostri figli, quanto più il Padre vostro del cielo darà lo Spirito Santo a quelli che glielo chiedono!».

Gesù e Satana - [14]Gesù stava scacciando un demonio che era muto. Uscito il demonio, il muto cominciò a parlare e le folle furono prese da stupore. [15]Ma alcuni dissero: «È per mezzo di Beelzebùl, capo dei demòni, che egli scaccia i demòni». [16]Altri poi, per metterlo alla prova, gli domandavano un segno dal cielo. [17]Egli, conoscendo le loro intenzioni, disse: «Ogni regno diviso in se stesso va in rovina e una casa cade sull'altra. [18]Ora, se anche Satana è diviso in se stesso, come potrà stare in piedi il suo regno? Voi dite che io scaccio i demòni per mezzo di Beelzebùl. [19]Ma se io scaccio i demòni per mezzo di Beelzebùl, i vostri figli per mezzo di chi li scacciano? Per questo saranno loro i vostri giudici. [20]Se invece io scaccio i demòni con il dito di Dio, allora è giunto a voi il regno di Dio.

[21]Quando un uomo forte, bene armato, fa la guardia al suo palazzo, ciò che possiede è al sicuro. [22]Ma se arriva uno più forte di lui e lo vince, gli strappa via le armi nelle quali confidava e ne spartisce il bottino. [23]Chi non è con me è contro di me, e chi non raccoglie con me disperde.

11,14-23 Da qui alla fine del capitolo 11 Gesù appare in lotta contro i suoi avversari. Alcuni, non potendo negare l'evidenza dei fatti prodigiosi compiuti dal Maestro, ne spiano le mosse per calunniarlo e intaccare la stima di cui gode presso la gente. Ecco dunque l'accusa di essere in combutta con Satana (qui chiamato Beelzebùl), che Gesù ritorce contro i suoi oppositori facendo risuonare ancora una volta il lieto annunzio. Infatti egli non solo non è sottomesso a Satana, ma è l'inviato *forte*, come era stato affermato in rapporto al Battista (cfr. 3,16). Con Gesù, che scaccia i demòni per la potenza (*il dito*) di Dio, giunge la manifestazione compiuta del Regno.

Ritorno dello spirito impuro - [24]Quando lo spirito impuro esce dall'uomo, si aggira per luoghi deserti cercando sollievo e, non trovandone, dice: "Ritornerò nella mia casa, da cui sono uscito".
[25]Venuto, la trova spazzata e adorna. [26]Allora va, prende altri sette spiriti peggiori di lui, vi entrano e vi prendono dimora. E l'ultima condizione di quell'uomo diventa peggiore della prima».

La vera beatitudine - [27]Mentre diceva questo, una donna dalla folla alzò la voce e gli disse: «Beato il grembo che ti ha portato e il seno che ti ha allattato!». [28]Ma egli disse: «Beati piuttosto coloro che ascoltano la parola di Dio e la osservano!».

Il segno preteso da una generazione malvagia - [29]Mentre le folle si accalcavano, Gesù cominciò a dire: «Questa generazione è una generazione malvagia; essa cerca un segno, ma non le sarà dato alcun segno, se non il segno di Giona. [30]Poiché, come Giona fu un segno per quelli di Ninive, così anche il Figlio dell'uomo lo sarà per questa generazione. [31]Nel giorno del giudizio, la regina del Sud si alzerà contro gli uomini di questa generazione e li condannerà, perché ella venne dagli estremi confini della terra per ascoltare la sapienza di Salomone. Ed ecco, qui vi è uno più grande di Salomone. [32]Nel giorno del giudizio, gli abitanti di Ninive si alzeranno contro questa generazione e la condanneranno, perché essi alla predicazione di Giona si convertirono. Ed ecco, qui vi è uno più grande di Giona.

11,24-26 Occorre essere fermamente attaccati a Gesù e al suo Vangelo, perché il Maligno – che Gesù per sé ha già vinto – continua ad aggirarsi e a cercare le sue prede (cfr. 1Pt 5,8)
11,28 Le parole di Gesù non sminuiscono il rilievo di sua madre, ma contengono una precisazione: Maria è grande per motivi non solo biologici (ha dato alla luce Gesù) ma soprattutto spirituali (ha accolto per prima la parola di Dio).
11,30 Giona è un prototipo del Maestro non tanto per i tre giorni che trascorse nel ventre della balena (come Gesù negli artigli della morte), ma per l'intera vicenda di predicazione. Così il Cristo, nell'unicità della sua missione, nella trasparenza delle parole e dei prodigi, rappresenta il segno definitivo e pieno concesso agli uomini.

L'occhio, lucerna del corpo - [33]Nessuno accende una lampada e poi la mette in un luogo nascosto o sotto il moggio, ma sul candelabro, perché chi entra veda la luce. [34]La lampada del corpo è il tuo occhio. Quando il tuo occhio è semplice, anche tutto il tuo corpo è luminoso; ma se è cattivo, anche il tuo corpo è tenebroso. [35]Bada dunque che la luce che è in te non sia tenebra. [36]Se dunque il tuo corpo è tutto luminoso, senza avere alcuna parte nelle tenebre, sarà tutto nella luce, come quando la lampada ti illumina con il suo fulgore».

Gesù e i farisei - [37]Mentre stava parlando, un fariseo lo invitò a pranzo. Egli andò e si mise a tavola. [38]Il fariseo vide e si meravigliò che non avesse fatto le abluzioni prima del pranzo. [39]Allora il Signore gli disse: «Voi farisei pulite l'esterno del bicchiere e del piatto, ma il vostro interno è pieno di avidità e di cattiveria. [40]Stolti! Colui che ha fatto l'esterno non ha forse fatto anche l'interno? [41]Date piuttosto in elemosina quello che c'è dentro, ed ecco, per voi tutto sarà puro. [42]Ma guai a voi, farisei, che pagate la decima sulla menta, sulla ruta e su tutte le erbe, e lasciate da parte la giustizia e l'amore di Dio. Queste invece erano le cose da fare, senza trascurare quelle. [43]Guai a voi, farisei, che amate i primi posti nelle sinagoghe e i saluti sulle piazze. [44]Guai a voi, perché siete come quei sepolcri che non si vedono e la gente vi passa sopra senza saperlo».

Gesù e i dottori della Legge - [45]Intervenne uno dei dottori della Legge e gli disse: «Maestro, dicendo questo, tu offendi anche noi». [46]Egli rispose: «Guai anche a voi, dottori della Legge, che

11,40 Solo Luca ricorda questo invito a preoccuparsi di tutto ciò che Dio ha creato: l'esterno ma pure l'interno, la parte tangibile dell'esperienza umana ma insieme la sua dimensione intima e profonda. Dio desidera vedere impegnata tutta la persona – interiorità e opere – al servizio del Vangelo: non si accontenta di azioni rituali esteriori.

11,46 Se i farisei sono condannabili per l'ipocrisia, i dottori della Legge lo sono per la pretesa di essere le guide spirituali del popolo, intransigenti nell'applicare la Legge agli altri e scandalosamente permissivi nei propri confronti.

caricate gli uomini di pesi insopportabili, e quei pesi voi non li toccate nemmeno con un dito! [47]Guai a voi, che costruite i sepolcri dei profeti, e i vostri padri li hanno uccisi. [48]Così voi testimoniate e approvate le opere dei vostri padri: essi li uccisero e voi costruite. [49]Per questo la sapienza di Dio ha detto: "Manderò loro profeti e apostoli ed essi li uccideranno e perseguiteranno", [50]perché a questa generazione sia chiesto conto del sangue di tutti i profeti, versato fin dall'inizio del mondo: [51]dal sangue di Abele fino al sangue di Zaccaria, che fu ucciso tra l'altare e il santuario. Sì, io vi dico, ne sarà chiesto conto a questa generazione. [52]Guai a voi, dottori della Legge, che avete portato via la chiave della conoscenza; voi non siete entrati, e a quelli che volevano entrare voi l'avete impedito».

Ostilità di farisei e scribi - [53]Quando fu uscito di là, gli scribi e i farisei cominciarono a trattarlo in modo ostile e a farlo parlare su molti argomenti, [54]tendendogli insidie, per sorprenderlo in qualche parola uscita dalla sua stessa bocca.

12 **Ipocrisia dei farisei -** [1]Intanto si erano radunate migliaia di persone, al punto che si calpestavano a vicenda, e Gesù cominciò a dire anzitutto ai suoi discepoli: «Guardatevi bene dal lievito dei farisei, che è l'ipocrisia. [2]Non c'è nulla di nascosto che non sarà svelato, né di segreto che non sarà conosciuto. [3]Quindi ciò che avrete detto nelle tenebre sarà udito in piena luce, e ciò che avrete detto all'orecchio nelle stanze più interne sarà annunciato dalle terrazze.

11,52 I dottori ritengono di essere gli unici interpreti autorevoli della Legge. Ma non hanno compreso la portata dei tempi attuali e della rivelazione operata da Gesù. Così facendo non possono entrare nel Regno: Gesù afferma che ne hanno perso la chiave di accesso, la *chiave della conoscenza*, anzi l'hanno tolta impedendo agli altri di accedervi.

12,3 La predicazione che i discepoli sono chiamati a realizzare è distinta in due momenti: prima della Pasqua essi annunciano in segreto; dopo, invece, sono chiamati a parlare apertamente (*dalle terrazze*, il luogo più indicato in Oriente per le conversazioni tra amici e la divulgazione delle notizie). Il mistero pasquale fa da spartiacque.

Niente paura - 4Dico a voi, amici miei: non abbiate paura di
quelli che uccidono il corpo e dopo questo non possono fare più
nulla. 5Vi mostrerò invece di chi dovete aver paura: temete co-
lui che, dopo aver ucciso, ha il potere di gettare nella Geènna.
Sì, ve lo dico, temete costui. 6Cinque passeri non si vendono
forse per due soldi? Eppure nemmeno uno di essi è dimentica-
to davanti a Dio. 7Anche i capelli del vostro capo sono tutti con-
tati. Non abbiate paura: valete più di molti passeri!
8Io vi dico: chiunque mi riconoscerà davanti agli uomini, an-
che il Figlio dell'uomo lo riconoscerà davanti agli angeli di Dio;
9ma chi mi rinnegherà davanti agli uomini, sarà rinnegato da-
vanti agli angeli di Dio.
10Chiunque parlerà contro il Figlio dell'uomo, gli sarà per-
donato; ma a chi bestemmierà lo Spirito Santo, non sarà perdo-
nato.
11Quando vi porteranno davanti alle sinagoghe, ai magistrati
e alle autorità, non preoccupatevi di come o di che cosa discol-
parvi, o di che cosa dire, 12perché lo Spirito Santo vi insegnerà
in quel momento ciò che bisogna dire».

Non attaccarsi alle ricchezze - 13Uno della folla gli disse: «Mae-
stro, di' a mio fratello che divida con me l'eredità». 14Ma egli ri-

12,4 Gesù considera i discepoli suoi *amici*. Sono infatti tenuti ad accogliere le sue confidenze, a condividere il suo ministero, a partecipare al suo destino di sofferenza e di gloria.
12,8-9 I discepoli devono avere coraggio non solo perché il loro destino è lo stesso di Gesù (cfr. vv. 4-5) e perché Dio non si dimentica di loro (cfr. vv. 6-7), ma anche perché sanno che alla fine dei tempi il Signore riconoscerà chi gli è stato fedele. Si noti che tra quanti hanno rinnegato Gesù *davanti agli uomini*, la comunità cristiana primitiva annoverava anche Simon Pietro, che nel capitolo 22 affermerà per ben due volte di non conoscerlo.
12,10 L'ammonimento circa la bestemmia contro lo Spirito Santo pare riferirsi alle reazioni delle persone di fronte alla predicazione del Vangelo. Se durante i tempi del ministero terreno di Gesù il non riconoscerlo è grave ma perdonabile, quando la predicazione apostolica (guidata dallo Spirito) offrirà a Israele un'ultima possibilità di conversione, sarà imperdonabile non accoglierla.
12,13-21 Questo racconto, che include la parabola dell'uomo ricco e stolto,

spose: «O uomo, chi mi ha costituito giudice o mediatore sopra
di voi?». 15E disse loro: «Fate attenzione e tenetevi lontani da
ogni cupidigia perché, anche se uno è nell'abbondanza, la sua
vita non dipende da ciò che egli possiede».
16Poi disse loro una parabola: «La campagna di un uomo ric-
co aveva dato un raccolto abbondante. 17Egli ragionava tra sé:
"Che farò, poiché non ho dove mettere i miei raccolti? 18Farò
così – disse –: demolirò i miei magazzini e ne costruirò altri più
grandi e vi raccoglierò tutto il grano e i miei beni. 19Poi dirò a
me stesso: Anima mia, hai a disposizione molti beni, per molti
anni; ripòsati, mangia, bevi e divèrtiti!". 20Ma Dio gli disse:
"Stolto, questa notte stessa ti sarà richiesta la tua vita. E quello
che hai preparato, di chi sarà?". 21Così è di chi accumula tesori
per sé e non si arricchisce presso Dio».

Affidarsi al Padre - 22Poi disse ai suoi discepoli: «Per questo io
vi dico: non preoccupatevi per la vita, di quello che mangerete;
né per il corpo, di quello che indosserete. 23La vita infatti vale
più del cibo e il corpo più del vestito. 24Guardate i corvi: non
séminano e non mietono, non hanno dispensa né granaio, ep-
pure Dio li nutre. Quanto più degli uccelli valete voi! 25Chi di
voi, per quanto si preoccupi, può allungare anche di poco la pro-
pria vita? 26Se non potete fare neppure così poco, perché vi
preoccupate per il resto? 27Guardate come crescono i gigli: non
faticano e non filano. Eppure io vi dico: neanche Salomone, con
tutta la sua gloria, vestiva come uno di loro. 28Se dunque Dio
veste così bene l'erba nel campo, che oggi c'è e domani si get-
ta nel forno, quanto più farà per voi, gente di poca fede. 29E voi,

sembra un commento in azione alla frase solenne di Gesù riportata in 9,25: *Quale vantaggio ha un uomo che guadagna il mondo intero, ma perde o rovina se stesso?* Anche qui si tratta di scegliere tra l'accumulare tesori per se stessi oppure arricchire davanti a Dio.

12,22-34 L'insegnamento sulla ricchezza viene ora applicato ai discepoli, invitati a considerare l'esempio dei gigli dei campi, espressione della provvidenza di Dio (v. 27), e a non smettere mai di cercare il Regno prima di ogni altra cosa (v. 31).

non state a domandarvi che cosa mangerete e berrete, e non sta-
te in ansia: [30]di tutte queste cose vanno in cerca i pagani di que-
sto mondo; ma il Padre vostro sa che ne avete bisogno. [31]Cercate
piuttosto il suo regno, e queste cose vi saranno date in aggiunta.
[32]Non temere, piccolo gregge, perché al Padre vostro è pia-
ciuto dare a voi il Regno.
[33]Vendete ciò che possedete e datelo in elemosina; fatevi bor-
se che non invecchiano, un tesoro sicuro nei cieli, dove ladro
non arriva e tarlo non consuma. [34]Perché, dov'è il vostro teso-
ro, là sarà anche il vostro cuore.

Vigilare nell'attesa - [35]Siate pronti, con le vesti strette ai fian-
chi e le lampade accese; [36]siate simili a quelli che aspettano il lo-
ro padrone quando torna dalle nozze, in modo che, quando ar-
riva e bussa, gli aprano subito. [37]Beati quei servi che il padrone
al suo ritorno troverà ancora svegli; in verità io vi dico, si strin-
gerà le vesti ai fianchi, li farà mettere a tavola e passerà a ser-
virli. [38]E se, giungendo nel mezzo della notte o prima dell'alba,
li troverà così, beati loro! [39]Cercate di capire questo: se il pa-
drone di casa sapesse a quale ora viene il ladro, non si lasce-
rebbe scassinare la casa. [40]Anche voi tenetevi pronti perché, nel-
l'ora che non immaginate, viene il Figlio dell'uomo».

Parabola dell'amministratore fedele - [41]Allora Pietro disse: «Si-
gnore, questa parabola la dici per noi o anche per tutti?». [42]Il Si-
gnore rispose: «Chi è dunque l'amministratore fidato e pruden-
te, che il padrone metterà a capo della sua servitù per dare la ra-

12,35 I fianchi cinti indicano che bisogna tenersi pronti per un viaggio, come era capitato agli Ebrei in preparazione alla liberazione dall'Egitto nella notte di Pasqua (cfr. Es 12,11). L'immagine delle lucerne accese è stata sviluppata più ampiamente nella parabola delle dieci vergini riportata dall'evangelista Matteo (cfr. Mt 25,1-13).

12,41-48 Se il dovere della vigilanza è proprio di ogni cristiano, a maggior ragione questo vale per quanti hanno responsabilità verso i fratelli. Come supervisori attenti e come amministratori corretti, i discepoli sono chiamati a praticare le virtù della fedeltà e della prudenza. Essi saranno chiamati a gestire beni di grande valore in quanto legati alla salvezza degli uomini.

zione di cibo a tempo debito? [43]Beato quel servo che il padro-
ne, arrivando, troverà ad agire così. [44]Davvero io vi dico che lo
metterà a capo di tutti i suoi averi. [45]Ma se quel servo dicesse in
cuor suo: "Il mio padrone tarda a venire" e cominciasse a per-
cuotere i servi e le serve, a mangiare, a bere e a ubriacarsi, [46]il
padrone di quel servo arriverà un giorno in cui non se l'aspetta
e a un'ora che non sa, lo punirà severamente e gli infliggerà la
sorte che meritano gli infedeli.
[47]Il servo che, conoscendo la volontà del padrone, non avrà
disposto o agito secondo la sua volontà, riceverà molte percos-
se; [48]quello invece che, non conoscendola, avrà fatto cose meri-
tevoli di percosse, ne riceverà poche. A chiunque fu dato mol-
to, molto sarà chiesto; a chi fu affidato molto, sarà richiesto mol-
to di più.

Il fuoco di Gesù - [49]Sono venuto a gettare fuoco sulla terra, e
quanto vorrei che fosse già acceso! [50]Ho un battesimo nel quale
sarò battezzato, e come sono angosciato finché non sia compiuto!
[51]Pensate che io sia venuto a portare pace sulla terra? No, io
vi dico, ma divisione. [52]D'ora innanzi, se in una famiglia vi so-
no cinque persone, saranno divisi tre contro due e due contro
tre; [53]si divideranno padre contro figlio e *figlio contro padre*,
madre contro figlia e *figlia contro madre*, suocera contro nuora
e *nuora contro suocera*».

Le folle e i segni dei tempi - [54]Diceva ancora alle folle: «Quan-
do vedete una nuvola salire da ponente, subito dite: "Arriva la

12,49-50 Gesù confessa ai suoi il desiderio che ha nel cuore: vuole attraversare presto il fuoco purificatore di Gerusalemme, che sarà per lui come un battesimo, un passaggio dalla morte alla vita. Anche il nostro battesimo, immersione nella Pasqua di Cristo, è condivisione della sua morte e della sua risurrezione.

12,51 Se il Vangelo ricorda più volte che la sintesi dei doni messianici è rappresentata dalla pace, qui Gesù chiarisce che tra la pace e il quieto vivere non vi è identità. Occorre fare i conti con le scelte radicali imposte dall'adesione al Vangelo: esse possono portare alla divisione anche tra persone della stessa famiglia.

pioggia", e così accade. 55E quando soffia lo scirocco, dite: "Farà caldo", e così accade. 56Ipocriti! Sapete valutare l'aspetto della terra e del cielo; come mai questo tempo non sapete valutarlo? 57E perché non giudicate voi stessi ciò che è giusto? 58Quando vai con il tuo avversario davanti al magistrato, lungo la strada cerca di trovare un accordo con lui, per evitare che ti trascini davanti al giudice e il giudice ti consegni all'esattore dei debiti e costui ti getti in prigione. 59Io ti dico: non uscirai di là finché non avrai pagato fino all'ultimo spicciolo».

13 **Inviti alla conversione** - 1In quello stesso tempo si presentarono alcuni a riferirgli il fatto di quei Galilei, il cui sangue Pilato aveva fatto scorrere insieme a quello dei loro sacrifici. 2Prendendo la parola, Gesù disse loro: «Credete che quei Galilei fossero più peccatori di tutti i Galilei, per aver subìto tale sorte? 3No, io vi dico, ma se non vi convertite, perirete tutti allo stesso modo. 4O quelle diciotto persone, sulle quali crollò la torre di Sìloe e le uccise, credete che fossero più colpevoli di tutti gli abitanti di Gerusalemme? 5No, io vi dico, ma se non vi convertite, perirete tutti allo stesso modo».

Parabola del fico sterile - 6Diceva anche questa parabola: «Un tale aveva piantato un albero di fichi nella sua vigna e venne a cercarvi frutti, ma non ne trovò. 7Allora disse al vignaiolo: "Ecco, sono tre anni che vengo a cercare frutti su quest'albero, ma non ne trovo. Taglialo dunque! Perché deve sfruttare il terreno?". 8Ma quello gli rispose: "Padrone, lascialo ancora

13,2 Secondo la concezione corrente al tempo di Gesù, una disgrazia era provocata dai peccati della persona che la subiva. Il Maestro invita piuttosto a riconoscere in vicende simili altrettanti appelli alla conversione. Non solo chi ha molto peccato, bensì chiunque deve convertirsi per non perire.

13,8 Se qualcuno pensa che il giudizio non giungerà mai, qualcun altro pensa che ormai i giochi sono fatti. Da questo punto di vista la preghiera del contadino affezionato al fico sterile suggerisce che Israele può ancora confidare nella pazienza di Dio, sia pure per poco tempo (per *un anno* soltanto).

quest'anno, finché gli avrò zappato attorno e avrò messo il con-
cime. [9]Vedremo se porterà frutti per l'avvenire; se no, lo ta-
glierai"».

Guarigione di una donna di sabato - [10]Stava insegnando in una
sinagoga in giorno di sabato. [11]C'era là una donna che uno spi-
rito teneva inferma da diciotto anni; era curva e non riusciva in
alcun modo a stare diritta. [12]Gesù la vide, la chiamò a sé e le
disse: «Donna, sei liberata dalla tua malattia». [13]Impose le ma-
ni su di lei e subito quella si raddrizzò e glorificava Dio.
[14]Ma il capo della sinagoga, sdegnato perché Gesù aveva ope-
rato quella guarigione di sabato, prese la parola e disse alla fol-
la: «Ci sono sei giorni in cui si deve lavorare; in quelli dunque
venite a farvi guarire e non in giorno di sabato». [15]Il Signore gli
replicò: «Ipocriti, non è forse vero che, di sabato, ciascuno di voi
slega il suo bue o l'asino dalla mangiatoia, per condurlo ad ab-
beverarsi? [16]E questa figlia di Abramo, che Satana ha tenuto pri-
gioniera per ben diciotto anni, non doveva essere liberata da
questo legame nel giorno di sabato?». [17]Quando egli diceva que-
ste cose, tutti i suoi avversari si vergognavano, mentre la folla
intera esultava per tutte le meraviglie da lui compiute.

Parabola del granello di senape - [18]Diceva dunque: «A che co-
sa è simile il regno di Dio, e a che cosa lo posso paragonare? [19]È
simile a un granello di senape, che un uomo prese e gettò nel suo
giardino; crebbe, divenne un albero e *gli uccelli del cielo ven-
nero a fare il nido fra i suoi rami*».

Parabola del lievito - [20]E disse ancora: «A che cosa posso pa-
ragonare il regno di Dio? [21]È simile al lievito, che una donna

13,11 Fin dall'inizio del racconto si precisa che l'infermità della donna è dovuta al Maligno, a colui che piega, tiene legato e blocca il cuore umano. Come emerge anche dalle sue parole (vv. 15-16), qui Gesù sconfigge non solo l'ipocrisia dei suoi avversari, ma soprattutto l'azione dell'avversario per eccellenza, Satana. Gesù rimette in piedi l'uomo, lo restituisce alla posizione di chi è libero.

prese e mescolò in tre misure di farina, finché non fu tutta lie-
vitata».

La porta stretta - 22Passava insegnando per città e villaggi, men-
tre era in cammino verso Gerusalemme. 23Un tale gli chiese:
«Signore, sono pochi quelli che si salvano?». Disse loro:
24«Sforzatevi di entrare per la porta stretta, perché molti, io vi di-
co, cercheranno di entrare, ma non ci riusciranno. 25Quando il
padrone di casa si alzerà e chiuderà la porta, voi, rimasti fuori,
comincerete a bussare alla porta, dicendo: "Signore, aprici!".
Ma egli vi risponderà: "Non so di dove siete". 26Allora comin-
cerete a dire: "Abbiamo mangiato e bevuto in tua presenza e tu
hai insegnato nelle nostre piazze". 27Ma egli vi dichiarerà: "Voi,
non so di dove siete. *Allontanatevi da me, voi tutti operatori di*
ingiustizia!". 28Là ci sarà pianto e stridore di denti, quando ve-
drete Abramo, Isacco e Giacobbe e tutti i profeti nel regno di
Dio, voi invece cacciati fuori. 29Verranno da oriente e da occi-
dente, da settentrione e da mezzogiorno e siederanno a mensa
nel regno di Dio. 30Ed ecco, vi sono ultimi che saranno primi, e
vi sono primi che saranno ultimi».

Gerusalemme, la città dove muoiono i profeti - 31In quel mo-
mento si avvicinarono alcuni farisei a dirgli: «Parti e vattene via
di qui, perché Erode ti vuole uccidere». 32Egli rispose loro: «An-
date a dire a quella volpe: "Ecco, io scaccio demòni e compio

13,27 Le espressioni dure di Gesù si ricollegano a quanto egli diceva in 12,8-9: il Signore riconoscerà nel giorno del giudizio quelli che lo hanno conosciuto sulla terra, ma rifiuterà parentele e amicizie con quanti lo hanno espressamente rinnegato oppure – come nel nostro brano – lo hanno seguito solo a parole.

13,31-32a Mentre Gesù, sulla via di Gerusalemme, attraversa territori governati dal tetrarca Erode, questi lascia che corrano voci su una sua presunta intenzione di eliminarlo. Vuole così ottenere che il Maestro scomodo sia spinto ad andarsene e diventi un problema per altri potenti. Ecco perché Gesù lo definisce astuto come una volpe.

13,32b-33 L'espressione misteriosa usata dal Maestro si può intendere nel senso che Gesù ha ancora poco tempo da passare in Galilea e Perea; ben presto la sua opera giungerà a compimento a Gerusalemme.

guarigioni oggi e domani; e il terzo giorno la mia opera è com-
piuta. [33]Però è necessario che oggi, domani e il giorno seguen-
te io prosegua nel cammino, perché non è possibile che un pro-
feta muoia fuori di Gerusalemme".
[34]Gerusalemme, Gerusalemme, tu che uccidi i profeti e lapi-
di quelli che sono stati mandati a te: quante volte ho voluto rac-
cogliere i tuoi figli, come una chioccia i suoi pulcini sotto le ali,
e voi non avete voluto! [35]Ecco, la vostra casa è abbandonata a
voi! Vi dico infatti che non mi vedrete, finché verrà il tempo in
cui direte: *Benedetto colui che viene nel nome del Signore!*».

14 **È lecito guarire di sabato? -** [1]Un sabato si recò a casa
di uno dei capi dei farisei per pranzare ed essi stavano a
osservarlo. [2]Ed ecco, davanti a lui vi era un uomo malato di idro-
pisìa. [3]Rivolgendosi ai dottori della Legge e ai farisei, Gesù dis-
se: «È lecito o no guarire di sabato?». [4]Ma essi tacquero. Egli lo
prese per mano, lo guarì e lo congedò. [5]Poi disse loro: «Chi di
voi, se un figlio o un bue gli cade nel pozzo, non lo tirerà fuori
subito in giorno di sabato?». [6]E non potevano rispondere nulla
a queste parole.

Parabola dei primi posti - [7]Diceva agli invitati una parabola,
notando come sceglievano i primi posti: [8]«Quando sei invitato
a nozze da qualcuno, non metterti al primo posto, perché non ci
sia un altro invitato più degno di te, [9]e colui che ha invitato te e
lui venga a dirti: "Cedigli il posto!". Allora dovrai con vergogna
occupare l'ultimo posto. [10]Invece, quando sei invitato, va' a met-
terti all'ultimo posto, perché quando viene colui che ti ha invi-

13,34-35 Le parole accorate di Gesù su Gerusalemme hanno un contenuto doppio: il lamento sulla rovina cui è destinata la città (vv. 34-35a) e la profezia positiva, che allude a un'accoglienza solenne del Messia alla fine dei tempi (v. 35b).

14,7-11 Questa parabola, la prima del capitolo 14, apre la serie di parole dedicate all'invito di Dio al banchetto del Regno; nel capitolo 15 troveremo le parabole della misericordia di Dio; nel capitolo 16 le parabole che esortano alla decisione radicale da parte degli uomini.

tato ti dica: “Amico, vieni più avanti!”. Allora ne avrai onore
davanti a tutti i commensali. [11]Perché chiunque si esalta sarà
umiliato, e chi si umilia sarà esaltato».

Chi invitare a un banchetto - [12]Disse poi a colui che l’aveva in-
vitato: «Quando offri un pranzo o una cena, non invitare i tuoi
amici né i tuoi fratelli né i tuoi parenti né i ricchi vicini, perché
a loro volta non ti invitino anch’essi e tu abbia il contraccam-
bio. [13]Al contrario, quando offri un banchetto, invita poveri,
storpi, zoppi, ciechi; [14]e sarai beato perché non hanno da ri-
cambiarti. Riceverai infatti la tua ricompensa alla risurrezione
dei giusti».

Parabola del grande banchetto - [15]Uno dei commensali, avendo
udito questo, gli disse: «Beato chi prenderà cibo nel regno di
Dio!». [16]Gli rispose: «Un uomo diede una grande cena e fece
molti inviti. [17]All’ora della cena, mandò il suo servo a dire agli in-
vitati: “Venite, è pronto”. [18]Ma tutti, uno dopo l’altro, comincia-
rono a scusarsi. Il primo gli disse: “Ho comprato un campo e de-
vo andare a vederlo; ti prego di scusarmi”. [19]Un altro disse: “Ho
comprato cinque paia di buoi e vado a provarli; ti prego di scu-
sarmi”. [20]Un altro disse: “Mi sono appena sposato e perciò non
posso venire”. [21]Al suo ritorno il servo riferì tutto questo al suo
padrone. Allora il padrone di casa, adirato, disse al servo: “Esci

14,11 Questo detto, ispirato al profeta Ezechiele (cfr. Ez 21,31), è realizzato da Gesù stesso: Cristo si è abbassato per venirci incontro e Dio lo ha innalzato al di sopra di ogni altra creatura. Lo spiega bene san Paolo ai cristiani di Filippi (cfr. Fil 2,6-11).

14,12-14 Gesù va contro le consuetudini diffuse e suggerisce di invitare a casa propria chi non potrà ricambiare. Vi è infatti una beatitudine per chi agisce con disinteresse, che troverà eco negli Atti degli Apostoli con l’espressione «si è più beati nel dare che nel ricevere» (At 20,35).

14,15-24 Gesù sembra offrire un esempio pratico di quanto ha enunciato in 14,12-14. Dal banchetto finale saranno esclusi quanti avrebbero dovuto essere invitati di diritto; vi prenderanno invece parte coloro che nell’ambiente giudaico erano ritenuti esclusi: poveri, storpi, ciechi e zoppi. Per loro Dio imbandisce la propria mensa.

subito per le piazze e per le vie della città e conduci qui i poveri, gli storpi, i ciechi e gli zoppi". [22]Il servo disse: "Signore, è stato fatto come hai ordinato, ma c'è ancora posto". [23]Il padrone allora disse al servo: "Esci per le strade e lungo le siepi e costringili ad entrare, perché la mia casa si riempia. [24]Perché io vi dico: nessuno di quelli che erano stati invitati gusterà la mia cena"».

Condizioni per seguire Gesù - [25]Una folla numerosa andava con lui. Egli si voltò e disse loro: [26]«Se uno viene a me e non mi ama più di quanto ami suo padre, la madre, la moglie, i figli, i fratelli, le sorelle e perfino la propria vita, non può essere mio discepolo. [27]Colui che non porta la propria croce e non viene dietro a me, non può essere mio discepolo.

[28]Chi di voi, volendo costruire una torre, non siede prima a calcolare la spesa e a vedere se ha i mezzi per portarla a termine? [29]Per evitare che, se getta le fondamenta e non è in grado di finire il lavoro, tutti coloro che vedono comincino a deriderlo, [30]dicendo: "Costui ha iniziato a costruire, ma non è stato capace di finire il lavoro". [31]Oppure quale re, partendo in guerra contro un altro re, non siede prima a esaminare se può affrontare con diecimila uomini chi gli viene incontro con ventimila? [32]Se no, mentre l'altro è ancora lontano, gli manda dei messaggeri per chiedere pace. [33]Così chiunque di voi non rinuncia a tutti i suoi averi, non può essere mio discepolo.

14,22 Luca sottolinea che quella del banchetto è una sala grande, in cui c'è molto posto. Si coglie qui un accenno alla prospettiva universalistica cara all'evangelista: nel regno di Dio c'è posto per tutti, e non solo per il primo popolo dell'alleanza, Israele.

14,26 La frase di Gesù colpisce. Eppure egli non intende abrogare il comandamento di onorare il padre e la madre, ma sottolinea una volta di più la radicalità della scelta per il Regno.

14,33 La conclusione del brano non rappresenta un'applicazione precisa delle parabole della torre (vv. 28-30) e della guerra (vv. 31-32), dal momento che queste insistevano su ciò che va fatto prima di compiere azioni significative, mentre Gesù parla di ciò che segue la scelta del discepolato. È chiaro che il racconto si rivolge a persone già cristiane, per le quali è in questione non tanto l'opzione di fondo pro o contro Cristo e il suo Vangelo, bensì la fedeltà alla scelta fatta e la coerenza con gli obiettivi perseguiti.

Parabola del sale insipido - 34Buona cosa è il sale, ma se anche
il sale perde il sapore, con che cosa verrà salato? 35Non serve
né per la terra né per il concime e così lo buttano via. Chi ha
orecchi per ascoltare, ascolti».

15

Parabola della pecora perduta - 1Si avvicinavano a lui
tutti i pubblicani e i peccatori per ascoltarlo. 2I farisei e
gli scribi mormoravano dicendo: «Costui accoglie i peccatori e
mangia con loro». 3Ed egli disse loro questa parabola:
4«Chi di voi, se ha cento pecore e ne perde una, non lascia le
novantanove nel deserto e va in cerca di quella perduta, finché
non la trova? 5Quando l'ha trovata, pieno di gioia se la carica
sulle spalle, 6va a casa, chiama gli amici e i vicini, e dice loro:
"Rallegratevi con me, perché ho trovato la mia pecora, quella
che si era perduta". 7Io vi dico: così vi sarà gioia nel cielo per
un solo peccatore che si converte, più che per novantanove giusti i quali non hanno bisogno di conversione.

Parabola della moneta perduta - 8Oppure, quale donna, se ha
dieci monete e ne perde una, non accende la lampada e spazza la casa e cerca accuratamente finché non la trova? 9E dopo
averla trovata, chiama le amiche e le vicine, e dice: "Rallegratevi con me, perché ho trovato la moneta che avevo perduto".

14,34-35 Conseguentemente con quanto ha detto prima, Luca insiste sull'inutilità del discepolo che non è coerente con le proprie scelte. Come nel caso del sale insipido, non esiste riutilizzo possibile per lui: il suo destino è quello di essere gettato via.
15 Con le tre parabole della misericordia del capitolo 15, ci troviamo nel cuore del Vangelo di Luca: in esse viene dipinto un vivido ritratto del Dio dei cristiani, un Dio che ricerca incessantemente i figli perduti, fa festa quando li ritrova, li riconduce nella propria casa e li perdona con fiducia.
15,2 La religione ebraica si basa sulla netta separazione tra ciò che è puro e ciò che è impuro, tra i giusti e i peccatori. La libertà con cui Gesù intesse rapporti con persone ritenute impure dai Giudei mette in crisi farisei e scribi.
15,6 L'invito alla gioia scandisce il ritrovamento in tutte e tre le parabole (vv. 6.9.32). Ritrovare un fratello o una sorella perduti è per i giusti un motivo di festa e non di risentimento o mormorazione (v. 2).

[10]Così, io vi dico, vi è gioia davanti agli angeli di Dio per un so-
lo peccatore che si converte».

Parabola dei due figli perduti - [11]Disse ancora: «Un uomo ave-
va due figli. [12]Il più giovane dei due disse al padre: "Padre, dam-
mi la parte di patrimonio che mi spetta". Ed egli divise tra loro
le sue sostanze. [13]Pochi giorni dopo, il figlio più giovane, rac-
colte tutte le sue cose, partì per un paese lontano e là sperperò
il suo patrimonio vivendo in modo dissoluto. [14]Quando ebbe
speso tutto, sopraggiunse in quel paese una grande carestia ed
egli cominciò a trovarsi nel bisogno. [15]Allora andò a mettersi al
servizio di uno degli abitanti di quella regione, che lo mandò
nei suoi campi a pascolare i porci. [16]Avrebbe voluto saziarsi con
le carrube di cui si nutrivano i porci; ma nessuno gli dava nul-
la. [17]Allora ritornò in sé e disse: "Quanti salariati di mio padre
hanno pane in abbondanza e io qui muoio di fame! [18]Mi alzerò,
andrò da mio padre e gli dirò: Padre, ho peccato verso il Cielo
e davanti a te; [19]non sono più degno di essere chiamato tuo fi-
glio. Trattami come uno dei tuoi salariati". [20]Si alzò e tornò da
suo padre.

Quando era ancora lontano, suo padre lo vide, ebbe compas-
sione, gli corse incontro, gli si gettò al collo e lo baciò. [21]Il fi-
glio gli disse: "Padre, ho peccato verso il Cielo e davanti a te;
non sono più degno di essere chiamato tuo figlio". [22]Ma il padre
disse ai servi: "Presto, portate qui il vestito più bello e fateglie-
lo indossare, mettetegli l'anello al dito e i sandali ai piedi.
[23]Prendete il vitello grasso, ammazzatelo, mangiamo e facciamo

15,12 La richiesta del figlio è sfacciata e offensiva: rivendicare la propria parte di eredità significa agire come se il padre fosse morto, e spezzare ogni legame con la propria famiglia e le proprie origini.

15,15 Per un Giudeo i maiali sono i più impuri tra gli animali: la condizione del figlio è volutamente dipinta come un abisso di abbrutimento e peccato.

15,19-20 Il ragazzo non è pronto a sostenere lo sguardo del padre, così decide di ritornare come semplice servo, non come figlio: ancora una volta, a spingerlo sono i suoi bisogni e le sue necessità.

festa, [24]perché questo mio figlio era morto ed è tornato in vita,
era perduto ed è stato ritrovato". E cominciarono a far festa.
[25]Il figlio maggiore si trovava nei campi. Al ritorno, quando
fu vicino a casa, udì la musica e le danze; [26]chiamò uno dei ser-
vi e gli domandò che cosa fosse tutto questo. [27]Quello gli rispo-
se: "Tuo fratello è qui e tuo padre ha fatto ammazzare il vitello
grasso, perché lo ha riavuto sano e salvo". [28]Egli si indignò, e
non voleva entrare. Suo padre allora uscì a supplicarlo. [29]Ma egli
rispose a suo padre: "Ecco, io ti servo da tanti anni e non ho mai
disobbedito a un tuo comando, e tu non mi hai mai dato un ca-
pretto per far festa con i miei amici. [30]Ma ora che è tornato que-
sto tuo figlio, il quale ha divorato le tue sostanze con le prostitu-
te, per lui hai ammazzato il vitello grasso". [31]Gli rispose il padre:
"Figlio, tu sei sempre con me e tutto ciò che è mio è tuo; [32]ma bi-
sognava far festa e rallegrarsi, perché questo tuo fratello era mor-
to ed è tornato in vita, era perduto ed è stato ritrovato"».

16 **Parabola dell'amministratore disonesto -** [1]Diceva an-
che ai discepoli: «Un uomo ricco aveva un amministra-
tore, e questi fu accusato dinanzi a lui di sperperare i suoi ave-
ri. [2]Lo chiamò e gli disse: "Che cosa sento dire di te? Rendi con-
to della tua amministrazione, perché non potrai più ammini-
strare". [3]L'amministratore disse tra sé: "Che cosa farò, ora che

15,28 Il padre si umilia, abbandonando gli ospiti per uscire a calmare le bizze del primogenito. Questo atteggiamento è il centro dell'insegnamento che Gesù sta impartendo: portare i *figli maggiori* (scribi e farisei) ad accettare che Dio è misericordia.

15,29 Nemmeno il figlio maggiore è un modello da seguire: anch'egli si sente *servo*, tant'è vero che non usa mai la parola *padre*. Se l'abisso che separava il figlio minore dal padre era stato scavato dal piacere, quello del figlio maggiore era stato causato dal dovere. In questo senso entrambi i figli sono perduti: non hanno compreso il cuore misericordioso del padre.

16,1-8 Il condono che l'amministratore concede ai debitori non va a discapito degli affari del suo padrone. Egli sta semplicemente scalando dalle loro ricevute il sovrappiù che aveva chiesto come indennizzo per sé: gli amministratori non ricevevano infatti un salario dal padrone, ma avevano il permesso di gonfiare le richieste – certo non di raddoppiarle come nel nostro caso! – per assicurarsi un guadagno personale.

il mio padrone mi toglie l'amministrazione? Zappare, non ne ho la forza; mendicare, mi vergogno. [4]So io che cosa farò perché, quando sarò stato allontanato dall'amministrazione, ci sia qualcuno che mi accolga in casa sua". [5]Chiamò uno per uno i debitori del suo padrone e disse al primo: "Tu quanto devi al mio padrone?". [6]Quello rispose: "Cento barili d'olio". Gli disse: "Prendi la tua ricevuta, siediti subito e scrivi cinquanta". [7]Poi disse a un altro: "Tu quanto devi?". Rispose: "Cento misure di grano". Gli disse: "Prendi la tua ricevuta e scrivi ottanta". [8]Il padrone lodò quell'amministratore disonesto, perché aveva agito con scaltrezza. I figli di questo mondo, infatti, verso i loro pari sono più scaltri dei figli della luce.

Insegnamenti su ricchezza e fedeltà - [9]Ebbene, io vi dico: fatevi degli amici con la ricchezza disonesta, perché, quando questa verrà a mancare, essi vi accolgano nelle dimore eterne.

[10]Chi è fedele in cose di poco conto, è fedele anche in cose importanti; e chi è disonesto in cose di poco conto, è disonesto anche in cose importanti. [11]Se dunque non siete stati fedeli nella ricchezza disonesta, chi vi affiderà quella vera? [12]E se non siete stati fedeli nella ricchezza altrui, chi vi darà la vostra?

[13]Nessun servitore può servire due padroni, perché o odierà l'uno e amerà l'altro, oppure si affezionerà all'uno e disprezzerà l'altro. Non potete servire Dio e la ricchezza».

[14]I farisei, che erano attaccati al denaro, ascoltavano tutte queste cose e si facevano beffe di lui. [15]Egli disse loro: «Voi siete quelli che si ritengono giusti davanti agli uomini, ma Dio conosce i vostri cuori: ciò che fra gli uomini viene esaltato, davanti a Dio è cosa abominevole.

16,6-7 Secondo le stime fatte, il condono offerto dall'amministratore aveva in entrambi i casi il valore di circa 500 denari, ossia l'equivalente di due anni pieni di lavoro come bracciante.

16,9 La ricchezza deve essere condivisa: tenerla egoisticamente per sé crea steccati e divisioni; elargirla con generosità allaccia nuovi rapporti e fa nascere amicizie.

La legge e il Regno – [16]La Legge e i Profeti fino a Giovanni: da allora in poi viene annunciato il regno di Dio e ognuno si sforza di entrarvi.

[17]È più facile che passino il cielo e la terra, anziché cada un solo trattino della Legge.

[18]Chiunque ripudia la propria moglie e ne sposa un'altra, commette adulterio; chi sposa una donna ripudiata dal marito, commette adulterio.

Parabola di Lazzaro il mendicante - [19]C'era un uomo ricco, che indossava vestiti di porpora e di lino finissimo, e ogni giorno si dava a lauti banchetti. [20]Un povero, di nome Lazzaro, stava alla sua porta, coperto di piaghe, [21]bramoso di sfamarsi con quello che cadeva dalla tavola del ricco; ma erano i cani che venivano a leccare le sue piaghe. [22]Un giorno il povero morì e fu portato dagli angeli accanto ad Abramo. Morì anche il ricco e fu sepolto. [23]Stando negli inferi fra i tormenti, alzò gli occhi e vide di lontano Abramo, e Lazzaro accanto a lui. [24]Allora gridando disse: "Padre Abramo, abbi pietà di me e manda Lazzaro a intingere nell'acqua la punta del dito e a bagnarmi la lingua, perché soffro terribilmente in questa fiamma". [25]Ma Abramo rispose: "Figlio, ricòrdati che, nella vita, tu hai ricevuto i tuoi beni, e Lazzaro i suoi mali; ma ora in questo modo lui è consolato, tu invece sei in mezzo ai tormenti. [26]Per di più, tra noi e voi è stato fissato un grande abisso: coloro che di qui vogliono passare da voi, non possono, né di lì possono giungere fino a noi". [27]E quello replicò: "Allora, padre, ti prego di mandare Lazzaro a casa di mio padre, [28]perché ho cinque fratelli. Li ammonisca severamente, perché non vengano an-

Lc

16,19-31 Il racconto presenta quel capovolgimento futuro già preannunciato nel *Magnificat* e nelle beatitudini (1,46ss e 6,20ss). Gesù non condanna la ricchezza in sé, ma ci ricorda che i beni vanno condivisi con gli altri. Questo insegnamento era già presente nella sapienza d'Israele: «Meglio praticare l'elemosina che accumulare oro. L'elemosina salva dalla morte e purifica da ogni peccato» (Tb 12,8-9).

ch'essi in questo luogo di tormento". [29]Ma Abramo rispose:
"Hanno Mosè e i Profeti; ascoltino loro". [30]E lui replicò: "No,
padre Abramo, ma se dai morti qualcuno andrà da loro, si con-
vertiranno". [31]Abramo rispose: "Se non ascoltano Mosè e i
Profeti, non saranno persuasi neanche se uno risorgesse dai
morti"».

17 **Messa in guardia dagli scandali** - [1]Disse ai suoi disce-
poli: «È inevitabile che vengano scandali, ma guai a co-
lui a causa del quale vengono. [2]È meglio per lui che gli venga
messa al collo una macina da mulino e sia gettato nel mare, piut-
tosto che scandalizzare uno di questi piccoli. [3]State attenti a voi
stessi!

Correzione fraterna - Se il tuo fratello commetterà una colpa,
rimproveralo; ma se si pentirà, perdonagli. [4]E se commetterà
una colpa sette volte al giorno contro di te e sette volte ritornerà
a te dicendo: "Sono pentito", tu gli perdonerai».

Potenza della fede - [5]Gli apostoli dissero al Signore: [6]«Accre-
sci in noi la fede!». Il Signore rispose: «Se aveste fede quanto
un granello di senape, potreste dire a questo gelso: "Sràdicati e
vai a piantarti nel mare", ed esso vi obbedirebbe.

Servi inutili - [7]Chi di voi, se ha un servo ad arare o a pascolare
il gregge, gli dirà, quando rientra dal campo: "Vieni subito e

16,31 L'evangelista ha sotto gli occhi l rifiuto che scribi e farisei oppongo- alla risurrezione di Cristo. Tale ri- to affonda le proprie radici nell'at- iamento di chiusura che essi mo- nei confronti delle sacre Scrit- Legge e i Profeti sono chiari a osito, in quanto evidenziano e uno stretto legame tra l'al- Dio e l'amore per i fratelli bisognosi (cfr. Dt 15,7-11; 24,10-15; Am 2,6-7; Is 58,6-10; Sir 4,1-6; Tb 4,7-11).

17,3b Tra i cristiani il peccato non comporta l'espulsione dalla comunità. Chi sbaglia deve essere rimproverato, affinché possa staccarsi dall'errore, ma poi venire riaccolto nel perdono. Luca non si stanca mai di ribadire la centralità della misericordia.

mettiti a tavola"? [8]Non gli dirà piuttosto: "Prepara da mangiare, stringiti le vesti ai fianchi e servimi, finché avrò mangiato e bevuto, e dopo mangerai e berrai tu"? [9]Avrà forse gratitudine verso quel servo, perché ha eseguito gli ordini ricevuti? [10]Così anche voi, quando avrete fatto tutto quello che vi è stato ordinato, dite: "Siamo servi inutili. Abbiamo fatto quanto dovevamo fare"».

Guarigione di dieci lebbrosi - [11]Lungo il cammino verso Gerusalemme, Gesù attraversava la Samaria e la Galilea. [12]Entrando in un villaggio, gli vennero incontro dieci lebbrosi, che si fermarono a distanza [13]e dissero ad alta voce: «Gesù, Maestro, abbi pietà di noi!». [14]Appena li vide, Gesù disse loro: «Andate a presentarvi ai sacerdoti». E mentre essi andavano, furono purificati. [15]Uno di loro, vedendosi guarito, tornò indietro lodando Dio a gran voce, [16]e si prostrò davanti a Gesù, ai suoi piedi, per ringraziarlo. Era un Samaritano. [17]Ma Gesù osservò: «Non ne sono stati purificati dieci? E gli altri nove dove sono? [18]Non si è trovato nessuno che tornasse indietro a rendere gloria a Dio, all'infuori di questo straniero?». [19]E gli disse: «Àlzati e va'; la tua fede ti ha salvato!».

Venuta del regno di Dio - [20]I farisei gli domandarono: «Quando verrà il regno di Dio?». Egli rispose loro: «Il regno di Dio non viene in modo da attirare l'attenzione, [21]e nessuno dirà: "Eccolo qui", oppure: "Eccolo là". Perché, ecco, il regno di Dio è in mezzo a voi!».

17,11-19 La lebbra era una malattia che investiva la sfera religiosa, dunque, per un ebreo, solo Dio poteva purificare un uomo da essa. Il miracolo di guarigione operato da Gesù è dunque da leggere come inaugurazione dei tempi messianici che, non a caso, sono collegati con la sua salita a Gerusalemme (v. 11).

17,21 Gesù vuole evitare che i farisei pianifichino le proprie scelte su false certezze. Anche oggi molti affidano le proprie vite a maghi, oroscopi e imbroglioni. Per Gesù il futuro si decide nell'oggi, il regno di Dio non verrà un domani, è piuttosto da riconoscere nella concretezza presente.

Il giorno del Figlio dell'uomo – 22Disse poi ai discepoli: «Ver-
ranno giorni in cui desidererete vedere anche uno solo dei gior-
ni del Figlio dell'uomo, ma non lo vedrete. 23Vi diranno: "Ec-
colo là", oppure: "Eccolo qui"; non andateci, non seguiteli.
24Perché come la folgore, guizzando, brilla da un capo all'altro
del cielo, così sarà il Figlio dell'uomo nel suo giorno. 25Ma pri-
ma è necessario che egli soffra molto e venga rifiutato da que-
sta generazione. 26Come avvenne nei giorni di Noè, così sarà
nei giorni del Figlio dell'uomo: 27mangiavano, bevevano, pren-
devano moglie, prendevano marito, fino al giorno in cui Noè
entrò nell'arca e venne il diluvio e li fece morire tutti. 28Come
avvenne anche nei giorni di Lot: mangiavano, bevevano, com-
pravano, vendevano, piantavano, costruivano; 29ma, nel giorno
in cui Lot uscì da Sòdoma, piovve fuoco e zolfo dal cielo e li fe-
ce morire tutti. 30Così accadrà nel giorno in cui il Figlio del-
l'uomo si manifesterà. 31In quel giorno, chi si troverà sulla ter-
razza e avrà lasciato le sue cose in casa, non scenda a prender-
le; così, chi si troverà nel campo, non torni indietro. 32Ricorda-
tevi della moglie di Lot. 33Chi cercherà di salvare la propria vi-
ta, la perderà; ma chi la perderà, la manterrà viva. 34Io vi dico:
in quella notte, due si troveranno nello stesso letto: l'uno verrà
portato via e l'altro lasciato; 35due donne staranno a macinare
nello stesso luogo: l'una verrà portata via e l'altra lasciata». [36]
37Allora gli chiesero: «Dove, Signore?». Ed egli disse loro:
«Dove sarà il cadavere, lì si raduneranno insieme anche gli av-
voltoi».

17,22-37 Luca sistema il proprio materiale sulla fine dei tempi in due discorsi distinti: questo, detto la «piccola apocalisse lucana», e quello più ampio del capitolo 21 (vv. 5-36).

17,24 Gesù passa da un astratto *regno di Dio*, al concretissimo *Figlio dell'uomo*. La sua venuta sarà un evento improvviso e inevitabile, che raggiungerà come un lampo tutti gli uomini.

17,37 Anche i discepoli, come prima i farisei, cercano almeno un indizio sicuro: dove tutto questo accadrà? Gesù risponde in modo sibillino, utilizzando quello che forse era un detto tradizionale. Ai discepoli deve bastare sapere che quanto è stato loro annunciato accadrà a suo tempo. Per prepararsi c'è sempre – e solo – l'oggi. Qui occorre giocarsi, comunicando vita.

18 **Parabola del giudice e della vedova** - 1Diceva loro una
parabola sulla necessità di pregare sempre, senza stan-
carsi mai: 2«In una città viveva un giudice, che non temeva Dio
né aveva riguardo per alcuno. 3In quella città c'era anche una
vedova, che andava da lui e gli diceva: "Fammi giustizia contro
il mio avversario". 4Per un po' di tempo egli non volle; ma poi
disse tra sé: "Anche se non temo Dio e non ho riguardo per al-
cuno, 5dato che questa vedova mi dà tanto fastidio, le farò giu-
stizia perché non venga continuamente a importunarmi"». 6E il
Signore soggiunse: «Ascoltate ciò che dice il giudice disone-
sto. 7E Dio non farà forse giustizia ai suoi eletti, che gridano
giorno e notte verso di lui? Li farà forse aspettare a lungo? 8Io
vi dico che farà loro giustizia prontamente. Ma il Figlio del-
l'uomo, quando verrà, troverà la fede sulla terra?».

Parabola del fariseo e del pubblicano - 9Disse ancora questa pa-
rabola per alcuni che avevano l'intima presunzione di essere
giusti e disprezzavano gli altri: 10«Due uomini salirono al tem-
pio a pregare: uno era fariseo e l'altro pubblicano. 11Il fariseo,
stando in piedi, pregava così tra sé: "O Dio, ti ringrazio perché
non sono come gli altri uomini, ladri, ingiusti, adùlteri, e nep-
pure come questo pubblicano. 12Digiuno due volte alla settima-
na e pago le decime di tutto quello che possiedo". 13Il pubbli-
cano invece, fermatosi a distanza, non osava nemmeno alzare
gli occhi al cielo, ma si batteva il petto dicendo: "O Dio, abbi

18,1-8 Questa parabola appartiene alla tradizione propria di Luca, che è l'unico evangelista a riportarla. Il paragone tra il giudice disonesto e Dio, giudice giusto per eccellenza, vuole rinfrancare la speranza dei cristiani e indurli a mantenere, tramite la preghiera, un dialogo costante con il Padre celeste. Egli renderà certamente giustizia ai suoi eletti.
18,9-14 Luca non perde occasione per insistere sul tema dell'universalità della salvezza: Gesù abbatte il muro che separa farisei e pubblicani, e accoglie nel suo regno i peccatori pentiti.
18,11-12 Non c'è uomo che possa pretendere di rivendicare il proprio diritto alla salvezza sulla base di opere meritorie e meticolosa osservanza della Legge: Luca ci ricorda che la salvezza è dono gratuito di Dio e dipende esclusivamente dal nostro affidamento fiducioso alla sua misericordia.

pietà di me peccatore". [14]Io vi dico: questi, a differenza dell'altro, tornò a casa sua giustificato, perché chiunque si esalta sarà umiliato, chi invece si umilia sarà esaltato».

Gesù e i bambini - [15]Gli presentavano anche i bambini piccoli perché li toccasse, ma i discepoli, vedendo ciò, li rimproveravano. [16]Allora Gesù li chiamò a sé e disse: «Lasciate che i bambini vengano a me e non glielo impedite; a chi è come loro, infatti, appartiene il regno di Dio. [17]In verità io vi dico: chi non accoglie il regno di Dio come l'accoglie un bambino, non entrerà in esso».

L'uomo ricco - [18]Un notabile lo interrogò: «Maestro buono, che cosa devo fare per avere in eredità la vita eterna?». [19]Gesù gli rispose: «Perché mi chiami buono? Nessuno è buono, se non Dio solo. [20]Tu conosci i comandamenti: *Non commettere adulterio, non uccidere, non rubare, non testimoniare il falso, onora tuo padre e tua madre*». [21]Costui disse: «Tutte queste cose le ho osservate fin dalla giovinezza». [22]Udito ciò, Gesù gli disse: «Una cosa ancora ti manca: vendi tutto quello che hai, distribuiscilo ai poveri e avrai un tesoro nei cieli; e vieni! Seguimi!». [23]Ma quello, udite queste parole, divenne assai triste perché era molto ricco.

Pericoli della ricchezza - [24]Quando Gesù lo vide così triste, disse: «Quanto è difficile, per quelli che possiedono ricchezze, entrare nel regno di Dio. [25]È più facile infatti per un cammello passare per la cruna di un ago, che per un ricco entrare nel regno di Dio!». [26]Quelli che ascoltavano dissero: «E chi può essere sal-

18,17 Il regno di Dio non può essere conquistato: va accolto con la spontaneità di un bambino, che non conosce e non osserva la Legge, ma si affida senza condizioni, sapendosi bisognoso di aiuto. **18,18-23** Luca ritorna sul tema delle ricchezze, che possono ostacolare un positivo cammino di avvicinamento a Dio. L'osservanza dei comandamenti deve essere accompagnata dall'attenzione verso i poveri e dalla comunione con il Signore, fonte di vita.

vato?». 27Rispose: «Ciò che è impossibile agli uomini, è possi-
bile a Dio».

Ricompensa del discepolo - 28Pietro allora disse: «Noi abbiamo
lasciato i nostri beni e ti abbiamo seguito». 29Ed egli rispose:
«In verità io vi dico, non c'è nessuno che abbia lasciato casa o
moglie o fratelli o genitori o figli per il regno di Dio, 30che non
riceva molto di più nel tempo presente e la vita eterna nel tem-
po che verrà».

Terzo annuncio della passione - 31Poi prese con sé i Dodici e
disse loro: «Ecco, noi saliamo a Gerusalemme, e si compirà tut-
to ciò che fu scritto dai profeti riguardo al Figlio dell'uomo:
32verrà infatti consegnato ai pagani, verrà deriso e insultato, lo
copriranno di sputi 33e, dopo averlo flagellato, lo uccideranno e
il terzo giorno risorgerà». 34Ma quelli non compresero nulla di
tutto questo; quel parlare restava oscuro per loro e non capiva-
no ciò che egli aveva detto.

Guarigione di un cieco a Gerico - 35Mentre si avvicinava a Ge-
rico, un cieco era seduto lungo la strada a mendicare. 36Senten-
do passare la gente, domandò che cosa accadesse. 37Gli annun-
ciarono: «Passa Gesù, il Nazareno!». 38Allora gridò dicendo:
«Gesù, figlio di Davide, abbi pietà di me!». 39Quelli che cam-
minavano avanti lo rimproveravano perché tacesse; ma egli gri-
dava ancora più forte: «Figlio di Davide, abbi pietà di me!».
40Gesù allora si fermò e ordinò che lo conducessero da lui.
Quando fu vicino, gli domandò: 41«Che cosa vuoi che io faccia

18,31-34 Come già in 13,31-35, Gesù collega direttamente il suo sacrificio alla città di Gerusalemme. Svela così la vera meta del suo viaggio: abbracciare scherni, oltraggi, sofferenza e morte nella fiducia della risurrezione, unica realtà capace di salvare l'uomo dalla schiavitù del male e della morte.
18,31 Già le Scritture di Israele riportano, accanto al ritratto trionfalistico del re Messia, anche quello straziante del Servo sofferente: se avessero voluto, gli Ebrei avrebbero potuto riconoscere in Gesù il Figlio di Dio.

per te?». Egli rispose: «Signore, che io veda di nuovo!». [42]E Ge-
sù gli disse: «Abbi di nuovo la vista! La tua fede ti ha salvato».
[43]Subito ci vide di nuovo e cominciò a seguirlo glorificando Dio.
E tutto il popolo, vedendo, diede lode a Dio.

19 **Zaccheo, il capo dei pubblicani** - [1]Entrò nella città di Ge-
rico e la stava attraversando, [2]quand'ecco un uomo, di
nome Zaccheo, capo dei pubblicani e ricco, [3]cercava di vedere
chi era Gesù, ma non gli riusciva a causa della folla, perché era
piccolo di statura. [4]Allora corse avanti e, per riuscire a vederlo,
salì su un sicomòro, perché doveva passare di là. [5]Quando giun-
se sul luogo, Gesù alzò lo sguardo e gli disse: «Zaccheo, scen-
di subito, perché oggi devo fermarmi a casa tua». [6]Scese in fret-
ta e lo accolse pieno di gioia. [7]Vedendo ciò, tutti mormoravano:
«È entrato in casa di un peccatore!». [8]Ma Zaccheo, alzatosi, dis-
se al Signore: «Ecco, Signore, io do la metà di ciò che possiedo
ai poveri e, se ho rubato a qualcuno, restituisco quattro volte tan-
to». [9]Gesù gli rispose: «Oggi per questa casa è venuta la salvez-
za, perché anch'egli è figlio di Abramo. [10]Il Figlio dell'uomo in-
fatti è venuto a cercare e a salvare ciò che era perduto».

Parabola delle dieci monete d'oro - [11]Mentre essi stavano ad
ascoltare queste cose, disse ancora una parabola, perché era vi-
cino a Gerusalemme ed essi pensavano che il regno di Dio do-
vesse manifestarsi da un momento all'altro. [12]Disse dunque:
«Un uomo di nobile famiglia partì per un paese lontano, per ri-
cevere il titolo di re e poi ritornare. [13]Chiamati dieci dei suoi

19,1-10 Da notare ancora una volta la contrapposizione tra i giusti e un peccatore; e tra la mormorazione superba degli uni e la gioia inattesa dell'altro. La salvezza è direttamente proporzionale alla disponibilità dimostrata nell'accogliere Gesù: i giusti giudicano e si allontanano; Zaccheo ospita, dona ai poveri e cambia vita sorprendendo tutti.

19,11-28 Questa parabola descrive la partenza del Signore Gesù da questo mondo e il suo ritorno nel giorno del giudizio definitivo. Tra questi due momenti si apre per l'uomo il tempo della conversione, tempo in cui impegnare i doni ricevuti e prepararsi ad accogliere il re.

servi, consegnò loro dieci monete d'oro, dicendo: "Fatele frut-
tare fino al mio ritorno". 14 Ma i suoi cittadini lo odiavano e man-
darono dietro di lui una delegazione a dire: "Non vogliamo che
costui venga a regnare su di noi". 15 Dopo aver ricevuto il titolo
di re, egli ritornò e fece chiamare quei servi a cui aveva conse-
gnato il denaro, per sapere quanto ciascuno avesse guadagnato.
16 Si presentò il primo e disse: "Signore, la tua moneta d'oro ne
ha fruttate dieci". 17 Gli disse: "Bene, servo buono! Poiché ti sei
mostrato fedele nel poco, ricevi il potere sopra dieci città". 18 Poi
si presentò il secondo e disse: "Signore, la tua moneta d'oro ne
ha fruttate cinque". 19 Anche a questo disse: "Tu pure sarai a ca-
po di cinque città". 20 Venne poi anche un altro e disse: "Signo-
re, ecco la tua moneta d'oro, che ho tenuto nascosta in un faz-
zoletto; 21 avevo paura di te, che sei un uomo severo: prendi
quello che non hai messo in deposito e mieti quello che non hai
seminato". 22 Gli rispose: "Dalle tue stesse parole ti giudico, ser-
vo malvagio! Sapevi che sono un uomo severo, che prendo
quello che non ho messo in deposito e mieto quello che non ho
seminato: 23 perché allora non hai consegnato il mio denaro a
una banca? Al mio ritorno l'avrei riscosso con gli interessi".
24 Disse poi ai presenti: "Toglietegli la moneta d'oro e datela a
colui che ne ha dieci". 25 Gli risposero: "Signore, ne ha già die-
ci!". 26 "Io vi dico: A chi ha, sarà dato; invece a chi non ha, sarà
tolto anche quello che ha. 27 E quei miei nemici, che non vole-
vano che io diventassi loro re, conduceteli qui e uccideteli da-
vanti a me"».

28 Dette queste cose, Gesù camminava davanti a tutti salendo
verso Gerusalemme.

19,28 Il viaggio di Gesù non sopporta deviazioni o rallentamenti: con passo deciso il Maestro guida i propri discepoli verso la città che farà da sfondo al compimento del suo insegnamento nell'estremo sacrificio di sé.

MINISTERO A GERUSALEMME: «BENEDETTO IL RE CHE VIENE» (Lc 19,29 - 21,38)

Il lungo viaggio di Gesù termina con un ingresso trionfale nella città di Gerusalemme. Tra le grida festanti del popolo si sente però un pianto sommesso: è quello del Signore, che conosce l'abisso in cui la città sarebbe sprofondata, uccidendo l'ultimo inviato del padrone della vigna, il suo unico figlio (cfr. 20,9-15). Gesù comunque non si arrende e, dentro la città, si dirige dritto al cuore: il tempio. Qui spende ogni minuto dei suoi ultimi giorni di vita insegnando al popolo e subendo gli attacchi sempre più pressanti di sacerdoti e dottori della Legge. È così che si prepara al sacrificio estremo: donandosi a tutti di giorno nel tempio e pregando di notte il Padre sul monte degli Ulivi (cfr. 21,37). ■

Ingresso a Gerusalemme - [29]Quando fu vicino a Bètfage e a Betània, presso il monte detto degli Ulivi, inviò due discepoli [30]dicendo: «Andate nel villaggio di fronte; entrando, troverete un puledro legato, sul quale non è mai salito nessuno. Slegatelo e conducetelo qui. [31]E se qualcuno vi domanda: "Perché lo slegate?", risponderete così: "Il Signore ne ha bisogno"». [32]Gli inviati andarono e trovarono come aveva loro detto. [33]Mentre slegavano il puledro, i proprietari dissero loro: «Perché slegate il puledro?». [34]Essi risposero: «Il Signore ne ha bisogno». [35]Lo condussero allora da Gesù; e gettati i loro mantelli sul puledro, vi fecero salire Gesù. [36]Mentre egli avanzava, stendevano i loro mantelli sulla strada.

[37]Era ormai vicino alla discesa del monte degli Ulivi, quando tutta la folla dei discepoli, pieni di gioia, cominciò a lodare Dio a gran voce per tutti i prodigi che avevano veduto, [38]dicendo:

19,38 Il presente inno dal sapore liturgico richiama quelli inseriti da Luca nel Vangelo dell'infanzia (cfr. 2,14). Questo indica che il cerchio si sta per chiudere: l'annuncio che l'angelo aveva portato ai pastori (2,10-11) si sta compiendo con l'ingresso messianico di Gesù in Gerusalemme.

«*Benedetto colui che viene*,
il re, *nel nome del Signore*.
Pace in cielo
e gloria nel più alto dei cieli!».

39 Alcuni farisei tra la folla gli dissero: «Maestro, rimprovera
i tuoi discepoli». 40 Ma egli rispose: «Io vi dico che, se questi ta-
ceranno, grideranno le pietre».

Pianto su Gerusalemme - 41 Quando fu vicino, alla vista della
città pianse su di essa 42 dicendo: «Se avessi compreso anche tu,
in questo giorno, quello che porta alla pace! Ma ora è stato na-
scosto ai tuoi occhi. 43 Per te verranno giorni in cui i tuoi nemi-
ci ti circonderanno di trincee, ti assedieranno e ti stringeranno
da ogni parte; 44 distruggeranno te e i tuoi figli dentro di te e non
lasceranno in te pietra su pietra, perché non hai riconosciuto il
tempo in cui sei stata visitata».

Ingresso nel tempio - 45 Ed entrato nel tempio, si mise a scac-
ciare quelli che vendevano, 46 dicendo loro: «Sta scritto:

La mia casa sarà casa di preghiera.
Voi invece ne avete fatto un covo di ladri».

47 Ogni giorno insegnava nel tempio. I capi dei sacerdoti e gli
scribi cercavano di farlo morire e così anche i capi del popolo;

19,41-44 Il pianto di Gesù su Gerusalemme è riportato solo da Luca, ed è in linea con la sensibilità che egli usa nel ritrarre il Signore. Il Messia intravede nel rifiuto che la città oppone alla sua rivelazione l'inizio di un decadimento che giungerà all'estremo con la distruzione del tempio.

19,45-48 Una volta entrato in Gerusalemme, Gesù si dirige con decisione verso il tempio, il suo cuore sacro. Sarà questa la sua dimora negli ultimi giorni di vita terrena.

19,45-46 Gesù spezza con rabbia l'antico legame tra il culto di Dio e quello di Mammona: sono due dèi incompatibili e, come aveva già insegnato, «nessun servo può servire a due padroni» (16,13). Trasformare il rapporto con il Padre in commercio è inaccettabile.

48ma non sapevano che cosa fare, perché tutto il popolo pende-
va dalle sue labbra nell'ascoltarlo.

20 **L'autorità di Gesù contestata -** 1Un giorno, mentre istrui-
va il popolo nel tempio e annunciava il Vangelo, so-
praggiunsero i capi dei sacerdoti e gli scribi con gli anziani 2e si
rivolsero a lui dicendo: «Spiegaci con quale autorità fai queste
cose o chi è che ti ha dato questa autorità». 3E Gesù rispose loro:
«Anch'io vi farò una domanda. Ditemi: 4il battesimo di Giovan-
ni veniva dal cielo o dagli uomini?». 5Allora essi ragionavano fra
loro dicendo: «Se diciamo: "Dal cielo", risponderà: "Perché non
gli avete creduto?". 6Se invece diciamo: "Dagli uomini", tutto il
popolo ci lapiderà, perché è convinto che Giovanni sia un profe-
ta». 7Risposero quindi di non saperlo. 8E Gesù disse loro: «Nean-
ch'io vi dico con quale autorità faccio queste cose».

Parabola dei contadini omicidi - 9Poi prese a dire al popolo
questa parabola: «Un uomo piantò una vigna, la diede in affit-
to a dei contadini e se ne andò lontano per molto tempo. 10Al
momento opportuno, mandò un servo dai contadini perché gli
dessero la sua parte del raccolto della vigna. Ma i contadini lo
bastonarono e lo mandarono via a mani vuote. 11Mandò un al-
tro servo, ma essi bastonarono anche questo, lo insultarono e lo
mandarono via a mani vuote. 12Ne mandò ancora un terzo, ma
anche questo lo ferirono e lo cacciarono via. 13Disse allora il pa-
drone della vigna: "Che cosa devo fare? Manderò mio figlio,
l'amato, forse avranno rispetto per lui!". 14Ma i contadini, ap-
pena lo videro, fecero tra loro questo ragionamento: "Costui è
l'erede. Uccidiamolo e così l'eredità sarà nostra!". 15Lo caccia-

20,9-19 Questa parabola è un compendio della storia della salvezza e dipinge a tinte fosche il difficile rapporto tra un Dio che ama, dona e si fida, e uomini che complottano, arraffano e uccidono. L'esito della vicenda è tragico per l'antico popolo di Dio, ma pieno di gioiosa speranza per chi, un tempo escluso, si ritrova ormai a beneficiare del dono della vigna.

rono fuori della vigna e lo uccisero. Che cosa farà dunque a costoro il padrone della vigna? [16]Verrà, farà morire quei contadini e darà la vigna ad altri».

Udito questo, dissero: «Non sia mai!». [17]Allora egli fissò lo sguardo su di loro e disse: «Che cosa significa dunque questa parola della Scrittura:

La pietra che i costruttori hanno scartato
è diventata la pietra d'angolo?

[18]Chiunque cadrà su quella pietra si sfracellerà e colui sul quale essa cadrà verrà stritolato».

[19]In quel momento gli scribi e i capi dei sacerdoti cercarono di mettergli le mani addosso, ma ebbero paura del popolo. Avevano capito infatti che quella parabola l'aveva detta per loro.

Tranello per ingannare Gesù - [20]Si misero a spiarlo e mandarono informatori, che si fingessero persone giuste, per coglierlo in fallo nel parlare e poi consegnarlo all'autorità e al potere del governatore. [21]Costoro lo interrogarono: «Maestro, sappiamo che parli e insegni con rettitudine e non guardi in faccia a nessuno, ma insegni qual è la via di Dio secondo verità. [22]È lecito, o no, che noi paghiamo la tassa a Cesare?». [23]Rendendosi conto della loro malizia, disse: [24]«Mostratemi un denaro: di chi porta l'immagine e l'iscrizione?». Risposero: «Di Cesare». [25]Ed egli disse: «Rendete dunque quello che è di Cesare a Cesare e quello che è di Dio a Dio». [26]Così non riuscirono a coglierlo in fallo nelle sue parole di fronte al popolo e, meravigliati della sua risposta, tacquero.

20,20-26 Scrive sant'Ambrogio nel *Commento a Luca*: «Cristo non ha l'immagine di Cesare, perché egli è l'immagine di Dio... E tu, se non vuoi essere debitore di Cesare, cerca di non possedere ciò che appartiene al mondo». È sempre stato difficile trovare il giusto modo per rapportarsi ai due regni, che non sono semplicemente separati, né opposti, né complici. Il cristiano però sa che, se tutto appartiene a Dio, l'unica cosa che rimane da dare a Cesare è il rifiuto opposto alla sua pretesa di essere il padrone del mondo.

Polemica sulla risurrezione - 27 Gli si avvicinarono alcuni sad-
ducei – i quali dicono che non c'è risurrezione – e gli posero
questa domanda: 28 «Maestro, Mosè ci ha prescritto: *Se muore il
fratello di qualcuno* che ha moglie, *ma è senza figli, suo fratel-
lo prenda la moglie e dia una discendenza al proprio fratello.*
29 C'erano dunque sette fratelli: il primo, dopo aver preso mo-
glie, morì senza figli. 30 Allora la prese il secondo 31 e poi il ter-
zo e così tutti e sette morirono senza lasciare figli. 32 Da ultimo
morì anche la donna. 33 La donna dunque, alla risurrezione, di
chi sarà moglie? Poiché tutti e sette l'hanno avuta in moglie».
34 Gesù rispose loro: «I figli di questo mondo prendono moglie
e prendono marito; 35 ma quelli che sono giudicati degni della
vita futura e della risurrezione dai morti, non prendono né mo-
glie né marito: 36 infatti non possono più morire, perché sono
uguali agli angeli e, poiché sono figli della risurrezione, sono
figli di Dio. 37 Che poi i morti risorgano, lo ha indicato anche
Mosè a proposito del roveto, quando dice: *Il Signore è il Dio di
Abramo, Dio di Isacco e Dio di Giacobbe*. 38 Dio non è dei mor-
ti, ma dei viventi; perché tutti vivono per lui».
39 Dissero allora alcuni scribi: «Maestro, hai parlato bene».
40 E non osavano più rivolgergli alcuna domanda.

Il Cristo e il re Davide - 41 Allora egli disse loro: «Come mai si
dice che il Cristo è figlio di Davide, 42 se Davide stesso nel libro
dei Salmi dice:

Disse il Signore al mio Signore:
Siedi alla mia destra

20,34-36 La funzione generativa del matrimonio appare sotto una nuova luce se osservata dalla prospettiva della vita eterna: non è più un vano tentativo di sfuggire a un'inevitabile fine, bensì un'occasione di dar lode a Dio per la sua bontà e il suo amore. Certi del dono di vita che viene loro dalla risurrezione di Gesù, i cristiani possono quindi scegliere di non legarsi in matrimonio. In passi come questo riecheggia l'invito che Luca deve aver ascoltato dal suo primo maestro, l'apostolo Paolo: «Vorrei che tutti fossero [non sposati] come me» (1Cor 7,7).

[43]*finché io ponga i tuoi nemici*
come sgabello dei tuoi piedi?

[44]Davide dunque lo chiama Signore; perciò, come può essere suo figlio?».

Falsità degli scribi - [45]Mentre tutto il popolo ascoltava, disse ai suoi discepoli: [46]«Guardatevi dagli scribi, che vogliono passeggiare in lunghe vesti e si compiacciono di essere salutati nelle piazze, di avere i primi seggi nelle sinagoghe e i primi posti nei banchetti; [47]divorano le case delle vedove e pregano a lungo per farsi vedere. Essi riceveranno una condanna più severa».

21 **Generosità di una vedova povera** - [1]Alzàti gli occhi, vide i ricchi che gettavano le loro offerte nel tesoro del tempio. [2]Vide anche una vedova povera, che vi gettava due monetine, [3]e disse: «In verità vi dico: questa vedova, così povera, ha gettato più di tutti. [4]Tutti costoro, infatti, hanno gettato come offerta parte del loro superfluo. Ella invece, nella sua miseria, ha gettato tutto quello che aveva per vivere».

Predizione della rovina di Gerusalemme - [5]Mentre alcuni parlavano del tempio, che era ornato di belle pietre e di doni votivi, disse: [6]«Verranno giorni nei quali, di quello che vedete, non sarà lasciata pietra su pietra che non sarà distrutta».

[7]Gli domandarono: «Maestro, quando dunque accadranno queste cose e quale sarà il segno, quando esse staranno per accadere?».

Segni che preannunciano la fine - [8]Rispose: «Badate di non lasciarvi ingannare. Molti infatti verranno nel mio nome dicen-

21,7 Questa domanda dà l'avvio alla grande apocalisse lucana (Lc 21,5-36), discorso nel quale Gesù rivela non più il destino personale del singolo cristiano (come nella piccola apocalisse di Lc 17,22-37), bensì quello della storia universale.

21,8 Molti ciarlatani, poggiandosi sul timore della morte che abita il cuore di tanti, ingannano promettendo false cer-

do: “Sono io”, e: “Il tempo è vicino”. Non andate dietro a loro!
[9]Quando sentirete di guerre e di rivoluzioni, non vi terrorizzate,
perché prima devono avvenire queste cose, ma non è subito la
fine».

[10]Poi diceva loro: «Si solleverà nazione contro nazione e re-
gno contro regno, [11]e vi saranno in diversi luoghi terremoti, ca-
restie e pestilenze; vi saranno anche fatti terrificanti e segni
grandiosi dal cielo.

[12]Ma prima di tutto questo metteranno le mani su di voi e vi
perseguiteranno, consegnandovi alle sinagoghe e alle prigioni,
trascinandovi davanti a re e governatori, a causa del mio nome.
[13]Avrete allora occasione di dare testimonianza. [14]Mettetevi dun-
que in mente di non preparare prima la vostra difesa; [15]io vi darò
parola e sapienza, cosicché tutti i vostri avversari non potranno
resistere né controbattere. [16]Sarete traditi perfino dai genitori,
dai fratelli, dai parenti e dagli amici, e uccideranno alcuni di
voi; [17]sarete odiati da tutti a causa del mio nome. [18]Ma nemme-
no un capello del vostro capo andrà perduto. [19]Con la vostra per-
severanza salverete la vostra vita.

Caduta di Gerusalemme - [20]Quando vedrete Gerusalemme cir-
condata da eserciti, allora sappiate che la sua devastazione è
vicina. [21]Allora coloro che si trovano nella Giudea fuggano ver-
so i monti, coloro che sono dentro la città se ne allontanino, e
quelli che stanno in campagna non tornino in città; [22]quelli in-
fatti saranno giorni di vendetta, affinché tutto ciò che è stato
scritto si compia. [23]In quei giorni guai alle donne che sono in-
cinte e a quelle che allattano, perché vi sarà grande calamità
nel paese e ira contro questo popolo. [24]Cadranno a fil di spada
e saranno condotti prigionieri in tutte le nazioni; Gerusalemme

tezze sui tempi e i modi della fine. La fine ci sarà, questo è certo; sarà preceduta da sconvolgimenti cosmici e sofferenze personali, anche questo è certo; ma sarà soprattutto il momento del ritorno glorioso del Figlio dell'uomo, il Salvatore, e della liberazione dei figli di Dio. Il tempo che ci separa da quel giorno deve essere un tempo di testimonianza.

sarà calpestata dai pagani finché i tempi dei pagani non siano
compiuti.

Venuta del Figlio dell'uomo - [25]Vi saranno segni nel sole, nel-
la luna e nelle stelle, e sulla terra angoscia di popoli in ansia per
il fragore del mare e dei flutti, [26]mentre gli uomini moriranno
per la paura e per l'attesa di ciò che dovrà accadere sulla ter-
ra. *Le potenze dei cieli* infatti saranno sconvolte. [27]Allora ve-
dranno *il Figlio dell'uomo venire su una nube* con grande po-
tenza e gloria. [28]Quando cominceranno ad accadere queste co-
se, risollevatevi e alzate il capo, perché la vostra liberazione è
vicina».

Parabola del fico - [29]E disse loro una parabola: «Osservate la
pianta di fico e tutti gli alberi: [30]quando già germogliano, capi-
te voi stessi, guardandoli, che ormai l'estate è vicina. [31]Così an-
che voi: quando vedrete accadere queste cose, sappiate che il
regno di Dio è vicino. [32]In verità io vi dico: non passerà questa
generazione prima che tutto avvenga. [33]Il cielo e la terra passe-
ranno, ma le mie parole non passeranno.

Invito alla vigilanza - [34]State attenti a voi stessi, che i vostri
cuori non si appesantiscano in dissipazioni, ubriachezze e af-
fanni della vita e che quel giorno non vi piombi addosso al-
l'improvviso; [35]come un laccio infatti esso si abbatterà sopra
tutti coloro che abitano sulla faccia di tutta la terra. [36]Vegliate in

21,32 Tutte le cose che Gesù qui annuncia sono accadute in realtà alla generazione degli apostoli. Il Figlio dell'uomo è già apparso nella sua regalità sulla croce, un trono che però ha nascosto la gloria del Signore come dietro una nube. La promessa di Gesù contenuta in questa pagina di Luca è misteriosa, perché coniuga insieme il suo essersi avverata una volta per tutte sul Calvario con il suo progressivo svelarsi nel cammino dell'umanità, che continua a soffrire e lottare ogni giorno della sua esistenza.

21,36 Conservare uno spirito vigile, per Luca, significa anzitutto pregare in ogni momento, *giorno e notte* (18,7). Il perno di tutto questo discorso sul futuro è dunque situato nel presente, il solo tempo di cui l'uomo disponga.

ogni momento pregando, perché abbiate la forza di sfuggire a tutto ciò che sta per accadere e di comparire davanti al Figlio dell'uomo».

Gli ultimi giorni di Gesù - [37]Durante il giorno insegnava nel tempio; la notte, usciva e pernottava all'aperto sul monte detto degli Ulivi. [38]E tutto il popolo di buon mattino andava da lui nel tempio per ascoltarlo.

LA PASSIONE: «ECCO UN FIGLIO COME MUORE» (Lc 22,1 - 23,56)

Le pagine da Luca dedicate ai racconti della passione gli fanno meritare appieno l'appellativo tradizionale di scriba della mansuetudine di Cristo. *L'evangelista smorza i toni più accesi del racconto e ci presenta un Gesù compassionevole, capace di perdonare i propri uccisori, fiduciosamente abbandonato nelle mani del Padre. Rispetto ai racconti di Marco e Matteo, aumentano in Luca i riferimenti alla figliolanza di Gesù e alla paternità di Dio: questo legame fortissimo caratterizza la narrazione lucana e la sua personale visione di Cristo e del cristiano.* ■

22 **Complotto contro Gesù** - [1]Si avvicinava la festa degli Azzimi, chiamata Pasqua, [2]e i capi dei sacerdoti e gli scribi cercavano in che modo toglierlo di mezzo, ma temevano il popolo. [3]Allora Satana entrò in Giuda, detto Iscariota, che era

22,1 La festa degli Azzimi durava sette giorni e iniziava con la festa della Pasqua, che veniva celebrata nella notte tra il 14 e il 15 di *Nisan* (marzo-aprile), con la prima luna piena di primavera.
22,3 La volontà omicida di scribi e farisei può attuarsi concretamente grazie all'intervento diretto di Satana. Egli riappare qui dopo l'episodio delle tentazioni (Lc 4,1-13) entrando nel cuore di Giuda Iscariota e spingendolo a tradire il Maestro. La passione è per Luca l'estremo tentativo messo in atto dal demonio per far naufragare il piano salvifico di Dio.

uno dei Dodici. [4]Ed egli andò a trattare con i capi dei sacerdoti
e i capi delle guardie sul modo di consegnarlo a loro. [5]Essi si ral-
legrarono e concordarono di dargli del denaro. [6]Egli fu d'ac-
cordo e cercava l'occasione propizia per consegnarlo a loro, di
nascosto dalla folla.

Preparativi per la Pasqua - [7]Venne il giorno degli Azzimi, nel
quale si doveva immolare la Pasqua. [8]Gesù mandò Pietro e Gio-
vanni dicendo: «Andate a preparare per noi, perché possiamo
mangiare la Pasqua». [9]Gli chiesero: «Dove vuoi che preparia-
mo?». [10]Ed egli rispose loro: «Appena entrati in città, vi verrà
incontro un uomo che porta una brocca d'acqua; seguitelo nel-
la casa in cui entrerà. [11]Direte al padrone di casa: "Il Maestro ti
dice: Dov'è la stanza in cui posso mangiare la Pasqua con i miei
discepoli?". [12]Egli vi mostrerà al piano superiore una sala, gran-
de e arredata; lì preparate». [13]Essi andarono e trovarono come
aveva detto loro e prepararono la Pasqua.

L'ultima cena - [14]Quando venne l'ora, prese posto a tavola e gli
apostoli con lui, [15]e disse loro: «Ho tanto desiderato mangiare
questa Pasqua con voi, prima della mia passione, [16]perché io vi
dico: non la mangerò più, finché essa non si compia nel regno di
Dio». [17]E, ricevuto un calice, rese grazie e disse: «Prendetelo e fa-
telo passare tra voi, [18]perché io vi dico: da questo momento non
berrò più del frutto della vite, finché non verrà il regno di Dio».

Istituzione dell'eucaristia - [19]Poi prese il pane, rese grazie, lo
spezzò e lo diede loro dicendo: «Questo è il mio corpo, che è da-

22,12 Il luogo dove il discepolo incontra il suo Signore deve essere preparato con cura: qui è una stanza *al piano superiore*, per raggiungere la quale è necessario seguire un uomo con una brocca d'acqua – forse simbolo del battesimo, sacramento che costituisce la porta d'accesso all'eucaristia.

22,15 La cena e il successivo sacrificio di Gesù non sono semplicemente accettati o, peggio, subiti da lui. Rappresentano la meta di tutta una vita e, in quanto tali, sono ardentemente desiderati dal Signore.

22,19-20 In Luca il racconto dell'istituzione dell'eucaristia precede quello del-

to per voi; fate questo in memoria di me». [20]E, dopo aver cenato, fece lo stesso con il calice dicendo: «Questo calice è la nuova alleanza nel mio sangue, che è versato per voi».

Annuncio del tradimento - [21]«Ma ecco, la mano di colui che mi tradisce è con me, sulla tavola. [22]Il Figlio dell'uomo se ne va, secondo quanto è stabilito, ma guai a quell'uomo dal quale egli viene tradito!». [23]Allora essi cominciarono a domandarsi l'un l'altro chi di loro avrebbe fatto questo.

Il compito dei capi - [24]E nacque tra loro anche una discussione: chi di loro fosse da considerare più grande. [25]Egli disse: «I re delle nazioni le governano, e coloro che hanno potere su di esse sono chiamati benefattori. [26]Voi però non fate così; ma chi tra voi è più grande diventi come il più giovane, e chi governa come colui che serve. [27]Infatti chi è più grande, chi sta a tavola o chi serve? Non è forse colui che sta a tavola? Eppure io sto in mezzo a voi come colui che serve.

[28]Voi siete quelli che avete perseverato con me nelle mie prove [29]e io preparo per voi un regno, come il Padre mio l'ha preparato per me, [30]perché mangiate e beviate alla mia mensa nel mio regno. E siederete in trono a giudicare le dodici tribù d'Israele.

Annuncio del rinnegamento di Pietro - [31]Simone, Simone, ecco: Satana vi ha cercati per vagliarvi come il grano; [32]ma io ho

l'annuncio del tradimento. A differenza di Marco e Matteo, egli dunque presuppone che Gesù abbia accolto alla propria mensa anche il traditore. La presenza delle parole *Fate questo in memoria di me*, assenti negli altri sinottici, indicano che per Luca (come per Paolo, cfr. 1Cor 11,24-25) è determinante la ripetizione del gesto compiuto da Gesù: sia quello rituale del pane spezzato – la celebrazione eucaristica – sia quello esistenziale del dono della vita.

22,21-30 Gesù si dona a una comunità che non lo comprende, lo rifiuta, lo tradisce e fugge. Nel cuore del Vangelo c'è dunque posto per ciascuno di noi, con il nostro peccato abbracciato e redento dall'amore di Dio.

22,32 La predizione del tradimento di Pietro è qui l'occasione per conferirgli un incarico di responsabilità all'interno del gruppo degli apostoli: queste parole hanno una qualche affinità con quelle riportate in Gv 21,15ss.

pregato per te, perché la tua fede non venga meno. E tu, una
volta convertito, conferma i tuoi fratelli». [33]E Pietro gli disse:
«Signore, con te sono pronto ad andare anche in prigione e al-
la morte». [34]Gli rispose: «Pietro, io ti dico: oggi il gallo non can-
terà prima che tu, per tre volte, abbia negato di conoscermi».

Il combattimento finale - [35]Poi disse loro: «Quando vi ho man-
dato senza borsa, né sacca, né sandali, vi è forse mancato qual-
cosa?». Risposero: «Nulla». [36]Ed egli soggiunse: «Ma ora, chi
ha una borsa la prenda, e così chi ha una sacca; chi non ha spa-
da, venda il mantello e ne compri una. [37]Perché io vi dico: deve
compiersi in me questa parola della Scrittura: *E fu annoverato
tra gli empi*. Infatti tutto quello che mi riguarda volge al suo
compimento». [38]Ed essi dissero: «Signore, ecco qui due spade».
Ma egli disse: «Basta!».

Preghiera al monte degli Ulivi - [39]Uscì e andò, come al solito,
al monte degli Ulivi; anche i discepoli lo seguirono. [40]Giunto
sul luogo, disse loro: «Pregate, per non entrare in tentazione».
[41]Poi si allontanò da loro circa un tiro di sasso, cadde in ginoc-
chio e pregava dicendo: [42]«Padre, se vuoi, allontana da me que-
sto calice! Tuttavia non sia fatta la mia, ma la tua volontà». [43]Gli
apparve allora un angelo dal cielo per confortarlo. [44]Entrato nel-
la lotta, pregava più intensamente, e il suo sudore diventò come
gocce di sangue che cadono a terra. [45]Poi, rialzatosi dalla pre-
ghiera, andò dai discepoli e li trovò che dormivano per la tri-
stezza. [46]E disse loro: «Perché dormite? Alzatevi e pregate, per
non entrare in tentazione».

Arresto di Gesù - [47]Mentre ancora egli parlava, ecco giungere
una folla; colui che si chiamava Giuda, uno dei Dodici, li pre-

22,39-46 Centrale in questo brano è il tema della preghiera, che ritorna ben cinque volte (vv. 40.41.44.45.46). Nell'ora della prova e della lotta (in greco *agonía*, v. 44), la preghiera è l'unica arma a disposizione dell'uomo per convertire il cuore a Dio e accogliere la sua volontà.

cedeva e si avvicinò a Gesù per baciarlo. 48 Gesù gli disse: «Giu-
da, con un bacio tu tradisci il Figlio dell'uomo?». 49 Allora quel-
li che erano con lui, vedendo ciò che stava per accadere, disse-
ro: «Signore, dobbiamo colpire con la spada?». 50 E uno di loro
colpì il servo del sommo sacerdote e gli staccò l'orecchio destro.
51 Ma Gesù intervenne dicendo: «Lasciate! Basta così!». E, toc-
candogli l'orecchio, lo guarì.

52 Poi Gesù disse a coloro che erano venuti contro di lui, capi
dei sacerdoti, capi delle guardie del tempio e anziani: «Come
se fossi un ladro siete venuti con spade e bastoni. 53 Ogni giorno
ero con voi nel tempio e non avete mai messo le mani su di me;
ma questa è l'ora vostra e il potere delle tenebre».

Rinnegamenti di Pietro - 54 Dopo averlo catturato, lo condusse-
ro via e lo fecero entrare nella casa del sommo sacerdote. Pie-
tro lo seguiva da lontano. 55 Avevano acceso un fuoco in mezzo
al cortile e si erano seduti attorno; anche Pietro sedette in mez-
zo a loro. 56 Una giovane serva lo vide seduto vicino al fuoco e,
guardandolo attentamente, disse: «Anche questi era con lui».
57 Ma egli negò dicendo: «O donna, non lo conosco!». 58 Poco
dopo un altro lo vide e disse: «Anche tu sei uno di loro!». Ma
Pietro rispose: «O uomo, non lo sono!». 59 Passata circa un'ora,
un altro insisteva: «In verità, anche questi era con lui; infatti è
Galileo». 60 Ma Pietro disse: «O uomo, non so quello che dici».
E in quell'istante, mentre ancora parlava, un gallo cantò. 61 Al-
lora il Signore si voltò e fissò lo sguardo su Pietro, e Pietro si ri-
cordò della parola che il Signore gli aveva detto: «Prima che il
gallo canti, oggi mi rinnegherai tre volte». 62 E, uscito fuori, pian-
se amaramente.

22,51 La guarigione dell'orecchio del servo del sommo sacerdote è l'ultima azione prodigiosa di Gesù. D'ora in avanti egli soffrirà. E sarà proprio questo suo patire a salvarci.

22,58 Le negazioni di Pietro esprimono bene il baratro in cui sprofonda chi si allontana dal Signore. Senza Dio, l'uomo perde la propria identità e, con essa, l'orientamento della propria vita.

Gesù schernito - [63]E intanto gli uomini che avevano in custodia Gesù lo deridevano e lo picchiavano, [64]gli bendavano gli occhi e gli dicevano: «Fa' il profeta! Chi è che ti ha colpito?». [65]E molte altre cose dicevano contro di lui, insultandolo.

Gesù davanti al sinedrio - [66]Appena fu giorno, si riunì il consiglio degli anziani del popolo, con i capi dei sacerdoti e gli scribi; lo condussero davanti al loro sinedrio [67]e gli dissero: «Se tu sei il Cristo, dillo a noi». Rispose loro: «Anche se ve lo dico, non mi crederete; [68]se vi interrogo, non mi risponderete. [69]Ma d'ora in poi il Figlio dell'uomo siederà alla destra della potenza di Dio». [70]Allora tutti dissero: «Tu dunque sei il Figlio di Dio?». Ed egli rispose loro: «Voi stessi dite che io lo sono». [71]E quelli dissero: «Che bisogno abbiamo ancora di testimonianza? L'abbiamo udito noi stessi dalla sua bocca».

23 **Gesù da Pilato** - [1]Tutta l'assemblea si alzò; lo condussero da Pilato [2]e cominciarono ad accusarlo: «Abbiamo trovato costui che metteva in agitazione il nostro popolo, impediva di pagare tributi a Cesare e affermava di essere Cristo re». [3]Pilato allora lo interrogò: «Sei tu il re dei Giudei?». Ed egli rispose: «Tu lo dici». [4]Pilato disse ai capi dei sacerdoti e alla folla: «Non trovo in quest'uomo alcun motivo di condanna». [5]Ma essi insistevano dicendo: «Costui solleva il popolo, insegnando per tutta la Giudea, dopo aver cominciato dalla Galilea, fino a qui».

Gesù da Erode - [6]Udito ciò, Pilato domandò se quell'uomo era Galileo [7]e, saputo che stava sotto l'autorità di Erode, lo rinviò a Erode, che in quei giorni si trovava anch'egli a Gerusalemme.

22,70 Davanti all'intero sinedrio Gesù rivela la propria identità divina (*Io sono*): questa è la bestemmia che i capi dei Giudei volevano sentire. Così potevano dire di avere le prove della sua colpevolezza senza il bisogno di scomodare dei testimoni. Ora possono portare Gesù davanti all'autorità romana, affinché lo condanni a morte.

23,3 Se il sinedrio aveva domandato ragione a Gesù della sua identità di Messia e di Figlio di Dio, qui è la sua posizione politica di re dei Giudei che viene messa in causa.

[8]Vedendo Gesù, Erode si rallegrò molto. Da molto tempo infatti desiderava vederlo, per averne sentito parlare, e sperava di vedere qualche miracolo fatto da lui. [9]Lo interrogò, facendogli molte domande, ma egli non gli rispose nulla. [10]Erano presenti anche i capi dei sacerdoti e gli scribi, e insistevano nell'accusarlo. [11]Allora anche Erode, con i suoi soldati, lo insultò, si fece beffe di lui, gli mise addosso una splendida veste e lo rimandò a Pilato. [12]In quel giorno Erode e Pilato diventarono amici tra loro; prima infatti tra loro vi era stata inimicizia.

Pilato difende Gesù - [13]Pilato, riuniti i capi dei sacerdoti, le autorità e il popolo, [14]disse loro: «Mi avete portato quest'uomo come agitatore del popolo. Ecco, io l'ho esaminato davanti a voi, ma non ho trovato in quest'uomo nessuna delle colpe di cui lo accusate; [15]e neanche Erode: infatti ce l'ha rimandato. Ecco, egli non ha fatto nulla che meriti la morte. [16]Perciò, dopo averlo punito, lo rimetterò in libertà». [17] [18]Ma essi si misero a gridare tutti insieme: «Togli di mezzo costui! Rimettici in libertà Barabba!». [19]Questi era stato messo in prigione per una rivolta, scoppiata in città, e per omicidio.

[20]Pilato parlò loro di nuovo, perché voleva rimettere in libertà Gesù. [21]Ma essi urlavano: «Crocifiggilo! Crocifiggilo!». [22]Ed egli, per la terza volta, disse loro: «Ma che male ha fatto costui? Non ho trovato in lui nulla che meriti la morte. Dunque, lo punirò e lo rimetterò in libertà».

Pilato cede alla volontà omicida dei capi e del popolo - [23]Essi però insistevano a gran voce, chiedendo che venisse crocifis-

23,11 Erode schernisce Gesù, lo insulta e lo fa passare per pazzo, rispedendolo da Pilato rivestito di una splendente veste regale: a suo giudizio, un tale soggetto non rappresenta certo un pericolo. **23,13-22** Pilato non sembra avere alcuna intenzione di mettere a morte l'accusato e ribadisce per ben tre volte il proprio giudizio di innocenza su Gesù. **23,23** Il peso della condanna di Gesù, secondo Luca, sta tutto sulle spalle dei capi dei sacerdoti, delle autorità e del popolo: è alla loro volontà che il governatore abbandona Gesù.

so, e le loro grida crescevano. [24]Pilato allora decise che la loro
richiesta venisse eseguita. [25]Rimise in libertà colui che era sta-
to messo in prigione per rivolta e omicidio, e che essi richiede-
vano, e consegnò Gesù al loro volere.

Via crucis e crocifissione - [26]Mentre lo conducevano via, fer-
marono un certo Simone di Cirene, che tornava dai campi, e gli
misero addosso la croce, da portare dietro a Gesù.

[27]Lo seguiva una grande moltitudine di popolo e di donne,
che si battevano il petto e facevano lamenti su di lui. [28]Ma Ge-
sù, voltandosi verso di loro, disse: «Figlie di Gerusalemme, non
piangete su di me, ma piangete su voi stesse e sui vostri figli.
[29]Ecco, verranno giorni nei quali si dirà: “Beate le sterili, i grem-
bi che non hanno generato e i seni che non hanno allattato”.
[30]Allora cominceranno a *dire ai monti: “Cadete su di noi!”, e al-
le colline: “Copriteci!”*. [31]Perché, se si tratta così il legno ver-
de, che avverrà del legno secco?». [32]Insieme con lui venivano
condotti a morte anche altri due, che erano malfattori.

[33]Quando giunsero sul luogo chiamato Cranio, vi crocifisse-
ro lui e i malfattori, uno a destra e l’altro a sinistra. [34]Gesù di-
ceva: «Padre, perdona loro perché non sanno quello che fanno».
Poi dividendo le sue vesti, le tirarono a sorte.

Gesù crocifisso schernito - [35]Il popolo stava a vedere; i capi in-
vece lo deridevano dicendo: «Ha salvato altri! Salvi se stesso, se
è lui il Cristo di Dio, l’eletto». [36]Anche i soldati lo deridevano,
gli si accostavano per porgergli dell’aceto [37]e dicevano: «Se tu
sei il re dei Giudei, salva te stesso». [38]Sopra di lui c’era anche
una scritta: «Costui è il re dei Giudei».

Il buon ladrone - [39]Uno dei malfattori appesi alla croce lo in-
sultava: «Non sei tu il Cristo? Salva te stesso e noi!». [40]L’altro

23,34 Gesù è l’incarnazione perfetta della misericordia di Dio perfino in questa che è l’ora più buia del suo cammino terreno e del suo ministero.
23,39-43 L’episodio del ladrone perdonato e accolto nel Regno riassume chia-

invece lo rimproverava dicendo: «Non hai alcun timore di Dio, tu che sei condannato alla stessa pena? [41]Noi, giustamente, perché riceviamo quello che abbiamo meritato per le nostre azioni; egli invece non ha fatto nulla di male». [42]E disse: «Gesù, ricòrdati di me quando entrerai nel tuo regno». [43]Gli rispose: «In verità io ti dico: oggi con me sarai nel paradiso».

Morte di Gesù - [44]Era già verso mezzogiorno e si fece buio su tutta la terra fino alle tre del pomeriggio, [45]perché il sole si era eclissato. Il velo del tempio si squarciò a metà. [46]Gesù, gridando a gran voce, disse: «Padre, *nelle tue mani consegno il mio spirito*». Detto questo, spirò.

[47]Visto ciò che era accaduto, il centurione dava gloria a Dio dicendo: «Veramente quest'uomo era giusto». [48]Così pure tutta la folla che era venuta a vedere questo spettacolo, ripensando a quanto era accaduto, se ne tornava battendosi il petto. [49]Tutti i suoi conoscenti, e le donne che lo avevano seguito fin dalla Galilea, stavano da lontano a guardare tutto questo.

Sepoltura - [50]Ed ecco, vi era un uomo di nome Giuseppe, membro del sinedrio, buono e giusto. [51]Egli non aveva aderito alla decisione e all'operato degli altri. Era di Arimatea, una città della Giudea, e aspettava il regno di Dio. [52]Egli si presentò a Pilato e chiese il corpo di Gesù. [53]Lo depose dalla croce, lo avvolse con un lenzuolo e lo mise in un sepolcro scavato nella roccia, nel quale nessuno era stato ancora sepolto. [54]Era il giorno

ramente l'insegnamento di Luca a proposito dell'attenzione e della predilezione di Gesù per le pecore perdute.

23,46 Secondo Luca, Gesù termina la vita terrena consegnandosi fiduciosamente nelle mani del Padre. Il rivolgersi a Dio con questo appellativo anche nel momento di massimo dolore (vv. 34.46) ci permette di vedere in Gesù il Figlio amato, che insegna all'uomo come affrontare la sofferenza e la morte.

23,50-56 Ci troviamo ormai nella notte di Pasqua. Giuseppe di Arimatea deve scegliere tra il conservare la propria purità per mangiare la Pasqua col suo popolo, oppure macchiarsi di impurità collaborando a una sepoltura. Preferisce essere impuro con Gesù, piuttosto che sedersi a mensa con coloro le cui mani si sono macchiate del sangue del Messia.

della Parasceve e già splendevano le luci del sabato. 55Le donne che erano venute con Gesù dalla Galilea seguivano Giuseppe; esse osservarono il sepolcro e come era stato posto il corpo di Gesù, 56poi tornarono indietro e prepararono aromi e oli profumati. Il giorno di sabato osservarono il riposo come era prescritto.

LA PASQUA: «TESTIMONI DEL RISORTO» (Lc 24,1-53)

Anche nei racconti di risurrezione si scopre la mano di Luca. Limpidissimo è il messaggio dell'episodio dei discepoli di Èmmaus: due discepoli in cammino, sì, ma nella direzione sbagliata. La delusione li porta lontano da Gerusalemme, lontano dal luogo del combattimento decisivo ma anche della vittoria finale del Figlio dell'uomo. Gesù, però, si rende presente anche sulle strade del fallimento, della tristezza, della delusione. Il cammino dei discepoli è ormai segnato dalla presenza del Signore che scalda il cuore mediante le Scritture e si rende presente nello spezzare il pane.

Poi, con circolarità perfetta, Luca fa calare il sipario sul tempio di Gerusalemme, dove i discepoli lodano Dio: questo luogo ha segnato l'avvio del suo racconto, il centro d'attrazione di ogni sua pagina, e la sua conclusione. Che, tra l'altro, conclusione non è, perché non fa che preludere alle future gesta degli apostoli raccontate dall'evangelista nel libro degli Atti.

24 **La tomba vuota** - 1Il primo giorno della settimana, al mattino presto esse si recarono al sepolcro, portando con sé gli aromi che avevano preparato. 2Trovarono che la pietra era stata rimossa dal sepolcro 3e, entrate, non trovarono il

24,1-11 Il primo annuncio della risurrezione ha come destinatario un gruppo di donne. Dopo la rivelazione degli angeli, queste corrono a riferire quanto visto ai discepoli che, però, non credono alle loro parole e le prendono per pazze.

corpo del Signore Gesù. [4]Mentre si domandavano che senso
avesse tutto questo, ecco due uomini presentarsi a loro in abito
sfolgorante. [5]Le donne, impaurite, tenevano il volto chinato a
terra, ma quelli dissero loro: «Perché cercate tra i morti colui
che è vivo? [6]Non è qui, è risorto. Ricordatevi come vi parlò
quando era ancora in Galilea [7]e diceva: "Bisogna che il Figlio
dell'uomo sia consegnato in mano ai peccatori, sia crocifisso e
risorga il terzo giorno"». [8]Ed esse si ricordarono delle sue parole
[9]e, tornate dal sepolcro, annunciarono tutto questo agli Undici
e a tutti gli altri. [10]Erano Maria Maddalena, Giovanna e Maria
madre di Giacomo. Anche le altre, che erano con loro, raccon-
tavano queste cose agli apostoli. [11]Quelle parole parvero a loro
come un vaneggiamento e non credevano ad esse.

Sopralluogo di Pietro - [12]Pietro tuttavia si alzò, corse al sepol-
cro e, chinatosi, vide soltanto i teli. E tornò indietro, pieno di
stupore per l'accaduto.

Apparizione ai discepoli di Èmmaus - [13]Ed ecco, in quello stes-
so giorno due di loro erano in cammino per un villaggio di no-
me Èmmaus, distante circa undici chilometri da Gerusalemme,
[14]e conversavano tra loro di tutto quello che era accaduto. [15]Men-
tre conversavano e discutevano insieme, Gesù in persona si av-
vicinò e camminava con loro. [16]Ma i loro occhi erano impediti
a riconoscerlo. [17]Ed egli disse loro: «Che cosa sono questi di-
scorsi che state facendo tra voi lungo il cammino?». Si ferma-
rono, col volto triste; [18]uno di loro, di nome Clèopa, gli rispose:

24,12 Questa frase testimonia una vicinanza tra le tradizioni del terzo e del quarto Vangelo. Il v. 24 lascia poi intendere che Pietro, molto probabilmente, non è corso al sepolcro da solo.

24,13-35 Pagina esclusivamente lucana, quella dei discepoli di Èmmaus è una mirabile catechesi sulla Pasqua e una metafora della vita cristiana.

24,13 Il cammino dei due discepoli è inverso rispetto a quello di Gesù: si stanno allontanando da Gerusalemme sotto la spinta della delusione. Anche su questa strada, però, il Signore li raggiungerà e camminerà con loro.

«Solo tu sei forestiero a Gerusalemme! Non sai ciò che vi è ac-
caduto in questi giorni?». 19Domandò loro: «Che cosa?». Gli ri-
sposero: «Ciò che riguarda Gesù, il Nazareno, che fu profeta
potente in opere e in parole, davanti a Dio e a tutto il popolo;
20come i capi dei sacerdoti e le nostre autorità lo hanno conse-
gnato per farlo condannare a morte e lo hanno crocifisso. 21Noi
speravamo che egli fosse colui che avrebbe liberato Israele; con
tutto ciò, sono passati tre giorni da quando queste cose sono ac-
cadute. 22Ma alcune donne, delle nostre, ci hanno sconvolti; si
sono recate al mattino alla tomba 23e, non avendo trovato il suo
corpo, sono venute a dirci di aver avuto anche una visione di
angeli, i quali affermano che egli è vivo. 24Alcuni dei nostri so-
no andati alla tomba e hanno trovato come avevano detto le don-
ne, ma lui non l'hanno visto». 25Disse loro: «Stolti e lenti di cuo-
re a credere in tutto ciò che hanno detto i profeti! 26Non biso-
gnava che il Cristo patisse queste sofferenze per entrare nella
sua gloria?». 27E, cominciando da Mosè e da tutti i profeti,
spiegò loro in tutte le Scritture ciò che si riferiva a lui.

28Quando furono vicini al villaggio dove erano diretti, egli fe-
ce come se dovesse andare più lontano. 29Ma essi insistettero:
«Resta con noi, perché si fa sera e il giorno è ormai al tramon-
to». Egli entrò per rimanere con loro. 30Quando fu a tavola con
loro, prese il pane, recitò la benedizione, lo spezzò e lo diede lo-
ro. 31Allora si aprirono loro gli occhi e lo riconobbero. Ma egli
sparì dalla loro vista. 32Ed essi dissero l'un l'altro: «Non arde-
va forse in noi il nostro cuore mentre egli conversava con noi
lungo la via, quando ci spiegava le Scritture?». 33Partirono sen-
za indugio e fecero ritorno a Gerusalemme, dove trovarono riu-

24,25-31 L'incontro con il Viandante ha un forte sapore eucaristico: gli strumenti che i cristiani hanno a disposizione per riconoscere il Signore sono quelli della Parola e del Pane spezzato. La conoscenza delle Scritture è quella che porta ad accettare e riconoscere la croce, condizione necessaria per entrare in comunione con il Risorto.

24,31-32 Sono gli occhi ad aprirsi, ma quando Gesù sparisce dalla vista, il compito passa al cuore: è lì che va ascoltato il Vangelo e che il cristiano può incontrare il suo Signore.

niti gli Undici e gli altri che erano con loro, 34i quali dicevano:
«Davvero il Signore è risorto ed è apparso a Simone!». 35Ed es-
si narravano ciò che era accaduto lungo la via e come l'aveva-
no riconosciuto nello spezzare il pane.

Apparizione agli apostoli - 36Mentre essi parlavano di queste
cose, Gesù in persona stette in mezzo a loro e disse: «Pace a
voi!». 37Sconvolti e pieni di paura, credevano di vedere un fan-
tasma. 38Ma egli disse loro: «Perché siete turbati, e perché sor-
gono dubbi nel vostro cuore? 39Guardate le mie mani e i miei
piedi: sono proprio io! Toccatemi e guardate; un fantasma non
ha carne e ossa, come vedete che io ho». 40Dicendo questo, mo-
strò loro le mani e i piedi. 41Ma poiché per la gioia non crede-
vano ancora ed erano pieni di stupore, disse: «Avete qui qualche
cosa da mangiare?». 42Gli offrirono una porzione di pesce arro-
stito; 43egli lo prese e lo mangiò davanti a loro.

Istituzione degli apostoli come testimoni - 44Poi disse: «Sono
queste le parole che io vi dissi quando ero ancora con voi: bi-
sogna che si compiano tutte le cose scritte su di me nella legge
di Mosè, nei Profeti e nei Salmi». 45Allora aprì loro la mente
per comprendere le Scritture 46e disse loro: «Così sta scritto: il
Cristo patirà e risorgerà dai morti il terzo giorno, 47e nel suo no-
me saranno predicati a tutti i popoli la conversione e il perdono
dei peccati, cominciando da Gerusalemme. 48Di questo voi sie-
te testimoni. 49Ed ecco, io mando su di voi colui che il Padre
mio ha promesso; ma voi restate in città, finché non siate rive-
stiti di potenza dall'alto».

24,36-43 Luca insiste molto sulla fisicità del Risorto: scrivendo per cristiani di ambiente greco questo è naturale, in quanto essi erano culturalmente portati a credere all'immortalità dell'anima, ma a rifiutare la possibilità della risurrezione dei corpi.
24,44-49 I discepoli sono istituiti testimoni della verità della passione, morte e risurrezione di Gesù. Toccherà a loro annunciare al mondo in modo credibile quanto hanno vissuto in prima persona.
24,47 Perfettamente in linea con la sua teologia, Luca indica nella conversione e nel perdono dei peccati i primi frutti della risurrezione.

Gesù sale al cielo - 50 Poi li condusse fuori verso Betània e, al-
zate le mani, li benedisse. 51 Mentre li benediceva, si staccò da lo-
ro e veniva portato su, in cielo. 52 Ed essi si prostrarono davanti
a lui; poi tornarono a Gerusalemme con grande gioia 53 e stava-
no sempre nel tempio lodando Dio.

24,53 Luca chiude il proprio Vangelo nel tempio di Gerusalemme, il luogo dove tutto aveva preso l'avvio. La città santa è stata il centro d'attrazione dell'intera narrazione e l'unico scenario dei racconti di risurrezione. L'episodio dell'ascensione fa da *trait d'union* con il libro degli Atti degli Apostoli, che si aprirà riprendendo proprio questa scena.

LA FAMIGLIA
in dialogo con il Vangelo

SCHEDE DI APPROFONDIMENTO

Luca 2,46

L'INIZIO DEL VOLO

✔ Dobbiamo essere grati a Maria e Giuseppe che fanno i genitori "normali" quando iniziano le novità dell'adolescenza e ci mostrano proprio come lasciarsi smarrire e ritrovare dal figlio, come stare di fronte alla sua nuova coscienza che inizia ad aprirsi; e lo fanno con la "giusta dose" di ansia e di angoscia, proprio come i bravi genitori.

Chi cercano infatti Maria e Giuseppe in questo stupendo e cruciale episodio (2,41-52) in cui Gesù scopre una nuova sottomissione alla sua famiglia? Cercano il *bambino di ieri*, quello che conoscono bene, che hanno protetto, a cui hanno insegnato il cammino verso il Dio dei Padri, reso qui concreto nella forma del pellegrinaggio a Gerusalemme. Ora è sparito, e si rimproverano di non averlo custodito abbastanza: ma – appena finalmente lo vedono – gettano su di lui la loro insicurezza: «Figlio, perché ci hai fatto questo?»; e il rimprovero è in comune, anche se la parola dell'angoscia (come quasi sempre accade) è della madre.

Ma chi hanno trovato? Non un *enfant prodige*, uno che mette in scacco i dottori del tempio, ma uno che li ascolta e li interroga, è affascinato dalla loro ricerca "adulta" di Dio (volesse il cielo che i nostri figli incontrassero adulti nella fede!) e che, invece di scusarsi con i genitori, da bravo adolescente, "rincara la dose": «Perché mi cercavate... non sapevate...?!». Come a dire: perché cercate il bambino di ieri, quello che tenevate sotto l'ombrello e che vi faceva sentire indispensabili? *Proprio voi* che mi avete iniziato alla Vita? Il figlio adolescente chiede ai genitori di imparare a spiare le tracce del lavoro del Padre nel suo cuore. «Ma essi non compresero ciò che aveva detto loro» (2,50): è il più grande dono che si possa offrire a un figlio che inizia a fare le sue scelte, è il mistero dell'umiltà di non voler sapere tutto, di sapersi tirare indietro. E avrebbero potuto avanzare le loro lamentele, i loro crediti: «Perché ci tratti così, proprio tu che...». E invece sanno tacere. Ma *non rinunciano* a fare i *genitori* (e questo forse è il miracolo più grande), tant'è che l'adolescente torna a casa, ha ancora bisogno di crescere e comincia a *scegliere* di accettare le loro regole. Il volo fuori dal nido si compie per tappe successive!

"Dopo tre giorni lo trovarono nel tempio,
seduto in mezzo ai maestri,
mentre li ascoltava e li interrogava".

Luca 11,13

LA DEFINIZIONE DI GENITORE

✔ Non si può dire che Gesù non abbia un buon concetto della genitorialità! Chi è il genitore? È colui che sa dare *cose buone ai figli* (11,13), anche se è *cattivo*: come a dire, un genitore dà il meglio (un pane e non una pietra, un pesce e non una serpe, un uovo e non uno scorpione, dice Luca con la concretezza che distingue il suo linguaggio), a partire perfino da uno stato di limite, di "cattiveria". Nel contesto lucano questa efficacissima immagine di genitore serve a Gesù per mettere i suoi ascoltatori sulle tracce di *come sia fatto il Padre*, uno che, a maggior ragione, sa ascoltare i suoi figli e dar loro la *cosa buona* per eccellenza e cioè lo Spirito che prega dentro di noi e ci suggerisce che cosa veramente domandare.

Ma noi ci fermiamo al primo termine di paragone, quello della fiducia sulla bontà del genitore, per avanzare due riflessioni.

La prima riflessione: gli operatori del sociale e dei tribunali dovrebbero riflettere bene prima di *"liquidare" un genitore* come incapace, anzi come del tutto nocivo per i figli, dovrebbero invece scommettere sulla parte buona del genitore per quanto "cattivo", e aiutarlo a tirarla fuori; se si guarisce un genitore, stanno meglio anche i figli, invece di sottrarli loro con eccessiva disinvoltura.

La seconda riflessione ha a che fare con il fiorire della genitorialità *dalla pianta della coniugalità*: quando nasce un figlio, il divenire padre e madre mette in atto una reale trasformazione, come a dire "nasce" una madre e "nasce" un padre; essi dovrebbero avere l'una verso l'altro la stessa fiducia che ha Gesù. Se il coniuge *guarda l'altro genitore* come «colui che sa dare cose buone al figlio», può accadere un miracolo: che in famiglia si preghi dal vero il *Padre nostro*, cioè ci si mette sulla traccia di come un seme di paternità/maternità sia calato nel coniuge, per quanti siano i suoi difetti, proprio da Colui che detiene ogni paternità/maternità in cielo e sulla terra. Riconoscere e contemplare *come* il marito fa il padre da parte della madre (e viceversa) è una buona partenza, e soprattutto una buona pratica, anche quando ciascun genitore sarebbe tentato di credere che solo lui/lei conosce il vero bene del figlio!

"Se voi dunque, che siete cattivi,
sapete dare cose buone ai vostri figli,
quanto più il Padre vostro del cielo
darà lo Spirito Santo a quelli che glielo chiedono!".

Luca 23,41

L'INNOCENZA DEL FRATELLO

✔ Il "buon" ladrone non era già buono: era un qualsiasi malvivente. Com'è che diventa buono e può pronunciare le parole dell'intimità al Crocifisso insieme con lui? Su quel durissimo e dissacrante legno egli ha fatto il "viaggio" che ha raggiunto la meta ultima, dove trova la definizione di *paradiso* migliore che si possa sognare: «tu con me oggi», cioè il luogo dell'eterna comunione senza limiti. È che ha visto *l'innocenza* del Fratello crocifisso che sta nel mezzo nelle parole: «Padre, perdonali, perché non sanno quello che fanno» (23,34). L'ha visto come colui che cerca sempre, appassionatamente, testardamente, il *briciolo di innocenza dell'altro*; accanto a Colui che può perdonare in questo modo, egli *può* diventare buono.

Secondo il suo stile del "doppio" (Marta e Maria, fariseo e pubblicano), Luca – raffinato anche dal punto di vista psicologico – mette dall'altro lato di Gesù il "cattivo" ladrone: sono *le due parti del sé* di fronte allo spartiacque dell'innocenza; *l'uno* – colui che non si arrende, che crede di non essere fesso – ne approfitta per volere *qualcosa per sé*: «Non sei tu il Cristo? Salva te stesso e anche noi!» (23,30): fammi vedere la tua potenza, usala per me, se no perché crederti? È la parte di noi che si nutre di sospetti e di autodifesa e si sente disincantata; ma proprio grazie all'innocenza spunta quella parte di noi che finalmente si affida, scommette sulla parte buona dell'altro e ne esce rinnovata, trova perfino la *propria* oncia di innocenza. Tant'è che questo malfattore trova un linguaggio stupefacente per chiedere perdono, o meglio per *sostare* come perdonato *presso* il Fratello innocente: «Gesù, ricordati di me» (23,42): in una situazione di immane sofferenza, sono parole non pronunciate alla leggera; per quanto male egli possa aver fatto, il ladrone, che è ognuno di noi presso il fratello o la sorella che ha offeso, può dire con fiducia «ricordati di me»: grazie alla forza del tuo perdono, io posso sapere che non sono smarrito, anzi che sono *degno* di essere ricordato da te. È così che impariamo a stare tra fratelli e sorelle nel miracolo del sentirsi perdonati.

"Noi, giustamente, perché riceviamo quello che abbiamo meritato per le nostre azioni; egli invece non ha fatto nulla di male".

Luca 24,16

INCAPACI DI RICONOSCERLO

✔ Nell'episodio, proprio di Luca, dei due discepoli che da Gerusalemme vanno ad Èmmaus (24,13-35) noi coniugi possiamo rispecchiarci, anche perché alcuni indizi testuali non ci fanno escludere che i due fossero marito e moglie (per esempio, dei due parla uno solo, Clèopa, come era usanza di fronte a uno sconosciuto; invitano alla stessa mensa il misterioso Viandante, mettendogli in tavola quanto si trova in una casa ebrea, come pane e vino; non c'è scritto infatti nel testo che si fermino in una locanda).

Ebbene, i due sono delusi: erano partiti con speranza al seguito del nuovo rabbi e ora è tutto finito. Ma i due *parlano*: *discutevano insieme*, magari lanciandosi parole come pietre, come dirà lo sconosciuto, ma non si trincerano nel silenzio; talora, nella coppia, *il silenzio è più duro della pietra* e ammorba l'aria quando lo portiamo a casa senza sbocco, senza speranza.

Il Compagno di viaggio (nel nostro cammino di coppia c'è sempre Quel compagno di viaggio, anche quando non sappiamo riconoscerlo) prende su di sé la nostra delusione e inizia a narrare "un'altra trama": i fatti sono sempre quelli – la tomba vuota – ma possono essere letti in un disegno misterioso, pensato per loro dall'Amore.

Forse i due non capiscono molto, ma si sentono scaldare il cuore: e allora *spunta il legame*, vogliono fare qualcosa *per lui*, non per trattenerlo per sé; l'ora è tarda e non è bene per lui viaggiare da solo. Ricordiamolo, anche quando le nostre difficoltà sono nere, fare qualcosa per gli altri è sempre un respiro della vita; questo dovrebbero sapere gli accompagnatori pastorali delle coppie in crisi: accettare un dono da loro, un legame. Come Gesù. Anche quando sono incapaci di riconoscere l'Amore che pure è vivo dei loro cuori. Solo così si aprono al segno (lo spezzare del pane) e Lo riconoscono.

Allora si accorgono che non possono trattenerlo per sé: la coppia, quando riconosce l'amore, lo dona alla comunità di fede. Ed è lì che si precipitano, la stessa sera, perché sanno che ai fratelli, altrimenti, mancherebbe la loro testimonianza. E intanto è spuntata *l'intimità buona*, e scoprono che l'Invisibile escogita sempre nuovi modi per stare con loro!

"Ma i loro occhi
erano impediti a riconoscerlo".

VANGELO SECONDO GIOVANNI

Autore	✔ il discepolo amato, tradizionalmente identificato con Giovanni, figlio di Zebedeo.
Destinatari	✔ i cristiani della seconda generazione.
Tempo e luogo	✔ 75-90 d.C., scritto forse a Èfeso.
Temi portanti	✔ Gesù, Verbo di Dio fatto carne; Gesù, rivelatore del Padre; lo Spirito Santo, guida alla fede e datore di vita; la Chiesa, comunità dei credenti.

Introduzione

Un Vangelo difficile?

Intraprendere la lettura del Vangelo di Giovanni è un'avventura che può spaventare: Giovanni, l'evangelista "teologo", autore del «Vangelo spirituale», associato simbolicamente a un'aquila per i suoi alti voli nei cieli della preesistenza del Verbo e per la sua capacità di fissare lo sguardo dritto nel sole (la divinità di Gesù), è stato troppo spesso guardato con sospetto perché avrebbe composto un'opera difficile, solo per iniziati. È giunto il momento, però, di sfatare questo mito, mettendo in chiaro alcuni punti fondamentali.

- Anzitutto, *ogni evangelista è teologo*: non è corretto ritenere che i tre Vangeli di Matteo, Marco e Luca forniscano un lineare resoconto dei fatti accaduti a Gesù, mentre quello di Giovanni sarebbe un trattato di teologia. Ogni evangelista ha coniugato insieme cronaca e riflessione, storia e fede, in una narrazione la cui organizzazione tradisce sempre un intento teologico. Inoltre, gli studi più recenti riconoscono a Giovanni un solido legame con la storia, visto che riporta particolari cronologici e geografici che solo un testimone oculare potrebbe riferire, rivelandosi in alcuni casi più affidabile degli stessi sinottici.
- In secondo luogo, è vero che *lo stile* del quarto Vangelo può disorientare il lettore, ma nella sostanza rimane simile agli

altri tre: la sua particolarità risiede piuttosto in uno sguardo penetrante sulla realtà storica, uno sguardo "retrospettivo", che parte dalla Pasqua. Il narratore non nasconde il finale della vicenda: a costo di rovinare la *suspence* dell'intrigo, non si stanca mai di ricordare al lettore che il senso di ogni azione di Gesù e di ogni sua parola può essere compreso solo a partire dalla risurrezione. A questo scopo fa largo uso dell'ironia.

- Per quanto riguarda *il linguaggio* del quarto Vangelo, infine, è indispensabile avvertire che è estremamente denso e usato spesso al fine di essere interpretato a diversi livelli; ma è anche necessario ammettere che non è difficile. Il vocabolario usato da Giovanni è anzi essenziale, concreto, preso dall'esperienza di ogni uomo. Basti pensare alle immagini della luce e delle tenebre, della vita e della morte, del pane, dell'acqua, del vino... È proprio questa sua universalità a infondergli una potenza comunicativa dirompente. È giusto allora parlare di linguaggio simbolico, ma non perché sia criptico e misterioso, bensì polivalente, ricco ed evocativo.

Fortunati noi!

Una volta vinte le resistenze iniziali ed essersi tuffato nel mondo del quarto Vangelo, il lettore contemporaneo vedrà sprigionarsi dalle sue pagine un fascino unico: quest'opera è infatti stata confezionata con l'intento di varcare le soglie dei secoli, custodendo una testimonianza che diventa per chi legge promessa di felicità e di vita. Il quarto evangelista pensava a noi e ci ha dedicato le ultime parole del Risorto: «Beati quelli che non hanno visto e hanno creduto» (20,29). Noi siamo fortunati, perché se anche non abbiamo potuto incontrare, ascoltare, vedere, toccare Gesù allora, lo possiamo fare ora attraverso il libro del discepolo amato, che ci dona i suoi stessi occhi grazie ai quali siamo in grado di vedere quello che era rimasto nascosto anche ai contemporanei del Maestro, penetrando in profondità il mistero del Verbo incarnato. E tale fortuna è legata per sempre alle pagine di questo libro, che rimarrà in eterno, finché il Signore non tornerà (21,22).

La struttura del Vangelo

Se la fine del quarto Vangelo getta un ponte verso di noi e verso la conclusione della storia, il suo inizio risale addirittura fino al primo giorno della creazione: il Prologo e l'Epilogo di questo libro svolgono dunque la funzione di incastonare la vicenda terrena di Gesù nell'eternità del disegno salvifico di Dio. Il cuore del Vangelo può essere poi suddiviso in due parti, tradizionalmente definite con i nomi di «Libro dei segni» e «Libro dell'Ora». Nel primo l'evangelista sceglie tra i miracoli di Gesù sette gesti - che decide di chiamare "segni" - presentandoli al lettore come prove dell'identità divina del Maestro e sostegno alla fede in lui. Nel secondo narra il momento culminante della vita di Gesù: l'ora della passione, morte e risurrezione; qui i segni cedono il passo al compimento, perché la croce rappresenta la verità dell'amore e della vita di Dio che Gesù è venuto a donare all'uomo.

Prologo: «Dall'origine del mondo...» (Gv 1,1-18).

- «Libro dei segni» (Gv 1,19 - 12,50).
- «Libro dell'Ora» (Gv 13,1 - 20,31).

Epilogo: «...alla fine della storia» (Gv 21,1-25).

PROLOGO: "DALL'ORIGINE DEL MONDO..." (Gv 1,1-18)

Le parole iniziali del Vangelo di Giovanni riecheggiano quelle con le quali prende l'avvio la Bibbia ebraica: «In principio Dio creò il cielo e la terra» (Gen 1,1). Se gli scritti di Matteo e Luca si preoccupano di narrare gli antefatti storici della predicazione di Gesù – l'annuncio della sua nascita, i racconti del natale e della fanciullezza –, quello giovanneo sceglie di presentare subito il proprio protagonista come il Figlio eterno di Dio, presente a fianco del Padre nella creazione, Sapienza divina che si fa carne per squarciare le tenebre del mondo con la luce dell'amore vivificante di Dio. La forma poetica di questa pagina evangelica ricalca antichi inni alla Sapienza presenti nell'Antico Testamento e rivela un suo probabile uso liturgico nelle prime comunità cristiane giovannee.

1 **Inno -** 1In principio era il Verbo,
e il Verbo era presso Dio
e il Verbo era Dio.
2Egli era, in principio, presso Dio:
3tutto è stato fatto per mezzo di lui
e senza di lui nulla è stato fatto di ciò che esiste.
4In lui era la vita
e la vita era la luce degli uomini;
5la luce splende nelle tenebre
e le tenebre non l'hanno vinta.
6Venne un uomo mandato da Dio:
il suo nome era Giovanni.

1,1-8 Nel prologo si trovano molti elementi che caratterizzano il seguito del racconto di Giovanni ed è plausibile pensare che questi versetti siano posti all'inizio del Vangelo non perché siano stati scritti per primi, ma perché parlano dell'origine di Cristo, della sua preesistenza rispetto al tempo e del suo ruolo nella creazione da parte di Dio. Il prologo rappresenta il frutto maturo della riflessione dei credenti sulle opere e sulle parole di Gesù.

7 Egli venne come testimone
per dare testimonianza alla luce,
perché tutti credessero per mezzo di lui.
8 Non era lui la luce,
ma doveva dare testimonianza alla luce.
9 Veniva nel mondo la luce vera,
quella che illumina ogni uomo.
10 Era nel mondo
e il mondo è stato fatto per mezzo di lui;
eppure il mondo non lo ha riconosciuto.
11 Venne fra i suoi,
e i suoi non lo hanno accolto.
12 A quanti però lo hanno accolto
ha dato potere di diventare figli di Dio:
a quelli che credono nel suo nome,
13 i quali, non da sangue
né da volere di carne
né da volere di uomo,
ma da Dio sono stati generati.
14 E il Verbo si fece carne
e venne ad abitare in mezzo a noi;
e noi abbiamo contemplato la sua gloria,
gloria come del Figlio unigenito
che viene dal Padre,
pieno di grazia e di verità.
15 Giovanni gli dà testimonianza e proclama:
«Era di lui che io dissi:
Colui che viene dopo di me
è avanti a me,
perché era prima di me».

1,14-18 I versetti conclusivi del prologo mettono l'accento sull'incarnazione del Verbo e sul fatto che egli dona la salvezza agli uomini (*tutti abbiamo ricevuto: grazia su grazia*: v. 16). Il Verbo si è fatto carne affinché si potesse manifestare in lui la rivelazione definitiva: Gesù è l'unico vero rivelatore del Padre (cfr. v. 18) e il seguito del racconto si incaricherà di dimostrarlo.

16 Dalla sua pienezza
noi tutti abbiamo ricevuto:
grazia su grazia.
17 Perché la Legge fu data per mezzo di Mosè,
la grazia e la verità vennero per mezzo di Gesù Cristo.
18 Dio, nessuno lo ha mai visto:
il Figlio unigenito, che è Dio
ed è nel seno del Padre,
è lui che lo ha rivelato.

LIBRO DEI SEGNI
(Gv 1,19 - 12,50)

I primi dodici capitoli del Vangelo di Giovanni presentano Gesù come predicatore e operatore di prodigi che si rivolge a tutti gli uomini e le donne del suo tempo in Galilea, in Samaria e a Gerusalemme. L'evangelista distribuisce questo ministero pubblico di Gesù nell'arco di tre anni, inserendolo nel calendario delle festività giudaiche del tempo: tre Pasque (2,13; 6,4; 11,55), «una festa dei Giudei» (5,1) riconducibile probabilmente alla Pentecoste – festa delle Settimane –, la festa delle Capanne (7,2), la festa della Dedicazione (10,22). La narrazione non presenta una chiara strutturazione interna; qui si è scelto di frazionare l'unità dello scritto per evidenziare cinque immagini utilizzate dall'evangelista per definire Gesù. ■

Gesù, sposo e vino nuovo
(Gv 1,19 - 2,12)

Giovanni inizia il proprio racconto narrando la settimana inaugurale del ministero di Gesù, settimana segnata dalla chiamata dei primi discepoli e coronata dal prodigio dell'acqua tramutata in vino in occasione di un matrimonio a Cana di Galilea. Quello di Cana – ci avverte l'autore – è il primo dei segni, la loro origine (2,11): riveste dunque un'importanza simbolica molto forte, presentando Gesù come sposo dell'umanità e vino della nuova alleanza. Dal punto di vista narrativo, la figura di Gesù viene introdotta attraverso la testimonianza di Giovanni Battista, che lo identifica subito come agnello di Dio *(1,29.36) e* Figlio di Dio *(1,34). Per il quarto evangelista questo concetto di testimonianza è importantissimo e verrà ripreso nei momenti cruciali della sua opera (19,35; 21,24).*■

La testimonianza del Battista su di sé - 19Questa è la testimo-
nianza di Giovanni, quando i Giudei gli inviarono da Gerusa-
lemme sacerdoti e leviti a interrogarlo: «Tu, chi sei?». 20Egli
confessò e non negò. Confessò: «Io non sono il Cristo». 21Allo-
ra gli chiesero: «Chi sei, dunque? Sei tu Elia?». «Non lo sono»,
disse. «Sei tu il profeta?». «No», rispose. 22Gli dissero allora:
«Chi sei? Perché possiamo dare una risposta a coloro che ci han-
no mandato. Che cosa dici di te stesso?». 23Rispose:

«Io sono *voce di uno che grida nel deserto*:
Rendete diritta la via del Signore,

come disse il profeta Isaia».
24Quelli che erano stati inviati venivano dai farisei. 25Essi lo
interrogarono e gli dissero: «Perché dunque tu battezzi, se non
sei il Cristo, né Elia, né il profeta?». 26Giovanni rispose loro:
«Io battezzo nell'acqua. In mezzo a voi sta uno che voi non co-
noscete, 27colui che viene dopo di me: a lui io non sono degno

1,19 *Questa è la testimonianza di Giovanni.* Il quarto Vangelo si propone come testimonianza vera e attendibile sulla persona di Gesù (21,24), e lega questo tema a due figure in modo particolare: Giovanni il Battista all'inizio del «Libro dei segni» (1,19.32.34; 3,27ss; 5,33) e il discepolo amato nella chiusura del «Libro dell'Ora» (19,35; 21,24). La funzione testimoniale del Battista era già stata preannunciata nel prologo (1,7 - 8.15).

1,19-28 Il vocabolario qui usato è di tipo processuale: interrogare, confessare, testimoniare... Se nei sinottici è raccontato un solo processo di Gesù di fronte al sinedrio (in occasione del suo arresto), il quarto Vangelo ama presentare tutta la vicenda terrena del Figlio di Dio come un grande dibattimento intorno alla sua identità messianica.

di slegare il laccio del sandalo». [28]Questo avvenne in Betània, al di là del Giordano, dove Giovanni stava battezzando.

La testimonianza del Battista su Gesù - [29]Il giorno dopo, vedendo Gesù venire verso di lui, disse: «Ecco l'agnello di Dio, colui che toglie il peccato del mondo! [30]Egli è colui del quale ho detto: "Dopo di me viene un uomo che è avanti a me, perché era prima di me". [31]Io non lo conoscevo, ma sono venuto a battezzare nell'acqua, perché egli fosse manifestato a Israele».

[32]Giovanni testimoniò dicendo: «Ho contemplato lo Spirito discendere come una colomba dal cielo e rimanere su di lui. [33]Io non lo conoscevo, ma proprio colui che mi ha inviato a battezzare nell'acqua mi disse: "Colui sul quale vedrai discendere e rimanere lo Spirito, è lui che battezza nello Spirito Santo". [34]E io ho visto e ho testimoniato che questi è il Figlio di Dio».

I primi discepoli - [35]Il giorno dopo Giovanni stava ancora là con due dei suoi discepoli [36]e, fissando lo sguardo su Gesù che passava, disse: «Ecco l'agnello di Dio!». [37]E i suoi due discepoli, sentendolo parlare così, seguirono Gesù. [38]Gesù allora si voltò e, osservando che essi lo seguivano, disse loro: «Che cosa cercate?». Gli risposero: «Rabbì – che, tradotto, significa

1,29 *Agnello di Dio.* È la prima immagine usata dal quarto Vangelo per rivelare l'identità di Gesù. Alludendo alla descrizione che Isaia fa del Messia come Servo sofferente di Yhwh – «era come agnello condotto al macello, come pecora muta di fronte ai suoi tosatori» (Is 53,7) – vuole identificare quel Messia con Gesù. Tale allusione è tanto più profonda in questo Vangelo che farà coincidere l'ora della crocifissione con quella del sacrificio degli agnelli nel tempio: Gesù è così presentato come l'agnello pasquale che col suo sangue purifica dai peccati tutto il popolo.

1,34 *Io ho visto e ho testimoniato.* Il quarto evangelista è molto attento alle dinamiche che portano alla fede. Analizza specialmente i legami tra il vedere e il testimoniare (oltre a qui, cfr. 19,35), e quelli tra il vedere e il credere (cfr. tutto il capitolo 20).

1,35-42 Giovanni Battista è presentato in un evidente crescendo narrativo: il primo giorno come testimone "negativo" (1,20: *Io non sono il Cristo*), il secondo giorno come testimone "positivo" (1,34: *È il Figlio di Dio*), il terzo giorno come colui che indirizza i propri discepoli alla sequela di Gesù.

Maestro –, dove dimori?». [39]Disse loro: «Venite e vedrete». Andarono dunque e videro dove egli dimorava e quel giorno rimasero con lui; erano circa le quattro del pomeriggio.

[40]Uno dei due che avevano udito le parole di Giovanni e lo avevano seguito, era Andrea, fratello di Simon Pietro. [41]Egli incontrò per primo suo fratello Simone e gli disse: «Abbiamo trovato il Messia» – che si traduce Cristo – [42]e lo condusse da Gesù. Fissando lo sguardo su di lui, Gesù disse: «Tu sei Simone, il figlio di Giovanni; sarai chiamato Cefa» – che significa Pietro.

Filippo e Natanaele - [43]Il giorno dopo Gesù volle partire per la Galilea; trovò Filippo e gli disse: «Seguimi!». [44]Filippo era di Betsàida, la città di Andrea e di Pietro. [45]Filippo trovò Natanaele e gli disse: «Abbiamo trovato colui del quale hanno scritto Mosè, nella Legge, e i Profeti: Gesù, il figlio di Giuseppe, di Nàzaret». [46]Natanaele gli disse: «Da Nàzaret può venire qualcosa di buono?». Filippo gli rispose: «Vieni e vedi». [47]Gesù intanto, visto Natanaele che gli veniva incontro, disse di lui: «Ecco davvero un Israelita in cui non c'è falsità». [48]Natanaele gli domandò: «Come mi conosci?». Gli rispose Gesù: «Prima che Filippo ti chiamasse, io ti ho visto quando eri sotto l'albero di fichi». [49]Gli replicò Natanaele: «Rabbì, tu sei il Figlio di Dio, tu sei il re d'Israele!». [50]Gli rispose Gesù: «Perché ti ho detto che ti avevo visto sotto l'albero di fichi, tu credi? Vedrai cose più

1,40 *Uno dei due... era Andrea.* E l'altro? La maggior parte degli studiosi ritiene possibile identificare questo discepolo innominato con Giovanni, figlio di Zebedeo. Questo apostolo, che non viene mai indicato per nome nel quarto Vangelo, è colui che sta alla base della testimonianza raccolta in esso.

1,41 Come capita poco dopo a Natanaele, informato dell'incontro con Gesù da Filippo (vv. 44-46), anche Simon Pietro non incontra direttamente il Maestro, ma si sente invitare da Andrea. Alcuni discepoli sono chiamati da Cristo stesso, altri sono invece portati a lui da chi lo ha già incontrato. Eppure la fede di queste persone non è minore di quella dei primi discepoli.

1,48 Gli Ebrei si sedevano sotto il pergolato – qui si dice *sotto l'albero di fichi* – per studiare la Legge. Gesù ha dunque conosciuto Natanaele mentre questi stava meditando la parola di Dio. Ecco perché, al di là delle intemperanze di carattere, riconosce in lui una persona giusta *in cui non c'è falsità* (v. 47).

grandi di queste!». [51]Poi gli disse: «In verità, in verità io vi dico: vedrete *il cielo* aperto *e gli angeli di Dio salire e scendere* sopra il Figlio dell'uomo».

2 **L'inizio dei segni a Cana** - [1]Il terzo giorno vi fu una festa di nozze a Cana di Galilea e c'era la madre di Gesù. [2]Fu invitato alle nozze anche Gesù con i suoi discepoli. [3]Venuto a mancare il vino, la madre di Gesù gli disse: «Non hanno vino». [4]E Gesù le rispose: «Donna, che vuoi da me? Non è ancora giunta la mia ora». [5]Sua madre disse ai servitori: «Qualsiasi cosa vi dica, fatela».

[6]Vi erano là sei anfore di pietra per la purificazione rituale dei Giudei, contenenti ciascuna da ottanta a centoventi litri. [7]E Gesù disse loro: «Riempite d'acqua le anfore»; e le riempirono fino all'orlo. [8]Disse loro di nuovo: «Ora prendetene e portatene a colui che dirige il banchetto». Ed essi gliene portarono. [9]Come ebbe assaggiato l'acqua diventata vino, colui che dirigeva il banchetto – il quale non sapeva da dove venisse, ma lo sapevano i servitori che avevano preso l'acqua – chiamò lo sposo [10]e gli dis-

1,51 Questo è un richiamo al sogno di Giacobbe raccontato in Gen 28,10ss: Gesù, sostituendo se stesso all'immagine della scala che là univa cielo e terra, allude al giorno in cui sarà innalzato sulla croce (3,14), aprendo così agli uomini le porte del cielo.
2,1 L'indicazione temporale ci porta alla fine della prima settimana del ministero di Gesù (1,19.29.35.43; 2,1) alludendo, insieme, al giorno della sua risurrezione dai morti (cfr. 2,19): l'evangelista sta chiedendo al lettore un'attenzione particolare al significato messianico di questo episodio.
2,2 L'immagine delle nozze è spesso usata nella Bibbia per descrivere il rapporto storico di alleanza tra Israele e il suo Dio (cfr. Is 54,5; 61,10; 62,4), e per indicare il ritorno del Signore alla fine dei tempi (Ap 19,6s; 21,2). Qui l'evangelista, lasciando nell'ombra gli sposi e puntando l'attenzione su Gesù e su Maria – chiamata *donna* al v. 4 – sembra rileggere questo avvenimento come simbolo delle nozze messianiche tra il Cristo e l'umanità (rappresentata qui dalla Madre di Gesù).
2,10 L'immagine del vino è spesso usata dalla sapienza ebraica per indicare la gioia terrena (cfr. Sal 104,15; Qo 10,19; Sir 31,27ss) e quella promessa da Dio per la fine dei tempi (cfr. Am 9,13s; Gl 2,19.24; Is 25,6): il fatto che qui Gesù doni il vino nuovo sembra dunque indicare simbolicamente l'inizio del regno di Dio.

se: «Tutti mettono in tavola il vino buono all'inizio e, quando si
è già bevuto molto, quello meno buono. Tu invece hai tenuto da
parte il vino buono finora».
11 Questo, a Cana di Galilea, fu l'inizio dei segni compiuti da
Gesù; egli manifestò la sua gloria e i suoi discepoli credettero
in lui.

Soggiorno a Cafàrnao - 12 Dopo questo fatto scese a Cafàrnao, in-
sieme a sua madre, ai suoi fratelli e ai suoi discepoli. Là rima-
sero pochi giorni.

Gesù, fonte d'acqua viva
(Gv 2,13 - 4,54)

In occasione della festa di Pasqua Gesù sale a Gerusalemme: la sua presenza non passa inosservata e molti sembrano iniziare a credere in lui (2,23). Anche tra i farisei c'è qualcuno interessato alle sue parole e che di nascosto, di notte, gli si avvicina per interrogarlo: Nicodèmo, che lo riconosce Maestro venuto da Dio *(3,2). La professione di fede più elevata della sezione proviene però da una donna di Samaria che, seppur timidamente, avanza l'ipotesi che Gesù sia* il Messia *(4,29): egli infatti le aveva letto nel cuore (4,39) e si era offerto di darle quell'*acqua viva *che per il popolo d'Israele era sempre stata un'immagine della Sapienza, della* Torah *e di Dio stesso. La sezione si chiude infine ricordando il secondo segno operato dal Signore a Cana di Galilea: la guarigione del figlio di un pagano (un funzionario regio).* ■

Purificazione del tempio - 13 Si avvicinava intanto la Pasqua dei
Giudei e Gesù salì a Gerusalemme. 14 Trovò nel tempio gente
che vendeva buoi, pecore e colombe e, là seduti, i cambiamo-
nete. 15 Allora fece una frusta di cordicelle e scacciò tutti fuori
dal tempio, con le pecore e i buoi; gettò a terra il denaro dei
cambiamonete e ne rovesciò i banchi, 16 e ai venditori di colom-

be disse: «Portate via di qui queste cose e non fate della casa
del Padre mio un mercato!». [17]I suoi discepoli si ricordarono
che sta scritto: *Lo zelo per la tua casa mi divorerà*.
[18]Allora i Giudei presero la parola e gli dissero: «Quale segno
ci mostri per fare queste cose?». [19]Rispose loro Gesù: «Di-
struggete questo tempio e in tre giorni lo farò risorgere». [20]Gli
dissero allora i Giudei: «Questo tempio è stato costruito in qua-
rantasei anni e tu in tre giorni lo farai risorgere?». [21]Ma egli par-
lava del tempio del suo corpo. [22]Quando poi fu risuscitato dai
morti, i suoi discepoli si ricordarono che aveva detto questo, e
credettero alla Scrittura e alla parola detta da Gesù.

Soggiorno a Gerusalemme - [23]Mentre era a Gerusalemme per la
Pasqua, durante la festa, molti, vedendo i segni che egli compi-
va, credettero nel suo nome. [24]Ma lui, Gesù, non si fidava di lo-
ro, perché conosceva tutti [25]e non aveva bisogno che alcuno des-
se testimonianza sull'uomo. Egli infatti conosceva quello che
c'è nell'uomo.

3

Colloquio notturno con Nicodèmo - [1]Vi era tra i farisei un
uomo di nome Nicodèmo, uno dei capi dei Giudei. [2]Costui
andò da Gesù, di notte, e gli disse: «Rabbì, sappiamo che sei

2,18 Solo chi ha un cuore duro e si contrappone a Gesù pretende da lui un segno, anteponendo la propria volontà alla sua; chi invece si accosta al Maestro senza pretese e con un cuore disponibile alla fede potrà vedere nei segni liberamente posti da Gesù la realtà del suo amore che dona la vita.

2,22 Chiaro esempio della dinamica "retrospettiva" che sta dietro la scrittura del quarto Vangelo: tutta la vicenda di Gesù è filtrata attraverso la lente della Pasqua. Questo commento non è che una delle tante intromissioni della voce narrante che spesso interviene per stimolare la fede di colui che legge.

2,24 Gesù fece più segni di quelli che il Vangelo ricorda: grazie ad essi molti giunsero alla fede, anche se qui Gesù sembra dubitare della loro sincerità. Portare gli uomini a credere in lui fu il fine esplicito del ministero di Gesù, nonché lo scopo della scrittura del quarto Vangelo (20,31).

3,1-21 Nicodèmo, discepolo "notturno", rappresenta tutti quei seguaci che credono in Gesù, ma non dichiarano apertamente la propria fede per paura delle conseguenze sociali di tali scelta.

venuto da Dio come maestro; nessuno infatti può compiere questi segni che tu compi, se Dio non è con lui». [3]Gli rispose Gesù: «In verità, in verità io ti dico, se uno non nasce dall'alto, non può vedere il regno di Dio».

[4]Gli disse Nicodèmo: «Come può nascere un uomo quando è vecchio? Può forse entrare una seconda volta nel grembo di sua madre e rinascere?». [5]Rispose Gesù: «In verità, in verità io ti dico, se uno non nasce da acqua e Spirito, non può entrare nel regno di Dio. [6]Quello che è nato dalla carne è carne, e quello che è nato dallo Spirito è spirito. [7]Non meravigliarti se ti ho detto: dovete nascere dall'alto. [8]Il vento soffia dove vuole e ne senti la voce, ma non sai da dove viene né dove va: così è chiunque è nato dallo Spirito».

[9]Gli replicò Nicodèmo: «Come può accadere questo?». [10]Gli rispose Gesù: «Tu sei maestro d'Israele e non conosci queste cose? [11]In verità, in verità io ti dico: noi parliamo di ciò che sappiamo e testimoniamo ciò che abbiamo veduto; ma voi non accogliete la nostra testimonianza. [12]Se vi ho parlato di cose della terra e non credete, come crederete se vi parlerò di cose del cielo? [13]Nessuno è mai salito al cielo, se non colui che è disceso dal cielo, il Figlio dell'uomo. [14]E come Mosè innalzò il serpente nel deserto, così bisogna che sia innalzato il Figlio dell'uomo, [15]perché chiunque crede in lui abbia la vita eterna.

[16]Dio infatti ha tanto amato il mondo da dare il Figlio unigenito, perché chiunque crede in lui non vada perduto, ma abbia la vita eterna. [17]Dio, infatti, non ha mandato il Figlio nel mondo per condannare il mondo, ma perché il mondo sia salvato per

3,3-8 Il colloquio tra Gesù e Nicodèmo è un bell'esempio di fraintendimento giovanneo: se il discepolo pensa a una seconda nascita carnale, il Maestro intende piuttosto una rinascita *dall'alto, da acqua e Spirito*. Per comprendere Gesù siamo chiamati ad abbandonare il piano della carne per salire a quello dello Spirito.

3,14-15 È la risposta di Gesù alla domanda di Nicodèmo del v. 9: la rinascita da acqua e da Spirito è resa possibile solo grazie all'innalzamento del Figlio dell'uomo, ossia alla sua crocifissione, morte e risurrezione. L'evento pasquale è la fonte della vita e la sorgente di salvezza che Gesù è venuto a portare all'umanità.

mezzo di lui. [18]Chi crede in lui non è condannato; ma chi non
crede è già stato condannato, perché non ha creduto nel nome
dell'unigenito Figlio di Dio.
[19]E il giudizio è questo: la luce è venuta nel mondo, ma gli uo-
mini hanno amato più le tenebre che la luce, perché le loro ope-
re erano malvagie. [20]Chiunque infatti fa il male, odia la luce, e
non viene alla luce perché le sue opere non vengano riprovate.
[21]Invece chi fa la verità viene verso la luce, perché appaia chia-
ramente che le sue opere sono state fatte in Dio».

Soggiorno in Giudea - [22]Dopo queste cose, Gesù andò con i suoi discepoli nella regione della Giudea, e là si tratteneva con loro e battezzava.

Ultima testimonianza del Battista - [23]Anche Giovanni battez-
zava a Ennòn, vicino a Salìm, perché là c'era molta acqua; e la
gente andava a farsi battezzare. [24]Giovanni, infatti, non era an-
cora stato gettato in prigione.
[25]Nacque allora una discussione tra i discepoli di Giovanni
e un Giudeo riguardo alla purificazione rituale. [26]Andarono da
Giovanni e gli dissero: «Rabbì, colui che era con te dall'altra
parte del Giordano e al quale hai dato testimonianza, ecco, sta
battezzando e tutti accorrono a lui». [27]Giovanni rispose: «Nes-
suno può prendersi qualcosa se non gli è stata data dal cielo.
[28]Voi stessi mi siete testimoni che io ho detto: "Non sono io il
Cristo", ma: "Sono stato mandato avanti a lui". [29]Lo sposo è
colui al quale appartiene la sposa; ma l'amico dello sposo, che
è presente e l'ascolta, esulta di gioia alla voce dello sposo. Ora
questa mia gioia è piena. [30]Lui deve crescere; io, invece, di-
minuire».

3,29 Questa immagine parabolica fa riferimento alla tradizione ebraica di affidare al migliore amico dello sposo l'incarico di provvedere ai preparativi della festa e della sposa, e di condurre quest'ultima alle nozze. È proprio quello che fece il Battista con i propri discepoli: li preparò e li accompagnò al vero Maestro. Il Battista si presenta del tutto libero da ogni forma di rivendicazione.

La testimonianza del Figlio - [31]Chi viene dall'alto è al di sopra
di tutti; ma chi viene dalla terra, appartiene alla terra e parla se-
condo la terra. Chi viene dal cielo è al di sopra di tutti. [32]Egli at-
testa ciò che ha visto e udito, eppure nessuno accetta la sua te-
stimonianza. [33]Chi ne accetta la testimonianza, conferma che
Dio è veritiero. [34]Colui infatti che Dio ha mandato dice le paro-
le di Dio: senza misura egli dà lo Spirito. [35]Il Padre ama il Figlio
e gli ha dato in mano ogni cosa. [36]Chi crede nel Figlio ha la vi-
ta eterna; chi non obbedisce al Figlio non vedrà la vita, ma l'i-
ra di Dio rimane su di lui.

4 **Incontro con la donna di Samaria** - [1]Gesù venne a sapere
che i farisei avevano sentito dire: «Gesù fa più discepoli e
battezza più di Giovanni» – [2]sebbene non fosse Gesù in perso-
na a battezzare, ma i suoi discepoli –, [3]lasciò allora la Giudea e
si diresse di nuovo verso la Galilea. [4]Doveva perciò attraversa-
re la Samaria.

[5]Giunse così a una città della Samaria chiamata Sicar, vicina
al terreno che Giacobbe aveva dato a Giuseppe suo figlio: [6]qui
c'era un pozzo di Giacobbe. Gesù dunque, affaticato per il viag-
gio, sedeva presso il pozzo. Era circa mezzogiorno. [7]Giunge una
donna samaritana ad attingere acqua. Le dice Gesù: «Dammi
da bere». [8]I suoi discepoli erano andati in città a fare provvista
di cibi. [9]Allora la donna samaritana gli dice: «Come mai tu, che

3,32 Il primo testimone del quarto Vangelo è lo stesso Gesù, che attesta agli uomini quanto ha visto e udito presso il Padre. È proprio su questa sua testimonianza che si deve modellare quella dei discepoli.
4,6 Giovanni ha un talento speciale nel caratterizzare personaggi indimenticabili – esemplari di altrettanti percorsi di fede – tra i quali la donna samaritana è sicuramente uno dei più riusciti. Per questa scena l'evangelista si rifà a un'ambientazione classica della letteratura patriarcale: l'incontro di un uomo e di una donna presso un pozzo (Gen 24,11ss; 29,2ss; Es 2,15; 1Sam 9,11ss).
4,9 I Samaritani si rifiutavano di adorare Dio nel tempio di Gerusalemme: avevano infatti applicato le prescrizioni di Dt 27,1-8 al monte Garizim, e vi avevano costruito un santuario. Per questo fatto venivano considerati ritualmente impuri ed erano odiati dai Giudei.

sei giudeo, chiedi da bere a me, che sono una donna samarita-
na?». I Giudei infatti non hanno rapporti con i Samaritani. [10]Ge-
sù le risponde: «Se tu conoscessi il dono di Dio e chi è colui
che ti dice: "Dammi da bere!", tu avresti chiesto a lui ed egli ti
avrebbe dato acqua viva». [11]Gli dice la donna: «Signore, non
hai un secchio e il pozzo è profondo; da dove prendi dunque
quest'acqua viva? [12]Sei tu forse più grande del nostro padre Gia-
cobbe, che ci diede il pozzo e ne bevve lui con i suoi figli e il suo
bestiame?». [13]Gesù le risponde: «Chiunque beve di quest'acqua
avrà di nuovo sete; [14]ma chi berrà dell'acqua che io gli darò, non
avrà più sete in eterno. Anzi, l'acqua che io gli darò diventerà in
lui una sorgente d'acqua che zampilla per la vita eterna». [15]«Si-
gnore – gli dice la donna –, dammi quest'acqua, perché io non
abbia più sete e non continui a venire qui ad attingere acqua».
[16]Le dice: «Va' a chiamare tuo marito e ritorna qui». [17]Gli ri-
sponde la donna: «Io non ho marito». Le dice Gesù: «Hai detto
bene: "Io non ho marito". [18]Infatti hai avuto cinque mariti e
quello che hai ora non è tuo marito; in questo hai detto il vero».
[19]Gli replica la donna: «Signore, vedo che tu sei un profeta! [20]I
nostri padri hanno adorato su questo monte; voi invece dite che
è a Gerusalemme il luogo in cui bisogna adorare». [21]Gesù le di-
ce: «Credimi, donna, viene l'ora in cui né su questo monte né a
Gerusalemme adorerete il Padre. [22]Voi adorate ciò che non co-

4,10-14 *Acqua viva.* È un'immagine molto ricca, sfruttata lungo tutto l'Antico Testamento per indicare di volta in volta la Torah (Sir 24,20-32), la Sapienza (Bar 3,12; Sir 15,3), ma anche Dio stesso e la sua azione salvifica (Ger 2,13; Is 12,3). In questo contesto Gesù la usa per indicare un suo dono in vista della vita eterna (4,14), dono che può essere identificato con la sua rivelazione o con lo Spirito. La tradizione ha spesso riletto questa immagine in chiave battesimale: i primi cristiani descrivevano infatti questo sacramento come un abbeverarsi alla fonte dello Spirito (1Cor 12,13; cfr. Sal 42).

4,20-24 Gesù non dirime la questione aperta tra Giudei e Samaritani: bisogna adorare Dio a Gerusalemme o sul monte Garizim? Egli piuttosto accomuna questi due luoghi, contrapponendovi l'adorazione *in spirito e verità*. Si viene così a creare una distinzione netta tra un modo di adorare "terreno" e uno "celeste".

noscete, noi adoriamo ciò che conosciamo, perché la salvezza viene dai Giudei. [23]Ma viene l'ora – ed è questa – in cui i veri adoratori adoreranno il Padre in spirito e verità: così infatti il Padre vuole che siano quelli che lo adorano. [24]Dio è spirito, e quelli che lo adorano devono adorare in spirito e verità». [25]Gli rispose la donna: «So che deve venire il Messia, chiamato Cristo: quando egli verrà, ci annuncerà ogni cosa». [26]Le dice Gesù: «Sono io, che parlo con te».

[27]In quel momento giunsero i suoi discepoli e si meravigliavano che parlasse con una donna. Nessuno tuttavia disse: «Che cosa cerchi?», o: «Di che cosa parli con lei?». [28]La donna intanto lasciò la sua anfora, andò in città e disse alla gente: [29]«Venite a vedere un uomo che mi ha detto tutto quello che ho fatto. Che sia lui il Cristo?». [30]Uscirono dalla città e andavano da lui.

[31]Intanto i discepoli lo pregavano: «Rabbì, mangia». [32]Ma egli rispose loro: «Io ho da mangiare un cibo che voi non conoscete». [33]E i discepoli si domandavano l'un l'altro: «Qualcuno gli ha forse portato da mangiare?». [34]Gesù disse loro: «Il mio cibo è fare la volontà di colui che mi ha mandato e compiere la sua opera. [35]Voi non dite forse: "Ancora quattro mesi e poi viene la mietitura"? Ecco, io vi dico: alzate i vostri occhi e guardate i campi che già biondeggiano per la mietitura. [36]Chi miete riceve il salario e raccoglie frutto per la vita eterna, perché chi semina gioisca insieme a chi miete. [37]In questo infatti si dimostra vero

4,26 *Sono io, che parlo con te.* Queste parole di Gesù sono un'importante rivelazione della sua identità di Messia. Non è inutile notare, tra l'altro, che riecheggiano il nome stesso di Dio («Io sono», Es 3,14).

4,29 La Samaritana compie un cammino di fede che la porta a riconoscere nell'uomo incontrato al pozzo (vv. 9-12) prima un profeta (v. 19), poi il Messia (v. 29). Certo questa professione di fede lascia ancora spazio al dubbio, ma nella corsa della donna verso la città per annunciare alla gente l'incontro con Gesù non possiamo non pregustare quella della Maddalena il mattino di Pasqua (20,18).

4,35-38 Il dialogo tra Gesù e i discepoli rivisita alcuni detti contadini tradizionali, che il Maestro utilizza per annunciare la novità che irrompe nel mondo con la venuta del Regno: l'opera di Gesù sta già portando i suoi primi frutti.

il proverbio: uno semina e l'altro miete. [38]Io vi ho mandati a mietere ciò per cui non avete faticato; altri hanno faticato e voi siete subentrati nella loro fatica».

[39]Molti Samaritani di quella città credettero in lui per la parola della donna, che testimoniava: «Mi ha detto tutto quello che ho fatto». [40]E quando i Samaritani giunsero da lui, lo pregavano di rimanere da loro ed egli rimase là due giorni. [41]Molti di più credettero per la sua parola [42]e alla donna dicevano: «Non è più per i tuoi discorsi che noi crediamo, ma perché noi stessi abbiamo udito e sappiamo che questi è veramente il salvatore del mondo».

Soggiorno in Galilea - [43]Trascorsi due giorni, partì di là per la Galilea. [44]Gesù stesso infatti aveva dichiarato che un profeta non riceve onore nella propria patria. [45]Quando dunque giunse in Galilea, i Galilei lo accolsero, perché avevano visto tutto quello che aveva fatto a Gerusalemme, durante la festa; anch'essi infatti erano andati alla festa.

Secondo segno a Cana - [46]Andò dunque di nuovo a Cana di Galilea, dove aveva cambiato l'acqua in vino. Vi era un funzionario del re, che aveva un figlio malato a Cafàrnao. [47]Costui, udito che Gesù era venuto dalla Giudea in Galilea, si recò da lui e gli chiedeva di scendere a guarire suo figlio, perché stava per morire. [48]Gesù gli disse: «Se non vedete segni e prodigi, voi non credete». [49]Il funzionario del re gli disse: «Signore, scendi prima che il mio bambino muoia». [50]Gesù gli rispose: «Va', tuo fi-

4,42 Esemplare il cammino di fede di questi Samaritani: incuriositi dalla testimonianza della donna si avvicinano a Gesù, lo ascoltano e infine credono. L'evangelista ha qui tracciato un secondo possibile percorso per giungere alla fede, che va ad affiancarsi alla visione dei segni (2,23): l'ascolto della Parola.

4,46-54 Dopo i Samaritani, Giovanni presenta come modello di fede un pagano: il funzionario regio infatti crede alla parola di Gesù senza avere la possibilità di accertare coi propri occhi la guarigione del figlio (4,50). In questo modo dà prova di essere diverso dai Galilei rimproverati da Gesù: *Se non vedete segni e prodigi, voi non credete* (4,48).

glio vive». Quell'uomo credette alla parola che Gesù gli aveva
detto e si mise in cammino. [51]Proprio mentre scendeva, gli ven-
nero incontro i suoi servi a dirgli: «Tuo figlio vive!». [52]Volle sa-
pere da loro a che ora avesse cominciato a star meglio. Gli dis-
sero: «Ieri, un'ora dopo mezzogiorno, la febbre lo ha lasciato».
[53]Il padre riconobbe che proprio a quell'ora Gesù gli aveva det-
to: «Tuo figlio vive», e credette lui con tutta la sua famiglia.
[54]Questo fu il secondo segno, che Gesù fece quando tornò dal-
la Giudea in Galilea.

Gesù, pane da mangiare
(Gv 5,1 - 6,71)

In questa sezione sono ricordate due feste dei Giudei e tre segni prodigiosi di Gesù. Il capitolo 5 ci presenta il Maestro che sale a Gerusalemme per una festa – non sappiamo se quella di Pentecoste o quella delle Capanne (5,1) – dove guarisce di sabato un infermo presso la piscina di Betzatà. Il capitolo 6 ci riporta invece in Galilea, dove Gesù rimane nonostante l'avvicinarsi della Pasqua (6,4): in questo contesto Giovanni inserisce il racconto della moltiplicazione dei pani e il miracolo di Gesù che cammina sulle acque del mare di Tiberìade. Il segno del pane è il centro di questa sezione: presentando Gesù come il pane della vita disceso dal cielo (6,35,38.41.48.51), il quarto Vangelo svolge qui il tema sacramentale dell'eucaristia, che non verrà più ripreso nella narrazione dell'ultima cena. ■

5 **Guarigione alla piscina di Betzatà** - [1]Dopo questi fatti, ri-
correva una festa dei Giudei e Gesù salì a Gerusalemme.

5,1 *Una festa.* Durante l'anno ebraico erano tre le feste che richiedevano un pellegrinaggio a Gerusalemme: la Pasqua, la Pentecoste e la festa delle Capanne. Gli accenni a Mosè (5,45-46) potrebbero indicare che la festività in questione sia qui quella di Pentecoste – detta anche «delle Settimane» – nella quale il popolo d'Israele ricorda la liberazione dalla schiavitù egiziana e il dono delle tavole della Legge. La Pentecoste era anche la festa delle primizie.

2A Gerusalemme, presso la porta delle Pecore, vi è una piscina,
chiamata in ebraico Betzatà, con cinque portici, 3sotto i quali
giaceva un grande numero di infermi, ciechi, zoppi e paralitici.
[4] 5Si trovava lì un uomo che da trentotto anni era malato. 6Ge-
sù, vedendolo giacere e sapendo che da molto tempo era così,
gli disse: «Vuoi guarire?». 7Gli rispose il malato: «Signore, non
ho nessuno che mi immerga nella piscina quando l'acqua si agi-
ta. Mentre infatti sto per andarvi, un altro scende prima di me».
8Gesù gli disse: «Àlzati, prendi la tua barella e cammina». 9E
all'istante quell'uomo guarì: prese la sua barella e cominciò a
camminare.

Quel giorno però era un sabato. 10Dissero dunque i Giudei al-
l'uomo che era stato guarito: «È sabato e non ti è lecito portare
la tua barella». 11Ma egli rispose loro: «Colui che mi ha guarito
mi ha detto: "Prendi la tua barella e cammina"». 12Gli doman-
darono allora: «Chi è l'uomo che ti ha detto: "Prendi e cammi-
na"?». 13Ma colui che era stato guarito non sapeva chi fosse;
Gesù infatti si era allontanato perché vi era folla in quel luogo.
14Poco dopo Gesù lo trovò nel tempio e gli disse: «Ecco: sei
guarito! Non peccare più, perché non ti accada qualcosa di peg-
gio». 15Quell'uomo se ne andò e riferì ai Giudei che era stato
Gesù a guarirlo. 16Per questo i Giudei perseguitavano Gesù, per-
ché faceva tali cose di sabato. 17Ma Gesù disse loro: «Il Padre
mio agisce anche ora e anch'io agisco». 18Per questo i Giudei

5,2 La piscina descritta da Giovanni è stata scoperta a Gerusalemme con gli scavi presso la chiesa di Sant'Anna: è un bacino di forma trapezoidale diviso in due vasche da una separazione centrale (il quinto portico).

5,9-18 Agli occhi dei Giudei il miracolo sembra non avere alcuna importanza (5,12): l'attenzione è tutta rivolta alla presunta infrazione della legge sul riposo sabbatico.

5,17 *Il Padre mio agisce anche ora e anch'io agisco.* Anche i sinottici riportano diverse dispute tra Gesù e le autorità giudaiche a proposito del sabato. Questa frase non lascia spazio ad alcuna replica: come è assurdo pensare che la legge sul sabato possa introdurre una pausa nell'opera salvifica del Padre, così non si può pretendere che essa blocchi l'azione del Figlio. Per questo motivo il quarto Vangelo presenta un Gesù instancabile nel suo "fare" (cfr. 2,11; 4,54; 6,2; 7,3; 10,25; 14,10s; 15,24; 20,30): egli è venuto sulla terra proprio per portare a compimento l'opera del Padre!

cercavano ancor più di ucciderlo, perché non soltanto violava il sabato, ma chiamava Dio suo Padre, facendosi uguale a Dio.

Il Figlio e il Padre- [19]Gesù riprese a parlare e disse loro: «In verità, in verità io vi dico: il Figlio da se stesso non può fare nulla, se non ciò che vede fare dal Padre; quello che egli fa, anche il Figlio lo fa allo stesso modo. [20]Il Padre infatti ama il Figlio, gli manifesta tutto quello che fa e gli manifesterà opere ancora più grandi di queste, perché voi ne siate meravigliati. [21]Come il Padre risuscita i morti e dà la vita, così anche il Figlio dà la vita a chi egli vuole. [22]Il Padre infatti non giudica nessuno, ma ha dato ogni giudizio al Figlio, [23]perché tutti onorino il Figlio come onorano il Padre. Chi non onora il Figlio, non onora il Padre che lo ha mandato.

[24]In verità, in verità io vi dico: chi ascolta la mia parola e crede a colui che mi ha mandato, ha la vita eterna e non va incontro al giudizio, ma è passato dalla morte alla vita. [25]In verità, in verità io vi dico: viene l'ora – ed è questa – in cui i morti udranno la voce del Figlio di Dio e quelli che l'avranno ascoltata, vivranno. [26]Come infatti il Padre ha la vita in se stesso, così ha concesso anche al Figlio di avere la vita in se stesso, [27]e gli ha dato il potere di giudicare, perché è Figlio dell'uomo. [28]Non meravigliatevi di questo: viene l'ora in cui tutti coloro che sono nei sepolcri udranno la sua voce [29]e usciranno, quanti fecero il bene per una risurrezione di vita e quanti fecero il male per una ri-

5,19-47 Siamo qui di fronte a uno dei discorsi più elevati del Gesù giovanneo, nel quale egli rivendica con decisione di avere un rapporto strettissimo con Dio Padre. Egli ha la prerogativa di averlo visto coi propri occhi e di testimoniare al mondo con parole e opere il suo amore e la sua vita: chi ascolta la voce di Gesù e crede in lui, potrà vincere la morte. È la prima promessa della risurrezione.

5,21.24.29.40 Giovanni riassume nel termine *vita* la pienezza del dono che Dio comunica all'umanità. È un concetto centrale nel pensiero del quarto evangelista e attraversa la sua opera da cima a fondo (1,4; 20,31): il Figlio di Dio è sceso sulla terra e ha assunto su di sé la nostra carne mortale, per donarle una vitalità nuova, autentica, straripante. Solo chi incontra e accoglie Gesù può vivere davvero.

surrezione di condanna. [30]Da me, io non posso fare nulla. Giudico secondo quello che ascolto e il mio giudizio è giusto, perché non cerco la mia volontà, ma la volontà di colui che mi ha mandato.

La testimonianza del Padre - [31]Se fossi io a testimoniare di me
stesso, la mia testimonianza non sarebbe vera. [32]C'è un altro che
dà testimonianza di me, e so che la testimonianza che egli dà di
me è vera. [33]Voi avete inviato dei messaggeri a Giovanni ed egli
ha dato testimonianza alla verità. [34]Io non ricevo testimonianza
da un uomo; ma vi dico queste cose perché siate salvati. [35]Egli
era la lampada che arde e risplende, e voi solo per un momento
avete voluto rallegrarvi alla sua luce.

[36]Io però ho una testimonianza superiore a quella di Giovanni: le opere che il Padre mi ha dato da compiere, quelle stesse opere che io sto facendo, testimoniano di me che il Padre mi ha
mandato. [37]E anche il Padre, che mi ha mandato, ha dato testimonianza di me. Ma voi non avete mai ascoltato la sua voce né
avete mai visto il suo volto, [38]e la sua parola non rimane in voi;
infatti non credete a colui che egli ha mandato. [39]Voi scrutate le
Scritture, pensando di avere in esse la vita eterna: sono proprio
esse che danno testimonianza di me. [40]Ma voi non volete venire a me per avere vita.

[41]Io non ricevo gloria dagli uomini. [42]Ma vi conosco: non avete in voi l'amore di Dio. [43]Io sono venuto nel nome del Padre
mio e voi non mi accogliete; se un altro venisse nel proprio nome, lo accogliereste. [44]E come potete credere, voi che ricevete
gloria gli uni dagli altri, e non cercate la gloria che viene dall'unico Dio?

[45]Non crediate che sarò io ad accusarvi davanti al Padre; vi è

5,40 *Ma voi non volete venire a me...* È l'amara conclusione delle parole rivolte ai Giudei: sono ciechi i loro occhi e sordi i loro orecchi, perché non vogliono credere. Chi chiude il proprio cuore a Dio non si lascia convincere né da discorsi e prove razionali, né da miracoli e prodigi.

già chi vi accusa: Mosè, nel quale riponete la vostra speranza.
[46]Se infatti credeste a Mosè, credereste anche a me; perché egli
ha scritto di me. [47]Ma se non credete ai suoi scritti, come potre-
te credere alle mie parole?».

6 **Il segno dei pani** - [1]Dopo questi fatti, Gesù passò all'altra
riva del mare di Galilea, cioè di Tiberìade, [2]e lo seguiva una
grande folla, perché vedeva i segni che compiva sugli infermi.
[3]Gesù salì sul monte e là si pose a sedere con i suoi discepoli.
[4]Era vicina la Pasqua, la festa dei Giudei.
[5]Allora Gesù, alzàti gli occhi, vide che una grande folla ve-
niva da lui e disse a Filippo: «Dove potremo comprare il pane
perché costoro abbiano da mangiare?». [6]Diceva così per met-
terlo alla prova; egli infatti sapeva quello che stava per compie-
re. [7]Gli rispose Filippo: «Duecento denari di pane non sono suf-
ficienti neppure perché ognuno possa riceverne un pezzo». [8]Gli
disse allora uno dei suoi discepoli, Andrea, fratello di Simon
Pietro: [9]«C'è qui un ragazzo che ha cinque pani d'orzo e due
pesci; ma che cos'è questo per tanta gente?». [10]Rispose Gesù:
«Fateli sedere». C'era molta erba in quel luogo. Si misero dun-
que a sedere ed erano circa cinquemila uomini. [11]Allora Gesù
prese i pani e, dopo aver reso grazie, li diede a quelli che erano
seduti, e lo stesso fece dei pesci, quanto ne volevano. [12]E quan-
do furono saziati, disse ai suoi discepoli: «Raccogliete i pezzi
avanzati, perché nulla vada perduto». [13]Li raccolsero e riempi-

6,1ss Dopo il dono del *vino* (2,1ss) e la promessa dell'*acqua* (4,10ss), qui Gesù fornisce il *pane*: Giovanni sta usando un linguaggio molto concreto per affermare nel modo più efficace e universale che il Signore è la vita dell'uomo.

6,9 *Cinque pani d'orzo.* Il pane d'orzo era più a buon mercato di quello di frumento: era il pane che compravano i poveri. Gesù non pretende dall'uomo niente di speciale o di costoso: sono le sue mani a trasformare in abbondanza le nostre povere cose.

6,11 Giovanni non menziona l'aiuto dei discepoli: concentra la sua attenzione su Gesù che, dopo aver reso grazie, distribuisce da solo i pani tra la folla. Questo particolare ricorda da vicino la gestualità sinottica dell'ultima cena, dove viene narrata l'istituzione del sacramento dell'eucaristia.

rono dodici canestri con i pezzi dei cinque pani d'orzo, avanza-
ti a coloro che avevano mangiato.
[14]Allora la gente, visto il segno che egli aveva compiuto, di-
ceva: «Questi è davvero il profeta, colui che viene nel mondo!».
[15]Ma Gesù, sapendo che venivano a prenderlo per farlo re, si ri-
tirò di nuovo sul monte, lui da solo.

Gesù cammina sulle acque - [16]Venuta intanto la sera, i suoi di-
scepoli scesero al mare, [17]salirono in barca e si avviarono verso
l'altra riva del mare in direzione di Cafàrnao. Era ormai buio e
Gesù non li aveva ancora raggiunti; [18]il mare era agitato, perché
soffiava un forte vento. [19]Dopo aver remato per circa tre o quat-
tro miglia, videro Gesù che camminava sul mare e si avvicina-
va alla barca, ed ebbero paura. [20]Ma egli disse loro: «Sono io,
non abbiate paura!». [21]Allora vollero prenderlo sulla barca, e
subito la barca toccò la riva alla quale erano diretti.

La folla cerca Gesù - [22]Il giorno dopo, la folla, rimasta dall'al-
tra parte del mare, vide che c'era soltanto una barca e che Ge-
sù non era salito con i suoi discepoli sulla barca, ma i suoi di-
scepoli erano partiti da soli. [23]Altre barche erano giunte da Ti-
berìade, vicino al luogo dove avevano mangiato il pane, dopo
che il Signore aveva reso grazie. [24]Quando dunque la folla vide
che Gesù non era più là e nemmeno i suoi discepoli, salì sulle
barche e si diresse alla volta di Cafàrnao alla ricerca di Gesù.

Il pane dal cielo - [25]Lo trovarono di là dal mare e gli dissero:
«Rabbì, quando sei venuto qua?».

6,16-21 Come in Matteo e Marco, anche nel quarto Vangelo il racconto della moltiplicazione dei pani è seguito da quello di Gesù che cammina sulle acque. La forma giovannea di questo brano è però più breve e probabilmente più primitiva di quella presente nei sinottici: il centro d'attenzione non è il prodigioso miracolo sulla natura – la tempesta sedata (Mt 14,32; Mc 6,51) – quanto piuttosto una manifestazione della divinità del Figlio incentrata sull'uso del nome di Yhwh: *Io Sono* (6,20).

26 Gesù rispose loro: «In verità, in verità io vi dico: voi mi cer-
cate non perché avete visto dei segni, ma perché avete mangia-
to di quei pani e vi siete saziati. 27 Datevi da fare non per il cibo
che non dura, ma per il cibo che rimane per la vita eterna e che
il Figlio dell'uomo vi darà. Perché su di lui il Padre, Dio, ha
messo il suo sigillo». 28 Gli dissero allora: «Che cosa dobbiamo
compiere per fare le opere di Dio?». 29 Gesù rispose loro: «Que-
sta è l'opera di Dio: che crediate in colui che egli ha mandato».
30 Allora gli dissero: «Quale segno tu compi perché vediamo
e ti crediamo? Quale opera fai? 31 I nostri padri hanno mangiato
la manna nel deserto, come sta scritto: *Diede loro da mangiare
un pane dal cielo*». 32 Rispose loro Gesù: «In verità, in verità io
vi dico: non è Mosè che vi ha dato il pane dal cielo, ma è il Pa-
dre mio che vi dà il pane dal cielo, quello vero. 33 Infatti il pane
di Dio è colui che discende dal cielo e dà la vita al mondo».
34 Allora gli dissero: «Signore, dacci sempre questo pane». 35 Ge-

6,26 La folla cerca Gesù perché questi aveva saziato la sua fame: ferma all'aspetto materiale del miracolo, non sa leggere in quel gesto un segno dell'opera salvifica di Dio. Ora Gesù fa comprendere il significato spirituale del dono ricevuto: un pane che dà la vita eterna, un pane che è la vita eterna, ossia il corpo stesso del Figlio.

6,28-40 Gli interlocutori di Gesù puntano tutta la loro attenzione sul *fare*: per loro la religione è anzitutto un compire delle opere, un obbedire a precetti. Gesù ribalta questa prospettiva, mettendo al centro la fede: il quarto Vangelo insiste nell'affermare che non esiste un *fare* cristiano senza un *credere*. Solo un rapporto costante con Dio può sostenere l'uomo nel suo impegno fattivo per il bene.

6,32-35 Le parole di Gesù ricalcano qui quelle della Sapienza dell'Antico Testamento (cfr. Pr 9,5; Sir 15,3): la fame e la sete del popolo d'Israele saranno saziate da Dio stesso grazie al dono della sua Parola. In Gesù questa parola di Dio si è fatta carne ed è venuta ad abitare in mezzo agli uomini: è lui dunque il pane disceso dal cielo, la vera manna, la fonte della vita. La riflessione cristiana lega poi queste parole alla realtà del pane eucaristico.

6,35 Nel libro del Siracide la Sapienza dice: «Quanti si nutrono di me avranno ancora fame e quanti bevono di me avranno ancora sete» (Sir 24,21). Se affiancata a quella di Gesù, questa affermazione sembra contraddirla; in realtà ribadiscono entrambe il concetto che, una volta scoperta la realtà dell'amore di Dio, l'uomo non avrà più fame e sete di nient'altro che di quell'amore, e che solo quell'amore lo potrà davvero saziare e dissetare. Questa è la *vita eterna* che Gesù a più riprese qui promette (6,40.47.51.54.58).

sù rispose loro: «Io sono il pane della vita; chi viene a me non
avrà fame e chi crede in me non avrà sete, mai! 36Vi ho detto
però che voi mi avete visto, eppure non credete. 37Tutto ciò che
il Padre mi dà, verrà a me: colui che viene a me, io non lo cac-
cerò fuori, 38perché sono disceso dal cielo non per fare la mia
volontà, ma la volontà di colui che mi ha mandato. 39E questa è
la volontà di colui che mi ha mandato: che io non perda nulla di
quanto egli mi ha dato, ma che lo risusciti nell'ultimo giorno.
40Questa infatti è la volontà del Padre mio: che chiunque vede il
Figlio e crede in lui abbia la vita eterna; e io lo risusciterò nel-
l'ultimo giorno».

Mormorazione dei Giudei - 41Allora i Giudei si misero a mor-
morare contro di lui perché aveva detto: «Io sono il pane disce-
so dal cielo». 42E dicevano: «Costui non è forse Gesù, il figlio
di Giuseppe? Di lui non conosciamo il padre e la madre? Come
dunque può dire: "Sono disceso dal cielo"?».
43Gesù rispose loro: «Non mormorate tra voi. 44Nessuno può
venire a me, se non lo attira il Padre che mi ha mandato; e io lo
risusciterò nell'ultimo giorno. 45Sta scritto nei profeti: E *tutti* sa-
ranno *istruiti da Dio*. Chiunque ha ascoltato il Padre e ha im-
parato da lui, viene a me. 46Non perché qualcuno abbia visto il
Padre; solo colui che viene da Dio ha visto il Padre. 47In verità,
in verità io vi dico: chi crede ha la vita eterna.
48Io sono il pane della vita. 49I vostri padri hanno mangiato
la manna nel deserto e sono morti; 50questo è il pane che di-
scende dal cielo, perché chi ne mangia non muoia. 51Io sono il
pane vivo, disceso dal cielo. Se uno mangia di questo pane vi-
vrà in eterno e il pane che io darò è la mia carne per la vita del
mondo».

6,41-51 Sempre più chiara appare la pretesa di Gesù di identificarsi con la Sapienza di Dio, con il Figlio dell'uomo che deve venire: per molti Giudei è impossibile conciliare questo con la sua umile origine nazarena. Chi non vuole credere in lui, però, non riuscirà nemmeno a *vedere il Padre*.

La carne e il sangue del Figlio - [52]Allora i Giudei si misero a
discutere aspramente fra loro: «Come può costui darci la sua
carne da mangiare?». [53]Gesù disse loro: «In verità, in verità io
vi dico: se non mangiate la carne del Figlio dell'uomo e non be-
vete il suo sangue, non avete in voi la vita. [54]Chi mangia la mia
carne e beve il mio sangue ha la vita eterna e io lo risusciterò
nell'ultimo giorno. [55]Perché la mia carne è vero cibo e il mio
sangue vera bevanda. [56]Chi mangia la mia carne e beve il mio
sangue rimane in me e io in lui. [57]Come il Padre, che ha la vita,
ha mandato me e io vivo per il Padre, così anche colui che man-
gia me vivrà per me. [58]Questo è il pane disceso dal cielo; non è
come quello che mangiarono i padri e morirono. Chi mangia
questo pane vivrà in eterno».

Gesù abbandonato da molti discepoli - [59]Gesù disse queste co-
se, insegnando nella sinagoga a Cafàrnao. [60]Molti dei suoi di-
scepoli, dopo aver ascoltato, dissero: «Questa parola è dura! Chi
può ascoltarla?». [61]Gesù, sapendo dentro di sé che i suoi disce-
poli mormoravano riguardo a questo, disse loro: «Questo vi
scandalizza? [62]E se vedeste il Figlio dell'uomo salire là dov'e-
ra prima? [63]È lo Spirito che dà la vita, la carne non giova a nul-
la; le parole che io vi ho detto sono spirito e sono vita. [64]Ma tra
voi vi sono alcuni che non credono». Gesù infatti sapeva fin da
principio chi erano quelli che non credevano e chi era colui che
lo avrebbe tradito. [65]E diceva: «Per questo vi ho detto che nes-
suno può venire a me, se non gli è concesso dal Padre».

6,52-58 Il tema pasquale e sacramentale si fa via via più chiaro: l'accesso alla vita eterna sarà garantito dal sacrificio della croce, in cui il Figlio offrirà la sua carne e il suo sangue per la salvezza del mondo. La Pasqua è il cuore della fede cristiana e del sacramento dell'eucaristia, che è il culmine e la fonte della Chiesa.

6,63 *È lo Spirito che dà la vita, la carne non giova a nulla.* La memoria non può non tornare alla discussione tra Gesù e Nicodèmo (3,6): le realtà rivelate dal Figlio sono talmente elevate che l'uomo non le può comprendere a partire dalla sola carne. È necessario un atteggiamento di fiducia verso Dio, che con il suo Spirito illuminerà gli occhi e aprirà il cuore dell'uomo introducendolo nella propria realtà.

66Da quel momento molti dei suoi discepoli tornarono indietro e non andavano più con lui.

Pietro confessa la sua fede in Gesù - 67Disse allora Gesù ai Dodici: «Volete andarvene anche voi?». 68Gli rispose Simon Pietro: «Signore, da chi andremo? Tu hai parole di vita eterna 69e noi abbiamo creduto e conosciuto che tu sei il Santo di Dio». 70Gesù riprese: «Non sono forse io che ho scelto voi, i Dodici? Eppure uno di voi è un diavolo!». 71Parlava di Giuda, figlio di Simone Iscariota: costui infatti stava per tradirlo, ed era uno dei Dodici.

Gesù, luce per chi crede
(Gv 7,1 - 10,21)

La sezione precedente si era conclusa con l'allontanarsi di molti discepoli e con la professione di fede di Pietro: mentre progredisce la rivelazione di Gesù come Figlio di Dio e Messia, aumentano anche le defezioni tra i suoi seguaci e l'opposizione dei Giudei. L'evangelista ci presenta ora un nuovo viaggio di Gesù a Gerusalemme per la festa delle Capanne (7,2). La sua permanenza nella città diventa occasione di nuovi confronti con gli scribi, i farisei e i capi dei Giudei: Gesù si presenta come luce del mondo *(8,12; 9,5),* Io Sono *(8,58),* porta delle pecore *(10,7),* buon pastore *(10,11). La sezione culmina poi con la prodigiosa guarigione di un uomo cieco dalla nascita. Ormai, però, l'ambivalenza dei segni è sotto gli occhi di tutti: per chi crede essi sono trasparenza dell'amore di Dio (cfr. 9,38), per chi non crede sono motivo di scandalo, rifiuto e odio (cfr. 8,59; 9,18.34.41; 10,20).*

6,67-71 Questo brano è il parallelo giovanneo dell'episodio sinottico della confessione di Pietro ambientato a Cesarèa di Filippo (Mt 16,13ss; Mc 8,27ss; Lc 9,18ss). I Dodici non si lasciano influenzare da ciò che pensa la folla giudaica: la loro disponibilità nei confronti di Gesù li ha portati a una consapevolezza di fede più profonda, che fa proclamare a Pietro che Gesù è *il Santo di Dio*. Un conto però è "capire", un altro comportarsi di conseguenza.

7 **Soggiorno in Galilea** - [1]Dopo questi fatti, Gesù se ne andava per la Galilea; infatti non voleva più percorrere la Giudea, perché i Giudei cercavano di ucciderlo.

Gesù e i suoi fratelli - [2]Si avvicinava intanto la festa dei Giudei, quella delle Capanne. [3]I suoi fratelli gli dissero: «Parti di qui e va' nella Giudea, perché anche i tuoi discepoli vedano le opere che tu compi. [4]Nessuno infatti, se vuole essere riconosciuto pubblicamente, agisce di nascosto. Se fai queste cose, manifesta te stesso al mondo!». [5]Neppure i suoi fratelli infatti credevano in lui. [6]Gesù allora disse loro: «Il mio tempo non è ancora venuto; il vostro tempo invece è sempre pronto. [7]Il mondo non può odiare voi, ma odia me, perché di esso io attesto che le sue opere sono cattive. [8]Salite voi alla festa; io non salgo a questa festa, perché il mio tempo non è ancora compiuto». [9]Dopo aver detto queste cose, restò nella Galilea.

Gesù sale a Gerusalemme - [10]Ma quando i suoi fratelli salirono per la festa, vi salì anche lui: non apertamente, ma quasi di nascosto. [11]I Giudei intanto lo cercavano durante la festa e dicevano: «Dov'è quel tale?». [12]E la folla, sottovoce, faceva un gran parlare di lui. Alcuni infatti dicevano: «È buono!». Altri invece dicevano: «No, inganna la gente!». [13]Nessuno però parlava di lui in pubblico, per paura dei Giudei.

[14]Quando ormai si era a metà della festa, Gesù salì al tempio e si mise a insegnare. [15]I Giudei ne erano meravigliati e diceva-

7,1 Il quarto Vangelo annuncia molto presto l'intento omicida dei Giudei nei confronti di Gesù. Qui si riferisce al loro proposito svelato in 5,18.

7,2 Celebrata in autunno, la festa delle Capanne ricorda i quarant'anni passati da Israele nel deserto prima di raggiungere la terra promessa. Ancora oggi le famiglie ebraiche osservanti allestiscono vicino a casa una capanna coperta di frasche dove mangiare durante i festeggiamenti, per rivivere la situazione di provvisorietà sperimentata dagli avi durante l'esodo.

7,3 *Fratelli.* Gesù aveva fratelli di sangue? La cultura ebraica indicava con uno stesso termine (tradotto poi in greco con l'equivalente del nostro "fratello") parenti maschi di vario grado: fratelli, fratellastri, cugini, cognati.

no: «Come mai costui conosce le Scritture, senza avere studiato?». [16]Gesù rispose loro: «La mia dottrina non è mia, ma di colui che mi ha mandato. [17]Chi vuol fare la sua volontà, riconoscerà se questa dottrina viene da Dio, o se io parlo da me stesso. [18]Chi parla da se stesso, cerca la propria gloria; ma chi cerca la gloria di colui che lo ha mandato è veritiero, e in lui non c'è ingiustizia. [19]Non è stato forse Mosè a darvi la Legge? Eppure nessuno di voi osserva la Legge! Perché cercate di uccidermi?». [20]Rispose la folla: «Sei indemoniato! Chi cerca di ucciderti?». [21]Disse loro Gesù: «Un'opera sola ho compiuto, e tutti ne siete meravigliati. [22]Per questo Mosè vi ha dato la circoncisione – non che essa venga da Mosè, ma dai patriarchi – e voi circoncidete un uomo anche di sabato. [23]Ora, se un uomo riceve la circoncisione di sabato perché non sia trasgredita la Legge di Mosè, voi vi sdegnate contro di me perché di sabato ho guarito interamente un uomo? [24]Non giudicate secondo le apparenze; giudicate con giusto giudizio!».

L'origine di Gesù - [25]Intanto alcuni abitanti di Gerusalemme dicevano: «Non è costui quello che cercano di uccidere? [26]Ecco, egli parla liberamente, eppure non gli dicono nulla. I capi hanno forse riconosciuto davvero che egli è il Cristo? [27]Ma costui sappiamo di dov'è; il Cristo invece, quando verrà, nessuno saprà di dove sia». [28]Gesù allora, mentre insegnava nel tempio, esclamò: «Certo, voi mi conoscete e sapete di dove sono. Eppure non sono venuto da me stesso, ma chi mi ha mandato è ve-

7,21 L'*opera sola* compiuta di sabato da Gesù è la guarigione dell'infermo alla piscina di Betzatà (5,1ss). Il ragionamento utilizzato da Gesù in questa disputa è di stampo rabbinico: se per la circoncisione – gesto che vuole essere un segno di salvezza – si può trasgredire il sabato, *tanto più* lo si potrà fare per donare a un uomo la salvezza piena e completa.

7,25-31 L'attenzione del racconto si sposta dall'operato di Gesù alla sua persona. Con un gusto raffinato per l'ironia, l'evangelista mostra chiaramente come chi si ferma soltanto a una conoscenza di Gesù secondo la carne (vv. 27s) non è in grado di comprenderne la natura divina, rivelata nello Spirito. L'unica conoscenza di cui ci si può fidare è quella di Gesù stesso (v. 29).

ritiero, e voi non lo conoscete. 29Io lo conosco, perché vengo da
lui ed egli mi ha mandato».
30Cercavano allora di arrestarlo, ma nessuno riuscì a mettere
le mani su di lui, perché non era ancora giunta la sua ora. 31Mol-
ti della folla invece credettero in lui, e dicevano: «Il Cristo,
quando verrà, compirà forse segni più grandi di quelli che ha
fatto costui?».

L'imminente partenza di Gesù - 32I farisei udirono che la gente
andava dicendo sottovoce queste cose di lui. Perciò i capi dei
sacerdoti e i farisei mandarono delle guardie per arrestarlo. 33Ge-
sù disse: «Ancora per poco tempo sono con voi; poi vado da co-
lui che mi ha mandato. 34Voi mi cercherete e non mi troverete;
e dove sono io, voi non potete venire». 35Dissero dunque tra lo-
ro i Giudei: «Dove sta per andare costui, che noi non potremo
trovarlo? Andrà forse da quelli che sono dispersi fra i Greci e in-
segnerà ai Greci? 36Che discorso è quello che ha fatto: "Voi mi
cercherete e non mi troverete", e: "Dove sono io, voi non pote-
te venire"?».

La promessa dell'acqua viva - 37Nell'ultimo giorno, il grande
giorno della festa, Gesù, ritto in piedi, gridò: «Se qualcuno ha

7,32-36 I farisei, pensando che Gesù avesse intenzione di lasciare la Giudea per un'altra regione, lo scherniscono ritenendo indegno per un rabbì andare a elemosinare l'attenzione tra gli Ebrei dispersi nel mondo pagano. Come spesso accade in Giovanni, però, l'ironia vuole che queste parole si avverino in un modo che va al di là della loro immaginazione: quando il Cristo sarà innalzato sulla croce, attirerà a sé gente da tutti i confini della terra (cfr. 12,32), e persone di ogni nazione diverranno suoi discepoli.

7,37-38 Anche se la formulazione greca di questa frase potrebbe essere interpretata come se la fonte dell'acqua fosse il credente (cfr. Gv 4,14), tuttavia sembra più coerente con lo sviluppo del quarto Vangelo sostenere che il Cristo stesse parlando di sé: è dal suo fianco squarciato che usciranno sangue e acqua (19,34); è lui il datore dello Spirito Santo che qui l'acqua simboleggia (7,39; 19,30; 20,22). Questo richiamo all'acqua rivela tutta la sua forza espressiva se lo si inserisce nel contesto dell'ultimo giorno della festa delle Capanne, quando, compiendo al tempio un particolare rito con l'acqua della piscina di Siloe,

sete, venga a me, e beva [38]chi crede in me. Come dice la Scrit-
tura: Dal suo grembo sgorgheranno fiumi di acqua viva». [39]Que-
sto egli disse dello Spirito che avrebbero ricevuto i credenti in
lui: infatti non vi era ancora lo Spirito, perché Gesù non era an-
cora stato glorificato.

[40]All'udire queste parole, alcuni fra la gente dicevano: «Co-
stui è davvero il profeta!». [41]Altri dicevano: «Costui è il Cri-
sto!». Altri invece dicevano: «Il Cristo viene forse dalla Gali-
lea? [42]Non dice la Scrittura: Dalla stirpe di Davide e da Be-
tlemme, il villaggio di Davide, verrà il Cristo?». [43]E tra la gen-
te nacque un dissenso riguardo a lui. [44]Alcuni di loro volevano
arrestarlo, ma nessuno mise le mani su di lui.

[45]Le guardie tornarono quindi dai capi dei sacerdoti e dai fa-
risei e questi dissero loro: «Perché non lo avete condotto qui?».
[46]Risposero le guardie: «Mai un uomo ha parlato così!». [47]Ma i
farisei replicarono loro: «Vi siete lasciati ingannare anche voi?
[48]Ha forse creduto in lui qualcuno dei capi o dei farisei? [49]Ma
questa gente, che non conosce la Legge, è maledetta!». [50]Allo-
ra Nicodèmo, che era andato precedentemente da Gesù, ed era
uno di loro, disse: [51]«La nostra Legge giudica forse un uomo
prima di averlo ascoltato e di sapere ciò che fa?». [52]Gli rispose-
ro: «Sei forse anche tu della Galilea? Studia, e vedrai che dalla
Galilea non sorge profeta!». [53]E ciascuno tornò a casa sua.

8 **Una notte in preghiera -** [1]Gesù si avviò verso il monte degli
Ulivi. [2]Ma al mattino si recò di nuovo nel tempio e tutto il po-
polo andava da lui. Ed egli sedette e si mise a insegnare loro.

Israele pregava Dio per ottenere il dono della pioggia, nell'attesa del tempo messianico in cui Yhwh avrebbe riversato su Gerusalemme il suo Spirito e fatto zampillare dalla città santa una sorgente per purificare la casa di Davide (cfr. Zc 12,10; 13,1; 14,8.16).

7,49 Chi conosce la fine della vicenda terrena di Gesù non può non sorridere alla sottile ironia celata sotto questa maledizione: il quarto Vangelo sottolinea a più riprese che spesso chi pensa di conoscere le Scritture chiude il proprio cuore alla rivelazione che Dio offre in Gesù, rifiutando la benedizione in lui pronunciata per ogni uomo.

La donna adultera - [3]Allora gli scribi e i farisei gli condussero una donna sorpresa in adulterio, la posero in mezzo e [4]gli dissero: «Maestro, questa donna è stata sorpresa in flagrante adulterio. [5]Ora Mosè, nella Legge, ci ha comandato di lapidare donne come questa. Tu che ne dici?». [6]Dicevano questo per metterlo alla prova e per avere motivo di accusarlo. Ma Gesù si chinò e si mise a scrivere col dito per terra. [7]Tuttavia, poiché insistevano nell'interrogarlo, si alzò e disse loro: «Chi di voi è senza peccato, getti per primo la pietra contro di lei». [8]E, chinatosi di nuovo, scriveva per terra. [9]Quelli, udito ciò, se ne andarono uno per uno, cominciando dai più anziani. Lo lasciarono solo, e la donna era là in mezzo. [10]Allora Gesù si alzò e le disse: «Donna, dove sono? Nessuno ti ha condannata?». [11]Ed ella rispose: «Nessuno, Signore». E Gesù disse: «Neanch'io ti condanno; va' e d'ora in poi non peccare più».

Gesù, luce del mondo - [12]Di nuovo Gesù parlò loro e disse: «Io sono la luce del mondo; chi segue me, non camminerà nelle tenebre, ma avrà la luce della vita». [13]Gli dissero allora i farisei: «Tu dai testimonianza di te stesso; la tua testimonianza non è vera». [14]Gesù rispose loro: «Anche se io do testimonianza di me stesso, la mia testimonianza è vera, perché so da dove sono venuto e dove vado. Voi invece non sapete da dove vengo o dove

8,12 Dopo essersi presentato come fonte d'acqua viva (7,37s), ora Gesù riferisce a sé l'immagine della luce. Anch'essa è perfettamente in sintonia con i riti della festa delle Capanne, che riprendeva dal racconto dell'esodo sia l'immagine dell'acqua scaturita dalla roccia (cfr. Es 17,6), sia quella della colonna di fuoco che guida Israele nelle tenebre della notte (cfr. Es 13,21). È possibile legare il simbolo della luce anche alla letteratura sapienziale, che vede la Sapienza come un «riflesso della luce perenne» (Sap 7,26) e la Legge come «luce incorruttibile» (Sap 18,4): come le immagini del pane vivo e dell'acqua viva, anche quella della luce va dunque legata alla parola di Gesù, rivelazione che dona all'uomo la vita.

8,12-20 Il libro del Deuteronomio (cfr. 17,6-7) conferma una pratica molto diffusa nel sistema giudiziario del mondo antico: ogni accusa, per avere valore, doveva essere sostenuta da almeno due testimoni. La testimonianza di un solo uomo non veniva presa in considerazione.

vado. [15]Voi giudicate secondo la carne; io non giudico nessuno.
[16]E anche se io giudico, il mio giudizio è vero, perché non sono
solo, ma io e il Padre che mi ha mandato. [17]E nella vostra Leg-
ge sta scritto che la testimonianza di due persone è vera. [18]Sono
io che do testimonianza di me stesso, e anche il Padre, che mi
ha mandato, dà testimonianza di me». [19]Gli dissero allora:
«Dov'è tuo padre?». Rispose Gesù: «Voi non conoscete né me
né il Padre mio; se conosceste me, conoscereste anche il Padre
mio». [20]Gesù pronunciò queste parole nel luogo del tesoro, men-
tre insegnava nel tempio. E nessuno lo arrestò, perché non era
ancora venuta la sua ora.

Il Figlio dell'uomo innalzato - [21]Di nuovo disse loro: «Io vado
e voi mi cercherete, ma morirete nel vostro peccato. Dove vado
io, voi non potete venire». [22]Dicevano allora i Giudei: «Vuole
forse uccidersi, dal momento che dice: "Dove vado io, voi non
potete venire"?». [23]E diceva loro: «Voi siete di quaggiù, io sono
di lassù; voi siete di questo mondo, io non sono di questo mon-
do. [24]Vi ho detto che morirete nei vostri peccati; se infatti non
credete che Io Sono, morirete nei vostri peccati». [25]Gli dissero
allora: «Tu, chi sei?». Gesù disse loro: «Proprio ciò che io vi
dico. [26]Molte cose ho da dire di voi, e da giudicare; ma colui
che mi ha mandato è veritiero, e le cose che ho udito da lui, le
dico al mondo». [27]Non capirono che egli parlava loro del Padre.
[28]Disse allora Gesù: «Quando avrete innalzato il Figlio dell'uo-
mo, allora conoscerete che Io Sono e che non faccio nulla da

8,15 *Voi giudicate secondo la carne.* L'evangelista riprende qui il tema del contrasto tra la carne e lo spirito, a lui molto caro (cfr. 3,6; 6,63): la conoscenza dell'origine di Gesù addotta dai suoi avversari come prova della sua estraneità a Dio (7,27) non è in realtà che presunzione, che impedisce loro di accogliere la rivelazione di Dio.

8,28 La piena rivelazione dell'identità divina di Gesù (*Io Sono*) si avrà solo al momento della crocifissione. Per Giovanni la croce diventa trono, e il Crocifisso Signore del mondo: sarà proprio lo sguardo del discepolo amato il solo in grado di sostenere quello straziante spettacolo intravedendovi il compiersi della salvezza dell'umanità.

me stesso, ma parlo come il Padre mi ha insegnato. 29 Colui che
mi ha mandato è con me: non mi ha lasciato solo, perché faccio
sempre le cose che gli sono gradite».
30 A queste sue parole, molti credettero in lui.

Discussione con i Giudei su Abramo- 31 Gesù allora disse a quei
Giudei che gli avevano creduto: «Se rimanete nella mia parola,
siete davvero miei discepoli; 32 conoscerete la verità e la verità vi
farà liberi». 33 Gli risposero: «Noi siamo discendenti di Abramo
e non siamo mai stati schiavi di nessuno. Come puoi dire: "Di-
venterete liberi"?». 34 Gesù rispose loro: «In verità, in verità io vi
dico: chiunque commette il peccato è schiavo del peccato. 35 Ora,
lo schiavo non resta per sempre nella casa; il figlio vi resta per
sempre. 36 Se dunque il Figlio vi farà liberi, sarete liberi davve-
ro. 37 So che siete discendenti di Abramo. Ma intanto cercate di
uccidermi perché la mia parola non trova accoglienza in voi.
38 Io dico quello che ho visto presso il Padre; anche voi dunque
fate quello che avete ascoltato dal padre vostro». 39 Gli rispose-
ro: «Il padre nostro è Abramo». Disse loro Gesù: «Se foste figli
di Abramo, fareste le opere di Abramo. 40 Ora invece voi cerca-
te di uccidere me, un uomo che vi ha detto la verità udita da
Dio. Questo, Abramo non l'ha fatto. 41 Voi fate le opere del pa-
dre vostro». Gli risposero allora: «Noi non siamo nati da pro-
stituzione; abbiamo un solo padre: Dio!». 42 Disse loro Gesù:

8,31-32 *Se rimanete nella mia parola.* Il greco dice semplicemente «se dimorate». Altrove le parti sono rovesciate e viene detto che è la parola a dimorare nell'uomo (cfr. 5,38). Il concetto è comunque analogo: il vero discepolo è immerso nella parola del Signore, perché solo nei suoi insegnamenti si trova la chiave per conoscere in modo veritiero se stessi e gli altri. Solo Dio sa chi siamo realmente, e rimanere nella sua parola ci fa abbandonare le nostre maschere per dimorare nella verità.

8,33-46 I Giudei cercano di difendersi dalle accuse di Gesù presentando come credenziale la propria discendenza da Abramo e, addirittura, da Dio (vv. 33.39.41). Il Signore oppone a questi diritti di nascita una prova oggettiva basata sul comportamento: ognuno impara come agire dai propri genitori, e gli atteggiamenti di rifiuto dei Giudei nei suoi confronti non possono venire né da Abramo, né da Dio. Con le loro scelte essi hanno sconfessato la propria nascita, sottomettendosi al dominio del diavolo.

«Se Dio fosse vostro padre, mi amereste, perché da Dio sono
uscito e vengo; non sono venuto da me stesso, ma lui mi ha
mandato. [43]Per quale motivo non comprendete il mio linguag-
gio? Perché non potete dare ascolto alla mia parola. [44]Voi avete
per padre il diavolo e volete compiere i desideri del padre vostro.
Egli era omicida fin da principio e non stava saldo nella verità,
perché in lui non c'è verità. Quando dice il falso, dice ciò che è
suo, perché è menzognero e padre della menzogna. [45]A me, in-
vece, voi non credete, perché dico la verità. [46]Chi di voi può di-
mostrare che ho peccato? Se dico la verità, perché non mi cre-
dete? [47]Chi è da Dio ascolta le parole di Dio. Per questo voi non
ascoltate: perché non siete da Dio».

[48]Gli risposero i Giudei: «Non abbiamo forse ragione di dire
che tu sei un Samaritano e un indemoniato?». [49]Rispose Gesù:
«Io non sono indemoniato: io onoro il Padre mio, ma voi non
onorate me. [50]Io non cerco la mia gloria; vi è chi la cerca, e giu-
dica. [51]In verità, in verità io vi dico: se uno osserva la mia paro-
la, non vedrà la morte in eterno». [52]Gli dissero allora i Giudei:
«Ora sappiamo che sei indemoniato. Abramo è morto, come an-
che i profeti, e tu dici: "Se uno osserva la mia parola, non spe-
rimenterà la morte in eterno". [53]Sei tu più grande del nostro pa-
dre Abramo, che è morto? Anche i profeti sono morti. Chi cre-
di di essere?». [54]Rispose Gesù: «Se io glorificassi me stesso, la
mia gloria sarebbe nulla. Chi mi glorifica è il Padre mio, del
quale voi dite: "È nostro Dio!", [55]e non lo conoscete. Io invece
lo conosco. Se dicessi che non lo conosco, sarei come voi: un
mentitore. Ma io lo conosco e osservo la sua parola. [56]Abramo,
vostro padre, esultò nella speranza di vedere il mio giorno; lo vi-

8,51 *Se uno osserva la mia parola, non vedrà la morte in eterno.* Gesù non parla ovviamente della morte fisica – come pensano i Giudei, fraintendendolo – ma di quella dello spirito.

8,56 In che senso Abramo vide il giorno di Gesù? Secondo alcuni studiosi egli avrebbe riconosciuto nella nascita del figlio Isacco una prefigurazione della sua venuta; secondo i rabbini, invece, nella visione di Gen 15,18 sarebbe apparsa ad Abramo tutta la storia della sua discendenza fino al Salvatore; altri ancora immaginano che l'abbia visto dopo la morte, insieme a tutti i patriarchi nell'esultanza per l'incarnazione.

de e fu pieno di gioia». [57]Allora i Giudei gli dissero: «Non hai ancora cinquant'anni e hai visto Abramo?». [58]Risposte loro Gesù: «In verità, in verità io vi dico: prima che Abramo fosse, Io Sono». [59]Allora raccolsero delle pietre per gettarle contro di lui; ma Gesù si nascose e uscì dal tempio.

9 **Guarigione di un cieco nato** - [1]Passando, vide un uomo cieco dalla nascita [2]e i suoi discepoli lo interrogarono: «Rabbì, chi ha peccato, lui o i suoi genitori, perché sia nato cieco?». [3]Rispose Gesù: «Né lui ha peccato né i suoi genitori, ma è perché in lui siano manifestate le opere di Dio. [4]Bisogna che noi compiamo le opere di colui che mi ha mandato finché è giorno; poi viene la notte, quando nessuno può agire. [5]Finché io sono nel mondo, sono la luce del mondo». [6]Detto questo, sputò per terra, fece del fango con la saliva, spalmò il fango sugli occhi del cieco [7]e gli disse: «Va' a lavarti nella piscina di Sìloe» – che significa Inviato. Quegli andò, si lavò e tornò che ci vedeva.

[8]Allora i vicini e quelli che lo avevano visto prima, perché era un mendicante, dicevano: «Non è lui quello che stava seduto a chiedere l'elemosina?». [9]Alcuni dicevano: «È lui»; altri dicevano: «No, ma è uno che gli assomiglia». Ed egli diceva: «Sono io!». [10]Allora gli domandarono: «In che modo ti sono stati aperti gli occhi?». [11]Egli rispose: «L'uomo che si chiama Gesù ha fatto del fango, mi ha spalmato gli occhi e mi ha detto: "Va'

9,1-41 L'abilità con cui Giovanni ha costruito questo racconto è magistrale e ne fa giustamente una delle pagine più lette di tutto il Nuovo Testamento. Ci troviamo di fronte al culmine di questa sezione del Vangelo dedicata al tema di Gesù luce del mondo. È utile notare l'intreccio degli opposti percorsi del cieco e dei farisei: il primo confessa ripetutamente di non conoscere il Signore (vv. 12.25.36), ma in realtà compie un cammino che lo porta dalle tenebre alla luce della fede (v. 38); i secondi, invece, nonostante le continue affermazioni di conoscenza (vv. 16.24.29), sprofondano in un abisso di ignoranza e cecità.

9,7 *Piscina di Sìloe.* Situata nella parte sud-orientale della Gerusalemme di quel tempo, è una vasca che raccoglie le acque della fonte di Gihon, che vi arrivavano attraverso un antico tunnel sotterraneo lungo più di mezzo chilometro. Alle acque di Sìloe erano attribuiti effetti terapeutici, e il popolo d'Israele vi attingeva per le cerimonie della festa delle Capanne.

a Sìloe e làvati!". Io sono andato, mi sono lavato e ho acquistato la vista». [12]Gli dissero: «Dov'è costui?». Rispose: «Non lo so».

[13]Condussero dai farisei quello che era stato cieco: [14]era un sabato, il giorno in cui Gesù aveva fatto del fango e gli aveva aperto gli occhi. [15]Anche i farisei dunque gli chiesero di nuovo come aveva acquistato la vista. Ed egli disse loro: «Mi ha messo del fango sugli occhi, mi sono lavato e ci vedo». [16]Allora alcuni dei farisei dicevano: «Quest'uomo non viene da Dio, perché non osserva il sabato». Altri invece dicevano: «Come può un peccatore compiere segni di questo genere?». E c'era dissenso tra loro. [17]Allora dissero di nuovo al cieco: «Tu, che cosa dici di lui, dal momento che ti ha aperto gli occhi?». Egli rispose: «È un profeta!».

[18]Ma i Giudei non credettero di lui che fosse stato cieco e che avesse acquistato la vista, finché non chiamarono i genitori di colui che aveva ricuperato la vista. [19]E li interrogarono: «È questo il vostro figlio, che voi dite essere nato cieco? Come mai ora ci vede?». [20]I genitori di lui risposero: «Sappiamo che questo è nostro figlio e che è nato cieco; [21]ma come ora ci veda non lo sappiamo, e chi gli abbia aperto gli occhi, noi non lo sappiamo. Chiedetelo a lui: ha l'età, parlerà lui di sé». [22]Questo dissero i suoi genitori, perché avevano paura dei Giudei; infatti i Giudei avevano già stabilito che, se uno lo avesse riconosciuto come il Cristo, venisse espulso dalla sinagoga. [23]Per questo i suoi genitori dissero: «Ha l'età: chiedetelo a lui!».

[24]Allora chiamarono di nuovo l'uomo che era stato cieco e gli dissero: «Da' gloria a Dio! Noi sappiamo che quest'uomo è un peccatore». [25]Quello rispose: «Se sia un peccatore, non lo so.

9,14 Il trattato sul sabato contenuto nella letteratura rabbinica tradizionale elenca 39 lavori proibiti in questo giorno. Tra questi figura anche l'impastare, e Gesù aveva fatto del fango impastando la terra con della saliva.

9,22 È possibile che l'evangelista raccontando questo particolare avesse in mente il provvedimento di scomunica dei cristiani ebrei dalle sinagoghe che entrò in vigore in Palestina solo verso la fine del I secolo: la comunità per cui stava scrivendo Giovanni conosceva dunque bene quella difficoltà.

Una cosa io so: ero cieco e ora ci vedo». [26]Allora gli dissero: «Che cosa ti ha fatto? Come ti ha aperto gli occhi?». [27]Rispose loro: «Ve l'ho già detto e non avete ascoltato; perché volete udirlo di nuovo? Volete forse diventare anche voi suoi discepoli?». [28]Lo insultarono e dissero: «Suo discepolo sei tu! Noi siamo discepoli di Mosè! [29]Noi sappiamo che a Mosè ha parlato Dio; ma costui non sappiamo di dove sia». [30]Rispose loro quell'uomo: «Proprio questo stupisce: che voi non sapete di dove sia, eppure mi ha aperto gli occhi. [31]Sappiamo che Dio non ascolta i peccatori, ma che, se uno onora Dio e fa la sua volontà, egli lo ascolta. [32]Da che mondo è mondo, non si è mai sentito dire che uno abbia aperto gli occhi a un cieco nato. [33]Se costui non venisse da Dio, non avrebbe potuto far nulla». [34]Gli replicarono: «Sei nato tutto nei peccati e insegni a noi?». E lo cacciarono fuori.

[35]Gesù seppe che l'avevano cacciato fuori; quando lo trovò, gli disse: «Tu, credi nel Figlio dell'uomo?». [36]Egli rispose: «E chi è, Signore, perché io creda in lui?». [37]Gli disse Gesù: «Lo hai visto: è colui che parla con te». [38]Ed egli disse: «Credo, Signore!». E si prostrò dinanzi a lui.

[39]Gesù allora disse: «È per un giudizio che io sono venuto in questo mondo, perché coloro che non vedono, vedano e quelli che vedono, diventino ciechi». [40]Alcuni dei farisei che erano con lui udirono queste parole e gli dissero: «Siamo ciechi anche noi?». [41]Gesù rispose loro: «Se foste ciechi, non avreste alcun peccato; ma siccome dite: "Noi vediamo", il vostro peccato rimane».

9,34.41 Il vero peccato dei farisei è la presunzione: non avendo il coraggio di mettere in crisi l'intera costruzione della propria tradizione religiosa, scelgono un atteggiamento di difesa che fa chiudere i loro cuori non solo alle parole di quest'uomo *nato tutto nei peccati*, ma anche ai segni di salvezza operati da Gesù. Si autoescludono.

9,37 Significativa la pedagogia di Gesù, che chiede a quest'uomo di fondare la sua professione di fede proprio sulla vista, cioè su quella che era stata la sua debolezza, appena risanata. Il vero fine di ogni guarigione operata dal Signore è portare gli uomini alla fede.

10 **Gesù, buon pastore** - 1«In verità, in verità io vi dico: chi
non entra nel recinto delle pecore dalla porta, ma vi sa-
le da un'altra parte, è un ladro e un brigante. 2Chi invece entra
dalla porta, è pastore delle pecore. 3Il guardiano gli apre e le pe-
core ascoltano la sua voce: egli chiama le sue pecore, ciascuna
per nome, e le conduce fuori. 4E quando ha spinto fuori tutte le
sue pecore, cammina davanti a esse, e le pecore lo seguono per-
ché conoscono la sua voce. 5Un estraneo invece non lo segui-
ranno, ma fuggiranno via da lui, perché non conoscono la voce
degli estranei». 6Gesù disse loro questa similitudine, ma essi
non capirono di che cosa parlava loro.

7Allora Gesù disse loro di nuovo: «In verità, in verità io vi
dico: io sono la porta delle pecore. 8Tutti coloro che sono venu-
ti prima di me, sono ladri e briganti; ma le pecore non li hanno
ascoltati. 9Io sono la porta: se uno entra attraverso di me, sarà
salvato; entrerà e uscirà e troverà pascolo. 10Il ladro non viene
se non per rubare, uccidere e distruggere; io sono venuto perché
abbiano la vita e l'abbiano in abbondanza.

11Io sono il buon pastore. Il buon pastore dà la propria vita

10,1-5 In questa parabola, che usa immagini tratte dalla pastorizia, si possono individuare due temi fondamentali: quello della porta dell'ovile (vv. 1-3a) e quello del vero pastore (vv. 3b-5). Ciascuno di questi due temi sarà poi ripreso da Gesù in una spiegazione (vv. 7-10: la porta; vv. 11-16: il pastore).

10,6 L'incomprensione dei discepoli di fronte alle parabole di Gesù è un tratto caratteristico di questo genere di racconti, che avvicina Giovanni alla tradizione sinottica (cfr. Mc 4,13).

10,7-8 Gesù è la porta per mezzo della quale il vero pastore si accosta alle pecore: la polemica sembra qui diretta nei confronti dei capi religiosi e politici succedutisi alla guida di Israele dai tempi dei Maccabei (II sec. a.C.). Queste persone si erano comportate come ladri e briganti, con il solo scopo di realizzare il proprio dominio personale.

10,9-10 In questi versetti l'immagine acquista un nuovo significato: Gesù è la porta per la quale le pecore sono condotte alla salvezza. Il senso diventa dunque simile a quello di Gv 14,6: *Io sono la via...* Il Signore si presenta come il mezzo per giungere al pascolo: ennesima immagine – dopo quelle del vino, del pane e dell'acqua – che vuole significare la vita e la salvezza dell'umanità.

10,11-18 Il pastore – *buono* come lo era il vino di Cana (cfr. 2,10) – viene qui caratterizzato per due tratti: la conoscenza delle pecore (qualità modellata sulle descrizioni che l'Antico Te-

per le pecore. [12]Il mercenario – che non è pastore e al quale le pecore non appartengono – vede venire il lupo, abbandona le pecore e fugge, e il lupo le rapisce e le disperde; [13]perché è un mercenario e non gli importa delle pecore.

[14]Io sono il buon pastore, conosco le mie pecore e le mie pecore conoscono me, [15]così come il Padre conosce me e io conosco il Padre, e do la mia vita per le pecore. [16]E ho altre pecore che non provengono da questo recinto: anche quelle io devo guidare. Ascolteranno la mia voce e diventeranno un solo gregge, un solo pastore. [17]Per questo il Padre mi ama: perché io do la mia vita, per poi riprenderla di nuovo. [18]Nessuno me la toglie: io la do da me stesso. Ho il potere di darla e il potere di riprenderla di nuovo. Questo è il comando che ho ricevuto dal Padre mio».

[19]Sorse di nuovo dissenso tra i Giudei per queste parole. [20]Molti di loro dicevano: «È indemoniato ed è fuori di sé; perché state ad ascoltarlo?». [21]Altri dicevano: «Queste parole non sono di un indemoniato; può forse un demonio aprire gli occhi ai ciechi?».

Gesù, vera nuova vita
(Gv 10,22 - 12,50)

Quest'ultima sezione si apre a Gerusalemme con la festa della Dedicazione del tempio. Nessun segno è riuscito ad aprire gli occhi di molti Giudei, che non sanno ancora decidersi se Gesù sia il Cristo oppure no (10,24). Alcuni di loro giungono alla fede di fronte al più grandioso prodigio ricordato dal quarto Vangelo – la risurrezione di Lazzaro (11,45). Questo stesso segno, però, fa scattare nelle autorità giudaiche la decisione di uccidere Gesù (11,53). Ancora una volta Giovanni sem-

stamento fa del rapporto tra Dio e il suo popolo; cfr. Sal 139,1; Ger 1,5), e il dono della propria vita. In queste parole non si può non riconoscere una prefigurazione del sacrificio di sé che Gesù farà sulla croce.

bra dire che chi decide di chiudere il cuore al Cristo non può essere indotto alla fede nemmeno dai miracoli più eccezionali. Sulle note amare di questa riflessione (12,37-42), che mitiga il tono trionfale dell'ingresso messianico di Gesù a Gerusalemme, si chiude il «Libro dei segni». Il lettore, però, già intravede all'orizzonte la luce di quella Pasqua che segnerà il compimento dell'opera terrena di Gesù (11,55), che si è ormai presentato al mondo come la risurrezione e la vita *(11,25).*

Sei tu il Cristo? - [22]Ricorreva allora a Gerusalemme la festa del-
la Dedicazione. Era inverno. [23]Gesù camminava nel tempio, nel
portico di Salomone. [24]Allora i Giudei gli si fecero attorno e gli
dicevano: «Fino a quando ci terrai nell'incertezza? Se tu sei il
Cristo, dillo a noi apertamente». [25]Gesù rispose loro: «Ve l'ho
detto, e non credete; le opere che io compio nel nome del Padre
mio, queste danno testimonianza di me. [26]Ma voi non credete
perché non fate parte delle mie pecore. [27]Le mie pecore ascol-
tano la mia voce e io le conosco ed esse mi seguono. [28]Io do lo-
ro la vita eterna e non andranno perdute in eterno e nessuno le
strapperà dalla mia mano. [29]Il Padre mio, che me le ha date, è più
grande di tutti e nessuno può strapparle dalla mano del Padre.
[30]Io e il Padre siamo una cosa sola».
[31]Di nuovo i Giudei raccolsero delle pietre per lapidarlo. [32]Ge-

Gv

10,22 La festa della Dedicazione (*Hanukkah*) celebra la riconsacrazione dell'altare e del tempio di Gerusalemme ad opera di Giuda Maccabeo, che vinse i Siriani nel 164 a.C. e distrusse l'*abominio della devastazione* (cfr. Dn 9,27 e Mt 24,15), ossia la statua di Zeus olimpico con la quale gli invasori avevano profanato il luogo santo di Israele.

10,22-30 Più che definirsi "il Cristo" a parole, Gesù rimanda i suoi interlocutori alle opere da lui compiute, segni di grazia che inaugurano il tempo messianico. Questa risposta riecheggia quella data dal Gesù sinottico a Giovanni Battista: *I ciechi riacquistano la vista, gli zoppi camminano...* (Mt 11,5). In questo modo il Signore risponde con chiarezza ai Giudei senza però cadere nella trappola di un'interpretazione politica del titolo di Messia.

10,30.38 Il Vangelo di Giovanni è quello che più diffusamente parla dei rapporti tra Gesù e Dio Padre: siamo di fronte alle prime riflessioni che condurranno i cristiani alla definizione del mistero trinitario di Dio.

sù disse loro: «Vi ho fatto vedere molte opere buone da parte
del Padre: per quale di esse volete lapidarmi?». [33]Gli risposero
i Giudei: «Non ti lapidiamo per un'opera buona, ma per una be-
stemmia: perché tu, che sei uomo, ti fai Dio». [34]Disse loro Ge-
sù: «Non è forse scritto nella vostra Legge: *Io ho detto: voi sie-
te dèi*? [35]Ora, se essa ha chiamato dèi coloro ai quali fu rivolta
la parola di Dio – e la Scrittura non può essere annullata –, [36]a
colui che il Padre ha consacrato e mandato nel mondo voi dite:
"Tu bestemmi", perché ho detto: "Sono Figlio di Dio"? [37]Se non
compio le opere del Padre mio, non credetemi; [38]ma se le com-
pio, anche se non credete a me, credete alle opere, perché sap-
piate e conosciate che il Padre è in me, e io nel Padre». [39]Allo-
ra cercarono nuovamente di catturarlo, ma egli sfuggì dalle lo-
ro mani.

Soggiorno al di là del Giordano - [40]Ritornò quindi nuovamente
al di là del Giordano, nel luogo dove prima Giovanni battezza-
va, e qui rimase. [41]Molti andarono da lui e dicevano: «Giovan-
ni non ha compiuto nessun segno, ma tutto quello che Giovan-
ni ha detto di costui era vero». [42]E in quel luogo molti credette-
ro in lui.

11 **Risurrezione di Lazzaro -** [1]Un certo Lazzaro di Betània,
il villaggio di Maria e di Marta sua sorella, era malato.
[2]Maria era quella che cosparse di profumo il Signore e gli
asciugò i piedi con i suoi capelli; suo fratello Lazzaro era ma-
lato. [3]Le sorelle mandarono dunque a dirgli: «Signore, ecco, co-
lui che tu ami è malato».
[4]All'udire questo, Gesù disse: «Questa malattia non porterà

11,2 Il riferimento è a un episodio che verrà narrato solo successivamente in Gv 12,1-11. Questa incongruenza è segno della complessità del processo redazionale del quarto Vangelo.

11,4 Il miracolo della risurrezione di Lazzaro non porterà il Cristo alla glorificazione nel senso che grazie ad esso gli uomini riconosceranno in lui il Figlio di Dio, bensì perché sarà la causa scatenante della decisione dei Giudei di ucciderlo (cfr. 11,53), cioè di innalzar-

alla morte, ma è per la gloria di Dio, affinché per mezzo di essa il Figlio di Dio venga glorificato». [5]Gesù amava Marta e sua sorella e Lazzaro. [6]Quando sentì che era malato, rimase per due giorni nel luogo dove si trovava. [7]Poi disse ai discepoli: «Andiamo di nuovo in Giudea!». [8]I discepoli gli dissero: «Rabbì, poco fa i Giudei cercavano di lapidarti e tu ci vai di nuovo?». [9]Gesù rispose: «Non sono forse dodici le ore del giorno? Se uno cammina di giorno, non inciampa, perché vede la luce di questo mondo; [10]ma se cammina di notte, inciampa, perché la luce non è in lui».

[11]Disse queste cose e poi soggiunse loro: «Lazzaro, il nostro amico, si è addormentato; ma io vado a svegliarlo». [12]Gli dissero allora i discepoli: «Signore, se si è addormentato, si salverà». [13]Gesù aveva parlato della morte di lui; essi invece pensarono che parlasse del riposo del sonno. [14]Allora Gesù disse loro apertamente: «Lazzaro è morto [15]e io sono contento per voi di non essere stato là, affinché voi crediate; ma andiamo da lui!». [16]Allora Tommaso, chiamato Dìdimo, disse agli altri discepoli: «Andiamo anche noi a morire con lui!».

[17]Quando Gesù arrivò, trovò Lazzaro che già da quattro giorni era nel sepolcro. [18]Betània distava da Gerusalemme meno di tre chilometri [19]e molti Giudei erano venuti da Marta e Maria a consolarle per il fratello. [20]Marta dunque, come udì che veniva Gesù, gli andò incontro; Maria invece stava seduta in casa.

lo sulla croce facendolo così entrare nella gloria di Dio. In questo modo la risurrezione di Lazzaro si lega alla risurrezione del Signore e prefigura quella che il Risorto donerà a tutti i suoi *amici* (cfr. 11,3).

11,14-15 Giovanni non si stanca mai di ripetere che ogni prodigio di Gesù ha come fine principale il condurre gli uomini alla fede: il Signore sta per richiamare alla vita il suo amico Lazzaro, ma con questo segno intende beneficare anche tutti i discepoli.

11,17 Da questa nota si comprende che Lazzaro era morto il giorno stesso in cui le sorelle avevano avvertito Gesù della sua malattia. I quattro giorni infatti si spiegano così: un giorno per il viaggio del messaggero, due giorni di ritardo di Gesù, uno per il suo viaggio verso Betània. L'autore può così dare la certezza inconfutabile che l'uomo fosse morto: in Israele infatti si riteneva che per tre giorni l'anima del defunto aleggiasse sul cadavere, e che dopo quel tempo fosse impossibile ritornare in vita.

[21]Marta disse a Gesù: «Signore, se tu fossi stato qui, mio fratel-
lo non sarebbe morto! [22]Ma anche ora so che qualunque cosa tu
chiederai a Dio, Dio te la concederà». [23]Gesù le disse: «Tuo fra-
tello risorgerà». [24]Gli rispose Marta: «So che risorgerà nella ri-
surrezione dell'ultimo giorno». [25]Gesù le disse: «Io sono la ri-
surrezione e la vita; chi crede in me, anche se muore, vivrà;
[26]chiunque vive e crede in me, non morirà in eterno. Credi que-
sto?». [27]Gli rispose: «Sì, o Signore, io credo che tu sei il Cristo,
il Figlio di Dio, colui che viene nel mondo».

[28]Dette queste parole, andò a chiamare Maria, sua sorella, e
di nascosto le disse: «Il Maestro è qui e ti chiama». [29]Udito que-
sto, ella si alzò subito e andò da lui. [30]Gesù non era entrato nel
villaggio, ma si trovava ancora là dove Marta gli era andata in-
contro. [31]Allora i Giudei, che erano in casa con lei a consolarla,
vedendo Maria alzarsi in fretta e uscire, la seguirono, pensando
che andasse a piangere al sepolcro.

[32]Quando Maria giunse dove si trovava Gesù, appena lo vi-
de si gettò ai suoi piedi dicendogli: «Signore, se tu fossi stato
qui, mio fratello non sarebbe morto!». [33]Gesù allora, quando la
vide piangere, e piangere anche i Giudei che erano venuti con
lei, si commosse profondamente e, molto turbato, [34]domandò:
«Dove lo avete posto?». Gli dissero: «Signore, vieni a vede-
re!». [35]Gesù scoppiò in pianto. [36]Dissero allora i Giudei: «Guar-
da come lo amava!». [37]Ma alcuni di loro dissero: «Lui, che ha
aperto gli occhi al cieco, non poteva anche far sì che costui non
morisse?».

[38]Allora Gesù, ancora una volta commosso profondamente,
si recò al sepolcro: era una grotta e contro di essa era posta una
pietra. [39]Disse Gesù: «Togliete la pietra!». Gli rispose Marta, la
sorella del morto: «Signore, manda già cattivo odore: è lì da

11,23-27 Marta fraintende l'affermazione di Gesù: lei si riferisce alla fede dei farisei nella risurrezione dei corpi nell'ultimo giorno. Non ha capito che quel dono di vita era già presente e operante in Gesù. È lui quella risurrezione, è lui la vera vita dell'uomo. L'annuncio della sconfitta della morte è già dato.

quattro giorni». 40Le disse Gesù: «Non ti ho detto che, se cre-
derai, vedrai la gloria di Dio?». 41Tolsero dunque la pietra. Ge-
sù allora alzò gli occhi e disse: «Padre, ti rendo grazie perché mi
hai ascoltato. 42Io sapevo che mi dai sempre ascolto, ma l'ho
detto per la gente che mi sta attorno, perché credano che tu mi
hai mandato». 43Detto questo, gridò a gran voce: «Lazzaro, vie-
ni fuori!». 44Il morto uscì, i piedi e le mani legati con bende, e
il viso avvolto da un sudario. Gesù disse loro: «Liberàtelo e la-
sciàtelo andare».

Decisione di uccidere Gesù - 45Molti dei Giudei che erano ve-
nuti da Maria, alla vista di ciò che egli aveva compiuto, credet-
tero in lui. 46Ma alcuni di loro andarono dai farisei e riferirono
loro quello che Gesù aveva fatto.

47Allora i capi dei sacerdoti e i farisei riunirono il sinedrio e
dissero: «Che cosa facciamo? Quest'uomo compie molti segni.
48Se lo lasciamo continuare così, tutti crederanno in lui, verran-
no i Romani e distruggeranno il nostro tempio e la nostra nazio-
ne». 49Ma uno di loro, Caifa, che era sommo sacerdote quell'an-
no, disse loro: «Voi non capite nulla! 50Non vi rendete conto che
è conveniente per voi che un solo uomo muoia per il popolo, e
non vada in rovina la nazione intera!». 51Questo però non lo dis-
se da se stesso, ma, essendo sommo sacerdote quell'anno, pro-
fetizzò che Gesù doveva morire per la nazione; 52e non soltanto
per la nazione, ma anche per riunire insieme i figli di Dio che
erano dispersi. 53Da quel giorno dunque decisero di ucciderlo.

11,40 Il rapporto tra visione e fede in Giovanni è reciproco. Se spesso l'evangelista ricorda che è la visione a condurre il discepolo alla fede (cfr. 2,23; 9,35-38; 11,45), qui il rapporto si inverte. Spesso il vedere non è sufficiente per giungere a credere: è necessaria una disponibilità previa del cuore, senza la quale anche i segni più eccezionali rimangono incomprensibili. Il richiamo alla gloria collega quest'ultimo segno al primo, quello di Cana (cfr. 2,11): il cerchio si chiude; l'evangelista ha mostrato tutti i segni che ha ritenuto necessari per preparare il discepolo all'evento pasquale. Ora lo condurrà per mano nell'ora di Gesù, l'ora della gloria, culmine della sua opera.

[54]Gesù dunque non andava più in pubblico tra i Giudei, ma da
lì si ritirò nella regione vicina al deserto, in una città chiamata
Èfraim, dove rimase con i discepoli.

L'avvicinarsi della Pasqua - [55]Era vicina la Pasqua dei Giudei e
molti dalla regione salirono a Gerusalemme prima della Pasqua
per purificarsi. [56]Essi cercavano Gesù e, stando nel tempio, di-
cevano tra loro: «Che ve ne pare? Non verrà alla festa?». [57]In-
tanto i capi dei sacerdoti e i farisei avevano dato ordine che
chiunque sapesse dove si trovava lo denunciasse, perché potes-
sero arrestarlo.

12 **L'unzione di Betània** - [1]Sei giorni prima della Pasqua,
Gesù andò a Betània, dove si trovava Lazzaro, che egli
aveva risuscitato dai morti. [2]E qui fecero per lui una cena: Mar-
ta serviva e Lazzaro era uno dei commensali. [3]Maria allora pre-
se trecento grammi di profumo di puro nardo, assai prezioso,
ne cosparse i piedi di Gesù, poi li asciugò con i suoi capelli, e
tutta la casa si riempì dell'aroma di quel profumo. [4]Allora Giu-
da Iscariota, uno dei suoi discepoli, che stava per tradirlo, dis-
se: [5]«Perché non si è venduto questo profumo per trecento de-
nari e non si sono dati ai poveri?». [6]Disse questo non perché gli
importasse dei poveri, ma perché era un ladro e, siccome tene-
va la cassa, prendeva quello che vi mettevano dentro. [7]Gesù al-
lora disse: «Lasciala fare, perché essa lo conservi per il giorno
della mia sepoltura. [8]I poveri infatti li avete sempre con voi, ma
non sempre avete me».
[9]Intanto una grande folla di Giudei venne a sapere che egli si
trovava là e accorse, non solo per Gesù, ma anche per vedere

12,1-11 L'episodio dell'unzione di Betània riportato da Giovanni è parallelo alla tradizione sinottica rappresentata da Mc 14,3-9 e Mt 26,6-13, pur assumendo in sé anche alcuni particolari del racconto della peccatrice di Lc 7,36-50, che testimonia un episodio storicamente differente.

12,7 In questa atipica unzione dei piedi – solitamente veniva profumato il capo – Gesù vede un gesto profetico che rimanda alla sua ormai prossima sepoltura.

Lazzaro che egli aveva risuscitato dai morti. [10]I capi dei sacer-
doti allora decisero di uccidere anche Lazzaro, [11]perché molti
Giudei se ne andavano a causa di lui e credevano in Gesù.

Ingresso trionfale in Gerusalemme - [12]Il giorno seguente, la
grande folla che era venuta per la festa, udito che Gesù veniva
a Gerusalemme, [13]prese dei rami di palme e uscì incontro a lui
gridando:

«Osanna!
Benedetto colui che viene nel nome del Signore,
il *re d'Israele*!».

[14]Gesù, trovato un asinello, vi montò sopra, come sta scritto:

[15]*Non temere, figlia di Sion!*
Ecco, il tuo re viene,
seduto su un puledro d'asina.

[16]I suoi discepoli sul momento non compresero queste cose;
ma, quando Gesù fu glorificato, si ricordarono che di lui erano
state scritte queste cose e che a lui essi le avevano fatte. [17]In-
tanto la folla, che era stata con lui quando chiamò Lazzaro fuo-
ri dal sepolcro e lo risuscitò dai morti, gli dava testimonianza.
[18]Anche per questo la folla gli era andata incontro, perché ave-
va udito che egli aveva compiuto questo segno. [19]I farisei allora

12,13 *Osanna.* È un termine aramaico che significa: «Salva, ti preghiamo». In ambiente cristiano diventa presto una formula di acclamazione e di lode.
12,14 La scelta dell'asinello come cavalcatura in Giovanni è presentata come un'azione profetica che vuole rispondere alle acclamazioni trionfalistiche e nazionalistiche della folla: l'accento non va quindi posto sulla mitezza o sull'umiltà di Gesù – a cui qui non si accenna (cfr. Mt 21,5c) – bensì sul suo ricollegarsi alle antiche profezie (cfr. Zc 9,9) che promettevano l'arrivo non di un re terreno interessato alla gloria politica di Israele, ma la manifestazione del Signore Dio venuto per radunare i dispersi di tutto il mondo. In questo modo Gesù dà una lettura universalistica della sua passione.

dissero tra loro: «Vedete che non ottenete nulla? Ecco: il mondo è andato dietro a lui!».

L'ora della glorificazione - 20Tra quelli che erano saliti per il
culto durante la festa c'erano anche alcuni Greci. 21Questi si av-
vicinarono a Filippo, che era di Betsàida di Galilea, e gli do-
mandarono: «Signore, vogliamo vedere Gesù». 22Filippo andò a
dirlo ad Andrea, e poi Andrea e Filippo andarono a dirlo a Ge-
sù. 23Gesù rispose loro: «È venuta l'ora che il Figlio dell'uomo
sia glorificato. 24In verità, in verità io vi dico: se il chicco di gra-
no, caduto in terra, non muore, rimane solo; se invece muore,
produce molto frutto. 25Chi ama la propria vita, la perde e chi
odia la propria vita in questo mondo, la conserverà per la vita
eterna. 26Se uno mi vuole servire, mi segua, e dove sono io, là
sarà anche il mio servitore. Se uno serve me, il Padre lo onorerà.
27Adesso *l'anima mia è turbata*; che cosa dirò? Padre, *salvami*
da quest'ora? Ma proprio per questo sono giunto a quest'ora!
28Padre, glorifica il tuo nome». Venne allora una voce dal cielo:
«L'ho glorificato e lo glorificherò ancora!».

29La folla, che era presente e aveva udito, diceva che era sta-
to un tuono. Altri dicevano: «Un angelo gli ha parlato». 30Disse
Gesù: «Questa voce non è venuta per me, ma per voi. 31Ora è il
giudizio di questo mondo; ora il principe di questo mondo sarà
gettato fuori. 32E io, quando sarò innalzato da terra, attirerò tut-
ti a me». 33Diceva questo per indicare di quale morte doveva
morire.

34Allora la folla gli rispose: «Noi abbiamo appreso dalla Leg-

12,24 Questa piccola parabola è un magnifico commento sul tema della vita e della morte. Con essa Gesù prepara i suoi discepoli a vedere la sua morte come mezzo per portare la vita.

12,27-30 Pur non raccontando l'agonia di Gesù nel Getsèmani, Giovanni testimonia in diversi episodi l'angoscia da lui provata al momento dell'avvicinarsi dell'ora. L'evangelista è attento a questa dimensione dell'incarnazione.

12,32 Come i sinottici riportano tre annunci della passione, così Giovanni accenna per tre volte alla crocifissione come innalzamento (oltre a qui, cfr. 3,14s; 8,28). Questo tema è ricalcato sul ritratto che il profeta Isaia fece del Servo sofferente di Yhwh (cfr. Is 52,13).

ge che il Cristo rimane in eterno; come puoi dire che il Figlio
dell'uomo deve essere innalzato? Chi è questo Figlio dell'uo-
mo?». [35]Allora Gesù disse loro: «Ancora per poco tempo la luce
è tra voi. Camminate mentre avete la luce, perché le tenebre non
vi sorprendano; chi cammina nelle tenebre non sa dove va.
[36]Mentre avete la luce, credete nella luce, per diventare figli del-
la luce». Gesù disse queste cose, poi se ne andò e si nascose loro.

Incredulità dei Giudei - [37]Sebbene avesse compiuto segni così
grandi davanti a loro, non credevano in lui, [38]perché si compis-
se la parola detta dal profeta Isaia:

Signore, chi ha creduto alla nostra parola?
E la forza del Signore, a chi è stata rivelata?

[39]Per questo non potevano credere, poiché ancora Isaia disse:

[40]Ha reso ciechi *i loro occhi*
e duro il loro *cuore*,
perché non vedano con gli occhi
e non comprendano con il cuore
e non si convertano, e io li guarisca!

[41]Questo disse Isaia perché vide la sua gloria e parlò di lui.
[42]Tuttavia, anche tra i capi, molti credettero in lui, ma, a causa
dei farisei, non lo dichiaravano, per non essere espulsi dalla si-
nagoga. [43]Amavano infatti la gloria degli uomini più che la glo-
ria di Dio.
[44]Gesù allora esclamò: «Chi crede in me, non crede in me

12,43 La conclusione del «Libro dei segni» appare amara: i segni che Dio ha offerto agli uomini non hanno portato tutti alla fede. L'affermazione del profeta va intesa non nel senso che Dio abbia causato volontariamente la cecità degli uomini, bensì che con i suoi prodigi ha posto gli uomini di fronte ad una scelta netta per lui o contro di lui, costringendo in tal modo a venire alla luce cecità e chiusure in loro già presenti.

Gv

ma in colui che mi ha mandato; [45]chi vede me, vede colui che
mi ha mandato. [46]Io sono venuto nel mondo come luce, perché
chiunque crede in me non rimanga nelle tenebre. [47]Se qualcu-
no ascolta le mie parole e non le osserva, io non lo condanno;
perché non sono venuto per condannare il mondo, ma per sal-
vare il mondo. [48]Chi mi rifiuta e non accoglie le mie parole, ha
chi lo condanna: la parola che ho detto lo condannerà nell'ul-
timo giorno. [49]Perché io non ho parlato da me stesso, ma il Pa-
dre, che mi ha mandato, mi ha ordinato lui di che cosa parlare
e che cosa devo dire. [50]E io so che il suo comandamento è vita
eterna. Le cose dunque che io dico, le dico così come il Padre
le ha dette a me».

LIBRO DELL'ORA
(Gv 13,1 - 20,31)

Il capitolo 13 introduce solennemente la seconda parte del Vangelo di Giovanni, quella che mostrerà il compimento perfetto dell'amore che Gesù è venuto a portare nel mondo (13,1). Il «Libro dell'Ora» è introdotto da un grande discorso che il Signore e Maestro rivolge ai discepoli per prepararli all'evento della sua passione, morte e risurrezione. Se nella prima metà del Vangelo Gesù con i suoi segni e le sue parole si era rivolto a tutti gli uomini, in questa seconda parte si dedica a un gruppo di persone molto più ristretto: i discepoli che credevano in lui. Qui il simbolo e il segno cedono il posto a un'aperta rivelazione dell'identità messianica del Cristo e del suo legame di comunione col Padre. Il culmine supremo di questa rivelazione, compimento perfetto della missione del Figlio, è rappresentato

12,46 La prima parte del Vangelo di Giovanni si chiude con questo chiaro richiamo del prologo, in cui già era preannunciato il destino finale a cui sarebbe stato esposto il Verbo: *Veniva nel mondo la luce vera, quella che illumina ogni uomo. Era nel mondo e il mondo è stato fatto per mezzo di lui, eppure il mondo non lo ha riconosciuto*» (1,9-10).

proprio dalla croce, come sottolineano le ultime parole pronunciate da Gesù prima di morire: «Tutto è compiuto» (19,30).

L'ultima cena: «Beato chi fa ciò che impara da me» (Gv 13,1-38)

Una delle particolarità del racconto giovanneo dell'ultima cena è quella di sostituire il racconto sinottico dell'istituzione dell'eucaristia con quello della lavanda dei piedi. Questo gesto, dal carattere fortemente simbolico e rivelativo, rappresenta per il quarto evangelista l'unica via d'accesso alla Pasqua: spogliandosi delle sue vesti (13,4) e mettendosi a servire i suoi discepoli (13,5), Gesù mostra il vero volto della signoria che è venuto a instaurare nel mondo, e fornisce la lente attraverso cui guardare e comprendere l'evento della croce. Solo chi tiene davanti agli occhi l'immagine del Signore che si china a lavare i piedi ai suoi discepoli potrà guardare il Crocifisso non come straziante immagine di un fallimento totale, bensì come gloriosa testimonianza di un amore talmente forte da vincere la morte. Questa è l'esperienza fatta dal discepolo amato, il testimone d'eccezione che – con questo appellativo – fa la sua comparsa nello scritto giovanneo proprio nell'ultima cena (13,23) e che rivestirà un ruolo fondamentale in tutta la seconda parte dell'opera.

Gv

13 **La lavanda dei piedi** - [1]Prima della festa di Pasqua Gesù, sapendo che era venuta la sua ora di passare da questo mondo al Padre, avendo amato i suoi che erano nel mondo, li amò fino alla fine. [2]Durante la cena, quando il diavolo aveva

13,1 Questo versetto va inteso come introduzione a tutta la seconda parte del Vangelo. Perciò, l'amore *fino alla fine* sta a preannunciare la croce, scopo dell'opera terrena del Figlio, compimento della passione di Dio per l'umanità.

13,2-5 La solennità con cui è introdotta la lavanda dei piedi crea una forte attesa nel lettore, che si trova poi spiazzato al vedere che Gesù, con quelle mani a cui Dio aveva consegnato tutto (cfr. 13,3), lava i piedi ai suoi discepoli.

già messo in cuore a Giuda, figlio di Simone Iscariota, di tra-
dirlo, [3]Gesù, sapendo che il Padre gli aveva dato tutto nelle ma-
ni e che era venuto da Dio e a Dio ritornava, [4]si alzò da tavola,
depose le vesti, prese un asciugamano e se lo cinse attorno alla
vita. [5]Poi versò dell'acqua nel catino e cominciò a lavare i pie-
di dei discepoli e ad asciugarli con l'asciugamano di cui si era
cinto. [6]Venne dunque da Simon Pietro e questi gli disse: «Si-
gnore, tu lavi i piedi a me?». [7]Rispose Gesù: «Quello che io fac-
cio, tu ora non lo capisci; lo capirai dopo». [8]Gli disse Pietro:
«Tu non mi laverai i piedi in eterno!». Gli rispose Gesù: «Se
non ti laverò, non avrai parte con me». [9]Gli disse Simon Pietro:
«Signore, non solo i miei piedi, ma anche le mani e il capo!».
[10]Soggiunse Gesù: «Chi ha fatto il bagno, non ha bisogno di la-
varsi se non i piedi ed è tutto puro; e voi siete puri, ma non tut-
ti». [11]Sapeva infatti chi lo tradiva; per questo disse: «Non tutti
siete puri».

[12]Quando ebbe lavato loro i piedi, riprese le sue vesti, sedet-
te di nuovo e disse loro: «Capite quello che ho fatto per voi?
[13]Voi mi chiamate il Maestro e il Signore, e dite bene, perché lo
sono. [14]Se dunque io, il Signore e il Maestro, ho lavato i piedi a

13,4.12 Per descrivere l'azione di *deporre* e *riprendere* le vesti, l'evangelista utilizza gli stessi verbi del discorso del buon pastore, in cui Gesù confessava di avere il potere di *dare* la sua vita per poi *riprenderla* di nuovo (cfr. 10,18): nella scrittura del quarto Vangelo il legame della lavanda dei piedi con il mistero pasquale è strettissimo.

13,6-11 Il dialogo con Pietro serve a Gesù per dare una prima spiegazione del suo insolito gesto: più che richiamare un sacramento in particolare (il battesimo, la penitenza...), la lavanda dei piedi va colta come una figura dell'evento pasquale nel suo complesso, evento dal quale tutti i sacramenti prendono la loro forza. Pietro – come ricordano anche i sinottici (cfr. Mt 16,21-23) – fatica ad accettare ciò che il Signore sta rivelando, e cioè che la croce è l'unica via per la salvezza.

13,12-20 Il Maestro dà una seconda spiegazione del suo gesto: lui, che è il Signore, ha compiuto azioni che hanno una chiara connotazione servile – lo spogliarsi, il cingersi con un asciugamano, il prendere un catino, il portare l'acqua, il lavare i piedi – per mostrare ai suoi discepoli che nel suo Regno le barriere che dividono i servi dai padroni devono essere superate grazie ad atteggiamenti di amore gratuito, servizio e amicizia (cfr. 15,15: *Non vi chiamo più servi... ma vi ho chiamato amici*).

voi, anche voi dovete lavare i piedi gli uni agli altri. 15 Vi ho da-
to un esempio, infatti, perché anche voi facciate come io ho fat-
to a voi. 16 In verità, in verità io vi dico: un servo non è più gran-
de del suo padrone, né un inviato è più grande di chi lo ha man-
dato. 17 Sapendo queste cose, siete beati se le mettete in pratica.
18 Non parlo di tutti voi; io conosco quelli che ho scelto, ma de-
ve compiersi la Scrittura: *Colui che mangia il mio pane* ha al-
zato *contro di me il* suo *calcagno*. 19 Ve lo dico fin d'ora, prima
che accada, perché, quando sarà avvenuto, crediate che Io So-
no. 20 In verità, in verità io vi dico: chi accoglie colui che io man-
derò, accoglie me; chi accoglie me, accoglie colui che mi ha
mandato».

Il traditore di Gesù - 21 Dette queste cose, Gesù fu profonda-
mente turbato e dichiarò: «In verità, in verità io vi dico: uno di
voi mi tradirà». 22 I discepoli si guardavano l'un l'altro, non sa-
pendo bene di chi parlasse. 23 Ora uno dei discepoli, quello che
Gesù amava, si trovava a tavola al fianco di Gesù. 24 Simon Pie-
tro gli fece cenno di informarsi chi fosse quello di cui parlava.
25 Ed egli, chinandosi sul petto di Gesù, gli disse: «Signore, chi
è?». 26 Rispose Gesù: «È colui per il quale intingerò il boccone
e glielo darò». E, intinto il boccone, lo prese e lo diede a Giu-
da, figlio di Simone Iscariota. 27 Allora, dopo il boccone, Satana
entrò in lui. Gli disse dunque Gesù: «Quello che vuoi fare, fal-

13,17 Il quarto Vangelo conosce solo due beatitudini, che pone come cornice del «Libro dell'Ora»: qui e in 20,29. Nel contesto della lavanda dei piedi, questa esclamazione di Gesù promette la felicità a chi saprà comportarsi come lui, amando fino al dono di sé. Questo è reso possibile solo dalla conoscenza che diventa fede nel Signore e Maestro, e nell'evento della sua croce (*Sapendo queste cose…*).

13,23 Questo è l'ingresso in scena del discepolo amato, figura determinante in tutta la seconda parte del quarto Vangelo. Egli sarà testimone dei momenti fondamentali della passione e risurrezione: è presente nell'ultima cena, nel cortile del sommo sacerdote (cfr. 18,15), sotto la croce (cfr. 19,26), al sepolcro (cfr. 20,2), all'apparizione sul lago di Tiberìade (cfr. 21,7.20). Sulla sua testimonianza si poggia l'affidabilità dello scritto che abbiamo fra le mani (cfr. 19,35 e 21,24).

lo presto». [28]Nessuno dei commensali capì perché gli avesse detto questo; [29]alcuni infatti pensavano che, poiché Giuda teneva la cassa, Gesù gli avesse detto: «Compra quello che ci occorre per la festa», oppure che dovesse dare qualche cosa ai poveri. [30]Egli, preso il boccone, subito uscì. Ed era notte.

Un comandamento nuovo - [31]Quando fu uscito, Gesù disse: «Ora il Figlio dell'uomo è stato glorificato, e Dio è stato glorificato in lui. [32]Se Dio è stato glorificato in lui, anche Dio lo glorificherà da parte sua e lo glorificherà subito. [33]Figlioli, ancora per poco sono con voi; voi mi cercherete ma, come ho detto ai Giudei, ora lo dico anche a voi: dove vado io, voi non potete venire. [34]Vi do un comandamento nuovo: che vi amiate gli uni gli altri. Come io ho amato voi, così amatevi anche voi gli uni gli altri. [35]Da questo tutti sapranno che siete miei discepoli: se avete amore gli uni per gli altri».

Annuncio del rinnegamento di Pietro - [36]Simon Pietro gli disse: «Signore, dove vai?». Gli rispose Gesù: «Dove io vado, tu per ora non puoi seguirmi; mi seguirai più tardi». [37]Pietro disse: «Signore, perché non posso seguirti ora? Darò la mia vita per te!». [38]Rispose Gesù: «Darai la tua vita per me? In verità, in verità io ti dico: non canterà il gallo, prima che tu non m'abbia rinnegato tre volte.

13,30 *Ed era notte.* Il paesaggio notturno serve all'autore per meglio dipingere le tenebre in cui era sprofondato il cuore di Giuda.

13,34 Questo *come io ho amato voi* riassume sia l'altezza del compito affidatoci – amare come lui significa morire per amore (cfr. 15,12-13) – sia la fonte della forza richiestaci. Se è umanamente impossibile uguagliare Gesù, lui però ci comunica la sua stessa forza, grazie al dono pasquale dello Spirito. L'unico modo per vivere da veri cristiani è rimanere aggrappati alla persona del Signore morto e risorto permettendo a Lui di crescere in noi.

L'ultimo discorso ai discepoli: «È giunta l'ora della gloria» (Gv 14,1 - 17,26)

La scrittura di Giovanni raggiunge qui vette altissime: leggendo queste pagine si comprende perché sia stato tradizionalmente associato alla figura dell'aquila. In questo lunghissimo e intenso discorso Gesù sprona, esorta, consola, si rivela, si affida al Padre, promette lo Spirito e, infine, attira i discepoli all'interno del vortice d'amore che lega insieme le persone della Trinità. I temi più cari al quarto Vangelo sono qui ripresi e intrecciati: l'amore, la fede, l'osservanza dei comandamenti, la verità, la pace, l'unità, la vita... Questo discorso rappresenta una lunga pausa che rallenta il ritmo del racconto dando il tempo al discepolo-lettore di prepararsi per l'ultimo atto del Vangelo: la grande azione scenica della passione.

14 **Gesù via, verità e vita** - [1]Non sia turbato il vostro cuo-
re. Abbiate fede in Dio e abbiate fede anche in me. [2]Nel-
la casa del Padre mio vi sono molte dimore. Se no, vi avrei mai
detto: "Vado a prepararvi un posto"? [3]Quando sarò andato e vi
avrò preparato un posto, verrò di nuovo e vi prenderò con me,
perché dove sono io siate anche voi. [4]E del luogo dove io vado,
conoscete la via».
[5]Gli disse Tommaso: «Signore, non sappiamo dove vai; come
possiamo conoscere la via?». [6]Gli disse Gesù: «Io sono la via,
la verità e la vita. Nessuno viene al Padre se non per mezzo di

14,1 I motivi di possibile turbamento per i discepoli sono molteplici, in effetti: hanno appena appreso che di lì a poco uno dei Dodici avrebbe tradito il Maestro, che Pietro l'avrebbe rinnegato e che il Signore se ne sarebbe andato. Più che comprensibile appare dunque il tentativo di Gesù di rassicurarli e confortarli.

14,6 Gesù si presenta come la via che conduce al Padre. Se nell'Antico Testamento la *via di verità* (Sal 119,30; Sap 5,6) era l'osservanza della Legge, ora la *via di verità* che conduce alla vita è la persona stessa di Gesù: è lui che si è mostrato a noi come esempio (cfr. 13,15), e chi vive seguendo le sue orme *non vedrà la morte in eterno* (8,51).

me. [7]Se avete conosciuto me, conoscerete anche il Padre mio:
fin da ora lo conoscete e lo avete veduto».
[8]Gli disse Filippo: «Signore, mostraci il Padre e ci basta».
[9]Gli rispose Gesù: «Da tanto tempo sono con voi e tu non mi hai
conosciuto, Filippo? Chi ha visto me, ha visto il Padre. Come
puoi tu dire: "Mostraci il Padre"? [10]Non credi che io sono nel
Padre e il Padre è in me? Le parole che io vi dico, non le dico
da me stesso; ma il Padre, che rimane in me, compie le sue ope-
re. [11]Credete a me: io sono nel Padre e il Padre è in me. Se non
altro, credetelo per le opere stesse.
[12]In verità, in verità io vi dico: chi crede in me, anch'egli
compirà le opere che io compio e ne compirà di più grandi di
queste, perché io vado al Padre. [13]E qualunque cosa chiederete
nel mio nome, la farò, perché il Padre sia glorificato nel Figlio.
[14]Se mi chiederete qualche cosa nel mio nome, io la farò.

L'amore per Gesù - [15]Se mi amate, osserverete i miei comanda-
menti; [16]e io pregherò il Padre ed egli vi darà un altro Paràclito
perché rimanga con voi per sempre, [17]lo Spirito della verità, che
il mondo non può ricevere perché non lo vede e non lo conosce.
Voi lo conoscete perché egli rimane presso di voi e sarà in voi.
[18]Non vi lascerò orfani: verrò da voi. [19]Ancora un poco e il mon-
do non mi vedrà più; voi invece mi vedrete, perché io vivo e voi

14,12-14 Il credere in Gesù comunica al cristiano la forza di Dio: chi ha fede potrà compiere le stesse opere di Dio – *di più grandi* si riferisce al fatto che dopo la risurrezione la potenza di Dio si sarebbe manifestata in tutto il suo splendore – e rivolgersi a lui con la certezza di venire ascoltato. Il tema sinottico dell'efficacia della preghiera (cfr. Mt 7,7-8; 18,19; 21,22) è sostenuto in Giovanni dall'affermazione dell'intima unione che lega il Padre al Figlio.

14,15 Il tema dell'amore del cristiano per Gesù non è così frequente negli scritti del Nuovo Testamento – più usato è il tema dell'aver fede in lui – e va compreso come un'estensione di quello dell'amore per Dio richiesto al popolo d'Israele nel contesto dell'alleanza del monte Sinai (cfr. Dt 6,5).

14,16 Lo Spirito è qui indicato con il termine greco *parákletos* (cfr. anche 15,26 e 16,7) che può essere reso in italiano in vari modi: Consolatore, Avvocato, Paràclito… Il vocabolo indica una persona chiamata vicino a un'altra come sostegno, difesa e incoraggiamento nel momento del bisogno.

vivrete. [20]In quel giorno voi saprete che io sono nel Padre mio
e voi in me e io in voi. [21]Chi accoglie i miei comandamenti e li
osserva, questi è colui che mi ama. Chi ama me sarà amato dal
Padre mio e anch'io lo amerò e mi manifesterò a lui».
[22]Gli disse Giuda, non l'Iscariota: «Signore, come è acca-
duto che devi manifestarti a noi, e non al mondo?». [23]Gli ri-
spose Gesù: «Se uno mi ama, osserverà la mia parola e il Pa-
dre mio lo amerà e noi verremo a lui e prenderemo dimora
presso di lui. [24]Chi non mi ama, non osserva le mie parole; e
la parola che voi ascoltate non è mia, ma del Padre che mi ha
mandato.

Annuncio della venuta del Paràclito - [25]Vi ho detto queste co-
se mentre sono ancora presso di voi. [26]Ma il Paràclito, lo Spiri-
to Santo che il Padre manderà nel mio nome, lui vi insegnerà
ogni cosa e vi ricorderà tutto ciò che io vi ho detto.
[27]Vi lascio la pace, vi do la mia pace. Non come la dà il mon-
do, io la do a voi. Non sia turbato il vostro cuore e non abbia ti-
more. [28]Avete udito che vi ho detto: "Vado e tornerò da voi". Se
mi amaste, vi rallegrereste che io vado al Padre, perché il Padre
è più grande di me. [29]Ve l'ho detto ora, prima che avvenga, per-
ché, quando avverrà, voi crediate. [30]Non parlerò più a lungo con
voi, perché viene il principe del mondo; contro di me non può
nulla, [31]ma bisogna che il mondo sappia che io amo il Padre, e
come il Padre mi ha comandato, così io agisco. Alzatevi, an-
diamo via di qui».

Gv

14,20 *Io sono nel Padre e voi in me e io in voi.* Il dono dello Spirito completa l'unione del Padre e del Figlio, inserendovi anche i discepoli. Il tema dell'unità è centrale in questo lungo discorso d'addio di Gesù.

14,27 La pace che Gesù lascia come ultimo dono ai propri discepoli non è semplicemente l'assenza di guerre o la serenità del cuore. Se già nell'Antico Testamento la pace era uno dei grandi doni del Signore (cfr. Sal 29,11; Is 57,19; Ez 37,26), in Giovanni diventa uno dei termini indicanti la salvezza, ossia il dono per eccellenza che Dio promette all'umanità.

15 **La vite e i tralci** - [1]«Io sono la vite vera e il Padre mio è
l'agricoltore. [2]Ogni tralcio che in me non porta frutto, lo
taglia, e ogni tralcio che porta frutto, lo pota perché porti più
frutto. [3]Voi siete già puri, a causa della parola che vi ho annun-
ciato. [4]Rimanete in me e io in voi. Come il tralcio non può por-
tare frutto da se stesso se non rimane nella vite, così neanche voi
se non rimanete in me. [5]Io sono la vite, voi i tralci. Chi rimane
in me, e io in lui, porta molto frutto, perché senza di me non po-
tete far nulla. [6]Chi non rimane in me viene gettato via come il
tralcio e secca; poi lo raccolgono, lo gettano nel fuoco e lo bru-
ciano. [7]Se rimanete in me e le mie parole rimangono in voi, chie-
dete quello che volete e vi sarà fatto. [8]In questo è glorificato il Pa-
dre mio: che portiate molto frutto e diventiate miei discepoli.

Il comandamento dell'amore - [9]Come il Padre ha amato me,
anche io ho amato voi. Rimanete nel mio amore. [10]Se osserve-
rete i miei comandamenti, rimarrete nel mio amore, come io ho
osservato i comandamenti del Padre mio e rimango nel suo
amore. [11]Vi ho detto queste cose perché la mia gioia sia in voi e
la vostra gioia sia piena.
[12]Questo è il mio comandamento: che vi amiate gli uni gli al-

15,1-8 L'immagine della vite è ricchissima di significati simbolici. Spesso nell'Antico Testamento era usata per indicare Israele (cfr. Os 10,1; Ger 6,9; Sal 80,9), e il riferimento al giudaismo può essere rafforzato dal fatto che uno degli ornamenti più vistosi del tempio di Gerusalemme era proprio una vite d'oro con grappoli alti come un uomo: Gesù sembra allora affermare che lui e i suoi seguaci rappresentano ormai il vero Israele. Il libro del Siracide descrive anche la Sapienza come una vite ricca di frutti alla quale gli uomini possono sfamarsi (Sir 24,17ss): in questo senso Gesù, vera vite, richiamerebbe l'idea che lui è la fonte della vita, il nutrimento dell'umanità. Partendo da queste considerazioni, alcuni vedono nell'immagine della vite anche un riferimento eucaristico.

15,12-13 Giovanni riprende il comandamento dell'amore di 13,34 e lo specifica con l'indicazione del *dare la vita per i propri amici*. L'amore che lega i discepoli fra loro è modellato su quello che lega Gesù al Padre (cfr. v. 9). Il coinvolgere i cristiani nella dinamica dell'amore interno alla Trinità è una delle caratteristiche più squisitamente giovannee: l'amore è la vera dimora dei cristiani.

tri come io ho amato voi. [13]Nessuno ha un amore più grande di
questo: dare la sua vita per i propri amici. [14]Voi siete miei ami-
ci, se fate ciò che io vi comando. [15]Non vi chiamo più servi, per-
ché il servo non sa quello che fa il suo padrone; ma vi ho chia-
mato amici, perché tutto ciò che ho udito dal Padre mio l'ho fat-
to conoscere a voi. [16]Non voi avete scelto me, ma io ho scelto voi
e vi ho costituiti perché andiate e portiate frutto e il vostro frut-
to rimanga; perché tutto quello che chiederete al Padre nel mio
nome, ve lo conceda. [17]Questo vi comando: che vi amiate gli
uni gli altri.

I discepoli e il mondo - [18]Se il mondo vi odia, sappiate che pri-
ma di voi ha odiato me. [19]Se foste del mondo, il mondo ame-
rebbe ciò che è suo; poiché invece non siete del mondo, ma vi
ho scelti io dal mondo, per questo il mondo vi odia. [20]Ricorda-
tevi della parola che io vi ho detto: "Un servo non è più grande
del suo padrone". Se hanno perseguitato me, perseguiteranno
anche voi; se hanno osservato la mia parola, osserveranno anche
la vostra. [21]Ma faranno a voi tutto questo a causa del mio nome,
perché non conoscono colui che mi ha mandato. [22]Se io non fos-
si venuto e non avessi parlato loro, non avrebbero alcun pecca-
to; ma ora non hanno scusa per il loro peccato. [23]Chi odia me,
odia anche il Padre mio. [24]Se non avessi compiuto in mezzo a lo-
ro opere che nessun altro ha mai compiuto, non avrebbero alcun
peccato; ora invece hanno visto e hanno odiato me e il Padre

15,15 Con il gesto della lavanda dei piedi Gesù ha già mostrato ai suoi discepoli cosa significhi sostituire a legami di schiavitù legami di amicizia.
15,18-27 Più è vero l'amore che lega i discepoli a Gesù, più sarà forte l'ostilità che questi dovranno subire nel suo nome: l'odio che il mondo nutre nei confronti del Signore si trasferisce su coloro che decidono di seguirlo. Il *mondo* rappresenta qui le persone che non accolgono Gesù, che non lo riconoscono come Figlio di Dio: ritorna uno dei temi centrali del Prologo (cfr. 1,10-11).
15,24-25 Chi non segue Gesù poiché non conosce le sue opere e il suo messaggio non può essere accusato di peccato. Diversa è la situazione di chi rifiuta di credere in Gesù dopo averlo conosciuto: rifiutare il dono della salvezza offertaci in lui da Dio è il cuore di ogni peccato.

mio. [25]Ma questo, perché si compisse la parola che sta scritta nella loro Legge: *Mi hanno odiato senza ragione.*

[26]Quando verrà il Paràclito, che io vi manderò dal Padre, lo Spirito della verità che procede dal Padre, egli darà testimonianza di me; [27]e anche voi date testimonianza, perché siete con me fin dal principio.

16 **Gesù promette il Paràclito** - [1]Vi ho detto queste cose perché non abbiate a scandalizzarvi. [2]Vi scacceranno dalle sinagoghe; anzi, viene l'ora in cui chiunque vi ucciderà crederà di rendere culto a Dio. [3]E faranno ciò, perché non hanno conosciuto né il Padre né me. [4]Ma vi ho detto queste cose affinché, quando verrà la loro ora, ve ne ricordiate, perché io ve l'ho detto.

Non ve l'ho detto dal principio, perché ero con voi. [5]Ora però vado da colui che mi ha mandato e nessuno di voi mi domanda: "Dove vai?". [6]Anzi, perché vi ho detto questo, la tristezza ha riempito il vostro cuore. [7]Ma io vi dico la verità: è bene per voi che io me ne vada, perché, se non me ne vado, non verrà a voi il Paràclito; se invece me ne vado, lo manderò a voi. [8]E quando

16,2-4 Ancora una volta (cfr. 13,19 e 14,29) la voce dell'autore si unisce a quella di Gesù, riflettendo la situazione delle comunità cristiane verso la fine del I secolo: la difficile prova dell'espulsione dalla sinagoga non doveva essere vista come un fallimento dell'opera di Gesù, bensì come una prosecuzione dell'odio del mondo nei confronti del Cristo e dei suoi seguaci.

16,7 *Se non me ne vado, non verrà a voi il Paràclito.* Come già in 7,39, il quarto Vangelo ci presenta lo Spirito come colui che prenderà sulla terra il posto del Cristo glorificato. Giovanni è molto attento a questo tema e nel suo scritto riporta un duplice dono dello Spirito da parte di Gesù: nel momento della morte in croce (19,30) e nella prima apparizione del Risorto ai discepoli (20,22).

16,8-11 È uno dei passi più oscuri di tutto il Vangelo. Sembra che Giovanni pensi a un processo contro il mondo, nel quale la testimonianza dello Spirito porterà alla luce la verità su tre punti: anzitutto sul *peccato* del mondo, che è quello di non credere in Gesù; poi sull'inadeguatezza della *giustizia* del mondo, che ha dichiarato colpevole il Figlio di Dio, che invece siederà alla destra del Padre; infine sul ribaltamento del *giudizio* che il principe di questo mondo infligge a Gesù, il quale, vincendo la morte, condannerà a morte il suo oppositore.

sarà venuto, dimostrerà la colpa del mondo riguardo al peccato, alla giustizia e al giudizio. 9Riguardo al peccato, perché non credono in me; 10riguardo alla giustizia, perché vado al Padre e non mi vedrete più; 11riguardo al giudizio, perché il principe di questo mondo è già condannato.

12Molte cose ho ancora da dirvi, ma per il momento non siete capaci di portarne il peso. 13Quando verrà lui, lo Spirito della verità, vi guiderà a tutta la verità, perché non parlerà da se stesso, ma dirà tutto ciò che avrà udito e vi annuncerà le cose future. 14Egli mi glorificherà, perché prenderà da quel che è mio e ve lo annuncerà. 15Tutto quello che il Padre possiede è mio; per questo ho detto che prenderà da quel che è mio e ve lo annuncerà.

Una gioia più forte della tristezza - 16Un poco e non mi vedrete più; un poco ancora e mi vedrete». 17Allora alcuni dei suoi discepoli dissero tra loro: «Che cos'è questo che ci dice: "Un poco e non mi vedrete; un poco ancora e mi vedrete", e: "Io me ne vado al Padre"?». 18Dicevano perciò: «Che cos'è questo "un poco", di cui parla? Non comprendiamo quello che vuol dire».

19Gesù capì che volevano interrogarlo e disse loro: «State indagando tra voi perché ho detto: "Un poco e non mi vedrete; un poco ancora e mi vedrete"? 20In verità, in verità io vi dico: voi piangerete e gemerete, ma il mondo si rallegrerà. Voi sarete nella tristezza, ma la vostra tristezza si cambierà in gioia.

21La donna, quando partorisce, è nel dolore, perché è venuta

16,16 Il *poco* di cui sta parlando Gesù è l'attimo buio in cui la morte inghiottirà il suo corpo: una volta deposto nel sepolcro, egli sarà sottratto alla vista degli uomini; ma proprio nel mistero di quell'oscuro silenzio Dio scardinerà le porte della morte e strapperà dalla tomba il suo amato Figlio, che tornerà dai suoi recando con sé la promessa della vita eterna.

16,21 Questa piccola parabola getta un abbagliante fascio di luce sulla realtà della morte del Cristo, ma anche di ogni uomo e donna della storia: la sofferenza della morte non deve assumere su di sé le tinte fosche della disperazione; il cristiano guarda ad essa non come alla fine della propria esperienza, bensì come a un parto che lo introdurrà in una nuova splendente vita.

la sua ora; ma, quando ha dato alla luce il bambino, non si ri-
corda più della sofferenza, per la gioia che è venuto al mondo
un uomo. [22]Così anche voi, ora, siete nel dolore; ma vi vedrò di
nuovo e il vostro cuore si rallegrerà e nessuno potrà toglervi la
vostra gioia. [23]Quel giorno non mi domanderete più nulla.
In verità, in verità io vi dico: se chiederete qualche cosa al
Padre nel mio nome, egli ve la darà. [24]Finora non avete chiesto
nulla nel mio nome. Chiedete e otterrete, perché la vostra gioia
sia piena.

Gesù parla apertamente - [25]Queste cose ve le ho dette in mo-
do velato, ma viene l'ora in cui non vi parlerò più in modo ve-
lato e apertamente vi parlerò del Padre. [26]In quel giorno chie-
derete nel mio nome e non vi dico che pregherò il Padre per voi:
[27]il Padre stesso infatti vi ama, perché voi avete amato me e ave-
te creduto che io sono uscito da Dio. [28]Sono uscito dal Padre e
sono venuto nel mondo; ora lascio di nuovo il mondo e vado al
Padre».
[29]Gli dicono i suoi discepoli: «Ecco, ora parli apertamente e
non più in modo velato. [30]Ora sappiamo che tu sai tutto e non hai
bisogno che alcuno t'interroghi. Per questo crediamo che sei
uscito da Dio». [31]Rispose loro Gesù: «Adesso credete? [32]Ecco,
viene l'ora, anzi è già venuta, in cui vi disperderete ciascuno
per conto suo e mi lascerete solo; ma io non sono solo, perché
il Padre è con me.
[33]Vi ho detto questo perché abbiate pace in me. Nel mondo
avete tribolazioni, ma abbiate coraggio: io ho vinto il mondo!».

17 **La grande preghiera di Gesù -** [1]Così parlò Gesù. Poi,
alzàti gli occhi al cielo, disse: «Padre, è venuta l'ora: glo-

17,1-26 Ci troviamo di fronte a una delle più elevate pagine del quarto Vangelo: la grande preghiera di intercessione che Gesù innalza al Padre a conclusione del suo discorso d'addio. Il suo impianto è originale e tipicamente giovanneo, anche se si possono trovare dei legami con alcune richieste della preghiera sinottica del *Padre nostro* (cfr. Mt 6,9-13): il tema della glorifi-

rifica il Figlio tuo perché il Figlio glorifichi te. [2]Tu gli hai dato
potere su ogni essere umano, perché egli dia la vita eterna a tut-
ti coloro che gli hai dato. [3]Questa è la vita eterna: che conosca-
no te, l'unico vero Dio, e colui che hai mandato, Gesù Cristo. [4]Io
ti ho glorificato sulla terra, compiendo l'opera che mi hai dato
da fare. [5]E ora, Padre, glorificami davanti a te con quella gloria
che io avevo presso di te prima che il mondo fosse.

[6]Ho manifestato il tuo nome agli uomini che mi hai dato dal
mondo. Erano tuoi e li hai dati a me, ed essi hanno osservato la
tua parola. [7]Ora essi sanno che tutte le cose che mi hai dato ven-
gono da te, [8]perché le parole che hai dato a me io le ho date a lo-
ro. Essi le hanno accolte e sanno veramente che sono uscito da
te e hanno creduto che tu mi hai mandato.

[9]Io prego per loro; non prego per il mondo, ma per coloro che
tu mi hai dato, perché sono tuoi. [10]Tutte le cose mie sono tue, e
le tue sono mie, e io sono glorificato in loro. [11]Io non sono più
nel mondo; essi invece sono nel mondo, e io vengo a te. Padre
santo, custodiscili nel tuo nome, quello che mi hai dato, perché
siano una sola cosa, come noi.

[12]Quand'ero con loro, io li custodivo nel tuo nome, quello che
mi hai dato, e li ho conservati, e nessuno di loro è andato per-
duto, tranne il figlio della perdizione, perché si compisse la
Scrittura. [13]Ma ora io vengo a te e dico questo mentre sono nel
mondo, perché abbiano in se stessi la pienezza della mia gioia.
[14]Io ho dato loro la tua parola e il mondo li ha odiati, perché es-
si non sono del mondo, come io non sono del mondo.

cazione del Padre si avvicina a *sia santificato il tuo nome*; l'accenno al compiere le opere del Padre richiama *sia fatta la tua volontà*; la preghiera di custodire i discepoli dal Maligno riecheggia *liberaci dal male*. Nel suo insieme questa preghiera colpisce per il clima di intimità che lascia trasparire: i discepoli di allora e di oggi hanno il privilegio di essere ammessi a un dialogo che rivela l'amore e la vicinanza di Gesù col Padre.

17,9 Gesù non intende escludere nessuno dalla salvezza: come già detto altrove, qui *il mondo* sta a indicare quanti non vogliono credere in lui. Il suo non pregare per il mondo riflette dunque la scelta di Dio di non forzare nessuno: egli accetta la libera decisione dell'uomo di rifiutarlo.

[15]Non prego che tu li tolga dal mondo, ma che tu li custodi-
sca dal Maligno. [16]Essi non sono del mondo, come io non sono
del mondo. [17]Consacrali nella verità. La tua parola è verità. [18]Co-
me tu hai mandato me nel mondo, anche io ho mandato loro nel
mondo; [19]per loro io consacro me stesso, perché siano anch'es-
si consacrati nella verità.

[20]Non prego solo per questi, ma anche per quelli che crede-
ranno in me mediante la loro parola: [21]perché tutti siano una so-
la cosa; come tu, Padre, sei in me e io in te, siano anch'essi in
noi, perché il mondo creda che tu mi hai mandato.

[22]E la gloria che tu hai dato a me, io l'ho data a loro, perché
siano una sola cosa come noi siamo una sola cosa. [23]Io in loro e
tu in me, perché siano perfetti nell'unità e il mondo conosca che
tu mi hai mandato e che li hai amati come hai amato me.

[24]Padre, voglio che quelli che mi hai dato siano anch'essi con me dove sono io, perché contemplino la mia gloria, quella che tu mi hai dato; poiché mi hai amato prima della creazione del mondo.

[25]Padre giusto, il mondo non ti ha conosciuto, ma io ti ho co-
nosciuto, e questi hanno conosciuto che tu mi hai mandato. [26]E

17,15-19 Ritorna il tema della verità. Se il Maligno, il principe del mondo, *è menzognero e padre della menzogna* (8,44), la più efficace difesa che i figli di Dio hanno di fronte a lui è proprio l'essere consacrati e il dimorare nella verità. E questa verità non è altro che l'amore del Cristo, che per loro *si consacra* (17,19), donando la propria vita.
17,20 Tipici del quarto Vangelo sono questi improvvisi guizzi verso il futuro della Chiesa: con il suo scritto Giovanni vuole far partecipi anche noi di quel grande abbraccio che il Padre e il Figlio estendono a tutte le creature che si lasciano raggiungere dal loro amore.
17,21-23 Questa preghiera di Gesù è particolarmente attuale oggi, ove le Chiese cristiane sono divise e separate tra loro. L'unità dei cristiani con Dio e tra loro è un dono ma anche un compito: le divisioni vengono dal Maligno (il termine greco da cui deriva *diavolo* significa non a caso «colui che divide, mette in contrasto»); l'unità viene da Dio. Essa è dunque segno della sua presenza e della fedeltà a lui. Il movimento ecumenico è la risposta odierna a questo profetico richiamo del Signore.
17,26 Significativo che questa grande preghiera si chiuda sulla nota dell'amore: è proprio l'amore il motore e la chiave di lettura di tutta la passione (cfr. 13,1).

io ho fatto conoscere loro il tuo nome e lo farò conoscere, perché l'amore con il quale mi hai amato sia in essi e io in loro».

Il racconto della passione: «Il compimento dell'amore» (Gv 18,1 - 19,42)

Eccoci di fronte al racconto della passione, cuore pulsante di ogni Vangelo. La caratteristica distintiva del Gesù giovanneo è sicuramente la sua assoluta padronanza della situazione: nessun cedimento, nessuna debolezza. Mentre viene giudicato, condannato e innalzato sulla croce, egli mostra il contegno e la dignità di un vero re, come sottolineano i versetti dedicati dall'evangelista alla triplice iscrizione posta da Pilato sulla croce (19,19-22). Agli occhi del quarto evangelista questo strumento di tortura è veramente il trono di gloria dal quale il Cristo domina il mondo, portando a compimento il disegno salvifico universale di Dio (19,30). La sottolineatura della presenza del discepolo amato sotto la croce è determinante per dare valore alla testimonianza sulla quale è fondata la scrittura del quarto Vangelo (19,35).

18 **Arresto di Gesù** - [1]Dopo aver detto queste cose, Gesù
uscì con i suoi discepoli al di là del torrente Cedron, do-
ve c'era un giardino, nel quale entrò con i suoi discepoli. [2]An-
che Giuda, il traditore, conosceva quel luogo, perché Gesù spes-
so si era trovato là con i suoi discepoli. [3]Giuda dunque vi andò,

18,1-3 Il racconto della passione inizia rimarcando come intorno a Gesù che va a morire si affrontino due schiere. Da un lato vi sono i soldati e le guardie, capeggiati dal traditore Giuda: si muovono contro Gesù *con lanterne, fiaccole e armi* (v. 3). Dall'altro lato compare il gruppo dei discepoli (menzionati ben tre volte in pochi versetti), guidato dallo stesso Gesù: sembrano disposti a tutto pur di salvare il Maestro (cfr. v. 10); in realtà il seguito della narrazione mostrerà le incoerenze degli stessi discepoli, a cominciare proprio da Simon Pietro (cfr. vv. 12-27).

dopo aver preso un gruppo di soldati e alcune guardie fornite
dai capi dei sacerdoti e dai farisei, con lanterne, fiaccole e armi.
[4]Gesù allora, sapendo tutto quello che doveva accadergli, si fe-
ce innanzi e disse loro: «Chi cercate?». [5]Gli risposero: «Gesù,
il Nazareno». Disse loro Gesù: «Sono io!». Vi era con loro an-
che Giuda, il traditore. [6]Appena disse loro «Sono io», indie-
treggiarono e caddero a terra. [7]Domandò loro di nuovo: «Chi
cercate?». Risposero: «Gesù, il Nazareno». [8]Gesù replicò: «Vi
ho detto: sono io. Se dunque cercate me, lasciate che questi se
ne vadano», [9]perché si compisse la parola che egli aveva detto:
«Non ho perduto nessuno di quelli che mi hai dato». [10]Allora
Simon Pietro, che aveva una spada, la trasse fuori, colpì il ser-
vo del sommo sacerdote e gli tagliò l'orecchio destro. Quel ser-
vo si chiamava Malco. [11]Gesù allora disse a Pietro: «Rimetti la
spada nel fodero: il calice che il Padre mi ha dato, non dovrò
berlo?».

Gesù da Anna e Caifa. Rinnegamenti di Pietro - [12]Allora i sol-
dati, con il comandante e le guardie dei Giudei, catturarono Ge-
sù, lo legarono [13]e lo condussero prima da Anna: egli infatti era
suocero di Caifa, che era sommo sacerdote quell'anno. [14]Caifa

18,4-9 L'arresto di Gesù è reso in maniera paradossale: il Maestro di Nàzaret non è un soggetto passivo, schiacciato dagli eventi e dalla violenza degli uomini. Egli affronta apertamente i suoi nemici con la ripetuta domanda *Chi cercate?* (vv. 4.7) e opera una rivelazione di sé come l'inviato di Dio, il Messia che può dire *Io sono* (vv. 5-6.8). Come di fronte alle grandi teofanie della Scrittura, i presenti reagiscono con grande timore (v. 6: *Indietreggiarono e caddero a terra*).

18,11 Con l'espressione *il calice che il Padre mi ha dato* Gesù allude al sacrificio della sua vita, ormai imminente.

18,12-27 Il tema del rifiuto fa da contrappunto al processo giudaico di Gesù davanti al sommo sacerdote Caifa e al suocero Anna, che aveva ricoperto la stessa carica dal 6 al 15 d.C. e che continuava ad avere grande influenza. Il centro del racconto è nei vv. 20-23, con la rivelazione che Gesù fa *apertamente* e che provoca come reazione lo schiaffo di una guardia del sommo sacerdote: un gesto di rigetto totale nei confronti del Maestro di Nàzaret. Rifiutato dai capi del giudaismo, Gesù è inoltre rinnegato, per ben tre volte (vv. 17.25.27), da colui che aveva posto a capo dei suoi discepoli, Simon Pietro.

era quello che aveva consigliato ai Giudei: «È conveniente che un solo uomo muoia per il popolo».

[15]Intanto Simon Pietro seguiva Gesù insieme a un altro discepolo. Questo discepolo era conosciuto dal sommo sacerdote ed entrò con Gesù nel cortile del sommo sacerdote. [16]Pietro invece si fermò fuori, vicino alla porta. Allora quell'altro discepolo, noto al sommo sacerdote, tornò fuori, parlò alla portinaia e fece entrare Pietro. [17]E la giovane portinaia disse a Pietro: «Non sei anche tu uno dei discepoli di quest'uomo?». Egli rispose: «Non lo sono». [18]Intanto i servi e le guardie avevano acceso un fuoco, perché faceva freddo, e si scaldavano; anche Pietro stava con loro e si scaldava.

[19]Il sommo sacerdote, dunque, interrogò Gesù riguardo ai suoi discepoli e al suo insegnamento. [20]Gesù gli rispose: «Io ho parlato al mondo apertamente; ho sempre insegnato nella sinagoga e nel tempio, dove tutti i Giudei si riuniscono, e non ho mai detto nulla di nascosto. [21]Perché interroghi me? Interroga quelli che hanno udito ciò che ho detto loro; ecco, essi sanno che cosa ho detto». [22]Appena detto questo, una delle guardie presenti diede uno schiaffo a Gesù, dicendo: «Così rispondi al sommo sacerdote?». [23]Gli rispose Gesù: «Se ho parlato male, dimostrami dov'è il male. Ma se ho parlato bene, perché mi percuoti?». [24]Allora Anna lo mandò, con le mani legate, a Caifa, il sommo sacerdote.

[25]Intanto Simon Pietro stava lì a scaldarsi. Gli dissero: «Non sei anche tu uno dei suoi discepoli?». Egli lo negò e disse: «Non lo sono». [26]Ma uno dei servi del sommo sacerdote, parente di quello a cui Pietro aveva tagliato l'orecchio, disse: «Non ti ho forse visto con lui nel giardino?». [27]Pietro negò di nuovo, e subito un gallo cantò.

Gesù da Pilato - [28]Condussero poi Gesù dalla casa di Caifa nel pretorio. Era l'alba ed essi non vollero entrare nel pretorio, per

18,28-40 Al racconto del processo giudaico fa seguito quello del giudizio romano davanti al procuratore Ponzio Pilato, cui sono collegate anche la fla-

non contaminarsi e poter mangiare la Pasqua. 29Pilato dunque
uscì verso di loro e domandò: «Che accusa portate contro que-
st'uomo?». 30Gli risposero: «Se costui non fosse un malfattore,
non te l'avremmo consegnato». 31Allora Pilato disse loro: «Pren-
detelo voi e giudicatelo secondo la vostra Legge!». Gli rispose-
ro i Giudei: «A noi non è consentito mettere a morte nessuno».
32Così si compivano le parole che Gesù aveva detto, indicando
di quale morte doveva morire.
33Pilato allora rientrò nel pretorio, fece chiamare Gesù e gli dis-
se: «Sei tu il re dei Giudei?». 34Gesù rispose: «Dici questo da te,
oppure altri ti hanno parlato di me?». 35Pilato disse: «Sono forse
io Giudeo? La tua gente e i capi dei sacerdoti ti hanno consegna-
to a me. Che cosa hai fatto?». 36Rispose Gesù: «Il mio regno non
è di questo mondo; se il mio regno fosse di questo mondo, i miei
servitori avrebbero combattuto perché non fossi consegnato ai
Giudei; ma il mio regno non è di quaggiù». 37Allora Pilato gli dis-
se: «Dunque tu sei re?». Rispose Gesù: «Tu lo dici: io sono re. Per
questo io sono nato e per questo sono venuto nel mondo: per da-
re testimonianza alla verità. Chiunque è dalla verità, ascolta la
mia voce». 38Gli dice Pilato: «Che cos'è la verità?».
E, detto questo, uscì di nuovo verso i Giudei e disse loro: «Io
non trovo in lui colpa alcuna. 39Vi è tra voi l'usanza che, in oc-
casione della Pasqua, io rimetta uno in libertà per voi: volete
dunque che io rimetta in libertà per voi il re dei Giudei?». 40Al-
lora essi gridarono di nuovo: «Non costui, ma Barabba!». Ba-
rabba era un brigante.

19 **Flagellazione e condanna** - 1Allora Pilato fece prende-
re Gesù e lo fece flagellare. 2E i soldati, intrecciata una

gellazione e la condanna di Gesù (cfr. 19,1-16). In queste parti del Vangelo la sottolineatura teologica riguarda la regalità di Cristo, che sta per apparire in modo pieno sulla croce. Quanto a Pilato, egli non considera Gesù colpevole di delitti contro lo Stato (v. 38b; cfr. anche 19,4.6), ma neppure comprende chi egli sia davvero (cfr. vv. 37-38a).

19,1-3 La descrizione della flagellazione del Maestro di Nàzaret è paradossa-

corona di spine, gliela posero sul capo e gli misero addosso un
mantello di porpora. [3]Poi gli si avvicinavano e dicevano: «Sal-
ve, re dei Giudei!». E gli davano schiaffi.
[4]Pilato uscì fuori di nuovo e disse loro: «Ecco, io ve lo con-
duco fuori, perché sappiate che non trovo in lui colpa alcuna».
[5]Allora Gesù uscì, portando la corona di spine e il mantello di
porpora. E Pilato disse loro: «Ecco l'uomo!».
[6]Come lo videro, i capi dei sacerdoti e le guardie gridarono:
«Crocifiggilo! Crocifiggilo!». Disse loro Pilato: «Prendetelo voi
e crocifiggetelo; io in lui non trovo colpa». [7]Gli risposero i Giu-
dei: «Noi abbiamo una Legge e secondo la Legge deve morire,
perché si è fatto Figlio di Dio».
[8]All'udire queste parole, Pilato ebbe ancor più paura. [9]Entrò
di nuovo nel pretorio e disse a Gesù: «Di dove sei tu?». Ma Ge-
sù non gli diede risposta. [10]Gli disse allora Pilato: «Non mi par-
li? Non sai che ho il potere di metterti in libertà e il potere di
metterti in croce?». [11]Gli rispose Gesù: «Tu non avresti alcun
potere su di me, se ciò non ti fosse stato dato dall'alto. Per que-
sto chi mi ha consegnato a te ha un peccato più grande».
[12]Da quel momento Pilato cercava di metterlo in libertà. Ma
i Giudei gridarono: «Se liberi costui, non sei amico di Cesare!

le: storicamente egli è un re che perde, viene deriso e percosso; in realtà Gesù è il re per eccellenza, colui che salva ogni uomo.

19,5 *Ecco l'uomo!* Ancora un caso di paradosso, in cui si manifesta la cosiddetta "ironia" tipica dell'evangelista Giovanni. Per Pilato si tratta della semplice presentazione alla folla di un uomo torturato e ricoperto di stracci; così facendo, però, il procuratore presenta inconsapevolmente all'umanità il Figlio dell'uomo sofferente, in attesa della celebrazione della sua gloria.

19,10-11 Di fronte all'autodefinizione di Pilato come potente, Gesù rimarca che il procuratore ha potere su di lui in questo frangente della storia solamente perché così stabilisce l'alto piano salvifico di Dio.

19,12-15 I Giudei richiamano esplicitamente a Pilato l'imperatore romano. In questo modo cercano ripetutamente di far assumere rilievo politico alle presunte colpe di Gesù, così da giungere a una condanna capitale, che solo il procuratore poteva far eseguire. Pilato decide di agire perché si sente minacciato dalla folla: se non procederà contro Gesù è proprio di fronte a Cesare che potrebbe essere chiamato a rispondere del suo comportamento.

Chiunque si fa re si mette contro Cesare». [13]Udite queste parole, Pilato fece condurre fuori Gesù e sedette in tribunale, nel luogo chiamato Litòstroto, in ebraico Gabbatà. [14]Era la Parasceve della Pasqua, verso mezzogiorno. Pilato disse ai Giudei: «Ecco il vostro re!». [15]Ma quelli gridarono: «Via! Via! Crocifiggilo!». Disse loro Pilato: «Metterò in croce il vostro re?». Risposero i capi dei sacerdoti: «Non abbiamo altro re che Cesare». [16]Allora lo consegnò loro perché fosse crocifisso.

Crocifissione e iscrizione - Essi presero Gesù [17]ed egli, portando la croce, si avviò verso il luogo detto del Cranio, in ebraico Gòlgota, [18]dove lo crocifissero e con lui altri due, uno da una parte e uno dall'altra, e Gesù in mezzo. [19]Pilato compose anche l'iscrizione e la fece porre sulla croce; vi era scritto: «Gesù il Nazareno, il re dei Giudei». [20]Molti Giudei lessero questa iscrizione, perché il luogo dove Gesù fu crocifisso era vicino alla città; era scritta in ebraico, in latino e in greco. [21]I capi dei sacerdoti dei Giudei dissero allora a Pilato: «Non scrivere: "Il re dei Giudei", ma: "Costui ha detto: Io sono il re dei Giudei"». [22]Rispose Pilato: «Quel che ho scritto, ho scritto».

[23]I soldati poi, quando ebbero crocifisso Gesù, presero le sue

19,20 Sul Gòlgota il titolo regale di Gesù viene presentato in tre lingue: ebraico, latino e greco. La prima è la lingua delle Sacre Scritture e della liturgia del popolo di Dio; la seconda la lingua dell'impero romano; la terza la lingua dei grandi pensatori pagani dell'antichità, di fatto la più parlata in gran parte del mondo allora conosciuto. Questo elemento della passione è ricordato solo dall'evangelista Giovanni, che insiste sulla regalità universale del Figlio di Dio.

19,23-24 Anche il particolare relativo alla tunica di Gesù è soltanto giovanneo. L'evangelista attribuisce a questo piccolo episodio un rilievo doppiamente simbolico. Da un lato la tunica di Gesù, *senza cuciture, tessuta tutta d'un pezzo da cima a fondo*, è simile all'abito del sommo sacerdote, che doveva essere appunto senza cuciture: Cristo in croce sarebbe quindi il sacerdote supremo, colui che offre l'unico vero sacrificio gradito a Dio. In secondo luogo abbiamo un'allusione all'unità della Chiesa di Cristo, chiamata a non essere mai lacerata; sullo sfondo vi è un probabile rimando a 11,52: secondo Giovanni il parere di Caifa (per il quale era meglio che uno solo morisse piuttosto che fosse l'intero popolo a perire) è una profezia: Gesù doveva morire *non soltanto per la nazione, ma anche per riunire insieme i figli di Dio che erano dispersi*.

vesti, ne fecero quattro parti – una per ciascun soldato – e la tu-
nica. Ma quella tunica era senza cuciture, tessuta tutta d'un pez-
zo da cima a fondo. [24]Perciò dissero tra loro: «Non stracciamo-
la, ma tiriamo a sorte a chi tocca». Così si compiva la Scrittura,
che dice:

Si sono divisi tra loro le mie vesti
e sulla mia tunica hanno gettato la sorte.

E i soldati fecero così.

Compimento - [25]Stavano presso la croce di Gesù sua madre, la
sorella di sua madre, Maria madre di Clèopa e Maria di Màg-
dala. [26]Gesù allora, vedendo la madre e accanto a lei il discepo-
lo che egli amava, disse alla madre: «Donna, ecco tuo figlio!».
[27]Poi disse al discepolo: «Ecco tua madre!». E da quell'ora il
discepolo l'accolse con sé.
[28]Dopo questo, Gesù, sapendo che ormai tutto era compiuto,
affinché si compisse la Scrittura, disse: «Ho sete». [29]Vi era lì un
vaso pieno di aceto; posero perciò una spugna, imbevuta di ace-

19,25-27 Questa piccola scena emblematica mette in rapporto profondo Maria, la madre, che qui rappresenta la Chiesa, e Giovanni, il figlio, che rappresenta ogni discepolo. Tale intimità è valorizzata dall'utilizzo dell'espressione *il discepolo l'accolse con sé* (v. 27): la Chiesa madre e ogni singolo discepolo hanno un destino comune. Alcuni studiosi vedono sullo sfondo una probabile allusione negativa a quelli che per Gesù erano in origine *i suoi*, ovvero la sua famiglia, la sua parentela, per estensione lo stesso popolo ebraico: da costoro ormai Gesù è decisamente rifiutato, come già cantava il Prologo (cfr. 1,11: *Venne fra i suoi, e i suoi non lo hanno accolto*).

19,28-29 La croce, voluta dai capi giudei come il momento della suprema sconfitta di Gesù e della sua smentita come Messia, è raccontata da Giovanni in termini di esaltazione definitiva del Figlio di Dio. L'elemento centrale è l'affermazione *È compiuto!*: Gesù stesso dichiara solennemente che nella sua morte va riconosciuta non "la fine" della sua vicenda, ma il perfetto compimento – "il fine" – della storia della salvezza avviata da Dio fin dai tempi antichi. Un tratto di ironia giovannea si scorge anche nell'utilizzo del *consegnò lo spirito*: da un lato esso serve a dire che Gesù muore; dall'altro attesta che egli dona lo Spirito alla sua Chiesa.

to, in cima a una canna e gliela accostarono alla bocca. 30Dopo
aver preso l'aceto, Gesù disse: «È compiuto!». E, chinato il ca-
po, consegnò lo spirito.

Il colpo di lancia - 31Era il giorno della Parasceve e i Giudei,
perché i corpi non rimanessero sulla croce durante il sabato – era
infatti un giorno solenne quel sabato –, chiesero a Pilato che
fossero spezzate loro le gambe e fossero portati via. 32Vennero
dunque i soldati e spezzarono le gambe all'uno e all'altro che
erano stati crocifissi insieme con lui. 33Venuti però da Gesù, ve-
dendo che era già morto, non gli spezzarono le gambe, 34ma uno
dei soldati con una lancia gli colpì il fianco, e subito ne uscì
sangue e acqua. 35Chi ha visto ne dà testimonianza e la sua te-
stimonianza è vera; egli sa che dice il vero, perché anche voi
crediate. 36Questo infatti avvenne perché si compisse la Scrittu-
ra: *Non gli sarà spezzato alcun osso*. 37E un altro passo della
Scrittura dice ancora: *Volgeranno lo sguardo a colui che hanno
trafitto*.

La sepoltura - 38Dopo questi fatti Giuseppe di Arimatea, che era
discepolo di Gesù, ma di nascosto, per timore dei Giudei, chie-
se a Pilato di prendere il corpo di Gesù. Pilato lo concesse. Al-
lora egli andò e prese il corpo di Gesù. 39Vi andò anche Ni-
codèmo – quello che in precedenza era andato da lui di notte –
e portò circa trenta chili di una mistura di mirra e di àloe. 40Es-
si presero allora il corpo di Gesù e lo avvolsero con teli, insie-

19,35-36 Giovanni insiste qui fortemente sulla testimonianza. Il fatto che le ossa di Gesù non siano spezzate rinvia infatti, per contrasto, a Es 12,46: Gesù è l'agnello pasquale, colui che inaugura l'esodo definitivo.

19,37 Un'altra citazione dell'Antico Testamento (Zc 12,10) sottolinea soprattutto il *guardare*, verbo della fede. Osservando Gesù crocifisso con occhi di fede, si coglie che il sangue e l'acqua sgorgati dal suo fianco trafitto realizzano la profezia antica: dal lato destro del tempio sarebbe scaturita un'acqua che avrebbe purificato ogni cosa. Questa opera purificatrice compiuta da Gesù con la sua Pasqua è ora offerta dalla Chiesa ai credenti: si tratta dei sette sacramenti, in particolare del battesimo (acqua) e dell'eucaristia (sangue).

me ad aromi, come usano fare i Giudei per preparare la sepoltura. [41]Ora, nel luogo dove era stato crocifisso, vi era un giardino e nel giardino un sepolcro nuovo, nel quale nessuno era stato ancora posto. [42]Là dunque, poiché era il giorno della Parasceve dei Giudei e dato che il sepolcro era vicino, posero Gesù.

I racconti di risurrezione: «Beato chi non vede eppure crede» (Gv 20,1-31)

Quel primo giorno dopo il sabato (20,1.19) segnò la fine di un'era e il principio di un'altra: il giorno della risurrezione si aggiunge alla settimana ebraica tradizionale – che aveva il suo culmine nello Shabbat – spalancando all'uomo un tempo nuovo per l'incontro con Dio, un tempo donato direttamente da Lui e che i primi cristiani accolsero come il «giorno del Signore». I racconti di risurrezione del capitolo 20, ambientati non a caso in due "domeniche" (20,1.19.26), svolgono il tema del rapporto tra il vedere e il credere – già affrontato nel «Libro dei segni» – in un intreccio sapientemente congegnato, ribaltando però nel momento culminante, con la beatitudine del v. 29b, il percorso tracciato dall'intero Vangelo come il più sicuro per giungere alla fede: i contemporanei di Gesù potevano servirsi dell'aiuto dei loro occhi per giungere a credere (20,8.18.25.29a); e le generazioni future? Loro no! Eppure Gesù sembra dire che saranno ancor più fortunate perché, invece dei loro occhi, a volte appannati e ciechi, potranno servirsi di quelli acutissimi del discepolo amato, la cui testimonianza è custodita nelle pagine del quarto Vangelo.

20 **Il sepolcro vuoto** - [1]Il primo giorno della settimana, Maria di Màgdala si recò al sepolcro di mattino, quan-

20,1 Fin dall'avvio del racconto si nota ancora una volta l'impiego della sottile ironia che permette a Giovanni di aiutare il lettore a non fermarsi alla super-

do era ancora buio, e vide che la pietra era stata tolta dal sepol-
cro. 2Corse allora e andò da Simon Pietro e dall'altro discepo-
lo, quello che Gesù amava, e disse loro: «Hanno portato via il
Signore dal sepolcro e non sappiamo dove l'hanno posto!». 3Pie-
tro allora uscì insieme all'altro discepolo e si recarono al se-
polcro. 4Correvano insieme tutti e due, ma l'altro discepolo cor-
se più veloce di Pietro e giunse per primo al sepolcro. 5Si chinò,
vide i teli posati là, ma non entrò. 6Giunse intanto anche Simon
Pietro, che lo seguiva, ed entrò nel sepolcro e osservò i teli po-
sati là, 7e il sudario – che era stato sul suo capo – non posato là
con i teli, ma avvolto in un luogo a parte. 8Allora entrò anche
l'altro discepolo, che era giunto per primo al sepolcro, e vide e
credette. 9Infatti non avevano ancora compreso la Scrittura, che
cioè egli doveva risorgere dai morti. 10I discepoli perciò se ne
tornarono di nuovo a casa.

Apparizione a Maria di Màgdala - 11Maria invece stava all'e-
sterno, vicino al sepolcro, e piangeva. Mentre piangeva, si chinò

ficie degli eventi. Per ben tre volte alla figura di Maria di Màgdala sono associati il luogo del sepolcro (cfr. anche 20,11), per quattro volte l'azione del piangere (cfr. vv. 11.13.15), per una volta quella del cercare (cfr. v. 15) e per tre quella del non sapere (v. 2; cfr. vv. 13-14). Si tratta di un luogo e di azioni che sono del tutto giustificati nel caso di una visita devota al cadavere di un maestro del cui seguito si è fatto parte per vario tempo. Ma la tomba è vuota, il Maestro ucciso è stato risuscitato da morte ed esaltato: altri devono essere i sentimenti e i comportamenti del vero discepolo, come si incarica di mostrare il resto della narrazione.

20,8 Il discepolo che accompagna Simon Pietro – quello che si nasconde dietro la definizione di *l'altro discepolo* (con tutta probabilità lo stesso Giovanni) – è l'unico di cui si dice che *vide e credette*. Fino a questo momento nessuno dei discepoli, neppure Pietro, era preparato ad accogliere la rivelazione della risurrezione di Gesù, nonostante alcuni accenni dell'Antico Testamento e gli annunci espliciti fatti dallo stesso Maestro.

20,11-18 Secondo Giovanni la prima persona con la quale Gesù risorto parla è Maria di Màgdala, la stessa che per prima era andata al sepolcro di buon mattino, il giorno dopo il sabato, per onorarne la sepoltura. È quindi a una donna che il Risorto si rivela per la prima volta, e si tratta di un incontro capace di trasformare il discepolo: dopo la scoperta della tomba vuota l'annuncio che Maria aveva rivolto a Pietro e a Giovanni era pieno di stupore e di paura («Hanno portato via il Signore dal

verso il sepolcro [12]e vide due angeli in bianche vesti, seduti l'u-
no dalla parte del capo e l'altro dei piedi, dove era stato posto il
corpo di Gesù. [13]Ed essi le dissero: «Donna, perché piangi?».
Rispose loro: «Hanno portato via il mio Signore e non so dove
l'hanno posto». [14]Detto questo, si voltò indietro e vide Gesù, in
piedi; ma non sapeva che fosse Gesù. [15]Le disse Gesù: «Donna,
perché piangi? Chi cerchi?». Ella, pensando che fosse il custo-
de del giardino, gli disse: «Signore, se l'hai portato via tu, dim-
mi dove l'hai posto e io andrò a prenderlo». [16]Gesù le disse:
«Maria!». Ella si voltò e gli disse in ebraico: «Rabbunì!» – che
significa: «Maestro!». [17]Gesù le disse: «Non mi trattenere, per-
ché non sono ancora salito al Padre; ma va' dai miei fratelli e di'
loro: "Salgo al Padre mio e Padre vostro, Dio mio e Dio vo-
stro"». [18]Maria di Màgdala andò ad annunciare ai discepoli: «Ho
visto il Signore!» e ciò che le aveva detto.

Apparizione del Risorto ai discepoli - [19]La sera di quel giorno,
il primo della settimana, mentre erano chiuse le porte del luogo
dove si trovavano i discepoli per timore dei Giudei, venne Ge-
sù, stette in mezzo e disse loro: «Pace a voi!». [20]Detto questo,
mostrò loro le mani e il fianco. E i discepoli gioirono al vede-
re il Signore. [21]Gesù disse loro di nuovo: «Pace a voi! Come il
Padre ha mandato me, anche io mando voi». [22]Detto questo,

sepolcro e non sappiamo dove l'hanno posto!»: cfr. v. 2); grazie al colloquio con Gesù ella può annunciare a partire dalla fede. L'espressione *Ho visto il Signore* significa infatti che Maria ha creduto.

20,17 Nelle parole di Gesù risuona una ripetuta allusione alla sua ascensione al cielo, ormai prossima. Nel racconto giovanneo i vari momenti della Pasqua di Gesù (morte, risurrezione, ascensione, pentecoste) sono colti in maniera unitaria, come altrettante dimensioni dell'esaltazione del Figlio di Dio.

20,22 Il gesto di Gesù (*soffiò*) e le sue parole (*Ricevete lo Spirito Santo*) sottolineano, per Giovanni, che l'elemento fondamentale di questa apparizione di Gesù risorto consiste nella discesa dello Spirito sui discepoli. Si tratta dunque di un racconto che per il quarto evangelista tiene il posto della narrazione lucana della pentecoste. Il soffio di Gesù allude allo Spirito di Dio che aleggiava sulle acque prima della creazione del mondo: in Cristo viene attuata la nuova e definitiva creazione.

soffiò e disse loro: «Ricevete lo Spirito Santo. [23]A coloro a cui
perdonerete i peccati, saranno perdonati; a coloro a cui non per-
donerete, non saranno perdonati».

Apparizione a Tommaso e ai discepoli - [24]Tommaso, uno dei
Dodici, chiamato Dìdimo, non era con loro quando venne Ge-
sù. [25]Gli dicevano gli altri discepoli: «Abbiamo visto il Signo-
re!». Ma egli disse loro: «Se non vedo nelle sue mani il segno
dei chiodi e non metto il mio dito nel segno dei chiodi e non
metto la mia mano nel suo fianco, io non credo».
[26]Otto giorni dopo i discepoli erano di nuovo in casa e c'era
con loro anche Tommaso. Venne Gesù, a porte chiuse, stette in
mezzo e disse: «Pace a voi!». [27]Poi disse a Tommaso: «Metti
qui il tuo dito e guarda le mie mani; tendi la tua mano e metti-
la nel mio fianco; e non essere incredulo, ma credente!». [28]Gli
rispose Tommaso: «Mio Signore e mio Dio!». [29]Gesù gli disse:
«Perché mi hai veduto, tu hai creduto; beati quelli che non han-
no visto e hanno creduto!».

20,23 Caratteristica di Giovanni è l'associazione del dono dello Spirito con la remissione dei peccati. Si tratta di un rimando alla profezia del libro di Ezechiele (Ez 37), dove veniva utilizzato il simbolo dello spirito e delle ossa: con Gesù morto e risorto per noi si realizzano la remissione dei peccati, la riconciliazione con Dio e la vita nuova. È evidente l'allusione anche alla celebrazione della Chiesa, associata all'opera salvifica del Cristo (il perdono dei peccati). Quando celebriamo il sacramento della riconciliazione (detto anche "confessione"), sperimentiamo in pienezza la forza della promessa di Gesù risorto).

20,24-29 Tommaso avrebbe potuto fidarsi dell'annuncio portatogli dai discepoli, diventando così il primo dei nuovi credenti; ma lui non ci sta: vuole essere in tutto e per tutto uguale al resto dei Dodici. Gesù così soddisfa la sua richiesta di *vedere* e *toccare*, mostrandosi anche a lui come aveva già fatto coi suoi compagni.

20,26 L'indicazione cronologica *otto giorni dopo* suggerisce che la rivelazione del Risorto a Tommaso e ai discepoli riuniti avviene ancora *la sera di quel giorno, il primo della settimana* (cfr. v. 19). È di domenica che i discepoli di Gesù possono fare esperienza di lui come Crocifisso Risorto, Signore della vita e della morte, Dio vivo e vero.

20,29 Le parole della beatitudine, riferendosi ai cristiani della seconda generazione (quelli cioè che non avevano conosciuto personalmente Gesù), spalancano il Vangelo al futuro della Chie-

Prima conclusione - 30Gesù, in presenza dei suoi discepoli, fe-
ce molti altri segni che non sono stati scritti in questo libro.
31Ma questi sono stati scritti perché crediate che Gesù è il Cri-
sto, il Figlio di Dio, e perché, credendo, abbiate la vita nel suo
nome.

EPILOGO: «...ALLA FINE DELLA STORIA» (Gv 21,1-25)

I discepoli sono ritornati in Galilea alla loro originaria vita di pescatori. Anche là, dopo l'infruttuosa fatica di una notte di lavoro, il Risorto appare e dona vita. Ancora una volta sono gli occhi del discepolo amato i primi a riconoscere il Signore: egli avverte Pietro, che si tuffa, raggiunge il Risorto e si sente rivolgere per tre volte quella domanda che mette a nudo il suo cuore: «Simone di Giovanni, mi vuoi bene?» (21,15.16.17). Su quell'amore prima negato (18,17.25.27) e poi dolorosamente riaffermato si fonda il compito di prendersi cura della comunità dei credenti. In questa ardua missione, però, Pietro non sarà solo: rimarrà al suo fianco il discepolo amato, o meglio la sua testimonianza, che non verrà meno finché il Signore non sarà tornato alla fine dei tempi (21,22). Il libro che abbiamo tra le mani è dunque l'ultimo dono che il Risorto ci concede, dono prezioso in quanto ci comunica la possibilità di conoscere lui, di credere al suo amore e di riceverne la vita.

sa e sottolineano una frattura nella storia della salvezza: è finita l'epoca dei testimoni oculari e comincia quella di chi crede sulla loro parola.

20,30-31 In questi pochi versetti Giovanni dà una sorta di definizione riassuntiva del suo Vangelo, come una collezione di alcuni tra gli innumerevoli *segni* che Gesù compì. La raccolta evangelica è stata redatta da Giovanni con un obiettivo preciso: *perché crediate* (v. 31), ovvero perché quanti si avvicinano alla fede e quanti sono già cristiani possano aderire a Gesù scoprendolo, in maniera sempre più profonda, come il Cristo, il Figlio di Dio e la radice stessa della vita.

21 **Apparizione sul lago di Tiberìade -** [1]Dopo questi fatti, Gesù si manifestò di nuovo ai discepoli sul mare di Tiberìade. E si manifestò così: [2]si trovavano insieme Simon Pietro, Tommaso detto Dìdimo, Natanaele di Cana di Galilea, i figli di Zebedeo e altri due discepoli. [3]Disse loro Simon Pietro: «Io vado a pescare». Gli dissero: «Veniamo anche noi con te». Allora uscirono e salirono sulla barca; ma quella notte non presero nulla.

[4]Quando già era l'alba, Gesù stette sulla riva, ma i discepoli non si erano accorti che era Gesù. [5]Gesù disse loro: «Figlioli, non avete nulla da mangiare?». Gli risposero: «No». [6]Allora egli disse loro: «Gettate la rete dalla parte destra della barca e troverete». La gettarono e non riuscivano più a tirarla su per la grande quantità di pesci. [7]Allora quel discepolo che Gesù amava disse a Pietro: «È il Signore!». Simon Pietro, appena udì che era il Signore, si strinse la veste attorno ai fianchi, perché era svestito, e si gettò in mare. [8]Gli altri discepoli invece vennero con la barca, trascinando la rete piena di pesci: non erano infatti lontani da terra se non un centinaio di metri.

[9]Appena scesi a terra, videro un fuoco di brace con del pesce

21,3 Singolare è il modo con cui Pietro torna a pescare: egli dichiara di andare a pescare da solo; il fatto che gli altri lo seguano non è scontato e forse neppure desiderato. Senza Gesù i discepoli – che lo hanno abbandonato durante la sua passione (e, nel caso di Pietro, addirittura rinnegato) – sono come pecore disperse, senza alcun pastore che le guidi (cfr. 1Re 22,17). Questo momento della vicenda della Chiesa non è illuminato dalla presenza del Signore: è infatti "notte" e una notte infruttuosa, in cui i discepoli non hanno preso nulla.
21,5-7 Gesù risorto si mostra ai discepoli, ma in una maniera che impedisce loro di riconoscerlo. Solo il discepolo che Gesù amava riesce a intuire qualcosa e lo comunica a Pietro. La fede di Pietro, forse meno dotata di acume, non è però incapace di generosità: egli *si gettò*, subito, senza remore e senza garanzie, per andare incontro al suo Signore.
21,9-13 Non spiegando chi ha preparato da mangiare sul fuoco, il Vangelo induce a credere che sia stato Gesù stesso. Egli è il Signore Risorto, colui che sazia la fame dei suoi, che distribuisce pani e pesci, segni dell'eucaristia. Anche oggi i credenti, quando partecipano alla celebrazione della messa, trovano una tavola che è già preparata per loro ed entrano in comunione con un Signore che dona loro tutto se stesso.

sopra, e del pane. [10]Disse loro Gesù: «Portate un po' del pesce
che avete preso ora». [11]Allora Simon Pietro salì nella barca e
trasse a terra la rete piena di centocinquantatré grossi pesci. E
benché fossero tanti, la rete non si squarciò. [12]Gesù disse loro:
«Venite a mangiare». E nessuno dei discepoli osava domandar-
gli: «Chi sei?», perché sapevano bene che era il Signore. [13]Ge-
sù si avvicinò, prese il pane e lo diede loro, e così pure il pesce.
[14]Era la terza volta che Gesù si manifestava ai discepoli, dopo
essere risorto dai morti.

La missione di Simon Pietro - [15]Quand'ebbero mangiato, Ge-
sù disse a Simon Pietro: «Simone, figlio di Giovanni, mi ami
più di costoro?». Gli rispose: «Certo, Signore, tu lo sai che ti
voglio bene». Gli disse: «Pasci i miei agnelli». [16]Gli disse di
nuovo, per la seconda volta: «Simone, figlio di Giovanni, mi
ami?». Gli rispose: «Certo, Signore, tu lo sai che ti voglio bene».
Gli disse: «Pascola le mie pecore». [17]Gli disse per la terza vol-
ta: «Simone, figlio di Giovanni, mi vuoi bene?». Pietro rimase
addolorato che per la terza volta gli domandasse: «Mi vuoi be-
ne?», e gli disse: «Signore, tu conosci tutto; tu sai che ti voglio
bene». Gli rispose Gesù: «Pasci le mie pecore. [18]In verità, in ve-
rità io ti dico: quando eri più giovane ti vestivi da solo e andavi
dove volevi; ma quando sarai vecchio tenderai le tue mani, e un
altro ti vestirà e ti porterà dove tu non vuoi». [19]Questo disse per
indicare con quale morte egli avrebbe glorificato Dio. E, detto
questo, aggiunse: «Seguimi».

Il destino del testimone - [20]Pietro si voltò e vide che li segui-
va quel discepolo che Gesù amava, colui che nella cena si era
chinato sul suo petto e gli aveva domandato: «Signore, chi è che

21,15-19 L'interesse di questo capitolo per le sorti della Chiesa appare chiaramente nel dialogo tra Gesù e Pietro, per ben tre volte interpellato sull'amore che ha per il Signore. Solo chi sperimenta l'amore di Dio può agire di conseguenza e *pascere* il gregge, ovvero guidare la famiglia dei suoi figli.

ti tradisce?». [21]Pietro dunque, come lo vide, disse a Gesù: «Signore, che cosa sarà di lui?». [22]Gesù gli rispose: «Se voglio che egli rimanga finché io venga, a te che importa? Tu seguimi». [23]Si diffuse perciò tra i fratelli la voce che quel discepolo non sarebbe morto. Gesù però non gli aveva detto che non sarebbe morto, ma: «Se voglio che egli rimanga finché io venga, a te che importa?».

Seconda conclusione - [24]Questi è il discepolo che testimonia queste cose e le ha scritte, e noi sappiamo che la sua testimonianza è vera. [25]Vi sono ancora molte altre cose compiute da Gesù che, se fossero scritte una per una, penso che il mondo stesso non basterebbe a contenere i libri che si dovrebbero scrivere.

21,24 *Noi.* Compare improvvisamente questo pronome di prima persona plurale, a indicare che l'intera comunità cristiana conferma il racconto di Giovanni. Il Vangelo è la testimonianza degli apostoli, raccolta e messa per iscritto dagli evangelisti e da altri redattori. Esso diventa insegnamento per la Chiesa ma nella stesso tempo ne esprime la fede.
21,25 Il versetto finale del Vangelo di Giovanni, e dunque di tutti e quattro i Vangeli, ridimensiona la portata del racconto e ne precisa la finalità. I Vangeli non sono un resoconto completo: Gesù ha compiuto e detto altre cose (anzi *molte altre cose*). Nei Vangeli, però, c'è tutto quello che occorre per poter credere e, credendo, vivere in pienezza. La lettura della Parola, infatti, non punta solo ad accrescere le conoscenze su Gesù ma a suscitare interrogativi, a rafforzare convinzioni, a ispirare atteggiamenti e a modellare comportamenti.

LA FAMIGLIA
in dialogo con il Vangelo

SCHEDE DI APPROFONDIMENTO

Giovanni 13,14

ONORARSI TRA CONIUGI

✔ Tra ben intenzionati coniugi cristiani talvolta si intende il reciproco lavarsi i piedi come mettere l'altro di fronte ai suoi difetti: «Sei così e così (musone, egoista...) e così non dovresti essere!». Ma Gesù ha ordinato ai suoi proprio questo lavarsi i piedi? Pietro, fortunatamente, ci aiuta: quando Gesù si china davanti a lui per questa lavanda (13,6-11), egli è spaventatissimo.

Perché? Perché, da uomo del suo tempo, capisce benissimo ciò che sta facendo il *Maestro e Signore*: quando un invitato importante giunge al banchetto, è uso che il padrone di casa comandi a un servo di lavargli i piedi, *in segno di onore*. Ora è Gesù in persona che onora i suoi ospiti importanti, li onora non perché se lo meritano (Egli sa molto bene che poi, di fronte al pericolo, cercheranno di salvarsi la pelle), ma perché li ama *fino alla fine*, cioè nella maniera più estrema. Onorarli, infatti, è *un gesto estremo*, di quelli che occorre tutta la sua signoria per inventarli e tutta la sua fantasia creatrice per avere il coraggio di *ordinarceli*.

È da questo gesto che impariamo, noi coniugi, che l'amarsi ha a che fare con *l'onorarsi reciproco*, che ci viene comandato, per quella tenerezza del Maestro che, perché non affoghiamo, ci *ordina* di... respirare! Onorarci come sposi è infatti un respiro della vita coniugale, senza questo respiro restiamo bloccati ai nostri meschini conteggi dell'avere e del dare e procuriamo l'asfissia al nostro vivere insieme.

Ma *come* dunque onorarci? Due semplici primi piani, da moltiplicarsi all'infinito perché producono ossigeno per la famiglia e per la società. Quando lui rientra la sera, tu, moglie, donati il tempo di *guardarlo*, invece che assalirlo con le lagne di quanto ti hanno fatto dannare i bambini o quanto sua madre ti ha avvelenato la giornata; guardalo e mettiti a *servirlo*, mettendolo sul suo *trono* di signore, anche solo con un bacio. E quando, dopo una giornata di fatica, tu, marito, la incontri alla sera, onorala come tua *regina*, dille come è importante per te vederla e non metterti a criticare l'ordine di casa o il chiasso dei bambini. *Onorala*, perché così fa lo Sposo con la sua sposa: non la vuole sistemare o aggiustare, ma la serve e la ama. Così ci ha comandato di amare!

"Se dunque io, il Signore e il Maestro,
ho lavato i piedi a voi,
anche voi dovete lavare i piedi gli uni agli altri".

Giovanni 14,1

VEDOVANZA, TEMPO SACRO

✔ Le parole di Gesù, nei cinque capitoli del suo "testamento", hanno un sapore nuziale: soltanto lo Sposo può rivolgersi con tanta intensità alla sposa. Se uno *da sposato* legge queste parole, perfino nelle loro ripetizioni (che sono tali soltanto ad orecchie esterne), sente nei loro toni e nelle loro pause una tenerezza nuziale conosciuta proprio nell'intimità, e riusciamo perfino a immaginare come i suoi Lo guardassero, spalancando gli occhi, tutti "assunti" in questo linguaggio d'amore. Ebbene, dal capitolo 14 gustiamo alcuni passaggi che "reggono" il *distacco-morte*, ma penetrano nella profondità del cuore per radicarsi in una dimensione altra: «Non sia turbato il vostro cuore... vado a prepararvi un posto... verrò di nuovo e vi prenderò con me... io pregherò il Padre ed Egli vi darà un altro Consolatore... Vi do la mia pace... non sia turbato il vostro cuore e non abbia timore...».

Dopo una vita insieme d'amore, così uno sposo lascia la sposa (e viceversa), quando si avvicina il distacco della morte. È il tempo in cui l'assenza dell'altro lascia "orfani", cioè deprivati in un abisso di assenza: la vedovanza è lo stato più radicale dell'abbandono. Ma è *qui* che il mondo non conosce l'altro Consolatore, la presenza dello Spirito che ha già fatto di loro una sola carne, «segno e riproduzione di quel legame che unisce il Verbo di Dio alla carne umana da lui assunta» (*Evangelizzazione sacramento del matrimonio*, 34). È qui che la coppia sperimenta di essere la carne «assunta dallo Sposo» e può reggere il distacco senza cadere nel turbamento totale e delirante, perché ha già sperimentato che *loro due erano parte di Lui*; è la loro relazione consacrata dallo Spirito che è frammento della carne dello Sposo. Con la morte lui/lei ha fatto semplicemente un passo in avanti verso lo Sposo e prepara un posto per l'altro/a e si darà da fare, si può stare sicuri: c'è di mezzo il Consolatore. La vedovanza è *tempo sacro*, tempo della testimonianza, in cui la «sola carne» degli sposi si fa più lieve, impalpabile, ma più presente. È il tempo in cui lo Sposo *dona la sua pace* alla sposa. Pace che il mondo davvero non conosce.

"Non sia turbato il vostro cuore.
Abbiate fede in Dio".

Giovanni 15,4

RADICATI NELL'AMORE

✔ «Mi alzo e penso a te, faccio colazione e penso a te, studio e penso a te...»: questo giovanissimo innamorato ha scoperto il linguaggio del *rimanere*; per chi non ha fatto esperienza di innamoramento, questo sembrerebbe un linguaggio ossessivo, come di uno che si lascia distogliere dagli atti della vita da un pensiero estraneo; e invece egli fa esperienza che quanto più si immerge nel pensiero di lei, tanto più una realtà feriale acquista *spessore, consistenza e valore*: non solo mangia/studia meglio, ma quello stesso atto ha un valore aggiunto, un senso. Diciamolo ai nostri giovani innamorati che proprio loro hanno il compito (il *frutto*) di mostrare al mondo l'esigenza, la *necessità* di questo *misterioso rimanere*. Soltanto un innamorato può chiedere all'innamorata di rimanere in lei, può perfino arrivare a intuire che questo rimanere può essere "comandato" come una sorta di provvidenza, di custodia dell'amore. Due sposi che si dimenticano di rimanere l'uno dell'altro, non sono semplicemente smemorati o superficiali, hanno *spento* il loro amore, ciascuno ha innalzato la barriera dell'isolamento sempre più terrificante. Il rimanere decide perfino... quale insalata metto nel carrello della spesa, perché il pensiero di lui, il «vieni prima tu» (e quindi metto l'insalata che ti piace), mi avvolge, mi fa compagnia, *mi fa sussistere*. Allora so che *rimanere* significa *osservare i suoi comandamenti*, cioè i suoi desideri, ciò che lui vuole per me/noi, perché lì, in questo rimanere, abita la *contemporaneità* tra amore e comandamenti.

Il «se mi amate» – mostrano gli sposi – non è più un *se* condizionale, non pone le condizioni dell'essere amato e dell'amare, perché è il *se* dell'implicazione: non c'è altro modo dell'amare che essere attento a ciò che l'altro vuole. Per questo lo Sposo ci tiene tanto a rimanere: «rimanete in me e io in voi» (15,4). Sa che se rimaniamo nell'amore siamo custoditi dal *precipitare fuori* dall'amore, cioè nel nulla e sa che il nostro "breve" rimanere di sposi è la conferma di questa esperienza. Ciò che lascia stupefatti è che Egli non solo chieda il radicamento in Lui, ma che voglia radicarsi in noi, proprio Lui, la Bellezza senza fine.

"Rimanete in me e io in voi.
Come il tralcio non può portare frutto
da se stesso se non rimane nella vite,
così anche voi se non rimanete in me".

Giovanni 21,6

COME RICONOSCERE L'AMORE

✔ Il «veniamo anche noi con te» (21,3) detto dai sei discepoli rivolti a Pietro che ha deciso di tornare al mestiere "di prima", cercando disperatamente di mettere una pietra sopra al problema-Gesù, nonostante tutto, ha sapore pasquale: conserva una traccia dello stare insieme, anche quando la delusione brucia. Ed è già un segno.

Nella notte – che nel linguaggio giovanneo significa «lontano da Gesù» – neanche il *risarcimento* di una bella pescata, eppure tra loro ci sono dei professionisti della pesca (i tecnici da soli non salvano!). Quando, nella nostra vita di coppia, nemmeno il "contentino" ci viene dato, possiamo star sicuri che è perché Lui non si accontenta di «metterci le pezze». Ha preparato ben altro, anche quando noi non lo riconosciamo, mentre sta sulla nostra riva (e del resto siamo in buona compagnia, perché neanche questi sette, così invasi dal loro personale e privato lutto, lo riconoscono!). Ciò di cui dobbiamo stare sicuri è che lo Sposo sta fermo – *ben piantato* sulla nostra riva di coppia.

Come riconoscerlo? C'è una traccia inequivocabile: *l'abbondanza*. L'abbondanza, come dice il vino di Cana, è la tessera di riconoscimento dello Sposo. Nell'alba che spunta, non è vero che una disgrazia tira l'altra, è vero piuttosto che *una grazia tira l'altra*: quando in famiglia un nodo ci scioglie, tanti altri si sciolgono, in modo "naturale" («Dopo che ho preso le difese di mia suocera, per la prima volta mio marito le ha trovato, ad alta voce, un difetto!»). Quando possiamo vedere con i nostri occhi l'abbondanza della pesca, allora scoppia la memoria: come per i discepoli, nel silenzio contemplativo di questo mattino, nasce un grido: «È il Signore!» (21,7). Allora si alza lo sguardo *dai doni* ricevuti *al Donatore* e si fa una bella nuotata verso di Lui, solo perché è Lui! Solo dopo si contano i pesci.

Ma c'è un altro segno del Risorto che è antecedente al segno dell'abbondanza, perché Lui ha deciso di aver *bisogno di noi* per salvare noi: *l'atto di obbedienza* («gettate la rete» in 21,6 e «fate quello che vi dirà» in 2,5) proprio quando si è dentro un nodo che pare inestricabile. È a dire: «Ho deciso di amarti» anche quando è notte!

"Gettate la rete dalla parte destra della barca e troverete".

Per continuare il cammino

Se Gesù non fosse il Risorto in mezzo a noi, le Scritture potrebbero, al più, rappresentare un prontuario educativo, cui attingere le nostre regolette per far bene il nostro mestiere di genitori. È proprio qui l'ultima sfida dei genitori: scorgere il Risorto che «sta sulla riva» della nostra quotidiana vita familiare, proprio come abbiamo ascoltato in Gv 21,1-14.■

Quando crediamo non ci sia più niente da fare

Ci piace prendere congedo da te, caro lettore, affrontando il tema della consolazione che viene dalla Scrittura e che ci offre chiavi di passione educativa inimmaginabili per la concretezza e la forza rivoluzionaria contenute in essa. Ne abbiamo bisogno noi genitori, oggi, in quest'epoca che è stata definita «delle passioni tristi», quelle che ci rinchiudono nel nostro orticello senza farci sognare il giardino. Ne abbiamo bisogno specie per i nostri giovani, quando la musica stonata del ritiro depressivo sembra la risposta adeguata alla mancanza di orizzonti di senso. Avanza «l'utopia negativa», che si manifesta nel crollo delle speranze di cambiare il mondo e nella negazione della prospettiva, sicché il nostro vivere nella postmodernità ci schiaccia sempre più sul presente e cioè su un benessere consumistico-economico e sul benessere emotivo, che appaiono l'ultimo misero traguardo: «Mi sento bene con me stesso e con gli altri; e tanto mi basta».

Se interroghiamo la Scrittura a partire dal nostro contesto di genitori, troviamo risposte sorprendenti, adeguate proprio al nostro tempo. Mettiamoci di fronte alla narrazione della terza apparizione del Risorto in Giovanni.

Gesù si manifestò di nuovo ai discepoli. Il testo inizia mettendoci sotto gli occhi la pazienza di questo «di nuovo» che non deve lasciarci indifferenti. Di nuovo: noi genitori siamo chiamati ad annunciare, a comunicare, a consigliare di nuovo e non con l'impazienza del «te l'avevo detto!», «possibile che tu non abbia ancora capito...?!».

Sul mare di Tiberìade. L'azione comincia con un gruppetto, esattamente di sette discepoli, di cui alcuni pescatori di mestiere, anzi chiamati proprio dal Maestro alla sua *sequela* mentre erano sulla loro barca. Ma ora è tutto finito: «Peggio di così non poteva andare», come talora diciamo in famiglia.

Pietro dà voce a questa sensazione di fallimento con un *Io torno a pescare*. Tutto come prima, non è successo niente, anzi: sono stato imbrogliato. Lui sembrava il Messia, colui che cambiava il mondo ed è finito... come un anonimo malfattore. Attenzione: la testa di Pietro è zeppa di ricordi, ma sono ricordi "tossici". È una lagna che conosciamo bene, sia in quanto coniugi sia in quanto genitori: «Ecco, sono deluso, non me l'aspettavo, ma perché mi aveva promesso e invece... lui/lei non è come mi aveva fatto credere...». Perfino quando sono belli, questi ricordi sono tossici: anzi, proprio perché mi avevano illuso, mi avevano fatto sperare, ora... cadute tutte le speranze, sono ancora più tossici.

Veniamo anche noi con te. Gli altri si uniscono nello sconforto, non trovano di meglio che tornare al "prima", come dicessero: «Facciamo come se non fosse successo niente». Eppure c'è una traccia di speranza in quel loro restare uniti. Quante volte noi coniugi e/o genitori perdiamo di vista questa traccia: magari si sta insieme più o meno muti, attorno allo stesso tavolo o alla stessa tivù. Qualcuno vorrebbe (legittimamente) di più, ma nel suo volere altro, nella sua ansia di comunicare, rischia di perdere quel filo di bene che c'è già; e che non va trascurato. Sulla traccia dello stare insieme, sotto lo stesso tetto, si possono costruire novità, se si ha l'umiltà di riconoscere quanto sia preziosa questa traccia, anche nei tempi bui.

In quella notte non presero nulla. I tempi sono davvero bui, nemmeno il risarcimento di una buona pescata, dopo tutte le delusioni. Eppure hanno seguito le tecniche del mestiere: è logico uscire di notte a pescare. *Notte* nel linguaggio giovanneo significa però anche lontananza dalla luce che è Gesù: vogliono pescare da soli, contando sulle loro proprie forze; si sono attrezzati secondo un umanissimo «fai da te». Come noi genitori, quando riteniamo di bastare da soli, di essere efficaci nel nostro tirar su i figli da soli. Allo sforzo dei discepoli fa qui eco il «senza di me non potete far nulla» (Gv 15,5). Nulla di che? Non certo nulla delle nostre belle riuscite, dei nostri appartamenti ben equipaggiati e dispendiosi, del nostro tirar su la casa anche per i figli, con tutto già pianificato. Non potete far nulla di ciò che rimane, senza di Me. Nulla di ciò per cui vale la pena di vivere, per dare un futuro ai figli: i quali possono avere tutto, purtroppo, ma non le ragioni per vivere.

La presenza del Risorto

Quando già era l'alba Gesù stette sulla riva, ma i discepoli non si erano accorti che era Gesù. C'è un evento: Gesù si presenta. Il testo greco dice esattamente: «Stette sulla riva», con i piedi ben piantati, inamovibile, fermo, stabile. Ed è l'evento che lascia intravedere l'alba, anche se i suoi non se n'erano accorti. E qui, noi genitori, ci ritroviamo tutti: Gesù si presenta sulla riva della nostra vita e noi non ce ne accorgiamo. Onestamente, non è solo questione delle nostre fette di salame sugli occhi, ma è che Lui si presenta in modi inaspettati, assolutamente imprevisti.

Presentiamo tre piccoli episodi, che nella notte del nostro orto possono passare inosservati, ma, se lasciamo che le luci del giardino li rischiarino, possono fare intravedere in controluce come Lui si presenta.

Il primo è l'episodio di una madre con il suo neonato, sorpresa dallo sguardo del suo piccolo, il quale, appena un poco sazio, stacca le labbra dal suo seno e la guarda, la fissa lungamente, come se la vedesse nuova. È uno sguardo totale, pieno, insistito: «Nessuno mi ha mai guardata così!», dice la mamma, completamente sconvolta, presa, abbracciata da questo sguardo. «Ho fatto esperienza di come Dio mi guarda – dice – non ho che da lasciarmi incantare da questo sguardo».

Il secondo episodio è molto più prosaico, banale, quando un genitore guarda il figlio adolescente e gli dice: «Non ti riconosco più. Chi ti ha cambiato? Non sei più quello di prima... come mai non sei più il bambino di ieri così vivace, allegro, pieno di parole... come mai ora parli a monosillabi?». Ma il figlio, sui tempi lunghi, può essere riconosciuto nel suo andare verso la vita, nella sua vocazione, anche se delude provvisoriamente i genitori: Gesù si presentò sulla riva e non immediatamente sulla barca come avrebbero voluto i sette!

Il terzo episodio riguarda il riconoscere che anche nel dolore, nella malattia, nel disastro, si può annunciare l'oltre: è un modo di Dio per «farci la corte», per tirarci fuori dalla nostra sicumera e dalle nostre schiavitù, come riconobbe una madre che nella voracità della figlia riuscì a trovare un filo prezioso con cui Dio combatteva contro la sua (di lei madre) volontà di potenza, di ipercontrollo su tutti, di aver ragione su tutto.

Non sapevano che era Gesù: dobbiamo pregare perché Lui ci conceda di aprire gli occhi sui *Suoi* modi di stare sulla nostra riva.

La Sua passione educativa

Proviamo ora a sostare davanti alla passione educativa del Risorto, osservando il modo con cui si relaziona con i discepoli e in particolare con noi genitori, a nostra volta discepoli.

Figlioli, non avete nulla da mangiare?. Comincia con il chiamarci «figlioli», proprio noi che, dal nostro piedistallo di genitori, ce ne siamo quasi dimenticati. Egli vuole che portiamo a parola l'infecondità dei nostri sforzi, vuole che ci accorgiamo di essere a mani vuote: e non perché voglia farcene un rimprovero, ma – secondo il suo stile – perché ce le vuole riempire. Se riconosciamo i nostri piccoli o grandi fallimenti, allora possiamo conoscere il nuovo, l'assolutamente altro.

Gettate la rete dalla parte destra della barca. Sì, ora gettate le reti a nome di Dio, come mandati da Me. Non vi siete inventati voi come genitori: il mandato è mio; riconoscete il vostro ruolo di «figlioli», di dipendenti da me e sappiate che non siete i padroni dei vostri figli, che essi non devono fare ciò che volete voi, perché voi non siete la loro misura: voi siete i loro provvisori pastori. Io vi ho affidato i vostri figli. State sicuri. Non temete. Essi premono a me più che a voi stessi. Voi gettate le reti «dalla parte destra»: e qui forse è adombrata la parte destra colpita dalla lancia del soldato sul calvario, il costato trafitto. Gettate la vostra rete nel fiume di grazia che esce dal mio cuore trafitto. E abbiate fiducia. Così la rete si riempie di pesci.

È il Signore! Ma nel silenzio di questa alba non sono i pesci pescati l'oggetto dello stupore: ciò che riempie veramente il cuore dei discepoli è il riconoscimento del Signore. Un grido, un gesto: e Pietro fa una nuotata delle sue, lo vuole raggiungere, ha rilanciato l'entusiasmo. Ma come l'hanno riconosciuto? Grazie all'abbondanza, che è il DNA della Sua azione: non hanno pescato il necessario, ma molto, molto di più. E scoppia la *memoria*. Prima, erano prigionieri dei ricordi, di pesanti quadri appesi al muro dell'*ormai*, ora si trovano in un flusso; la memoria è un flusso buono, un ritrovare la corrente giusta. Proprio come dice san Paolo: «In Lui infatti viviamo ed esistiamo» (At 17,28). Non sono più soli: la memoria è l'abbraccio della sua presenza che avvolge, porta, in cui puoi vivere. La memoria *pulisce ricordi tossici*, abbandona alla fiducia:

Lui c'è, non ci toglie la fatica di gettare le reti, ma ci accompagna. Quando scoppia la memoria, noi genitori non ci sentiamo più soli, possiamo lasciarci avvolgere dalla certezza che, nonostante i nostri fallimenti, noi siamo una provvidenza per i nostri figli; è Lui, infatti, che ha voluto *noi* come genitori di questi figli; possiamo fidarci, tenerci *collegati* a Lui che riempirà la nostra rete.

Videro un fuoco di brace con del pesce sopra, e del pane. La nostra narrazione continua con un particolare un po' sconcertante; mentre i discepoli erano fuori a pescare, Gesù non se ne è stato con le mani in mano. Il banchetto è già pronto, sono invitati.

Ma qui spunta una richiesta imprevista da parte di Gesù: *Portate un po' del pesce che avete preso ora*; ecco, al banchetto preparato con sollecitudine e amore, manca qualcosa di tuo/nostro. È *la pedagogia del Risorto*. È allora che Pietro guarda finalmente i pesci pescati con occhio realistico: «centocinquantatré grossi pesci», pescati proprio da loro. Il Risorto non prepara mai un banchetto senza il nostro *contributo*, non sceglie di darci la pappa già fatta, nonostante noi, per mostrarci quanto ci ama. Purtroppo noi genitori spesso adoriamo la nostra immagine di bravi genitori più di ogni altra cosa e siamo disposti a fare tutto per i figli, ma ci dimentichiamo di aver bisogno del loro contributo. Gesù si è già affaticato sulla riva per preparare il pasto, eppure si mangerà insieme quando sarà pronto qualcosa di quello che i discepoli hanno pescato. Noi carichiamo sulle spalle dei nostri figli il nostro essere bravi (e indispensabili): *ti* ho fatto la cartella, *ti* ho rimesso in ordine la camera, *ti* ho finito il compito, *ti* ho preparato la festa per i tuoi amici... fino a: «*Ti* ho preparato l'appartamento. E non sei ancora contento?». Cioè, talora non solo ci sostituiamo ai nostri figli con la pretesa di farli contenti, di farli diventare debitori a vita (guarda quanto ho fatto per te!), ma chiediamo la loro collaborazione in modo *distorto* e perverso, per esempio: «Basta che studi e porti a casa voti decenti!».

Sottinteso: «Sei esonerato da tutto il resto, ti sostituiamo in tutto». E così il figlio, specie se adolescente, si sente identificato con i suoi prodotti, diviene la "pagella" dei genitori: «Se vado bene a scuola, allora loro funzionano bene come genitori». Un peso enorme sulle spalle del ragazzo. La domanda sana per il ragazzo sarebbe: «Che cosa fai tu per la tua famiglia?».

Impariamo dalla passione educativa del Risorto: *«Porta qualcosa di tuo* al banchetto comune, questa famiglia non si regge senza il tuo contributo, a tua misura». Tu sei interessato alla tua famiglia come la tua famiglia è interessata a te; a nessuno può essere permesso di vivere ricevendo tutto senza restituire nulla. Tu non vivi per te stesso, ma per ciò che sai *mettere in comune*. È questo il germe della vocazione, del mettersi a disposizione, a partire dalla famiglia, per un bene più grande.

Indice

VANGELO SECONDO LUCA

VANGELO SECONDO GIOVANNI

Stampa
AGAM - Madonna dell'Olmo (CN)